AUFTANKEN & DURCHSTARTEN

ANDACHTEN FÜR JUGENDLICHE

Top Life Center

EINE **ANDACHT**
FÜR **JEDEN TAG** IM JAHR

Auftanken & Durchstarten

366

ANDACHTEN FÜR JUGENDLICHE

Top Life Center

Auftanken & Durchstarten

Projektleitung: Marion Knirr
Bearbeitung: Sylvia Renz, Luise Schneeweiß
Lektorat: Monika Lumpi, Yvonne Seidel
Titelfoto: © shutterstock – VS: Jorg Hackemann, RS: Rostislav Glinsky
Layout: Simon Eitzenberger, www.desim.de
Satz: Pierre Intering

Dieses Buch ist in Zusammenarbeit mit *girls4christ* entstanden.

Die Bibeltexte stammen, wenn nicht anders angegeben aus: Die Bibel nach der Übersetzung Martin Luthers (revidierter Text 1984), durchgesehene Ausgabe in neuer Rechtschreibung, © 1999 Deutsche Bibelgesellschaft, Stuttgart.
Für andere Übersetzungen werden die folgenden Abkürzungen verwendet:

Bruns	=	Bibelübersetzung von Hans Bruns, Giessen/Basel: Brunnen Verlag.
BSB	=	Basisbibel, © 2013 Deutsche Bibelgesellschaft, Stuttgart; hrsg.
EB	=	Revidierte Elberfelder Bibel, © 1985, 1991, 2006 SMC R. Brockhaus im SCM-Verlag GmbH & Co. KG, Witten
EÜ	=	Die Bibel – Einheitsübersetzung der Heiligen Schrift, © 1999 Verlag Katholisches Bibelwerk GmbH, Stuttgart.
GNB	=	Gute Nachricht Bibel, revidierte Fassung, durchgesehene Ausgabe in neuer Rechtschreibung, © 2000 Deutsche Bibelgesellschaft, Stuttgart; hrsg. zusammen mit dem Katholischen Bibelwerk, Stuttgart.
Hfa	=	Hoffnung für alle – Die Bibel (revidierte Fassung), © 1983, 1996, 2002 International Bible Society, Brunnen-Verlag, Basel und Gießen.
NeÜ	=	Neue Evangelistische Übersetzung, Christliche Verlagsgesellschaft, Dillenburg 2010
NL	=	Neues Leben. Die Bibel, © 2002, 2006 SCM Hänssler im SCM-Verlag GmbH & Co. KG, Holzgerlingen.
SLT	=	Schlachter Übersetzung – Version 2000, © 2003, Genfer Bibelgesellschaft

TOP LIFE Wegweiser-Verlag
www.toplife-center.com, info@toplife-center.com
1. Auflage 2016
Verlagsarchiv-Nr.: 161016
ISBN 978-3-903002-30-2

"KOMM!"

WER DURSTIG IST,
DER SOLL KOMMEN.
JEDEM, DER ES HABEN
MÖCHTE, WIRD GOTT
DAS WASSER DES
LEBENS SCHENKEN.

OFFENBARUNG 22,17B HFA

Los geht's!

Du hältst ein Jugend-Andachtsbuch der ganz besonderen Art in deinen Händen. Unter den 85 Andachtsschreibern sind über 50 Jugendliche und junge Erwachsene aus Österreich, Deutschland und der Schweiz, die hier ihre persönlichen Einsichten und Erfahrungen mit Gott für dich aufgeschrieben haben. Dieses Buch ist in Zusammenarbeit mit *girls4christ* entstanden. Es ist uns jedoch ein Anliegen gewesen, ein Buch für ALLE Jugendlichen zu machen.

Wir ermutigen dich, dir jeden Tag Zeit zu nehmen, um bei Jesus aufzutanken. Die 366 Andachten in diesem Buch helfen dir dabei, wertvolle Impulse mit in den Tag zu nehmen. Diesem Buch liegt auch ein Bibelleseplan bei, der dich motivieren soll, die Bibel ganz durchzulesen. Wenn du ein Kapitel gelesen hast, markiere es im Plan und du weißt genau, was dir noch fehlt.

Die persönliche Zeit mit Jesus wird dich bereichern. Sie wird dir helfen, Jesus näher zu kommen und seine Pläne für dein Leben besser zu verstehen und umzusetzen. Wir wünschen dir von ganzem Herzen Gottes Segen beim Auftanken und Durchstarten!

Marion Knirr

In Zusammenarbeit mit *girls4christ*, Österreich

Danke!

Der größte Dank gebührt unserem Gott, der dieses Projekt gesegnet und uns Kraft und Ideen gegeben hat!

Ein riesen Dankeschön an alle Mitwirkenden an diesem Buch. Die 366 Andachten haben mich immer wieder berührt und angesprochen. Nun können sie auch vielen anderen zum Segen werden. Ohne euch wäre es nie zu diesem tollen Andachtsbuch gekommen. DANKE!

Ein großer Dank gebührt außerdem meiner geliebten Familie, Thomas, Lini, Lissy und Viola. Vielen Dank für eure liebevolle Unterstützung!

Herzlichen Dank auch an das *g4c-Team Österreich:* Gaby Templ, Doris Lumpi und Gerd-Laila Walter. Danke für euren Rat und die Ermutigungen!

Was wäre dieses Buch ohne den geschulten Blick von Sylvia Renz, Luise Schneeweiß, Monika Lumpi und Yvonne Seidel sowie die gelungene Gestaltung von Simon Eitzenberger und Albert Gruber! Ihr habt alle miteinander eine wunderbare Arbeit geleistet! Herzlichen Dank!

Danke auch dir, Franz Mössner, es hat viel Freude gemacht, mit dir zusammenzuarbeiten.

366 ANDACHTEN

FÜR JUGENDLICHE

1.1.

Dieses Mal klappt es!?

1. KORINTHER 15,58

Darum, meine lieben Brüder, seid fest, unerschütterlich und nehmt immer zu in dem Werk des HERRN, weil ihr wisst, dass eure Arbeit nicht vergeblich ist in dem HERRN.

Neues Jahr, neuer Vorsatz. Viele können es kaum noch ertragen, wenn pünktlich zu Neujahr immer wieder der Druck entsteht: Neue Vorsätze müssen her! Setz dir neue Ziele! Meist ist uns klar, dass wir spätestens nach zwei Monaten unsere guten Absichten aufgegeben haben. Die Motivation ist weg, die Versuchungen locken, der Wille ist schwach. Eigentlich ein trauriges Bild. Es fehlt an Entschiedenheit, Charakterstärke, Willenskraft und Beständigkeit! Was für eine degenerierte Menschheit sind wir doch! Und die Folgen sind fatal: Viele wollen keine Verantwortung mehr übernehmen. Belastungen? Nein, danke! Man lässt sich lieber von der allgemeinen Unmoral anstecken. Es ist so viel bequemer, sich einfach gehen zu lassen …

Doch das muss nicht passieren. Du hast die Chance, ganz anders zu leben. Denn der Geist Gottes ist deine Hilfe. Er möchte in dir wohnen, dich stark machen. Und die Frucht daraus ist nicht nur Geduld und Selbstbeherrschung, sondern auch Freude (vgl. Epheser 5,22.23).

Bei den „guten Vorsätzen“ entsteht folgendes Problem: Viele meinen, sie müssten über Neujahr einen riesigen Schritt auf ihrer Lebensleiter nach oben machen, indem sie sich große Veränderungen vornehmen. Doch gewöhnlich fallen sie bald auf ihr altes Niveau zurück oder sogar noch tiefer. Die Bibel stellt ein völlig anderes Konzept vor. Ihr Motto ist, wie es oben im Bibeltext steht, immer ein kleines Stück zu wachsen: „Nehmt immer zu“. Wie der Marathonläufer einen Schritt nach dem anderen läuft, um endlich ans Ziel zu gelangen – oder wie eine Frucht stetig heranreift bis zur Ernte. So soll es auch in unserem Leben vorangehen.

Darum hier mein Vorschlag, der sich im neuen Jahr leicht umsetzen lässt: Nimm dir jeden Morgen, wenn du aufstehst, etwas Kleines vor, das du an diesem Tag umsetzen willst. Jemandem ein Lächeln schenken, der Mutter die Spülmaschine ausräumen oder eine Freundin anrufen, der es nicht gut geht. Ohne es zu bemerken, wirst du dabei wachsen. Darum wünsche ich mir, dass dieser Vorschlag nicht bloß ein Vorsatz ist, den du und ich möglichst lange durchhalten wollen. Es soll vielmehr eine Lebenseinstellung werden, die unser Leben prägen wird. Denn Gott ist derjenige, der alles möglich macht!

BZ

2.1.

Heiliger Krieg!

2. TIMOTHEUS 4,7

Ich habe den guten Kampf gekämpft … ich habe Glauben gehalten.

Im November 1095 hielt Papst Urban II. im französischen Clermont eine dramatische Predigt über die Leiden der Christen im Osten und rief zur Befreiung der Heiligen Stätten auf.

Seinem Ruf folgten im Jahr darauf viele Geistliche, Leute aus dem niedrigen Adel und einfache Menschen wie Bauern, Abenteurer und sogar Verbrecher und (vorerst wenige) Ritter. Befreiung von Sündenschuld und ein besonderer Platz im Himmel wurden ihnen versprochen. „Gott will es!" war ihr Motto. Dieser unorganisierte Volkshaufen zog nach Osten, ermordete unterwegs zahlreiche Juden und andere, die sich ihnen in den Weg stellten. Im ersten Kampf gegen die Seldschuken (Türkei) wurde der Großteil von ihnen abgeschlachtet, der Rest zog sich nach Konstantinopel zurück (das heutige Istanbul) und wartete auf militärischen Nachschub. Es folgten weitere Kreuzzüge, in denen Zigtausende auf beiden Seiten ihr Leben ließen.

Es ist immer wieder spannend und oft erdrückend zu sehen, was Menschen aus Gott und der Bibel machen. Aber auch die Babylonier, Assyrer,

Ägypter und andere Völker mordeten im Namen ihrer Götter. Selbst Hitler schien sich Gott auf seine Fahnen geschrieben zu haben.

Die Bibel spricht tatsächlich von einem heiligen Krieg und davon, wie jeder einzelne von uns Schlachten gewinnen kann. Paulus rät dringend, die ganze Waffenrüstung Gottes anzuziehen. Der Kampf ist auch im 21. Jahrhundert immer noch der gleiche: Unser Feind ist unsichtbar und wesentlich stärker als jeder Mensch oder ein ganzes Heer. Vor allem benutzt er Methoden, die schwer zu durchschauen sind. Für schwache Menschen also völlig aussichtslos.

Aber: Jesus, der oft auch als Engelfürst Michael auftritt, steht auf unserer Seite! Er ist stärker und wesentlich klüger, weil er alles weiß! In diesem Kampf sind allerdings einige Dinge unsererseits sehr wesentlich: Liebe zu Gott und Menschen, Sündenbekenntnis und die Bereitschaft, unseren General genau zu kennen und ihm aus Dankbarkeit bedingungslos zu folgen, Ausdauer und unbeugsames Vertrauen.

Und wenn wir uns täglich mit ihm zur „Lagebesprechung" treffen und uns Kraft und Mut holen und den richtigen Blick auf den Sieg am Ende, dann können wir eigentlich nur siegen.

Und das wünscht sich Gott für jeden von uns!

KR

3.1.

Der reichste Geschäfts-mann der Welt

RÖMER 8,32

… wie sollte er uns mit ihm nicht alles schenken?

Bill Gates (Microsoft), Michael Bloomberg, Theo und Karl Albrecht (ALDI) und Ingvar Kamprad (IKEA) gehören zu den reichsten Persönlichkeiten dieser Erde, aber wahrscheinlich gibt es noch viele andere, die über noch mehr Geld verfügen. Mich interessiert an dieser Stelle der reichste Geschäftsmann der Welt aller Zeiten. Sein Vermögen scheint in keiner Liste auf, es ist offensichtlich schwer zu beziffern. Zu seinem Kundenstock gehören wahrscheinlich weit mehr als 50% aller Menschen aller Klassen, darunter auch solche, die eigentlich gar nicht zahlungsfähig sind. Das ist auch kein Wunder, denn mit seinen Angeboten deckt er praktisch sämtliche Lebensbereiche ab, sein Konzern ist in allen Lagern vertreten, für *jeden* ist etwas dabei. Seine Angebote glänzen, klingen gut, riechen hypnotisierend, schmecken traumhaft, fühlen sich einmalig gut an, sehen umwerfend aus und geben einem das Gefühl, so richtig Mensch zu sein.

Jeder, der irgendwie aus seinem „Brunnen" trinkt, sinkt zufrieden in seinen Lehnstuhl zurück und genießt das Leben in vollen Zügen. Leider hält dieser Zustand meist nicht lange an. Die Kunden entdecken bald, dass sie Nachschub benötigen und so mancher ist schon aufgewacht und hat entdeckt, dass er einfach nur „über den Tisch gezogen" wurde. Die Produkte und Dienstleistungen stellen sich als Betrug heraus, sie halten nicht, was sie versprechen. Aber noch nie wurde dieser Geschäftsmann von einem Gericht rechtskräftig verurteilt. Er ist einfach zu gerissen und weiß, wie käuflich Menschen sind. Seine Macht kann scheinbar durch nichts aufgehalten werden. Menschen, die sich auf Geschäfte mit ihm einlassen, erleben immer wieder, dass es praktisch unmöglich ist, seinen Fängen zu entkommen. Sie bleiben Kunden auf Lebenszeit, auf Gedeih und Verderb.

Sein Name? Jesus hat ihm mehrere Namen gegeben: Vater der Lüge, Drache, Teufel, Satan, Verführer, Ankläger usw.

Gott hingegen ist so ganz anders: Er hält, was er verspricht, er erfüllt jedes Bedürfnis nachhaltig und versichert jedem Menschen: Du bist grundsätzlich und uneingeschränkt wertvoll, daran musst du und kannst du nichts ändern. Und Gott ist kein Geschäftsmann, er handelt nicht – sondern er beschenkt, täglich, grenzenlos! Komm und nimm – kostenlos! Gott ist mächtiger als der Verführer, er kann dich heute befreien!

KR

4.1.

Wem vertraust du?

PSALM 118,8 NL

Es ist besser, auf den Herrn zu vertrauen, als sein Vertrauen auf Menschen zu setzen.

Wasser? Wasser! Überall Wasser! Erschrocken fuhr ich zusammen und merkte, dass ich nicht atmen konnte. Panisch und orientierungslos ruderte ich wild im Wasser und suchte die Oberfläche. Nach ein paar kräftigen Ruderbewegungen hatte ich es geschafft. Meine Lunge füllte sich mit Luft. Wo war ich? Was war passiert?

Schlagartig kam meine Erinnerung zurück. Ich war auf Maturareise in Italien. Vor einigen Stunden waren wir in den Bus gestiegen, wir wollten einen Ausflug nach Rom machen. Ich musste eingeschlafen sein.

Nur langsam gewöhnten sich meine Augen an die Dunkelheit. Ich sah mich um und erkannte, dass ich in einem Fluss stand, das Wasser ging mir bis zur Hüfte. Ganz in meiner Nähe sah ich den Bus, er lag im Wasser und war komplett zusammengedrückt. Langsam watete ich ans Ufer.

Wir waren um drei Uhr morgens mit dem Reisebus auf einer kleinen Landstraße von einer Brücke gestürzt, und ich fand mich einige Zeit später im Flur eines Krankenhauses wieder. Zum Glück hatte ich nur leichte

Verletzungen, und so saß ich da in meinen nassen Sachen und mit Glassplittern in den Haaren.

Wirre Gedanken schwirrten in meinem Kopf umher. Wie hatte das passieren können? Hatte uns jemand von der Straße gedrängt? Als ich darüber nachdachte, sah ich aus einem Augenwinkel unseren Busfahrer den Flur entlanggehen. Er war kreidebleich im Gesicht und wirkte verstört. Ich sah ihm nach, als plötzlich der Gedanke in mir aufkam: *Dir habe ich vertraut. Ja, dir habe ich mein Leben anvertraut, obwohl ich dich überhaupt nicht kenne!* Ich hatte mich zu einem wildfremden Mann in den Bus gesetzt und hatte mein Leben in seine Hände gelegt. War ich eigentlich noch zu retten?

Und wie ist das mit Jesus?, schoss es mir durch den Kopf. Jesus, meinem besten Freund, wollte ich so oft nicht die Kontrolle über mein Leben überlassen. Und dann setze ich mich in den nächsten Bus und komme fast dabei um? In diesem Augenblick begriff ich, dass ich in meinem Leben etwas ändern musste. Ich hatte bisher Gott nur ab und zu vertraut. Doch ER hatte mir heute eine zweite Chance gegeben.

Seitdem sitze ich immer wieder in Flugzeugen, Bussen und U-Bahnen, doch ich vergesse nicht, dass Gott mein Vertrauen will. Jeden Tag neu. Er ist nun mein Ratgeber, mein Tröster, mein liebender Vater. Ihm liegt etwas an meinem Leben. Er möchte die Ewigkeit mit mir verbringen.

Wie ist es bei dir? Wem vertraust du?

EM

5.1.

Wer ist mein Nächster?

JESAJA 58,7 GNB

Ladet die Hungernden an euren Tisch, nehmt die Obdachlosen in euer Haus auf, gebt denen, die in Lumpen herumlaufen, etwas zum Anziehen und helft allen in eurem Volk, die Hilfe brauchen.

Frierend stapfen wir durch die Kälte. Unsere Beine schlottern in den dünnen Jeans und unser warmer Atem stößt kleine Rauchwolken in die Luft. Unter den Armen tragen wir kuschelige Wolldecken. Wir hoffen, dass die Decken in der Nacht die größte Kälte abhalten, denn bei winterlichen Temperaturen unter null Grad, draußen, ungeschützt, ohne ein Dach über dem Kopf zu überleben, gleicht einem Drahtseilakt.

Wir kennen die Plätze, an denen sich die Obdachlosen aufhalten. Da vorne sehe ich auch schon den zotteligen grauen Schäferhund, der aufmerksam neben seinem Herrchen wacht. Langsam knien wir uns neben dem Mann nieder und schauen in rotgeränderte Augen. Mühsam richtet sich der Mann auf, sein Blick ist fragend und misstrauisch auf uns gerichtet. Zu oft schon wurde er enttäuscht, zu viele böse, gemeine Worte sind gefallen, zu viele Verletzungen gab es bisher in seinem Leben und zu wenig menschliche Wärme.

„Hey, wir haben dir warme Decken mitgebracht. Kannst du welche brauchen?“, begrüßen wir ihn. Zuerst zögert er, dann nickt er, als er merkt, dass wir es ernst meinen. Er streckt die Hand aus, fährt liebevoll über den weichen Stoff und dann nimmt er die Decke und hüllt sich ganz darin ein. Wir setzen uns zu ihm und beginnen ein Gespräch. Nach und nach erzählt uns der alte Mann seine Geschichte.

„Wer ist mein Nächster?", fragte der Schriftgelehrte Jesus. Daraufhin erzählte Jesus das Gleichnis vom barmherzigen Samariter (Lukas 10,25-37), wobei er am Ende empfiehlt: „Gehe hin und tue das Gleiche!" Anders ausgedrückt: „Kümmere dich liebevoll um Menschen in Not, denn dann hast du die Gebote wirklich verstanden."

Jesus hat uns gezeigt, was Nächstenliebe heißt. Durch unsere Sünde sind wir eigentlich dem Tod geweiht, aber er hat Mitleid mit uns. Er geht nicht an uns vorüber und lässt uns hilflos liegen wie der Priester und der Levit den Verletzten. Er hätte auch, umgeben von seinen wunderbaren Engeln, im Himmel bleiben können – aber nein – er kümmert sich um uns. Er bezahlt nicht nur mit Geldstücken wie der Samariter, sondern mit seinem eigenen Leben.

Ist es da schwer, genauso zu handeln? Wenn wir persönliche Gemeinschaft mit unserem Retter haben, gibt er uns Liebe für unsere Mitmenschen in unser Herz. Gleichzeitig stellt er uns unsichtbare Helfer zur Verfügung, denn Engel werden uns bei unseren Aktionen begleiten! Probiere es aus. Werde mutig und mach die Augen auf! Öffne dich für andere, die dich brauchen!

CR

6.1.

Wer ist mein Nächster? – Teil 2

LUKAS 6,31

Wie ihr wollt, dass euch die Leute tun sollen, so tut ihnen auch.

„Vor Jahren war ich noch ein braver Familienvater“, murmelt der Obdachlose mit rauer Stimme. „Als meine Ehe scheiterte, ging es mit mir abwärts. Ich war niedergeschlagen, ja depressiv. Nach ein paar Monaten hatte ich meine gute, solide Arbeitsstelle verloren – ich hatte sogar eine leitende Stellung … Ja, ja, ich hab sogar studiert“, berichtet er stolz. Dieser Stolz war auch daran schuld, dass er sich nichts vom Staat schenken lassen wollte. „Dürfen wir dir was zu essen holen?“, bitten wir ihn zwischendurch. Resigniert nickt er, und als er nach wenigen Minuten seinen Burger mampft und den heißen Tee schlürft, brummelt er mit vollem Mund: „Wisst ihr, das ist so eine richtige Wechselwirkung. Ohne Arbeit keine Wohnung, und ohne Wohnung keine Arbeit.“

„Je länger ich arbeitslos war, umso öfter ertränkte ich meinen Kummer in Alkohol. So verlor ich langsam die Kontrolle über mein Leben und landete schließlich auf der Straße.“

Stöhnend rutscht er in eine bequemere Position. Das ungewohnt lange Reden hat ihn erschöpft. Wir verabschieden uns mit dem Versprechen, in den nächsten Tagen wiederzukommen. Mit einem kleinen Lächeln im Mundwinkel kuschelt er sich tiefer in seine Decke. Nachdenklich machen wir uns auf den Heimweg. Wie schnell kann man ins Aus katapultiert werden!

Und plötzlich bin ich in meinem Herzen dankbar für die Dinge, die ich oft als selbstverständlich ansehe. Für eine warme Wohnung, ein gemütliches Zuhause, das tägliche Essen, genügend Kleidung, für liebevolle Eltern, meine Geschwister und super Freunde. Aber vor allem, dass ich einen Gott kenne, der mir in Notsituationen beisteht!

Unser Glaube muss sich in der Praxis bewähren! Tipp: Suche dir einen Verwandten oder Nachbarn, für den du da sein kannst. Oder achte auf deine Mitschüler oder Mitarbeiter – meistens stehen ein bis zwei Personen am Rand, werden links liegen gelassen, abfällig behandelt oder sogar gehänselt. Wie dankbar werden sie für ein bisschen Freundlichkeit und Unterstützung sein!

Wann hast du deinen Eltern zuletzt eine kleine Freude gemacht, deinem Opa Zeit gewidmet oder ein offenes Ohr für deine Schwester gehabt? Gibt es in deiner Gemeinde Jugendliche, die nicht mehr kommen und sich über einen Anruf, eine Karte oder eine Einladung freuen würden?

Wenn du darum betest, wird Gott dir einen Menschen schicken, der deine Hilfe ganz besonders braucht!

CR

7.1.

Ein gültiges Versprechen

PSALM 56,13 NL

Gott, ich will die Versprechen halten, die ich vor dir abgelegt habe, und dir ein Dankopfer für deine Hilfe darbringen.

Ich hatte das Privileg, in einer christlichen Familie aufzuwachsen. In der Gemeinde wurde ich stets liebevoll umsorgt und hatte tolle Freunde. Alles schien beinahe perfekt. Ich war die Predigerstochter aus dem Bilderbuch. Mit 15 sagte ich bei meiner Taufe: „Ich glaube, ich werde diese Entscheidung nicht bereuen!"

Doch kurze Zeit später wurde mein Bild von einer harmonischen Gemeinde zerrüttet. Die Streitigkeiten liefen dermaßen aus dem Ufer, dass sich meine Gemeinde spaltete. Ein großer Teil der Gemeindeglieder, darunter alle meine Freunde, gründete eine eigene Gruppe und erschien nie mehr bei unserem Gottesdienst. Ich verlor das Vertrauen zu Menschen, die zuvor meine Vorbilder waren. In dieser Zeit klammerte ich mich an Gott. Ich war davon überzeugt, dass er treu bleibt und mich im Gegensatz zu

Menschen nie enttäuschen wird. Mit seiner Hilfe konnte ich Jahre später den Leuten vergeben, die mich damals verletzt hatten.

Das Versprechen, das ich Gott damals mit 15 gegeben habe, hielt mich bis heute in der Gemeinde. Mittlerweile habe ich viel erlebt, doch rückblickend kann ich bestätigen, dass ich bei Gott stets in guten Händen war. Er schickte mir immer wieder gläubige Menschen auf den Weg, damit ich nicht alleine kämpfen musste.

Vielleicht hast du es dir schon einmal überlegt, dich taufen zu lassen. Möglicherweise stehen Zweifel, Ängste und Enttäuschungen im Weg. Sprich mit Gott und vertrauenswürdigen Freunden darüber. Denk daran: Die Gemeinde braucht dich mit deiner einzigartigen Persönlichkeit und deinen Ressourcen! Ich lege meine Hand dafür ins Feuer, dass sich diese Entscheidung lohnt. Und wenn du bereits getauft bist, ist immer wieder wichtig, dass du dein Versprechen vor Gott erneuerst.

Ich habe meine Treue zu Gott nie bereut. Und das, obwohl mein Leben bis jetzt oft nicht so verlief, wie ich es mir gewünscht hätte. Dafür habe ich stückweise gelernt, was es heißt, Gott zu vertrauen. Völlig von Gott abhängig zu sein und sich von ihm verändern zu lassen, das ist gefährlich für ein bequemes Leben, aber das Beste für ein erfülltes Leben!

AD

8.1.

Ein Vorbild

1. TIMOTHEUS 4,12

Niemand verachte dich wegen deiner Jugend; du aber sei den Gläubigen ein Vorbild im Wort, im Wandel, in der Liebe, im Glauben, in der Reinheit.

Hast du Vorbilder? Personen, die du bewunderst, von denen du Dinge abschaust, die dir ein Beispiel von dem geben, was du selbst gern wärst? Wie sehen deine Vorbilder aus? Sind es berühmte Sportler, Musiker oder gar große Evangelisten und Prediger? Vielleicht ist es auch dein Opa, deine Eltern oder jemand aus deiner Gemeinde.

Gute Vorbilder sind für mich Menschen, die mir helfen zu verstehen, was es bedeutet, im Leben zu stehen, aber besonders was es bedeutet, als echter Nachfolger Jesu zu leben. Vielleicht sind dir jetzt ein paar Namen deiner Vorbilder eingefallen. Doch hast du mal darüber nachgedacht, selbst ein Vorbild zu sein? Genau das sagt ja der heutige Bibelvers. Wir Jugendlichen sollen Vorbilder sein und etwas vorleben, von dem wir selbst überzeugt und begeistert sind!

Wenn ich diesen Text lese, dann stelle ich mir vor, wir würden diesen Auftrag ernst nehmen. Wie sähe dann unsere Gemeinde aus? Sie wäre eine lebendige und blühende Gemeinde, wenn Junge und Alte aktiv zusammenarbeiteten. Wenn Tatkraft mit Respekt und Rücksicht verbunden wären.

Wodurch wird eine Gemeinde lebendig? Durch die Lieder, die sie singt oder durch tolle, mitreißende Programme? – Nein, eine Gemeinde wird erst durch lebendige Menschen in der Gemeinde lebendig. Durch Menschen, die eine echte Beziehung zu Gott haben. Was wäre eine Gemeinde, voll von Jugendlichen, die ihren Glauben ausleben, sich für Gott einsetzen und ganz und gar Jesus gehören?

Die Andachten der nächsten Tage sprechen genau über das, was dieser Vers in verschiedenen Bereichen unseres Lebens praktisch bedeuten kann.

AF

9.1.

Ein Vorbild im Wort

2. TIMOTHEUS 3,16.17

Denn alle Schrift, von Gott eingegeben, ist nütze zur Lehre, zur Zurechtweisung, zur Besserung, zur Erziehung in der Gerechtigkeit, dass der Mensch Gottes vollkommen sei, zu allem guten Werk geschickt.

Aus dem Text in 1. Timotheus 4,12 (siehe gestern) wird nicht ganz klar, was hier mit „ein Vorbild im Wort" gemeint ist. Wenn man allerdings diesen Text in einer „Neues Leben Bibel" nachliest, steht da statt „ein Vorbild im Wort" „ein Vorbild in dem, was du lehrst". Das würde heißen: Das was wir sagen, sollte für andere beispielhaft sein und auch mit dem Wort Gottes übereinstimmend.

Die große Frage ist nun aber: Wie können wir, du und ich, ganz praktisch ein Vorbild im Wort sein, also in dem, was wir lehren und sagen?

Sicher hat das etwas mit Gottes Wort zu tun. Welchen Stellenwert hat Gottes Wort in deinem Leben? Wie stark beeinflusst es deine Entscheidungen und Werte? Welchen Einfluss hat es auf deine eigenen Worte?

9.1.

Für mich ist die Bibel sehr wertvoll. Sie ist mir nicht nur Hilfe und Trost in schwierigen Zeiten, sondern auch Ratgeber in den vielen Lebensfragen, die man als Jugendlicher nun einmal hat. Außerdem ist für mich das Wort Gottes ein Maßstab, an dem ich messen kann, was gut und was schlecht ist.

Geht es dir nicht auch oft so wie mir? Du tust manche Dinge, einfach, weil man es dir so beigebracht hat oder weil alle deine Freunde es so tun, aber wirklich wissen, warum du etwas so und nicht anders machst oder glaubst, tust du nicht? Ich möchte dich ermutigen, diese Themen, egal was es ist, einmal selbst ganz genau im Wort Gottes zu studieren! Nur dann wirst du selbst Klarheit darüber haben, warum du was denkst, glaubst, tust oder sagst.

Damit die Bibel jeden Tag ihren guten Einfluss auf mich ausüben kann, ist es nötig, dass ich sie täglich lese und studiere. Dabei stelle ich mir die Frage: Was möchte Gott mir heute durch sein Wort sagen?

Es lohnt sich! Wenn deine Taten und Worte in Gottes Wort verwurzelt sind, kannst du ein echtes Vorbild im Wort sein!

AF

10.1.

Ein Vorbild im Wandel

JAKOBUS 1,22

Seid aber Täter des Worts und nicht Hörer allein, sonst betrügt ihr euch selbst.

„Eine Tat sagt mehr als tausend Worte" – dieses Sprichwort hast du wahrscheinlich schon mal gehört, oder sogar selbst ausprobiert und erlebt. Etwas Wahres ist da schon dran, oder? Gestern ging es darum, wie wichtig es ist, dass wir unsere Worte auf Gottes Wort gründen. Aber genauso wichtig sind unsere Taten, denn sie zeigen erst, wieviel unsere Worte wert sind.

Eine gute Andacht halten oder schreiben zu können, nützt gar nichts, wenn das nur Worte bleiben. Und ein Prediger, der uns sagt, wie wichtig es ist, die Gebote zu halten, wobei er selbst die Ehe bricht, am Sabbat arbeitet, schwindelt oder stiehlt, kann nicht erwarten, dass wir ernst nehmen, was er predigt!

Zugegeben, dieses Beispiel ist krass. Doch wenn wir uns überlegen, was es bedeutet, ein Vorbild sowohl im Wort als auch im Wandel zu sein, dann meint es genau das. Die Menschen um uns herum möchten sehen, dass wir tun, was wir sagen.

Paulus schreibt in Epheser 4,1: „Wandelt würdig der Berufung, mit der ihr berufen worden seid“ (EB). Was ist meine Berufung? Ich bin berufen zum ewigen Leben, zur Freiheit von der Sklaverei Satans, zum Leben als Licht in der Welt, zum Dienen in Liebe.

Ich frage mich, ob die Menschen in meinem Leben einen Unterschied sehen. Sehen sie, dass ich erlöst bin? Lebe ich authentisch als Nachfolger Jesu? Mein Wunsch ist es, dass die Menschen, wenn sie dein und mein Leben beobachten, eine Vorstellung davon bekommen, dass ein Leben mit Jesus ein Vorrecht und eine Freude ist.

AF

11.1.

Ein Vorbild in der Liebe

JOHANNES 13,35

Daran wird jedermann erkennen, dass ihr meine Jünger seid, wenn ihr Liebe untereinander habt.

„Liebe", ein vielbesprochenes, vielseitiges, aber doch so einzigartiges Thema! Auch die Bibel spricht viel über Liebe. Die Liebe soll sogar *das* Erkennungszeichen für Jesu Jünger sein! Wie können wir ein Vorbild in der Liebe sein? Zwei Fragen können uns vielleicht helfen – und natürlich die Antworten aus der Bibel:

Wie beschreibt die Bibel praktisch ausgelebte Liebe?

Das wohl bekannteste Kapitel in Gottes Wort dazu ist 1. Korinther 13. Hier schildert Paulus, wie Liebe praktisch aussieht: „Die Liebe ist langmütig, die Liebe ist gütig, die Liebe tut nicht groß, sie bläht sich nicht auf, sie benimmt sich nicht unanständig, sie sucht nicht das Ihre, sie lässt sich nicht erbittern, sie rechnet Böses nicht zu, sie freut sich nicht über die Ungerechtigkeit, sondern sie freut sich mit der Wahrheit, sie erträgt alles, sie glaubt alles, sie hofft alles, sie erduldet alles" (1. Korinther 13,4-7 EB).

Diese Beschreibung der Liebe ist ganz schön umfassend und herausfordernd!

Wie aber können wir diese Liebe in unser Herz bekommen?

Ich glaube, in 1. Johannes 4,19 steht die Lösung: „Lasst uns lieben, *denn er hat uns zuerst geliebt.*“

Gott möchte einfach nur, dass wir das weitergeben, was er uns schenkt. Und er schenkt seine Liebe so reichlich, dass wir jedes Mal, wenn wir sie weitergeben, noch mehr davon entdecken und dann wieder weiterschenken können!

Ich möchte ein Kanal der Liebe Gottes sein! Bitte Gott, dir seine Liebe ins Herz zu geben und dir ganz praktisch zu zeigen, wie du seine Liebe *heute* weitergeben kannst!

AF

12.1.

Ein Vorbild im Glauben

HEBRÄER 11,1

Es ist aber der Glaube eine feste Zuversicht auf das, was man hofft, und ein Nichtzweifeln an dem, was man nicht sieht.

Dieser Bibeltext definiert Glauben als etwas, was man auch „Vertrauen" oder „sich einer Sache sicher sein" nennen könnte. Er ist etwas nicht Beweisbares, man muss daran glauben. Wenn wir also an Gott glauben, ohne ihn je gesehen zu haben, dann heißt das: Wir vertrauen darauf, dass es ihn gibt und dass er sich für uns Menschen interessiert! Aber wie kommen wir zu diesem Glauben?

Mir helfen hier Menschen, die in ihrem Gottvertrauen gute Vorbilder waren. Es fällt mir dann viel leichter, auch dieses Vertrauen aufzubringen. Kennst du die Geschichte von Georg Müller, dem Waisenhausgründer aus Bristol? Eine Begebenheit aus seinem Leben zeigt besonders gut, was einfacher aber unerschütterlicher Glaube bedeutet:

Es war Frühstückszeit im Waisenhaus. Der Tisch war gedeckt, die hungrigen Kinder standen hinter ihren Stühlen, bereit zum Essen, doch es gab kein Essen.

Aber Georg Müller, fest davon überzeugt, dass Gott auch dieses Mal helfen würde, dankte ihm für das Essen, das er ihnen heute geben würde. In diesem Moment klopfte es an der Tür und ein Bäcker brachte Brot für die ganze Kinderschar. Ja, Gott belohnt solchen Glauben!

Wenn es aber für uns so eine große Hilfe ist, dass wir Glaubensvorbilder haben, dann sollten wir uns überlegen, wie wir selbst auch solche werden können! Dieses Thema ist wohl zu groß für eine Seite im Andachtsbuch, aber ein Kapitel der Bibel ist mir dazu wichtig geworden: Hebräer 11. In diesem Kapitel kommt das Wort „Glauben" mehr als 25-mal vor. Es geht dort um die vielen Glaubenshelden des Alten Testaments und was sie durch ihren Glauben alles bewirkt haben.

Nimm dir heute doch mal die Bibel zur Hand und lies dieses Kapitel mit der Frage im Kopf: „Was hat diese Menschen zu Glaubensvorbildern gemacht, und wie kann ich selbst für andere ein Wegweiser und eine Hilfe zum Glauben werden?" Gott zu vertrauen, das ist sehr wertvoll und macht unser Leben reich!

AF

13.1.

Ein Vorbild in der Reinheit

PSALM 119,9 NL

Wie kann ein junger Mann in seinem Leben rein von Schuld bleiben? Indem er sich an dein Wort hält und es befolgt.

Reinstoffe sind unvermischte Stoffe. Aber Reinheit hat oft auch etwas mit Sauberkeit zu tun. Was bedeutet es, wenn Gott uns dazu auffordert, rein von Schuld zu bleiben? Was macht uns denn schmutzig? – Die Bibel sagt, dass es die Sünde ist, die uns beschmutzt. Und das ist ein Problem, denn wer kann sagen, dass er nie sündigt? Dabei möchten wir doch sauber bleiben!

Gott hat dieses Problem auf eine wunderbare Art gelöst: Jesus hat als „Reinigungsmittel" sein Blut geopfert. Nur Jesus, der selbst nie sündigte, kann alle Sündenflecken entfernen! Ohne diese Lösung könnte kein Mensch gerettet werden. Aber noch etwas ist zur Lösung dieses Problems sehr wichtig! Gott braucht unsere Entscheidung: den Entschluss, rein sein zu wollen!

Dabei fällt uns dieser Entschluss schwer, wenn wir an einer bestimmten Sünde regelrecht „hängen“. Manches denken, sagen, tun wir einfach gerne! Ein Nein zu dieser Sünde, das fordert einen inneren Kampf. Doch um diese Entschlossenheit kannst du Gott bitten! Sag ihm, dass du es alleine nicht schaffst. Bitte ihn darum, dir die Abscheulichkeit der Sünde bewusst zu machen! Danke ihm für seine Vergebung und den Sieg, den er dir geben wird!

Vielleicht sind es schlechte Filme, Spiele, Musik oder Bücher, die dich gefangen nehmen –gefangen deshalb, weil wir oft gar nicht mehr merken, ob diese Dinge gut oder schlecht sind.

Philipper 4,8 ist ein wunderbarer Text, der mir hilft, vieles in meinem Leben zu prüfen, egal ob es eines der oben erwähnten Dinge ist oder Worte, die ich ausspreche, Gedanken, die ich zulasse usw.

Ich merke, dass ich mich immer wieder dazu entscheiden muss, Reinheit zu leben. Aber Gott wird mir und dir dabei helfen.

AF

14.1.

Heiliger Boden, heilige Zeit

JOSUA 5,15

Und der Fürst über das Heer des HERRN sprach zu Josua: Zieh deine Schuhe von deinen Füßen; denn die Stätte, darauf du stehst, ist heilig. Und so tat Josua.

Wie oft bist du schon zur Gemeinde gegangen? Wie viele Predigten, Andachten und Gebete hast du schon gehört, wie viele christliche Veranstaltungen besucht? Sicher schon etliche. Ähnlich ging es Josua. Er hatte schon von Jugend auf Mose an der Stiftshütte gedient, ist Gott schon oft begegnet, kannte große Wunder. Doch nun steht ein Mann mit gezücktem Schwert vor ihm und er weiß nicht, mit wem er es zu tun hat: „Gehörst du zu uns oder zu unseren Feinden?", ist seine verständliche Frage. Die Antwort des Engelfürsten, der ihm da in menschlicher Gestalt gegenübersteht, ist deutlich: „Nein, sondern ich bin der Fürst über das Heer des HERRN und bin jetzt gekommen." Viel ist es nicht, was die beiden miteinander reden, zumindest wird uns nicht viel berichtet. Die einzige Anweisung, die dieser heilige Krieger dem erschrockenen Josua gibt, bezieht sich auf die Heiligkeit der Stätte, da ihm hier nun offenbar Gott persönlich gegenübersteht.

Oft hatte sich Josua der Stiftshütte Gott genaht. Und oft hatte er von Mose die Weisungen Gottes gehört. Doch „jetzt", wie der Krieger betont, ist Gott selbst zu Josua gekommen. „Jetzt" war es an der Zeit, ihm nicht mehr nur durch andere Menschen (wie Mose), sondern ganz persönlich und direkt zu begegnen. „Jetzt" war es an der Zeit, Josua zu beauftragen. Und er tut das, indem er ihm bewusst macht, mit welch heiligem Wesen er es zu tun hat. Mit diesem großen und heiligen Gott würde es keine Niederlagen geben.

Wie sieht es in deinem Leben aus? Erkennst du den Moment, wenn in deinem Leben dieses „Jetzt" gekommen ist? Wenn Gott sich dir naht, um sich dir zu zeigen? Die Botschaft, die er Josua gab, gilt auch uns heute: Vergiss nie die Größe und Heiligkeit Gottes! Wenn wir in der Bibel lesen, eine Predigt hören oder ein Gebet sprechen, dann kommen wir Gott nahe – ganz wie Josua, dem er auf einmal persönlich und sichtbar gegenüberstand.

RG

15.1.

Von Gott enttäuscht

HIOB 2,9

Seine Frau sprach zu ihm: Hältst du noch fest an deiner Frömmigkeit? Sage Gott ab und stirb!

Zuerst die Verluste: ihre Hirten ermordet und 7.000 Schafe, 3.000 Kamele, 1.000 Rinder, 500 Eselinnen geraubt! Dann die Tragödie: alle 10 Kinder beim Hauseinsturz tot! Dann der nächste Schlag: Hiob wurde schwer krank. Seine Haut entzündete sich und eiterte. Vom Kopf bis zu den Füßen gab es keine heile Stelle an ihm. Er schabte die verschorften Stellen mit Tonscherben ab und puderte sich mit Asche. Nachts wälzte er sich schlaflos hin und her. Zum Essen konnte er sich kaum noch zwingen, er magerte ab bis zum Gerippe. „Ich wollte, ich wär tot!“, sagte er oft.

Vor kurzer Zeit noch war Hiob ein beliebter und berühmter Mann gewesen. Sein Haus hatte freundliche Fenster und offene Türen für alle, die Not litten. Er war Anwalt für Waisen und Witwen. Im ganzen Land wurde Hiob respektiert und geschätzt. Wenn er sprach, klappten die anderen den Mund zu, sogar den Politikern fiel nichts mehr ein.

Aber jetzt verspotteten ihn die Straßenjungen, und wenn Hiob seinen Knecht um einen Gefallen bat, dann stellte der die Ohren auf Durchzug!

15.1.

Das konnte Frau Hiob nicht verkraften. Kein Tag verging, an dem sie nicht um ihre Kinder weinte. Zur Trauer kam die Sorge um den Lebensunterhalt. Wie sollte es nun weitergehen, wovon sollten sie sich ernähren?

Die Verwandten machten einen Bogen um Hiobs Haus. Und die wenigen Freunde, die ihm noch geblieben waren? Sie vermuteten mindestens eine Leiche im Keller. Warum sonst hätte Gott diesen Mann so schwer strafen sollen? Die Freunde merkten nicht, wie tief sie Hiob mit ihren Verdächtigungen verletzten. Ihre Rechthaberei hatte sie hart und gefühllos gemacht.

Wieso klammerte sich Hiob immer noch an Gott? Der ihm zum Feind geworden war? Der ihn gnadenlos folterte? Schlimmer als jeden Schwerverbrecher? So erschien es ihm, und auch Frau Hiob fand das mehr als ungerecht! Wo war die schützende Hand Gottes geblieben? Womit hatten sie eine solch unmenschliche Strafe verdient?

Frau Hiob verstand das nicht. Sie wünschte sich nur noch eins für ihren Mann: dass er endlich Ruhe fände. Und wenn Gott ihm nicht half – wer konnte es dann? Frau Hiob hatte resigniert. Verständlich? Ja. Hilfreich? Leider nicht. Stell dir vor, Frau Hiob säße hier neben dir. Welchen Trost hättest du für sie?

SR

16.1.

Wer ist schuld?

HIOB 16,7-9 NL

O Gott, du hast mich zur Erschöpfung gebracht und meine Familie hast du vernichtet. Du hast mich hart angepackt, und das ist in den Augen der Leute ein Beweis für meine Schuld. Der Zustand meines Körpers spricht gegen mich und stempelt mich zum Lügner. Der Zorn Gottes bekämpft und zerfetzt mich.

Wie reagieren wir, wenn uns etwas Schlimmes zustößt? Klagen wir: „Warum passiert das mir?" Eine Warum-Frage nach der Ursache ist sinnvoll: Die Bremsleitung des Wagens hat ein Loch und das Auto knallt auf einen LKW. Ein Starkregen mit Hagel prasselt auf den Gemüseacker und die Ernte ist verdorben. Ein Stromkabel reißt durch einen umfallenden Baum und der Chirurg im OP steht erst mal im Dunkeln. Vernünftig, wenn wir nach der Ursache fragen! Doch haarscharf daneben lauert ein Gedanke, der uns auf ein schädliches Gleis umleitet: „Wer hat Schuld?"

Schmerzt ein Unglück weniger, wenn wir jemandem die Verantwortung in die Schuhe schieben können? Zuerst fühlen wir uns tatsächlich besser, wenn wir auf einen anderen wütend sein können. Doch auf Dauer hilft uns der Zorn nicht weiter, denn dadurch verletzen wir andere und schädigen uns selbst. Und auch die Einsicht: „Selber schuld!", kann nicht wirklich trösten.

Hiob trauerte, weil er seine Kinder verloren hatte. Außerdem war er von heute auf morgen ein armer Mann. Er wurde schwer krank und konnte nicht mehr arbeiten. Da wurde er von seinen Mitmenschen als Versager abgestempelt. Die Verachtung tat bitter weh. Seine seelische Qual wurde durch zwei falsche Behauptungen ins Unerträgliche gesteigert: 1. Gott hat dich bestraft! 2. Du bist selbst an allem schuld!

Die ersten Verse im Buch Hiob entlarven diese beiden Sätze als Lüge. Der Leser ist hier ein Stückchen klüger als der arme Hiob. Denn Hiobs Verlust war keineswegs eine Strafe Gottes, sondern eine boshafte Strategie Satans. Der wollte dem Universum beweisen, dass gläubige Menschen nur aus Berechnung „brav" sind und nicht etwa, weil sie Gott lieben und ihm vertrauen. Außerdem hat Satan Freude daran, wenn er Menschen in tiefstes Leid stürzen kann; er genießt ihre Tränen. Allerdings gelingt es ihm nicht, den leidenden Hiob so sehr gegen seinen Schöpfer aufzuhetzen, dass er Gott den Rücken kehrt. Im Gegenteil: Hiob fleht und bettelt und schimpft und liegt Gott in den Ohren. Er hängt weiter an seinem Gott.

SR

17.1.

Versöhnung

HIOB 42,7.10 NL

Ich bin zornig auf dich und deine beiden Freunde, denn ihr habt nicht richtig von mir gesprochen, im Gegensatz zu meinem Diener Hiob. … Mein Diener Hiob soll für euch beten. Nur seinetwegen will ich euch eure Unbesonnenheit nicht anrechnen, denn ihr habt nicht richtig von mir gesprochen … Und Gott gab Hiobs Schicksal eine neue Wendung, weil er Fürbitte für seine Freunde getan hatte …

Worin bestand denn das falsche Gottesbild, das Hiobs „Freunde" so vehement vertraten? Einige ihrer Gedanken könnte ich unterschreiben. Doch das Gesamtbild, das sie von Gottes Handeln gezeichnet hatten, war schief und völlig verzerrt. Eine Tragödie ist eben nicht unbedingt eine

„Strafe Gottes" für unseren Ungehorsam. Manchmal geschieht ein Unglück als logische Folge davon, dass Naturgesetze übertreten werden. Oft sind andere Menschen daran schuld, dass wir Leid und Kummer erleben, ob mit Absicht oder aus Versehen. Und einiges „passiert einfach", ohne dass wir jemanden dafür zur Verantwortung ziehen könnten.

Hinter allem Bösen steht grundsätzlich Satan. Er hat dafür gesorgt, dass die ersten Menschen nicht auf Gott hörten. Und er wird eines Tages die Rechnung dafür bezahlen, dass auf diesem geschundenen Planeten so viele Menschen gequält werden und Schmerzen leiden, dass so viele Herzen brechen und wir alle Angst haben und zornig sind, weil wir ungerecht und lieblos behandelt werden. Oder an Krebs erkranken. Oder vor einem Krieg flüchten müssen. Oder alles verlieren, was uns wertvoll ist.

Auf unserer Erde ist das „normal", es ist nichts Besonderes, und wenn es uns widerfährt, dann müssen wir nicht fragen: „Warum ich?", wir könnten genauso gut fragen: „Warum eigentlich nicht?"

Aber wir lernen aus dem Buch Hiob, dass Gott dieses Leid wahrnimmt und genau dosiert. Paulus schrieb einmal, dass denen, die Gott lieben, alles zum Besten dienen muss. Gott kann auf dem schlimmsten „Mistbeet" immer noch duftende Rosen züchten. Das können wir erleben, wenn wir aufhören, Gott Vorwürfe zu machen und ihn anzuklagen. Das steht uns ja auch gar nicht zu! Und wenn wir – wie Hiob – nicht aufhören, mit Gott zu reden, sondern ihm weiter vertrauen, dann haben wir auch Kraft, den anderen zu verzeihen, die vielleicht wirklich schuld an unserem Unglück sind! Und wir können auch uns selbst vergeben. Das macht den Weg frei zur Heilung unserer Gefühle.

SR

18.1.

Ende gut, alles gut

HIOB 42,12–17

Und der Herr segnete Hiob fortan mehr als einst … und er bekam sieben Söhne und drei Töchter … Und Hiob lebte danach 140 Jahre und sah Kinder und Kindeskinder bis in das vierte Glied. Und Hiob starb alt und lebenssatt.

Wodurch hat sich Hiobs Zustand geändert? Wir lesen nichts davon, dass er plötzlich gesund wurde. Mitten im Schmerz, mitten in der Trauer begegnet ihm plötzlich Gott. Aber nicht auf eine sanfte und tröstende Art, sondern im Gewitter! Der Aufruhr der Natur spiegelt Hiobs Gefühle. Gott respektiert seinen Zorn, seine Verzweiflung. Er spielt Hiobs Leid nicht etwa herunter und säuselt: „Aber aber, mein Lieber, wer wird sich denn so schrecklich aufregen?"

Nein, Gott nimmt Hiob ernst. Und er stellt sich Hiobs Vorwürfen, als säße er selbst auf der Anklagebank. Als müsste er sich verteidigen. Aber

18.1.

sehr schnell wird klar, dass Gott das gar nicht nötig hat! Er m u s s uns die Antwort auf die „Warum-Frage" nicht liefern. Denn sie hilft uns meistens gar nicht weiter.

Gott zeigt sich dem Hiob als der Allmächtige. Der alles im Griff hat. Der den vollen Überblick nie verliert. Und das allein hilft dem Hiob. Und das hilft auch mir. Der Schlüssel zu diesem Geheimnis liegt in meiner Haltung zu Gott. Also höre ich auf, IHM Vorwürfe zu machen, das steht mir ja gar nicht zu! Meine ich, alles besser zu wissen als er? Will ich über ihn zu Gericht sitzen? Wie kurzsichtig wäre das! Ich beschließe: „Vater, ich will dir weiterhin vertrauen und dich lieben, trotz all des Schlimmen, das mir das Herz umdreht." Dann bin ich offen für den Trost, den der Heilige Geist spendet. Dann kann ich versöhnlich und großzügig auf andere Menschen zugehen, statt zu grollen und zu verbittern. Ich kreise dann nicht mehr um mein Unglück, ich klettere aus der giftigen Brühe des Selbstmitleid-Pools und wende mich meinen Mitmenschen zu. Und dann wird Gott mein „Schicksal wenden".

Als Hiob seinen „Freunden" vergab, wurde er innerlich wieder ruhig. Auf einmal kamen seine Brüder und Schwestern, seine Freunde. Sie trösteten ihn, sie beschenkten ihn mit Geld und ihrer Zuneigung. Und dann spürte er den Segen Gottes ganz neu und ganz stark. Er wurde reich, er wurde wieder froh. Und sein Buch wurde uns zum Lehrstück und Trost, denn so wie er werden auch wir einmal ein absolutes Happy End erleben. Wenn wir an Gott festhalten.

SR

19.1.

Um Neid ist keiner zu beneiden

JAKOBUS 3,14 NL

Wenn ihr aber von bitterem Neid und selbstsüchtigem Ehrgeiz erfüllt seid, dann rühmt euch nicht damit, weise zu sein. Das wäre eine Lüge!

Mose hatte eine ganz besonders liebevolle und fürsorgliche Schwester. Wachsam stand sie am Ufer des Nil und behielt das kleine Weidenkörbchen im Auge. Lag doch ganz auf sich allein gestellt ihr kleiner Bruder darin. Wehe, jemand täte ihm etwas zuleide!

Jahre gingen ins Land. Was war nur mit Mirjam geschehen? Nun fühlte sie ganz anders, wenn sie an ihren Bruder dachte. Ihr Herz war aufgewühlt, verbittert, rastlos. Zuerst wollte sie es sich nicht eingestehen, dass sie neidisch war, ja, das war purer Neid! Warum hatte Mose immer das letzte Wort? Musste denn immer nur das geschehen, was er sagte? Nur er durfte Gott tatsächlich sehen. Warum zog Gott ihn derart vor? Das war einfach ungerecht! Jetzt reichte es ihr! Und diese Zippora, seine Frau – ja, hübsch

war sie schon, aber warum musste es ausgerechnet eine Schwarze sein? Konnte er sich nicht eine Frau aus seinem Volk nehmen? Es musste anscheinend etwas Besseres sein.

Kennst du diese Gefühle auch? Sie haben uns fest im Griff, sie lassen uns nicht mehr los, sie haben Macht über unsere Gedanken – ja, wir können nichts anderes mehr denken! Freudlos vegetieren wir dahin. Manchmal empfinden wir sogar Schadenfreude, wenn es den anderen einmal voll erwischt hat. Wir werden undankbar für das, was wir sind und haben. Wir wollen nur noch eins: genauso sein wie diese Person, die wir so sehr beneiden! Wir verlieren uns völlig! Wir werden unfair. Ja, das macht der Neid aus uns!

Wenn ich in Versuchung gerate, andere zu beneiden, dann stoppe ich diese Gedanken sofort! Neid muss im Keim erstickt werden! Denn diese Gefühle zerstören uns selbst und auch den anderen, der beneidet wird. Gott hilft uns dabei. Wir können ihn darum bitten. Er gibt uns die Kraft, dieses Unkraut auszureißen. Stattdessen können wir Gott danken und loben. So werden unsere Gedanken von diesem Übel weggelenkt. Gott erhört diese Gebete sofort! Er hat versprochen: „Wenn euch nun der Sohn frei macht, dann seid ihr wirklich frei" (Johannes 8,36).

GT

20.1.

24 Stunden

EPHESER 5,16

… und kauft die Zeit aus …

„Die Zeit in der man jung ist, gibt es nur einmal, darum lebe sie sinnvoll!“

Wer kennt ihn nicht, den Ruf der Mutter: „Du hast vergessen den Geschirrspüler auszuräumen, komm bitte noch einmal in die Küche!“? SINNVOLL??? Ist das Ausräumen des Geschirrspülers etwa sinnvoll genutzte Zeit? Wie sieht es eigentlich aus, wenn man seine Zeit „sinnvoll“ gestaltet? Ist das nicht absolut subjektiv und wird daher von jedem ganz unterschiedlich gesehen?

Gerade jetzt sitze ich im Garten, höre die Vögel zwitschern, genieße die Sonnenstrahlen und den herrlich blauen Himmel – es ist ein richtig schöner Sommermorgen. Aber nun meine Frage an dich: „Ist dies sinnvoll genutzte Zeit?“ Schon in wenigen Wochen werde ich wieder auf der Uni sein und den Vorlesungen, Seminaren oder Kursen lauschen. Ist das nicht eher sinnvoll genutzte Zeit?

Im Prediger 3,1 liest man, dass alles eine bestimmte Stunde hat und jedes Vorhaben seine Zeit. Bedeutet das nun, dass schon alles vorherbestimmt ist und ich einen „vorgeplanten“ Tag verleben darf/muss?

Ich denke nicht, dass es so gemeint ist. Gott gibt uns jeden Tag 24 Stunden, damit wir sie sinnvoll gestalten. ER möchte, dass wir kreativ werden und jede Minute bestmöglich nutzen. Adam und Eva wurden in den Garten Eden gestellt mit dem Auftrag: „Füllt die Erde und macht sie euch untertan; und herrscht über die Fische im Meer und über die Vögel des Himmels und über alles Lebendige, das sich regt auf der Erde“ (1. Mose 1,28 SLT)! Der Schöpfer gibt ihnen alles – eine wunderbare Umgebung, Fische und Vögel. Nun liegt es an Adam und Eva, was sie daraus machen.

Genauso ist es mit uns heute. Gott gibt uns Talente, Fähigkeiten, Begegnungen mit Menschen und 24 Stunden – jeden Tag aufs Neue. Diese Zeit dürfen wir sinnvoll gestalten. Was machst du aus deinen heutigen 24 Stunden?

MS

21.1.

Gott weiß es besser

SPRÜCHE 3,5

Verlass dich auf den Herrn von ganzem Herzen und verlass dich nicht auf deinen Verstand.

An einem Sabbat kamen zwei Mädchen in unseren Gottesdienst, die noch keiner kannte. Ein Freund aus unserer Jugendgruppe wies mich darauf hin. Gleich nach dem Gottesdienst ging ich zu den beiden hin und sprach sie an. Sie waren zum ersten Mal in dieser Gemeinde und hatten erst vor Kurzem zum ersten Mal von der Adventgemeinde gehört. Ich lud sie zum gemeinsamen Mittagessen in der Gemeinde ein. Beim „Potluck" entwickelte sich ein nettes Gespräch. Wir erfuhren, dass die beiden Schwestern sind und dass ihr Onkel Siebenten-Tags-Adventist ist.

Wir erzählten ihnen von unserem Jugendbibelkreis am Mittwochabend. „Habt ihr Lust zu kommen?" Sie sagten zu. Dieser Bibelkreis fand bei mir zu Hause statt. Leider stellte sich für den nächsten Mittwochabend aber heraus, dass wir nur zu dritt sein würden – drei von uns und die beiden Gäste, alle anderen waren verhindert! Ich dachte: „Lieber Gott, das kann doch wohl nicht wahr sein! Heute kommen zwei Gäste und wir sitzen nur zu dritt da, wie erbärmlich sieht das denn bitte aus?!" Ich war entmutigt. Eine Zeitlang ärgerte ich mich. Doch dann betete ich: „Okay lieber Gott.

Du wirst es führen. Ich kann eh nichts machen. Ich stelle dir heute Abend meine Zeit und meine Gastfreundschaft zur Verfügung. Es geht um dich. Den Rest musst du machen." Also hatten wir zu fünft einen netten Bibelkreis. Meine beiden Freunde aus der Gemeinde mussten frühzeitig gehen, da sie noch einen Termin hatten. So blieben nur die beiden Mädchen bei mir. Aber das war gar kein Nachteil! Da wir am Ende nur noch zu dritt reden konnten, entwickelte sich ca. zwei Stunden lang ein tolles Gespräch und wir beteten auch noch einmal gemeinsam.

Wie kleingläubig wir doch manchmal sind! Gott weiß es in seiner Vorsehung eben doch besser! Seit diesem Abend kamen die beiden jede Woche zum Bibelkreis, und das sieben Monate lang. In ein paar Wochen werden sie sich taufen lassen! Auch wenn wir mit unserem logischen Menschenverstand manchmal denken: „Das geht schief!" oder „Das lohnt sich einfach nicht!", sollten wir uns nicht entmutigen lassen. Wenn wir einfach alles, was wir sind und haben, Gott zur Verfügung stellen, macht er etwas Gutes daraus!

JB

22.1.

Wen soll ich senden?

JESAJA 6,8

„Wen soll ich senden? Wer wird für uns gehen?" Und ich sagte: „Hier bin ich, sende mich."

Ware ist etwa 16 Jahre alt. Keiner weiß, wann er wirklich geboren wurde, in seiner Umgebung spielt das auch keine große Rolle. In einer Welt, in der es keinen Begriff für Zeit gibt, orientieren sich die Menschen anders. Seine Eltern starben, als er noch ein Säugling war. Solche Waisenkinder essen mal hier und mal da. Ihnen fehlen feste Bezugspersonen, und oft sind sie völlig auf sich allein gestellt.

Ware ist ein neugierig-aufgeweckter, hilfsbereiter junger Bursche. Seit meiner Ankunft im Oktober 1999 auf Papua Neuguinea war er oft in meiner Nähe. Er wollte beobachten, wie sich dieser „Fremde" verhielt. Wir wurden bald Freunde. Anfangs war unsere Freundschaft nur auf ein Lächeln beschränkt. Wir sprachen mit unseren Augen, aber dank seiner geduldigen Anleitung und Ausdauer konnte ich bald ein paar Worte „Pidgin" erlernen. Ware fragte mich, ob ich ihm das Lesen und Schreiben beibringen könne.

Erfreut sagte ich zu. Ware war ein sehr eifriger Schüler, und der Unterricht machte uns beiden richtig Spaß.

Am Sabbat nach der ersten Woche gemeinsamen Lernens begleitete er mich auf dem Weg zu einer Gemeinde. Nachdem wir schon fast eine Stunde unterwegs waren, blieb er plötzlich wie angewurzelt stehen und sagte: „Porroman mi laik beten wantaim yu." (Freund, ich möchte mit dir beten.) Wir knieten uns nieder. Als er dann anfing zu beten und ich seine Worte hörte, kamen mir die Tränen. Dieser einfache Junge, der keine Eltern hatte, dankte Gott in seinem Gebet dafür, dass er nun endlich das Lesen lernen durfte, damit er bald auch die Bibel lesen könnte. Dieses freudige, spontane Gebet mitten im Dschungel ließ mich die vielen Entbehrungen, Ängste und Unsicherheiten vergessen, denen ich bei meinem missionarischen Einsatz ausgesetzt war. Ich war überglücklich, dass Gott mich gebrauchen konnte.

Und wo möchte Gott dich heute einsetzen? Willst du mit ihm zusammenarbeiten?

DL

23.1.

Eigenlob stinkt

SPRÜCHE 27,2

Lass dich von einem anderen loben und nicht von deinem Mund, von einem Fremden und nicht von deinen eignen Lippen.

„Eigenlob stinkt!“ Vielleicht kennst du diese Redewendung auch. Schon als Kind bringt man uns bei, dass man sich ein soziales Eigentor schießt, wenn man zu viel von sich hält (und das auch andere wissen lässt). Viel besser ist es doch, wenn andere uns loben. Man sagt auch nicht „ich und mein Bruder“, sondern „mein Bruder und ich“. Man prahlt nicht, sondern behält seine Erfolge lieber für sich. Bescheidenheit ist gefragt!

Aber sind wir wirklich so frei davon, uns selbst zu loben oder vor anderen unsere Vorzüge an den Mann zu bringen? Ich glaube nicht! Wir haben einfach etwas subtilere, unauffälligere Wege gefunden, allen zu zeigen, was für ein „toller Kerl“ wir sind. Auffällig unauffällig manchmal!!!

Wenn ich manche Situationen in meinem Leben Revue passieren lasse, merke ich schon, dass da etwas stinkt. Oft betreibe ich das sogenannte

„fishing for compliments“ und bin darauf aus, vor anderen gut dazustehen und etwas Lob einzuheimsen. Unangenehm! Was kann man dagegen tun?

Das Gegenteil von Eigenlob ist …? – Andere loben und Gott loben! Ich glaube, das ist auch die beste Medizin, um von unserer Eitelkeit herunterzukommen.

Was kannst du heute an Gott loben? Was hat er dir Gutes getan? Welche seiner Eigenschaften ist dir gerade besonders wichtig?

Und was kannst du an deinen Mitmenschen loben? Was hat X heute gut gemacht, wo hat Y dir geholfen, was magst du an Z? Wie könntest du R eine Freude machen? Braucht Q nicht etwas Aufmerksamkeit? Und das war doch wirklich lieb von S!

Es mag sein, dass deine eigenen Vorzüge und Errungenschaften dadurch etwas in den Hintergrund treten. Aber auf der anderen Seite ist auch wahr, dass eigentlich jeder solche Menschen mag, die gerne und von Herzen Wertschätzung ausdrücken und die im Anderen immer etwas Gutes sehen!

Vielleicht wird das bald deine lobenswerteste Eigenschaft! Nicht, dass dir das wichtig wäre …

LS

24.1.

Bleib dran

MATTHÄUS 13,44

Das Himmelreich gleicht einem Schatz, verborgen im Acker, den ein Mensch fand und verbarg; und in seiner Freude ging er hin und verkaufte alles, was er hatte, und kaufte den Acker.

„Diese Fliege möchte ich haben!“ Der Frosch balancierte auf dem Seerosenblatt und konzentrierte sich auf die Fliege, die gerade auf die blaue Wasserlilie zuflog.

„Hey Frosch!“, rief die schillernde Libelle aufgeregt, „schau mal, was ich kann!“ Schon flog sie im Karacho schwanzvorwärts über seinen Kopf.

„Du bist echt gut“, quakte der Frosch, ließ aber dabei die nervöse Fliege nicht aus den Augen. „Aber wie du siehst, bin ich beschäftigt. Komm später noch einmal vorbei!“

Von der Seite her rief ihm ein frecher Wasserläufer zu: „Komm, fang mich doch, wenn du kannst! Ich bin sowieso schneller.“

„Später“, murmelte der Frosch, während er nicht wagte, auch nur einen Blick von der Fliege zu wenden.

„Sei doch kein Spielverderber, Grünkröt", rief der kleine Wasserläufer und tappte um den Frosch herum.

Der Frosch brummte: „Gib Ruhe, ich darf diese Fliege nicht verpassen!"

Kennst du das? Du musst dich auf etwas Wichtiges konzentrieren. Dabei lenken dich so viele Dinge ab: das Handy vibriert, weil eine SMS eingegangen ist, nun klingelt auch noch das Telefon, das Radio spielt den allerneusten Hit und du willst unbedingt noch das Video auf Facebook anschauen, dabei haben dich die Freunde ins Freibad eingeladen und draußen lacht die Sonne …

Manchmal verliere ich Jesus aus den Augen, obwohl er für mich so wichtig ist, ja, das Wichtigste überhaupt! Dann erinnere ich mich an den Mann, der einen Schatz im gepachteten Acker fand. Er verkaufte alles, was er besaß, und kaufte dafür den Acker, weil ihm der Schatz so wertvoll war.

Ich denke an Situationen, in denen ich entmutigt war und trotzdem nicht aufgab und einfach weiter betete, bis Gott mir inneren Frieden schenkte. Da wusste ich wieder: Gott macht keine Fehler!

Das füllt mein Herz mit Freude und steigert meine Liebe zu ihm. Deshalb möchte ich gerne mit dem Schatzgräber mitgraben, schwitzen, suchen, auf den Grund gehen.

Da reicht es nicht, an der Oberfläche zu schürfen. Ein paar Minuten am Morgen in der Bibel lesen, lässt uns den „Schatz" nicht entdecken. Aber wenn ich mit offenem Herzen studiere und nicht aufgebe, bis ich Jesus besser kennengelernt und verstanden habe, dann habe ich Chancen auf den „Schatz".

Doch was erzähl ich dir da? Nimm selbst den Spaten und grabe!

CW

25.1.

Du bist nie allein!

JOSUA 1,5B EÜ

Gott spricht: Ich lasse dich nicht fallen und verlasse dich nicht!

Josua war in einer schwierigen Situation. Nachdem Mose gestorben war, war er von Gott zum Führer des Volkes Israel auserwählt worden. Vielleicht fühlte er sich dieser Aufgabe aber gar nicht richtig gewachsen. Er wusste nicht, wie er dieser großen Verantwortung gerecht werden sollte, die Israeliten in das verheißene Land zu bringen. Möglicherweise konnte er sich noch gar nicht recht vorstellen, was alles auf ihn zukam. Wie schön müssen dann für ihn die Worte geklungen haben, die Gott zu ihm sprach: „Du bist nie allein. Du kannst dich darauf verlasse, dass ICH immer an deiner Seite bin. Das verspreche ich dir!“

Auch du kennst bestimmt Tage, an denen du dich überfordert fühlst. Der Schulstress wächst dir über den Kopf. Du hast Probleme mit deinem Freund oder deiner Freundin. Oder du musst eine wichtige Entscheidung treffen, weißt aber nicht, welche … Oder du steckst gefühlsmäßig in einem tiefen Loch und alles scheint ausweglos. Dann möchte ich gerade dich mit dieser Verheißung ermutigen. Nimm sie doch für dich persönlich in Anspruch! Klammere dich an die Zusage, die Gott hier macht. Die Worte, die Gott zu Josua gesprochen hat, gelten auch dir.

Als meine Schwester eine schwere Zeit durchmachte, schrieb ich ihr ermutigende Bibeltexte auf Karteikarten. Der erste war dieser Bibeltext aus Josua 1. Nachdem sie ihn in ihrem Zahnputzbecher gefunden hatte, kam sie weinend zu mir. „Ich weiß auch nicht, warum ich nicht selbst an Gott gedacht habe!" Ja, manchmal versperren uns unsere Probleme die Sicht. Wie gut, dass wir in der Bibel so ermutigende Worte finden. Ich wünsche dir die Geborgenheit in deinem Herzen, die aus dem Wissen entsteht: Gott verlässt dich nie!

JF

26.1.

Der Spiegel der Wahrheit

2. KORINTHER 3,18

Nun aber schauen wir alle mit aufgedecktem Angesicht die Herrlichkeit des Herrn wie in einem Spiegel, und wir werden verklärt in sein Bild von einer Herrlichkeit zur andern von dem Herrn, der der Geist ist.

Ob wir in einen Frisörsalon gehen, in ein Einkaufszentrum oder in das eigene Bad, überall begegnen wir diesem Gegenstand. Er ist ein Blickfang, ja, womöglich erntet er sogar die meisten Blicke: der Spiegel.

Vor einiger Zeit war mein Glaube auf einem Tiefpunkt. Nichts ging mehr. Da half mir das Prinzip des Spiegels, Gottes Wirken in meinem Leben besser zu verstehen.

Wir vergleichen uns gern mit anderen Leuten. Wir betrachten uns selbst und schauen dann auf die anderen. Je nachdem, mit wem wir uns vergleichen, schneiden wir dabei gut oder schlecht ab. In dieser Rille saß ich auch fest. Dadurch wurde meine Beziehung zu Gott immer theoretischer, mein Glaube wurde blass und leblos.

Die Bibel vergleicht Gottes Wort auch mit einem Spiegel. Ich nenne ihn den „Spiegel der Wahrheit". Je mehr ich mich mit Gottes Wort beschäftigte, desto klarer sah ich meine eigenen Fehler. Aber ich entdeckte auch meinen wahren Wert. Ich bat Gott um Hilfe. Er sollte mir zeigen, was ich verändern sollte und wie ich meine Schwächen überwinden könnte.

Ich möchte dich einladen, Jesus und sein Leben als Spiegel zu betrachten. Wie war er? Wie hat er sich Menschen gegenüber verhalten? Wie hat er gedacht, geredet und gehandelt? Findest du das auch so großartig wie ich? Wie genial er den Fallen ausgewichen ist, die man ihm gestellt hat! Wie freundlich er mit Leuten sprach, die von anderen verachtet wurden! Bekommst du auch – wie ich – eine große Sehnsucht, ihm ähnlicher zu werden? Wenn wir in den Spiegel „Jesus" schauen, dann entdecken wir leider ziemlich viele „Pickel" in unserem Charakter. Das Schöne ist, dass Jesus uns nicht nur unsere Schwächen zeigt – er will uns auch helfen, sie zu heilen. Seine Kraft will uns verändern!

HF

27.1.

Fromme „Übeltäter“?

JOHANNES 15,5

Ich bin der Weinstock, ihr seid die Reben. Wer in mir bleibt und ich in ihm, der bringt viel Frucht; denn ohne mich könnt ihr nichts tun.

Das ist einer jener Texte, die ich einmal auswendig gelernt habe. Natürlich bin ich davon überzeugt, dass er stimmt. Ist doch auch klar: Ohne Gott kann ich nichts tun, nicht einmal einen Atemzug. Wenn er seinen Lebensatem von mir abzieht, zerfalle ich zu Staub. Jeder Tag ist ein Geschenk!

Als ich aber noch einen anderen Text in der Bibel las, wurde ich nachdenklich: „Es werden viele zu mir sagen an jenem Tage: Herr, Herr, haben wir nicht in deinem Namen geweissagt? Haben wir nicht in deinem Namen böse Geister ausgetrieben? Haben wir nicht in deinem Namen viele Wunder getan?“ (Matthäus 7,22). Offenbar ist es möglich, eine ganze Menge Dinge ohne Gott zu tun, sogar Dinge, die nach außen hin sehr geistlich erscheinen und auf andere Eindruck machen! Was sagt Jesus dazu? Nichts Gutes: „Ich habe euch noch nie gekannt; weicht von mir, ihr Übeltäter!“ (Vers 23)

Ja, es stimmt. Jeden Tag tue ich viele Dinge, aber tue ich sie verbunden mit Jesus? Oder bin ich ein frommer „Übeltäter"? Ständig beschäftigt, aber eigentlich eher ein Schaden für die Sache Gottes? Auch an Maria und Marta muss ich hier denken. Marta wird zwar nicht als Übeltäterin bezeichnet, aber dennoch zeigt ihr Jesus auf liebevolle Weise, dass Beziehungspflege zu ihm das Allerwichtigste ist. Ohne sie sind alle unsere Taten wertlos – oft sogar schädlich!

Jesus antwortet den frommen Workaholics seiner Zeit: „Ich habe euch nie gekannt". Da gab es offenbar keine Beziehung, keine tägliche Gemeinschaft mit Gott. So kann mein Leben nicht gelingen. Die gute Nachricht ist aber: Wenn ich die Verbindung mit Jesus aufrecht erhalte, geht es gar nicht anders, als dass mein Leben „Frucht" bringt, also gute Auswirkungen hat, einen Unterschied macht und Spuren hinterlässt. Was wünsche ich mir mehr als das?

Ich möchte heute „in Jesus bleiben"!

LS

28.1.

Warte auf Ihn!

MARKUS 10,46.47 EB

Und sie kommen nach Jericho. Und als er und seine Jünger und eine große Volksmenge aus Jericho hinausgingen, saß der Sohn des Timäus, Bartimäus, ein blinder Bettler, am Weg. Und als er hörte, dass es Jesus, der Nazarener, sei, fing er an zu schreien und zu sagen: Sohn Davids, Jesus, erbarme dich meiner!

Ein deutsches Sprichwort sagt: „Die längste Zeit wartet der Soldat vergebens." Wann hast du das letzte Mal gewartet?

Vor Jericho saß Bartimäus und wartete. An diesem Tag wartete er nicht auf Almosen und Spenden, auf ein Stück Brot oder auf eine nette Unterhaltung. An diesem Tag wartete er auf den Wanderprediger aus Nazareth. Viele Menschen hatten sich um diesen Mann versammelt, um ihn zu sehen. Man erzählte sich, dass dieser Jesus bereits zahlreiche Lahme und Blinde geheilt, sogar schon Tote auferweckt haben soll. Bartimäus wollte diesen Mann sehen. Ich bin mir sicher, dass er sich einen besonders geeigneten Platz am Wegrand ausgesucht hat, um Jesus unter keinen Umständen zu verpassen.

Und dann ist es soweit, Jesus kommt aus Jericho heraus, begleitet von einer großen Volksmenge, und der blinde Bartimäus beginnt zu schreien: „Sohn Davids, Jesus, erbarme dich meiner! Sohn Davids, hab Erbarmen!"

Hast du das gehört? Bartimäus ist der erste Mensch, von dem der Evangelist Markus berichtet, dass er Jesus als Sohn Davids bezeichnet. Wie kommt er dazu?

Bereits 700 Jahre vorher kündigte der Prophet Jesaja einen außergewöhnlichen König an, der auf dem Thron Davids regieren werde (Jesaja 9,1-6). Während Jesaja auf der einen Seite den Untergang Judas ankündigte, verhieß er zugleich einen Nachkommen Davids, der Juda erlösen werde. In Psalm 146 wird über diesen König sogar berichtet, dass er Blinde wieder sehend machen werde. Ist es daher verwunderlich, dass Bartimäus den Sohn Davids sehen wollte?

Bartimäus wartete auf den Sohn Davids und bereitete sich darauf vor, diesen Mann unter keinen Umständen zu verpassen.

Hast du heute schon auf deine persönliche Begegnung mit Jesus gewartet? Hast du dir heute schon einen ganz besonderen Ort ausgesucht, an dem du Jesus begegnen möchtest?

Lerne von Bartimäus: Warte auf IHN! – Weil du den Sohn Davids sehen willst.

JaS

Schrei nach Ihm!

MARKUS 10,49 EB

Und Jesus blieb stehen und sagte: „Ruft ihn!" Und sie rufen den Blinden und sagen zu ihm: „Sei guten Mutes! Steh auf, er ruft dich!"

Eines muss kein Kind lernen: Schreien. Und die Menschen in seiner Umgebung müssen nun herausfinden, warum das Kind schreit. Durch Schreien lenkt ein Säugling die Aufmerksamkeit auf sich.

Auch Bartimäus schrie. Es war kein höfliches Rufen, es war ein Schreien. In unserer Gesellschaft ist Herumschreien verpönt. Wer schreit, hat sich nicht im Griff, wer schreit, zeigt Emotionen. Schreien darf man nur im Fußballstadion.

Daher versuchte die Volksmenge, Bartimäus zum Schweigen zu bringen. Doch er wusste, das ist seine einzige Chance, den Sohn Davids zu sehen. Bartimäus hatte ein Ziel.

Und dann blieb Jesus stehen. Bartimäus kannte die vielen Wundergeschichten, aber nun ging es allein um ihn. Würde der große Wunderheiler ihn wegen seines Schreiens zurechtweisen?

Auf das Schreien des Bartimäus folgen drei Rufe:

„Und Jesus blieb stehen und sprach: ***Ruft*** ihn her! Und sie ***riefen*** den Blinden und sprachen zu ihm: Sei getrost, steh auf! Er ***ruft*** dich!" (Markus 10,49 EB)

Jesus ruft Bartimäus. Aus den Drohungen des Volkes werden Ermutigungen. Aus einem „Halt den Mund!" wird ein „Sei guten Mutes!".

Bartimäus wusste, dass er nur diese eine Gelegenheit hatte, dem Sohn Davids nahe zu kommen. Bartimäus wartete auf IHN – weil er den Sohn Davids sehen wollte. Und als sein Moment gekommen war, schrie er nach IHM – weil er diesen Augenblick nicht ungenutzt verstreichen lassen wollte.

Wer nach Jesus schreit, muss mit Widerstand rechnen. Satan wird versuchen zu verhindern, dass du dich Jesus nahst. Aber in dem Moment, in dem Jesus nach dir ruft, muss Satan weichen.

Wenn du auf Jesus gewartet hast und einen geeigneten Platz für die Begegnung mit ihm gesucht hast, dann lass nicht zu, dass Jesus an dir vorübergeht, ohne dass du ihm nahe gekommen bist. Das lernen wir von Bartimäus: Wir schreien nach IHM! – Weil wir den Sohn Davids sehen wollen.

JaS

30.1.

Rechne mit Ihm!

MARKUS 10,51 EB

Und Jesus begann und spricht zu ihm: Was willst du, dass ich dir tun soll? Der Blinde aber sprach zu ihm: Rabbuni, dass ich sehend werde.

Es war still. Bartimäus stand vor dem Sohn Davids. Seinen Mantel hatte er liegengelassen. Bartimäus wollte zu Jesus. Und dann stellte Jesus die entscheidende Frage: „Was willst du, dass ich dir tun soll?"

Diese Frage wurde nicht zum ersten Mal gestellt. Auf dem Weg nach Jericho hatte Jesus diese Frage an zwei seiner Jünger gerichtet (Markus 10,36). Gott richtete diese Frage an Salomo, als dieser König wurde (1. König 3,5). Diese Frage stellt Gott wohl gerne. Gott ist kein Herrscher, der bedient werden möchte. Vielmehr möchte er uns dienen. So verwundert es nicht, dass Jesus fragt: „Was willst du, dass ich dir tun soll?"

Wie hättest du geantwortet? Hättest du dir einen Blindenhund oder einen Wohnplatz im Behindertenheim von Jericho gewünscht? Hättest du dir gewünscht, mit deiner Einschränkung besser leben zu können?

Bartimäus' Bitte war kurz, konkret und auf das Höchste ausgerichtet: „Dass ich sehend werde." Er wusste, was er wollte, und Jesus wollte genau das hören. Etwa deshalb, weil Jesus diesen Wunsch nicht kannte? Sicher nicht.

Jesus wollte eine konkrete Bitte hören, damit er darauf konkret antworten konnte. Ein konkretes Gebet ist mächtiger als ein allgemeingültiges Gebet ohne definiertes Ziel. Die Antwort auf die Frage „Was willst du, dass ich dir tun soll", ist mehr als die Frage nach einem Bedürfnis. Die Frage lautet: „Bartimäus, was traust du mir zu, dass ich dir tun kann?" Jesus will hören, was du ihm zutraust.

Bartimäus gab sich nicht mit weniger zufrieden. Er sehnte sich danach, den Sohn Davids zu sehen. Was erwartest du von Jesus? Wünschst du dir einen 50€-Amazon-Gutschein, um deine Bedürfnisse selbst zu stillen, oder traust du Jesus zu, dass er deine Herzenssehnsucht stillen kann?

Das lernen wir von Bartimäus: Wir dürfen mit ihm rechnen! Weil wir den Sohn Davids sehen wollen.

JaS

31.1.

Unvoreingenommenheit

PHILIPPER 2,3 BSB

Nicht Eigennutz oder Eitelkeit soll euer Handeln bestimmen. Sondern nehmt euch zurück und achtet den anderen höher als euch selbst.

„Ich weiß genau, was er will!" – „Ich habe es ja gleich gewusst!" – „Was willst du von dem schon erwarten?" – Kennst du solche Gedanken? Manche sind Meister im Schüren von Vorurteilen. Es scheint so einfach, sich sofort eine Meinung über andere zu bilden. Wozu auch die eigenen Gedanken und Gefühle hinterfragen? Doch etwas kommt dabei immer zu kurz: die Wahrheit.

Gib deinen Mitmenschen die Chance, dich zu überraschen, dir zu begegnen, dir etwas von sich zu zeigen! Daraus können wertvolle Beziehungen und Freundschaften entstehen. Die Gegenprobe dazu ist ganz leicht: Magst du es, wenn andere ein fixes Bild von dir haben? Das ist uns doch höchst unangenehm! Niemand will in ein Schema gepresst oder in eine „Schublade gesteckt" werden. Im Menschen steckt viel mehr, als man mit einem

Blick oder einem Gedanken erfassen könnte! Mach dich auf und geh unvoreingenommen auf deine Mitmenschen zu – sie werden es dir danken!

Der bekannte Philosoph Immanuel Kant drückte das Unvoreingenommen sein wie folgt aus: „Eine edle oder schöne Einfalt, welche das Siegel der Natur auf sich trägt".

Unser großes Vorbild sollte hierbei Jesus sein. Jesus begegnete allen Menschen aus allen Gesellschaftsschichten. Er hatte keine Scheu vor irgend jemand. Er begegnete einem Besessenen, Bettler, Leprakranken … genauso wie einem König oder Gelehrten!

Unvoreingenommenheit nimmt uns auch Angst, das führt zu einer großen Freiheit! Wir alle möchten doch befreit durch das Leben gehen!

Darum kann unser persönliches Gebet so lauten:

„Lieber Gott! Hilf mir im Umgang mit anderen, sei es in der Familie, in der Gemeinde, in der Schule, dass ich ihnen mit Unvoreingenommenheit begegne! Zeige mir den Weg, wie ich dazu gelange! Befähige mich dazu, und schenke mir Gelingen! Ich danke dir dafür. Amen!"

LB

1.2.

Gottes lebendiges Wort – Teil 1

HEBRÄER 4,12

Denn das Wort Gottes ist lebendig und kräftig und schärfer als jedes zweischneidige Schwert und dringt durch, bis es scheidet Seele und Geist, auch Mark und Bein, und ist ein Richter der Gedanken und Sinne des Herzens.

Manchmal scheint die Bibel nicht wirklich so lebendig, wie es in diesem Vers heißt. Wenn bei mir Zweifel aufkommen, ob die Bibel wirklich immer etwas Neues zu bieten hat, denke ich gerne an vergangene Erfahrungen mit dem Wort Gottes zurück. So viele Male durfte ich erleben, wie Gott persönlich mit mir sprach.

Damals besuchte ich eine Missionsschule. Wir Schüler bekamen die Aufgabe, eine Bibelstunde über den Sündenfall auszuarbeiten. Mein

Missionspartner und ich waren zu Beginn etwas lustlos, weil wir uns von solch einem „Standardthema" kaum neue Erkenntnisse erwarteten. Wir stellten Fragen über Inhalt, Bedeutung und Anwendung im Text, obwohl wir beide nicht sonderlich davon überzeugt waren, dass diese Methode brauchbar ist. Und genau hier passierte das Wunder: Je mehr Fragen wir uns stellten, desto mehr Gedanken kamen uns und desto leichter fiel es uns, dieses Kapitel mit anderen Textstellen in der Bibel zu verbinden; als wären uns plötzlich die Augen für zuvor total unbekannte Dinge geöffnet worden. Durch das Zusammensetzen von verschiedenen Puzzlestücken ergab sich allmählich ein Gesamtbild. Gott hatte uns wirklich „Großes und Unfassbares" mitgeteilt, das uns zuvor unbekannt war, wie es in Jeremia 33,3 angekündigt wird. An jenem Abend haben wir dieses Kapitel etwa fünf Stunden lang studiert und waren auch nach Mitternacht noch nicht damit fertig!

Gott hat nicht nur eine Botschaft, die hier und jetzt immer noch aktuell ist. Er hat auch unendlich viel Geduld mit mir, weil ich immer wieder mit Zweifeln seinem Wort gegenüber zu kämpfen habe. Er schmollt nicht! Immer wieder will er mit mir Kontakt aufnehmen.

Die Bibel enthält unerschöpfliche Schätze, für die es sich lohnt, auch einmal tiefer zu graben. Und die Tatsache, dass wir vieles nicht auf Anhieb verstehen, zeigt auf, wie groß Gottes Weisheit ist – im Vergleich zu dem, was wir für „weise" halten.

AD

2.2.

Gottes lebendiges Wort – Teil 2

HEBRÄER 4,12

Denn das Wort Gottes ist lebendig und kräftig und schärfer als jedes zweischneidige Schwert und dringt durch, bis es scheidet Seele und Geist, auch Mark und Bein, und ist ein Richter der Gedanken und Sinne des Herzens.

Eines Tages hatte ich bei der Morgenandacht das drängende Gefühl, ich solle die Geschichte über Jesus auf dem Verklärungsberg lesen (Matthäus 17). Eigentlich war ich zu dieser Zeit mit einem anderen biblischen Thema beschäftigt. Gott legte mir diese Geschichte aber besonders aufs Herz, also las ich den Bibeltext. Als später unsere gemeinsame Andacht in der Missionsschule begann, freute ich mich – denn genau diese Geschichte wurde behandelt. Damit aber noch nicht genug. Ich konnte es kaum glauben, als die gleiche Geschichte nochmals abends beim Hauskreis auftauchte! Gottes Wort wirkt tatsächlich, auch als Richter meiner Gedanken und Gefühle. Ich hatte damals mit einem konkreten Problem zu kämpfen, und Gott hatte mir durch diese Geschichte an diesem Tag dreimal viel Mut gemacht. Er scheute keine Mühe, sich auch wirklich deutlich auszudrücken.

Ein anderes Mal erlebte ich etwas Ähnliches. Ich war wieder zu Hause und las in meiner Andachtszeit gerade von Gottes Vergebungsbereitschaft für David, nachdem seine Affäre mit Batseba bekannt geworden war. Genau in diesem Moment hörte ich draußen, wie jemand die Melodie des Liedes „Du hast Erbarmen und zertrittst all meine Schuld" pfiff … Dieses Lied beruht auf dem Bibeltext in Micha: „Wo ist ein Gott wie du, der die Sünden vergibt und die Missetaten seines Volkes verzeiht? Der nicht für immer an seinem Zorn festhält, sondern der sich freut, wenn er barmherzig sein kann?" (Micha 7,18 NL) In all den Jahren in diesem Wohnquartier hatte ich bisher noch nie jemanden ein christliches Lied pfeifen hören. Und an jenem Morgen passte es auf die Sekunde genau zu dem Text, den ich gerade im Andachtsbuch las!

Die Bibel, das Wort Gottes, ist wirklich lebendig und wirksam und schärfer als jedes zweischneidige Schwert. Ich kann dich nur ermutigen, selbst nach den Perlen in diesem alten, aber immer noch sehr aktuellen Buch zu suchen! Denn Gott hat versprochen: „Und sucht ihr mich, so werdet ihr mich finden, ja, fragt ihr mit eurem ganzen Herzen nach mir, so werde ich mich von euch finden lassen" (Jeremia 29,13.14 EB).

AD

3.2.

Auf der Suche

EPHESER 2,8 GNB

Es ist tatsächlich reine Gnade, dass ihr gerettet seid …

„Ab heute werde ich nicht mehr mit in die Gemeinde gehen", verkündigte ich meinen Eltern am Frühstückstisch. Habe schon länger einfach keine Lust mehr auf Andacht und Gottesdienst. Jetzt bin ich 17 Jahre alt. Ich habe beschlossen, authentisch zu leben. Warum soll ich etwas vorheucheln, das ich nicht empfinde? All diese Gebote und Verbote, die mich nur einschränken!

Ich wollte endlich ein Leben führen, wie es mir gefiel – und schon stürzte ich mich in sämtliche Vergnügungen, die ich schon längst einmal ausprobieren wollte. Es dauerte nicht lange, bis ich meinen ersten Freund kennen lernte, der nicht an Gott glaubte. Ohne dass ich es merkte, begann die Abwärtsspirale. Viele Jahre lang drängte ich Jesus aus meinem Leben. Wenn mich jemand nach meinem Glauben fragte, sagte ich lapidar: „Ich weiß nicht, ob es einen Gott gibt. Aber wenn, muss ich ihn selber finden. Christ aus Gewohnheit – das kommt für mich nicht in Frage!"

War ich glücklich in meinen Partnerschaften? War ich glücklich, ohne Tabus leben zu können? War ich glücklich, wenn ich nach einer langen Diskonacht nach Hause kam? Freilich, oberflächlich gesehen hatte ich Spaß!

Aber Spaß hat man einige Minuten und dann? Wie schal, leer und sinnlos kam mir alles vor! Ausgelaugt und müde fühlte sich mein Inneres an.

Aber dann fand ich durch Gottes wunderbare Führung zu meinem Erlöser! Erst dann verstand ich – seine Richtlinien sind wie ein Brückengeländer, damit ich nicht bei Wind, Sturm und nächtlichem Gewitter in den reißenden, tobenden Fluss abstürze! Sie geben mir Halt, weil es mir gut gehen soll! Endlich habe ich Frieden gefunden, ein inneres, wärmendes Gefühl, das mich ausfüllt, mir Geborgenheit schenkt und meinem Leben Sinn gibt! Viele Erfahrungen durfte ich seitdem machen, die mir auf eindrückliche Weise zeigten – ja, es gibt einen Gott im Himmel, der sich um mich kümmert!

Einige dramatische Situationen habe ich in meinem Leben ohne Gott durchlebt, sogar der Tod lauerte auf mich. Beinahe wäre es zu spät gewesen. Deshalb kann ich dir nur zurufen: Bleibe in der Nähe deines Freundes Jesu, halte dich an ihn, nimm dir Zeit für ihn, denn du wirst nirgendwo anders deine Sehnsüchte gestillt bekommen! Nur er kann dir richtige Freude in deinem Leben geben!

CR

4.2.

Alles wegen einer Kiste!

RÖMER 8,38.39

Denn ich bin gewiss, dass weder Tod noch Leben, weder Engel noch Mächte noch Gewalten, weder Gegenwärtiges noch Zukünftiges, weder Hohes noch Tiefes noch eine andere Kreatur uns scheiden kann von der Liebe Gottes, die in Christus Jesus ist, unserm Herrn.

Stundenlang hatten wir sortiert, gepackt und die Kartons viele Stiegen hinuntergetragen und hinaufgeschleppt. Endlich fahre ich mit der letzten Fuhre Bananenkartons zur neuen Heimat. Langsam keimt die Freude auf: Endlich die erste Nacht in der neuen Wohnung!

Vergnügt steige ich aus, als einer von den vielen Umzugshelfern auf mich zustürzt: „Die Polizei ist gerade weggefahren." „Polizei? Was ist denn los?" Er sagt: „Eine von euren Kisten ist gestohlen worden." In mir steigt ein flaues Gefühl hoch. „Welche Kiste?" „Na die große Kiste, die wir unten stehen lassen mussten." Ich schaue ihm in die Augen und lächle: „Du machst Witze!" Er schüttelt den Kopf. Ich gehe Richtung Eingangstüre und rufe nur: „Fast hätte ich dir geglaubt!" Auf dem Weg nach oben kommt mir noch ein Helfer entgegen. Er sieht bedrückt aus. An seinem Blick merke ich, dass es kein Scherz war; ich ahne Schlimmes. Und richtig: Die Kiste mit meinen liebsten Kleidungsstücken ist weg! Ich breche in Tränen aus.

Das waren teure Jeans und Markenklamotten. Ist normalerweise nicht so meine Art, gleich loszuheulen, aber dieser Verlust tut einfach zu weh.

Wie kann jemand wagen, meine Lieblingskleider zu stehlen? Ich war wütend und zugleich traurig. Und dann erschrak ich, als mir bewusst wurde, wie oberflächlich und materialistisch ich geworden war. Es ging doch nur um ein paar Textilfasern. Trotzdem hatte man mir etwas genommen, was mir wertvoll war. Ich grübelte tagelang über dieses Ereignis. Wie kann ein Fremder einfach etwas nehmen und mich damit verletzen? Ich lebte zu dieser Zeit ohne Gott. Als Adventistenkind wusste ich zwar theoretisch viel über ihn, aber ich wollte bis dahin nichts mit ihm zu tun haben. Aber nun tauchte Gott plötzlich wieder in meinen Gedanken auf und pflanzte folgende Einsicht in mein Hirn: Alles kann mir genommen werden. Eltern, Partner, Job, Studienplatz, Wohnung … aber eine Sache kann mir keiner nehmen: Gott und seine Liebe zu mir. Meinen Glauben und mein Vertrauen in seine Verheißungen kann mir niemand stehlen.

Damals hat sich mein Leben gewendet und ich bin Gott von Herzen dankbar, dass er mir meine Oberflächlichkeit und meine wunden Punkte zeigen konnte. Ich erkannte, was mir fehlt und wo ich wirklich Sicherheit und Halt finden kann.

Wie ist das bei dir, woran hängst du noch?

LiK

5.2.

Verlobung

HOSEA 2,20.21 SLT

Ich will dich mir verloben auf ewig, ich will dich mir verloben in Gerechtigkeit und Recht, in Gnade und Erbarmen. Ja, ich will dich mir verloben in Treue, und du wirst den Herren erkennen.

Meine Mutter fand einige Monate vor meiner Geburt zum Glauben, mein Vater leider nicht. Als ich 9 Jahre alt war, trennten sich meine Eltern. Das war sehr schmerzlich für mich, es belastete mich lange.

Als Jugendliche erschien mir der Lebensstil meiner Schulkameraden attraktiv und ich gewann das Leben ohne Gott immer lieber. Mit 18 Jahren erklärte mir meine Mutter, ich müsste jetzt selbst über meinen Weg entscheiden. Diese Freiheit kostete ich in vollen Zügen aus. Ich ging auf Partys, Festivals, Sportturniere, so oft und solange ich wollte. Ich war immer auf der Suche nach „dem Mann". Als ich 19 wurde, stand er vor mir mit seinen 2,04 m. Wir verliebten uns ineinander und zogen nach zwei Jahren zusammen. Wir träumten von einer gemeinsamen Zukunft. Uns fehlte es an nichts und das Leben meinte es gut mit uns.

5.2.

Zweieinhalb Jahre später zogen wir in eine andere Wohnung. Gestern schrieb ich euch, dass bei diesem Umzug eine Kiste verloren ging und wie das zu einem Wendepunkt in meinem Leben führte. Gott wurde mir wichtiger als alles andere. Zuerst war das kein Problem. Mein Freund akzeptierte meine Entscheidung, solange bei ihm „alles beim Alten" blieb. Doch mit der Zeit keimte in mir der Gedanke auf, dass eine Beziehung, in der einer nicht mit Gott geht, in Zukunft sehr schwierig werden könnte.

Durch Gespräche mit vertrauten Menschen und durch das, was Gottes Wort sagt, stand ich nun vor dem Dilemma: Heirate ich ihn, oder trenne ich mich? Einen Mittelweg gab es nicht. Lange rang ich mit Gott, ob es nicht doch einen geben könnte. Die Trennung war schmerzhaft und hinterließ ihre Narben. Doch als ich meinen Freund losließ, schenkte mir Gott etwas viel Besseres.

Bei meiner Taufe 2006 staunte ich, als ich aus dem Taufbecken stieg und zum ersten Mal diese Worte hörte: „Ich will dich mir verloben auf ewig, ich will dich mir verloben in Gerechtigkeit und Recht, in Gnade und Erbarmen. Ja, ich will dich mir verloben in Treue, und du wirst den Herren erkennen."

Jesus, der ein Universum erschaffen hat, der sein Leben für Andere gab und dessen größte Freude es ist, seinen Geschöpfen zu dienen, hält um meine Hand an? Er will mich launische, selbstverliebte und unordentliche Frau heiraten? Kann es denn etwas Schöneres geben, als Jesus, „den perfekten Mann", an seiner Seite zu haben?

LiK

6.2.

Wenn aus Gewohnheiten Überzeugungen werden

LUKAS 4,16A HFA

Eines Tages kam Jesus wieder in seine Heimatstadt Nazareth. Am Sabbat ging er wie gewohnt in die Synagoge.

Wer in einer adventistischen Familie aufwächst, eignet sich einige Gewohnheiten an. Doch irgendwann beginnt man, diese Gepflogenheiten zu hinterfragen. Dazu gehört der Gottesdienstbesuch am Sabbat, der Verzicht auf Schweinefleisch oder Alkohol und vieles andere.

Eines Tages fragte ich mich, wie wichtig mir der Sabbat eigentlich ist. Diese entscheidende Frage brach auf, als man mir eine Zusage zu einem dualen Studium gab. Meine Personalchefin forderte mich heraus: „Herr Lizinger, Sie wollen doch nicht sagen, dass Gott etwas dagegen hat, dass sie für ein oder zwei Semester am Samstag an den Vorlesungen teilnehmen und studieren?“

Ich war mir zum ersten Mal in meinem Leben unsicher darüber, ob diese Angelegenheit Gott wirklich so wichtig sein könnte. Ich nahm mir eine Woche Bedenkzeit und dachte gründlich darüber nach. Ich nahm die Bibel zur Hand und suchte, was Gottes Wort zum Thema Sabbat zu sagen hatte. Ich betete intensiv darum, den Willen Gottes zu erkennen und eine gute Entscheidung zu treffen.

Mit Gottes Hilfe kam ich letztlich zu der Überzeugung, dass Gott seinen ganz besonderen Segen auf diesen Tag legte, und zwar auf den siebten Tag, den Samstag. Ich gab meiner Chefin die entschlossene Antwort, dass ich nun am Sabbat wie gewohnt zur Gemeinde gehen möchte und nicht bereit bin, am Ruhetag zu arbeiten oder zu studieren.

Ich bin Gott dankbar, dass er mir die Kraft gab, diesen Standpunkt zu vertreten, auch wenn es nicht leicht war. Doch Gott schenkte mir die Anerkennung der Personalabteilung. Ich durfte trotzdem das duale Studium antreten und bekam tatsächlich jeden Sabbat frei!

Gott vollbringt wahre Wunder, wenn wir die Entscheidung treffen, ihm treu zu sein. Auch du kannst solche und noch viel größere Erfahrungen mit ihm machen, wenn du ihm treu bleibst!

BL

7.2.

Grenzerfahrung

JEREMIA 33,3

Rufe mich an in der Not und ich will dir antworten und will dir anzeigen große und gewaltige Dinge, die du nicht weißt.

Vor mehr als drei Jahren stand ich an einem kalten Wintermorgen vor einem verschlossenen Tor. Es war dunkel und ein eisiger Steppenwind pfiff mir um die Ohren. Vor mir saß in einem warmen Häuschen ein schlecht gelaunter beleibter Grenzbeamter und knallte mürrisch seinen Stempel auf die Ausweise. Nach etwa einer halben Stunde hatten alle anderen Passanten die Grenzschranke passiert, nur ich blieb stehen und durfte nicht durch, mitten im Niemandsland. Und ich hatte Angst.

Als ich 18 Jahre alt war, entschloss ich mich, ein Jahr für Gott als Studentenmissionar auf einer Missions- und Sprachschule in Kirgistan zu arbeiten. Ich erhoffte mir ein Jahr voller neuer Eindrücke, Abenteuer und Erfahrungen mit Gott, und Gott enttäuschte meine Erwartungen nicht.

Alle 60 Tage musste ich ins Nachbarland Kasachstan ein- und ausreisen, um ein neues Visum zu bekommen. An jenem kalten Wintermorgen wollte ich die kirgisisch-kasachische Grenze passieren, durfte aber nicht ausreisen, weil ich mich zwei Stunden zu lange im Land aufgehalten hatte.

Der Grenzbeamte stellte mich vor eine Wahl: Entweder ich würde ihm eine (für Kirgistan) hohe Summe Geld geben oder er würde die Spezialeinheit rufen und mich in Untersuchungshaft stecken. Mir fiel die Entscheidung äußerst schwer, da ich nur wenig Geld mithatte und dieses zur Weiterfahrt im Bus benötigte, und andererseits aber auch nicht ohne jegliche Verbindung zur Außenwelt eine unbefristet lange Zeit in einer kirgisischen Zelle verbringen wollte. Ich wusste keine Antwort zu geben und betete innerlich zu Gott, dass er mich aus dieser Situation errettet. Schließlich entschloss ich mich, dem Grenzpolizisten das Geld, das ich hatte, zu geben und durfte die Grenze erleichtert, mit leerer Geldbörse und ebenso leerem Handy-Akku überqueren.

Manchmal bringt Gott uns in Situationen, wo alle unsere menschlichen Sicherheiten wegbrechen und wir uns ganz auf ihn verlassen müssen. Er führt uns sicher, auch wenn wir nicht wissen, wie es weiter geht. Schenke Jesus einen Vertrauensvorschuss – er wird dich nicht enttäuschen!

ChR

8.2.

„Rein zufällig“

PSALM 34,6 HFA

Wer zum Herrn aufschaut, der strahlt vor Freude, und sein Vertrauen wird nie enttäuscht.

Ich war froh und erleichtert, dass ich die Grenze passieren durfte. Doch wie sollte es weitergehen? Ich hatte mein letztes Geld dem Grenzbeamten gegeben, sonst hätte er mich ins Gefängnis gesteckt.

Der Bus, der hinter der Grenze auf mich wartete, brachte mich zum Hauptbahnhof in eine fremde Stadt. Ich war noch nie in Almaty gewesen. Dort kannte ich keinen. Eigentlich sollte ich mir dort ein Taxi bis zur Adventgemeinde nehmen, aber ohne Geld? Äußerst problematisch! Also setzte ich mich am Bahnhof auf eine Bank und wollte erstmal meine Gedanken sammeln. Völlig allein in einer fremden Stadt, in einem fremden Land ohne jegliche Bekannten und Verbindungen, wartete ich auf mein Schicksal.

Wieder betete ich und zitierte im Gebet Psalm 31,15: „Meine Zeit, HERR, liegt in deinen Händen.“ Nach diesem Gebet wurde ich ruhiger und wollte erstmal ein Nickerchen auf der Bahnhofsbank machen.

Auf einmal sah ich aus dem Augenwinkel ein bekanntes Gesicht: eine meiner Schulkameradinnen, die ebenfalls als Missionarin hier war. Sie stammte aus Kirgistan. Sofort sprang ich auf und lief zu ihr hinüber: „Hey, was machst du denn hier?" Auch sie wunderte sich über die Begegnung. Sie war gerade auf dem Heimweg und traf mich „rein zufällig" genau zu diesem Zeitpunkt in dieser Stadt. Sie lieh mir Geld und ich durfte ihr Handy nutzen und in der Schule anrufen. Nach etwa zwei Stunden kam ich wohlbehalten an meinem Ziel an.

Ich bin überzeugt, dass es bei Gott niemals Zufälle gibt, und dass Gott unsere Gebete erhört. Meine Zeit stand in Gottes Händen und er führte mich und andere zur rechten Zeit an den rechten Ort. Gott verspricht uns: „Rufe mich an in der Not und ich will dir antworten und will dir anzeigen große und gewaltige Dinge, die du nicht weißt" (Jeremia 33,3).

ChR

9.2.

Das kann doch nicht wahr sein!!!

PSALM 139,2.3

Ich sitze oder stehe auf, so weißt du es; du verstehst meine Gedanken von ferne. Ich gehe oder liege, so bist du um mich und siehst alle meine Wege.

Ich hatte eine lange Autofahrt durch ganz Österreich vor mir, aber ich freute mich auf den Zwischenstopp bei meiner Freundin. Die eineinhalb Stunden Fahrt bis zu ihr vertrieb ich mir mit einem spannenden Hörbuch. Trübes Regenwetter, viele Baustellen, nichts Besonderes. Noch mal kurz bei der Raststätte gehalten, und weiter geht's! Aber komisch lang kam mir der Autobahnabschnitt diesmal vor. Die Abfahrt hätte doch schon längst kommen müssen!?

Einige Zeit danach sehe ich es plötzlich: NEIN! Das kann doch nicht wahr sein! Ich bin von der Raststätte auf die Autobahn in die falsche Richtung gefahren und war nun wieder an dem Ort, wo ich ca. 40 min zuvor auf die Autobahn aufgefahren war, also fast wieder zu Hause, anstatt am Ziel!

9.2.

Der Tag war gelaufen! Wie kann man nur so dumm sein? So etwas kann doch nur mir passieren! Und das, obwohl ich noch vier Stunden weiterfahren musste! Wie konnte Gott zulassen, dass ich meinen Fehler erst jetzt bemerkte? Warum war ich nur so in das Hörbuch vertieft, dass ich alle Schilder übersah? Nun wurden aus eineinhalb Stunden bis zur Freundin gleich drei Stunden! Ich ging in Gedanken alle meine Freunde durch und kam zu dem Schluss, dass NUR MIR so etwas Dummes passieren würde, dass es TYPISCH für mich wäre und dass ich im Leben auch GAR NICHTS auf die Reihe bekommen würde, wenn ich schon bei einer einfachen Fahrt, auf einer mir bekannten Strecke so versagen würde.

Während ich tränenüberströmt und wütend auf mich selbst unterwegs war, beschloss ich, von meinem destruktiven Weg, der ebenfalls in eine falsche Richtung ging, umzukehren. Was wollte Gott mir in dieser Situation zeigen? Es war meine Dummheit, aber er hat sie zugelassen. Und ER war auch in dieser Situation bei mir. Langsam wurde ich ruhiger.

Missgeschicke, Begrenztheit, Vergesslichkeit, Zerstreutheit und Fehler bestimmen unser Leben auf dieser Welt. Gott verhindert nicht immer, dass etwas schief geht. Aber er kann selbst dann noch etwas Gutes daraus machen. Das Hörbuch war aus, ich war mit Gott im Gespräch.

Und – zu meiner Überraschung – erlebte ich sogar noch einen ganz schönen restlichen Tag!

LS

10.2.

Herausforderungen gesucht

MATTHÄUS 7,13.14

Geht hinein durch die enge Pforte. Denn die Pforte ist weit und der Weg ist breit, der zur Verdammnis führt, und viele sind's, die auf ihm hineingehen. Wie eng ist die Pforte und wie schmal der Weg, der zum Leben führt, und wenige sind's, die ihn finden!

Wir sind eine Familie, die am Wochenende gerne mal zu einer Wanderung aufbricht. Als Mutter zweier Kinder fiel mir bei unseren gemeinsamen Touren schon mehrmals Folgendes auf: Wenn mein Mann und ich Strecken auswählten, wo es auf Forststraßen und eher ebenen Wegen zu unserem Wanderziel ging, jammerten unsere Töchter oft schon bei einem Viertel der Wegstrecke. Sie hatten schlicht und einfach keine Motivation!

Wenn es hingegen Steige zum Klettern, herausfordernde, felsige mit Wurzeln bedeckte Wege gab, dann zeigten sie Freude am Gehen – sie brauchten die Herausforderung!

Mir scheint, dass es hier eine Parallele zu unserem Glaubensleben gibt! Ist es nicht auch so, dass unser Weg, wenn wir ihn mit Jesus Christus gehen, steil, eng und teilweise schwierig ist? Die Bibel sagt uns das auf jeden Fall. Und dennoch ist es doch genau das, was uns Freude macht! Nicht die geraden, ebenen „Forststraßen" sind es, die uns glücklich an das Ziel bringen. Wie langweilig wäre ein „glattes" Leben ohne Höhen und Tiefen! Wie entginge uns da nicht so manche Erfahrung mit Gott!

Nehmen wir doch heute unser Leben mit all seinen Herausforderungen an! Jesus ist es, der für das Bewerkstelligen sorgt, der uns trägt, wo immer es notwendig ist. Er ermöglicht uns dadurch den Eintritt in seine Charakterschule – eine lebenslange Schule. Wir brauchen keine Angst zu haben, weil uns Jesus in seinem Wort versprochen hat, dass er den Weg mit uns geht! Wir sind nicht allein, Gott ist bei uns. Wie wunderbar ist diese Zusicherung von Jesus an dich ganz persönlich!

LB

11.2.

Sabbatsegen

1. JOHANNES 2,17B EB

Wer aber den Willen Gottes tut, bleibt in Ewigkeit.

Mit 14 Jahren ging ich zum ersten Mal in eine öffentliche Schule. Diese Schule sollte mich auf die Krankenschwesternausbildung vorbereiten. Wir hatten oft nachmittags Unterricht, der sich dann bis zum Abend hinstreckte. Ich kam dann erst im Dunkeln nach Hause. Im zweiten Jahr fiel dieser Nachmittagsunterricht unerwartet auf den Freitag. Ich erzählte das zu Hause meinen Eltern. Wie sollte ich mich verhalten? Ausgerechnet die beiden Fächer, die in den beiden letzten Stunden unterrichtet wurden, fielen mir am schwersten! Damals war ich sehr schüchtern und wollte in der Schule auf keinen Fall auffallen!

Meine Mitschüler hatten schon bemerkt, dass ich anders war; ich wollte ihnen nicht noch mehr Anlass geben, mich auszugrenzen. Auf der anderen Seite war ich damit aufgewachsen, dass der Sabbat ein heiliger Tag ist, der ja Freitag Abend mit dem Sonnenuntergang beginnt. Mir war es wichtig, dass mein Glaube nicht nur Theorie ist. Ich wollte meine Überzeugung auch ausleben.

Daheim beteten wir um eine Lösung des Problems. Vielleicht kennt ihr das, wenn ihr nach und nach begreift, was Gott von euch möchte? Zuerst redeten meine Eltern mit der Lehrerin, dann sprach ich mit ihr. Sie war zunächst verblüfft und wollte mich mit vielen Argumenten umstimmen, damit ich diese letzten Unterrichtsstunden besuchte. Immerhin würde ich ja eine Doppelstunde verpassen und es gäbe sonst in der Woche nur noch eine Stunde in diesem Fach. Ich hatte diese Unterrichtsstunden schließlich bitter nötig. Doch schließlich informierte sich meine Lehrerin sogar selbst, wann die Sonne am Freitag jeweils untergehen würde, das überraschte mich sehr! Sie willigte ein und auch der Direktor brachte keine Einwände vor.

So verging ein halbes Jahr, in dem ich den Unterricht nicht besuchte. Im Rückblick bin ich erstaunt: In diesem Fach hatte ich zwei Noten besser abgeschnitten als vorher. Damals erlebte ich das erste Mal Gott auf eine persönliche Weise. Ich merkte, wie wichtig es ihm ist, dass ich Zeit mit ihm verbringe und seinen Sabbatsegen erlebe. Die Erfahrung, dass Gott nur das Beste für mich möchte und dass ich mich auf ihn verlassen kann, wenn ich seinen Willen tue, war für mich wunderschön!

Heute bin ich Krankenschwester und darf wieder erleben, wie ER mir einen Arbeitsplatz gegeben hat, wo ich am Sabbat nicht arbeiten muss, obwohl das als Krankenschwester sonst nur schwer möglich ist.

Ich möchte dich ermutigen: Probiere es aus, und erlebe, dass Gott auch dich segnet, wenn du seinen Willen tust und seinem Wort gehorchst.

EK

12.2.

Geistliches Kaugummi

OFFENBARUNG 12,12 SLT

Darum seid fröhlich, ihr Himmel, und die ihr darin wohnt! Wehe denen, die auf der Erde wohnen und auf dem Meer! Denn der Teufel ist zu euch herabgekommen und hat einen großen Zorn, da er weiß, dass er nur wenig Zeit hat.

Ich frage mich, wie es die Menschen früher geschafft haben, ohne Handy, Computer, Internet, Autos, Flugzeugen, Waschmaschinen, elektrischen Werkzeugen wie z. B. einer Bohrmaschine zu leben? Die Zeiten haben sich natürlich geändert – das müssen wir uns eingestehen. Ich stelle mir aber oft die Frage, ob die Menschen damals mehr Zeit hatten als wir heute. Heutzutage muss alles schnell sein, gut, modern und einfach perfekt.

Damit wir den vielen Anforderungen der Welt gerecht werden, brauchen wir ein ganz wichtiges „Zubehör", von der jeder Mensch auf dieser Welt gleich viel besitzt – Zeit.

12.2.

Leider hetze ich oft von einem Tag zum anderen. Manchmal wird mir erst nach einer Woche bewusst, dass ich mich in dieser Zeit nur von „geistlichen Kaugummis“ ernährt hatte. Da war keine warme „geistliche Speise“ dabei, keine Stärkung, keine Vitamine für meinen Glauben – nur eine kurzanhaltende Erfrischung.

Vielleicht fühlst du dich gerade ganz weit weg von Gott und womöglich kannst du seine Hand und seinen Willen in deinem Leben nicht erkennen. Du versuchst, Zeit mit Gott zu verbringen, doch es kommen immer wieder „wichtige“ Dinge dazwischen, die dir die kostbare Zeit mit Gott rauben.

Für Satan ist es eine leichte Übung, dich an deinen Schwachpunkten zu packen. Nicht nur Gott kennt dich ganz genau, sondern auch Satan. Er ist zornig darüber, dass ihm nur wenig Zeit bleibt, in der er uns Menschen auf seine Seite ziehen kann. Aber wenn wir immer nach der Nähe Gottes streben und an ihm festhalten, dann hat Satan verloren!

Klammere dich an Gott und gib dich nicht mit dieser Kurzandacht „to go“, diesem „geistlichen Kaugummi“, zufrieden. Räume genug Zeit ein, jetzt gleich oder später, damit du Gottes Liebe durch sein Wort für dich heute wieder in Anspruch nehmen kannst. Gott wirbt nämlich täglich um dein Herz!

DP

13.2.

Alles im Staub

HIOB 19,25

Aber ich weiß, dass mein Erlöser lebt, und als der Letzte wird er über dem Staub sich erheben.

Hast Du schon mal eine schlechte Zeit erlebt? Ziemlich sicher, oder? Jeder Mensch erlebt ab und zu Rückschläge, Enttäuschungen, Verluste, Ängste. Aber Hiob ist dies in einem ganz außergewöhnlichen Maße passiert. Er verlor einfach alles, sogar all seine Kinder, all seine Hoffnung, all seine Freude. Er haderte schließlich mit seinem Schicksal und gab offen zu, dass er Gottes Handeln nicht verstand. Und bis zum Ende fand er keine Erklärung für das Leid, das ihm widerfuhr.

Eines jedoch ist ihm noch mitten in der dunkelsten Phase seines Lebens ganz klar: „Mein Erlöser lebt!" Es gibt also jemanden, der, allem äußeren Anschein zum Trotz, auf meiner Seite steht und für mich eintreten wird. Er wird mein Schicksal eines Tages wenden – und wenn dies erst nach dem Tode der Fall sein sollte. Es wird sicher geschehen, daran besteht kein Zweifel. Wenn alles andere seine Bedeutung verloren hat, wenn alles, was mir jetzt noch wichtig ist, zu „Staub" geworden ist, wird er sich doch „als der Letzte über dem Staub erheben" und für Gerechtigkeit sorgen.

Ich weiß nicht, wie oft dir schon Unrecht widerfahren ist. Wie oft hast du dich gefragt: Warum trifft das jetzt gerade mich? Eines sei dir gewiss: Auch für dich möchte Jesus als dein persönlicher Erlöser, als der Letzte, der Sieger, sich erheben und für Gerechtigkeit sorgen. Er möchte auch dich aus dem Tod rufen und dir ein Leben schenken, in dem es kein Leid, keine Gehässigkeiten, kein böses Gerede, keinen Schmerz mehr geben wird. Wenn es dir nicht gut geht, rufe dir diese Worte Hiobs in Erinnerung. Und bedenke auch, womit er fortsetzt: „Ich werde Gott sehen. Ich selbst werde ihn sehen, meine Augen werden ihn schauen und das nicht als Fremden. Danach sehnt sich mein Herz in meiner Brust" (V. 26-27). Dass diese Sehnsucht auch dich durch schwere Zeiten trägt, das wünsche ich dir!

RG

14.2.

Bereit für den Regen?

SACHARJA 10,1

Bittet den Herrn, dass es regne zur Zeit des Spätregens, so wird der HERR, der die Wolken macht, euch auch Regen genug geben für jedes Gewächs auf dem Felde.

Vor einiger Zeit waren wir in Südfrankreich wandern. Beim Hinaufklettern fiel mir auf, dass der „Weg", auf dem wir gingen, eher einem Flussbett glich. Wir stapften auf blanken Felsbrocken nach oben. Auf meine Nachfrage erhielt ich eine interessante Antwort:

Das Klima in Südfrankreich ist derart trocken, dass der Boden hart und wasserundurchlässig ist. Wenn dann mal ein Regen kommt, dann prasselt er so heftig herab, dass der Boden nichts davon aufnehmen kann. Da bilden sich richtige „Ströme", die den Bergrücken hinunterrauschen und breite „Rinnen" bilden. Der Einheimische fügte noch hinzu, dass in den letzten vierzig Jahren die „Wasserrinnen" sehr viel tiefer geworden seien, weil der Starkregen immer mehr Erde und Steine fortgeschwemmt hätte.

Das gab mir sehr zu denken. Wenn der Boden zu trocken ist, nützt ihm das belebende Wasser nichts. Ja, das Wasser, das Fruchtbarkeit und Wachstum bringen soll, richtet sogar noch Schaden an!

Wie ist das bei uns? Wir beten oft um den Heiligen Geist – um die „Ausgießung des Spätregens". Aber stell dir vor, mein Herzensboden ist trocken – wie soll er dann den Spätregen empfangen können? Der Heilige Geist wird ausgegossen – aber er rauscht an mir vorbei, und ich kann ihn nicht aufnehmen. Vielleicht wehre ich mich sogar dagegen, und dann könnte mein Glauben obendrein noch Schaden erleiden.

Wie kann ich mich vorbereiten? Ich muss heute schon meinen Herzensboden feucht halten – darf mich dem Wirken des Geistes an meinem Herzen nicht verschließen; dann wird mich der Spätregen durchnässen und mir die Vollmacht geben, die Gott verspricht: „So seid nun geduldig, liebe Brüder [und Schwestern], bis zum Kommen des Herrn. Siehe, der Bauer wartet auf die kostbare Frucht der Erde und ist dabei geduldig, bis sie empfange den Frühregen und Spätregen. Seid auch ihr geduldig und stärkt eure Herzen; denn das Kommen des Herrn ist nahe" (Jakobus 5,7.8).

Gott vollbringt wahre Wunder, wenn wir die Entscheidung treffen, ihm treu zu sein. Auch du kannst solche und noch viel größere Erfahrungen mit ihm machen, wenn du ihm treu bleibst!

YS

15.2.

Die Kunst zu glauben

HEBRÄER 11,1

Es ist aber der Glaube eine feste Zuversicht auf das, was man hofft und ein Nichtzweifeln an dem, was man nicht sieht.

Du warst immer um mich
Irgendwann hab ich dich entdeckt
Es war wie eine Offenbarung für mich

Kind Gottes zu sein
Unendlich geliebt von dir
Nichts leisten zu müssen
Sich fallen zu lassen
Tiefen Frieden zu spüren

15.2.

Zu vertrauen, dass du bist
Unglaublich beschenkt von dir bin ich

Geführt, geformt, getragen
Liebevoll umsorgt und behütet
Auch an dunklen Tagen
Umgeben vom Mantel deiner Güte
Bestimmt für die Ewigkeit
Erwählt, dein Werkzeug zu sein
Nie wieder allein, solange ich bin

MC

16.2.

Bodyguard – Profiversion

PSALM 34,8, SLT

Der Engel des Herrn lagert sich um die her, die ihn fürchten, und er rettet sie.

Im Jahre 2000 besuchte US-Präsident Bill Clinton Berlin, weil er an einem Regierungsgipfel teilnehmen sollte. Wochen vorher wurden gewaltige Sicherheitsmaßnahmen getroffen, um den Staatschef aus Übersee zu schützen. Man plante mehrere verschiedene Fluchtwege durch Berlin, überprüfte zahlreiche Hotelzimmer und versiegelte sie anschließend. Während seines Besuches waren bis zu 120 Leibwächter im Einsatz.

Clint Hill, ein ehemaliger Bodyguard der Kennedy-Familie, hatte 1963 bei dem Attentat auf John F. Kennedy versagt. Zwar sprang er damals auf die Limousine des Präsidenten und warf sich über den Körper seines Schützlings, aber die Hilfe kam zu spät. Die Kugeln hatten ihr Ziel bereits erreicht.

Bodyguards leben immer gefährlich. Eigentlich müssen sie richtige Wunderknaben sein, sie müssen alles hören, sehen, fühlen und im Notfall eine lebende Schutzmauer für ihr „Schutzobjekt“ bilden. Die Ausbildung für diese Aufgabe ist hart und kräfteraubend. Aber selbst ein Top-Bodyguard sieht am Ende immer einer beißenden Realität ins Gesicht: Auch er ist nur ein Mensch.

In der Bibel lesen wir von einem ganz speziellen Bodyguard, er wird „Engel des Herrn (Jahwes)“ genannt. Er schützt Israel gegen die Ägypter, verteidigt Jeshua gegen den Satan, verkündet den Hirten auf dem Feld die frohe Botschaft von der Geburt Jesu, öffnet die Gefängnistüren für die Apostel, pustet 185.000 assyrische Soldaten in einer Nacht weg … Er richtet überall dort sein Lager auf, wo Menschen Gott lieben und sich ihm anvertrauen, und er rettet sie! Der Engel des Herrn ist kein gewöhnlicher Bodyguard. Er sieht tatsächlich alles, hört alles, weiß alles – ein klarer Vorteil gegenüber jedem Feind, egal ob sichtbar oder unsichtbar. Er ist kein Mensch, er hat ungeahnte Kräfte. Und er ist stets von der Liebe Gottes getrieben und hat einen klaren Auftrag: die Kinder Gottes unter allen Umständen zu schützen. Ehrlich gesagt möchte ich gar keinen anderen Bodyguard haben. Wenn ich mit Gott lebe, brauche ich mir absolut keine Sorgen zu machen. Der „Engel des Herrn“ ist der wahre Profi!

KR

17.2.

Ein Mann des Glaubens

PSALM 44,2

Gott, wir haben mit unsern Ohren gehört, unsre Väter haben's uns erzählt, was du getan hast zu ihren Zeiten, in alten Tagen.

Wenn er den Raum betrat, strahlte sein Gesicht Liebe und Wärme aus. Er umarmte jeden, den er kannte, und zeigte seine Freude. Jeder wusste einfach, dass er von diesem Mann geliebt wurde. Wenn er seinen Mund auftat, kamen freundliche und mitfühlende Worte heraus. Er redete am liebsten über die Liebe und Gnade Gottes. Er sagte jedem, dass Gott ihn persönlich liebt und das Beste für ihn möchte. Mein Opa war der Glaubensvater in unserer Familie. Er betete jeden Tag namentlich für jeden von uns. Er selbst hatte kein leichtes Leben gehabt. Die größte Prüfung hatte er in Russland erlebt, als er wegen seines Glaubens inhaftiert worden war. Er musste seine Frau und seine vier Kinder zu Hause zurücklassen. Diese sechs Jahre waren eine schwere Zeit für ihn, aber er begegnete dort auch vielen anderen, die auch verfolgt wurden. Meine Oma und ihre Schwiegermutter beteten intensiv darum, dass er Gott treu bleiben würde. Letztlich haben diese Jahre meine Großeltern und ihre Kinder sehr im Glauben gestärkt. Sie mussten immer wieder flüchten und standen unter staatlicher Beobachtung, doch mein Opa erzählte trotzdem von Jesus. Sein Herz brannte für Gott. Viele Menschen schätzten meinen Opa, der Jesus so ähnlich geworden war. Er erlitt mehrere Herzinfarkte und Schlaganfälle und es ging ihm mit den Jahren immer schlechter, aber er ließ sich das nicht anmerken. Mit starkem Willen trainierte er täglich, um so fit wie möglich zu bleiben. Seine Augen strahlten so viel Freude aus. Und wenn er von Jesus sprach, machte er den Eindruck, als ginge es ihm so gut wie nie zuvor. Mein Opa hat seinen Glauben ausgelebt. Kurz bevor er starb, stand ich an seinem Bett. Er drückte meine Hand fest, wollte mir zeigen, dass er mich liebt und wie sehr er sich freut, dass ich da bin. Obwohl es ihm schlecht ging, war sein Herz eng mit Jesus verbunden.

Was machte ihn so besonders? Es war sein echter und tiefer Glaube an Jesus. Gott möchte auch aus deinem Leben etwas Besonderes machen. Gib dich ihm hin und er wird bis ans Ende bei dir sein.

AK

18.2.

Jesus verändert

LUKAS 19,9 EB

Jesus aber sprach zu ihm: „Heute ist diesem Haus Heil widerfahren, weil auch er ein Sohn Abrahams ist."

Hast Du dir schon einmal vorgestellt, Jesus käme dich besuchen? Ganz real? Er steht also vor der Tür deiner Wohnung – oder deines Zimmers – und möchte mit dir sprechen. Wie würdest du reagieren? Würdest du ihn reinlassen? Würdest du ihn lieber auf einen Spaziergang einladen, damit er die Unordnung da drinnen nicht sehen kann?

Für Zachäus wurde diese Vorstellung Realität. Er wollte Jesus gerne sehen. Deshalb kletterte er auf einen Maulbeerfeigenbaum. Plötzlich blieb Jesus stehen, gerade unter ihm, und schaute nach oben. Er rief ihn beim Namen. Er sagte: „Komm herunter, denn ich will dich besuchen." So etwas hätte Zachäus nie zu träumen gewagt! Doch der Traum wurde wahr: Jesus ging mit ihm nach Hause.

Die Bibel berichtet nicht, was im Haus geschah. Sie nennt uns aber eine Entscheidung, die Zachäus traf: „Siehe, Herr, die Hälfte meiner Güter gebe ich den Armen, und wenn ich von jemand etwas durch falsche Anklage genommen habe, so erstatte ich es vierfach."

Zachäus war nicht mehr der gleiche Mensch, der Tag für Tag am Stadttor Jerichos saß. Nun war ihm Geld nicht mehr das Wichtigste. Sein Reichtum bedeutete ihm nicht mehr so viel wie die Begegnung mit Jesus. Denn in den Augen Jesu war Zachäus kein „Verräter an seinem Volk", wie die Zöllner damals betrachtet wurden. Nein, Jesus nennt ihn „Sohn Abrahams".

Jesus möchte auch in dein Leben kommen – nicht als Gast, sondern als Mitbewohner. Alle deine Gaben, Fähigkeiten, dein Geld, dein Einsatz können nicht ersetzen, was Jesus dir anbieten möchte: die Aufnahme in seine himmlische Familie.

Wenn Gott einem Menschen begegnet und wenn der Mensch sich auf diese Begegnung einlässt, verändert sich die Einstellung zum Leben. Zachäus hat das erlebt. Nach der Begegnung mit Jesus war er nicht mehr derselbe.

Möchtest auch du Jesus begegnen? Möchtest auch du Jesus die Chance geben, dein Leben zu verändern? Möchtest du ein Sohn, eine Tochter Abrahams werden?

Wenn Jesus in das Leben eines Menschen tritt, dann schenkt er Heilung, Annahme, Trost, Zuversicht und Veränderung.

JaS

19.2.

Experimente

2. PETRUS 1,5

So wendet nun alle Mühe daran und erweist im Glauben Tugend und in der Tugend Erkenntnis.

Muss man alles ausprobieren, um zu erkennen, dass etwas schlecht ist? Muss ich mich zum Beispiel mal total betrinken, damit ich weiß, dass mir Alkohol nicht gut tut? Manche tun das. In der Pädagogik wissen wir, dass sich so manches Kind erst auf einer heißen Herdplatte die Finger verbrennen muss, bevor es weiß, dass „heiß" schmerzhaft ist. Doch ist dieser Weg durch die bittere Erfahrung wirklich notwendig, um zur Erkenntnis zu gelangen? Muss man denn zuerst nikotinabhängig gewesen sein, um zu erfahren, wie man dabei zerstört wird? Oder sind vielleicht gewisse Leute einfach dazu veranlagt, Sachen ausprobieren zu müssen?

Im heutigen Andachtstext macht die Bibel einen anderen Vorschlag, wie man zur Erkenntnis kommt. „Erweist im Glauben Tugend, und in der Tugend Erkenntnis." Das heißt, tu das Gute, etwas Positives, und du wirst daraus lernen. Einerseits lernen wir Gott ein Stück weit kennen. Aber wir begreifen auch besser, was gut und was schlecht ist. Das sind nun zwei völlig gegensätzliche Ansätze.

Auf der einen Seite können wir etwas Schlechtes ausprobieren, damit wir merken, was gut und schlecht ist. Wir können aber auch das Gute tun und daraus erkennen, was uns hilft und was nicht. Welche Methode ist besser? Wie hat Jesus das gemacht? Schließlich ist er unser großes Vorbild im Denken, Reden und Handeln. Die Bibel sagt über ihn: „Er, der keine Sünde getan hat und in dessen Mund sich kein Betrug fand …" (1. Petrus 2,22). Nie hat Jesus etwas Schlechtes ausprobieren müssen um herauszufinden, dass es ihm schadet. Denn er war ohne Sünde. So ist es wohl auch für uns viel besser, das Gute zu tun, wenn wir dazulernen wollen. Wir können so manche bittere und schmerzliche Erfahrungen vermeiden indem wir auf solche Experimente verzichten, denn auch ohne solche „Tests" können wir erkennen, was uns gut tut.

BZ

20.2.

Wertvoll in seinen Augen

PSALM 139,14A SLT

Ich danke dir dafür, dass ich erstaunlich und wunderbar gemacht bin.

Kennst du das Gefühl? Die anderen sehen besser aus, sind schlanker und begabter als ich! Die anderen können besser Fußball oder Volleyball spielen, besser singen, sind kreativer und attraktiver als ich!

Diese Unsicherheit nagt heftig an unserem Selbstwertgefühl, und wir werden unzufrieden mit dem, was wir sind und was wir können. Woher kommt das? Warum können wir damit nicht aufhören?

Ich glaube, das hängt mit unserer gefallenen und sündhaften Natur zusammen. Wir tragen die Lust am Vergleichen in uns. Damit sind Unzufriedenheit und Unsicherheit garantiert.

Gott weiß um diese menschliche Neigung! Nicht umsonst hat er in seinen Geboten den Punkt aufgenommen: „Du sollst nicht begehren …"

Begehren bedeutet, ich vergleiche mich mit anderen. Ich will anders sein: hübscher, schlanker, attraktiver, besser, begabter …

Gott weiß genau, wohin das führt. Es macht ihn traurig, wenn wir nicht schätzen, was er geschaffen hat. Denn er hat sich etwas dabei gedacht, wie und wer wir sind. Er findet uns so SEHR GUT!

Natürlich nicht mit unserer sündigen Natur und den damit verbundenen Auswirkungen. Aber er wollte dich, so wie du BIST! Er hat dir Fähigkeiten und Eigenschaften geschenkt, weil er sie für dich genau richtig hielt. Er liebt dich, so wie du bist! Damit ist nicht gemeint, dass wir uns nicht mehr weiterentwickeln sollen. Im Gegenteil: Wir sollen unsere Gaben nutzen und Negatives mit seiner Hilfe verändern.

Gott schaut mich „anders" an. Wenn ich darüber nachdenke, dass er mich auch liebt in meiner Fehlerhaftigkeit und Unvollkommenheit, dann wird mein Herz ganz warm!

Gott drängt uns eine Beziehung mit ihm nie auf. Er ist geduldig und wartet, bis wir verstehen, wie viel wertvoller unser Leben mit ihm ist! Er will mich so begleiten und „fördern", dass sich meine Gaben und Fähigkeiten bei ihm und mit ihm entwickeln und entfalten können.

Und das habe ich in meinem Leben wirklich erfahren können!

Probier es aus, vertrau dich ihm an mit dem, was du bist und kannst. Er hilft dir, dich weiter zu entwickeln und ein erfülltes Leben zu führen. DEIN Leben!

JS

21.2.

Keine Sorgen?

MATTHÄUS 6,25.33 EB

Deshalb sage ich euch: Seid nicht besorgt für euer Leben, was ihr essen und was ihr trinken sollt, noch für euren Leib, was ihr anziehen sollt. Ist nicht das Leben mehr als die Speise und der Leib mehr als die Kleidung? […] Trachtet aber zuerst nach dem Reich Gottes und nach seiner Gerechtigkeit! Und dies alles wird euch hinzugefügt werden.

Worum sorgst du dich? Wenn du dies lesen kannst, dann bist du entweder im deutschen Sprachraum aufgewachsen oder hattest den Luxus, eine Fremdsprache lernen zu können. Beides deutet darauf hin, dass deine Grundbedürfnisse – Essen, Trinken, Kleidung, Obdach – gedeckt sind. Trotzdem möchte ich wetten, dass du manchmal mit Sorgen zu Bett gehst und mit Sorgen aufstehst. Schaffe ich meine Ausbildung, mein Abitur, meine nächste Prüfung? Werde ich akzeptiert, respektiert, gemocht, geliebt? All das geht zurück auf eine existentielle Frage: Bekomme ich, was ich brauche? Jesus sagt: Ja, das bekommst du! Wer zuerst nach dem Reich Gottes und seiner Gerechtigkeit trachtet, wird von Gott in seinen sonstigen Bedürfnissen nicht allein gelassen. Immerhin ist es Gott, der uns mit diesen Bedürfnissen erschaffen hat.

Wir wollen freilich oft Dinge, die uns auf lange Sicht schaden, weil wir fürchten, sonst nicht genug vom Leben zu bekommen. Wer zuerst nach dem Reich Gottes und nach seiner Gerechtigkeit trachtet, der weiß aber, dass er genau das bekommt, was er sich ersehnt. Wir können mit diesem Wissen heute schon im Reich Gottes leben – denn die Zeit, die wir jetzt und hier auf Erden verbringen, ist bereits ein Teil derselben Zeitspanne, die wir „Ewigkeit" nennen – die Fülle von Zeit und Raum wird uns zur Verfügung stehen. Werden wir uns (während wir uns mit Jesus einen Saturnuntergang auf einem seiner Monde anschauen) wehmütig zurückerinnern an einen Moment hier auf der Erde und uns wünschen, wir hätten noch ein bisschen mehr Spaß gehabt, noch ein weiteres Computer-Spiel gespielt, noch eine andere Party besucht, noch ein(en) Mädchen/Jungen geküsst? Nein?

Hab ich mir gedacht. Darum sei schon jetzt ruhig und fröhlich und mach dir keine Sorgen, dass das Leben an dir vorbeizieht und du Gelegenheiten verpassen könntest, die dich vielleicht glücklich machen könnten. Das funktioniert nicht, indem du deine Wünsche verleugnest und versuchst, quasi ohne Bedürfnisse zu leben; sondern indem du dir täglich neu bewusst machst, was du wirklich willst und wirklich brauchst. Trachte zuerst nach dem Reich Gottes.

VZ

Die Notrufnummer

PSALM 50,15

Rufe mich an in der Not, so will ich dich erretten und du sollst mich preisen.

Wer kennt sie nicht?! Diese Notrufnummer der Bibel: 50.15! Ich erinnere mich an ein Ereignis, das unsere Familie erlebte und das uns prägte. Unsere beiden Töchter sind Pferdeliebhaberinnen. Eines Tages bekamen wir die Möglichkeit, ein Pony zum Wanderreiten auszuborgen. So zogen wir als ganze Familie mit diesem Pferd los auf eine fünfstündige Wanderung zu einer Burgruine. Als sich der Tag schon fast zu Ende neigte, machten wir auf einer Bank Rast. Auf einmal lief das Pony mit rasantem Tempo weg – querfeldein, natürlich samt Sattel, Zaumzeug und Führleine. Es war binnen Sekunden weit und breit nirgends mehr zu sehen!

Uns rutschte buchstäblich das Herz in die Hose – wir waren in Not!! Und gerade in diesem Moment fiel mir dieser Vers aus der Bibel ein – wir nahmen ihn in Anspruch und vertrauten auf Gottes Verheißung! Allein nach dem gemeinsam gesprochenen Gebet wurde unser Herz schon etwas ruhiger. Wir legten die Situation in Gottes Hände! Und siehe da, nach einer gewissen Zeit fanden wir das Pferd ruhig bei einem Bauernhof stehen. Wir konnten es kaum fassen!

Wir dankten Gott, dass nichts passiert und niemand zu Schaden gekommen war! Durch diese Erfahrung haben wir mehr als nur die Hilfe Gottes erleben dürfen – wir haben gelernt, dass Gott Dinge zulässt, um uns zu zeigen, dass er uns hilft! Es ist doch nur allzu menschlich, dass wir es gern haben, wenn in unserem Leben immer alles glatt läuft. Gott möchte aber, dass wir uns entwickeln und ihn durch unsere Erlebnisse, die wir im Laufe der Zeit mit ihm machen, besser kennen lernen und ganz nah erfahren dürfen!

Falls du einmal in Not gerätst, so denke stets an diese „Notrufnummer 50.15", und Jesus Christus wird dir, egal in welcher Situation du gerade steckst, helfen. Vielleicht sogar etwas anders, als du es dir vorgestellt hättest, aber er hilft auf seine Art und Weise und wie es für dich ganz persönlich das Allerbeste ist – weil ER DICH so sehr liebt und DU sein Kind bist! Du darfst darauf ganz fest vertrauen!

LB

23.2.

Und? ... Gibt es einen Gott?

HEBRÄER 11,1

Es ist der Glaube aber eine feste Zuversicht auf das, was man hofft, und ein Nichtzweifeln an dem, was man nicht sieht.

Ich fuhr mit unserem alten Opel Kadett und meiner Freundin zu ihrem Elternhaus. Wir kamen gerade von der Gemeinde zurück, wo wir uns gemeinsam einen Vortrag angehört hatten. Die Predigt bewegte ihr Herz, aber weckte auch Zweifel. Sie hatte die Adventgemeinde durch einen Schulfreund kennengelernt und war bei manchen Jugendveranstaltungen dabei gewesen. Es war bereits 21:00 Uhr, als ich mein Auto am Straßenrand vor ihrem Haus parkte.

Ihr Kopf war voll mit Fragen. „Marion, wie kann ich denn wissen, ob es einen Gott gibt? Weißt du, wenn ich z. B. einen Stuhl nehme, dann sehe ich die Sitzfläche, die Lehne, die Stuhlbeine, ich kann mich darauf setzen, ihn anfassen, aber Gott? Wie kann ich ihn erleben, wie kann ich wissen, ob es ihn wirklich gibt?"

Ich betete immer wieder still um die richtigen Worte. Unser Gespräch vertiefte sich. Als ich später auf die Uhr schaute, war es schon 22:30 Uhr.

Ich dachte an meine Familie, sie machten sich sicher Sorgen, wenn ich jetzt nicht schnellstens nach Hause käme. Durch die intensiven Gespräche mit ihr hatte ich vergessen, das Abblendlicht auszuschalten. Als ich mich jetzt fahrbereit machte und den Schlüssel herumdrehte, machte es nur noch „tack". Ich probierte es nochmal, das konnte doch nicht wahr sein! „Tack, tack." Dann ein drittes Mal: „Tack." Neeiiiin!!! Völlig verzweifelt schaute ich meine Freundin an. „Wie konnte ich nur das Licht anlassen? Die Batterie ist komplett leer." Tausend Gedanken flitzten mir durch den Kopf. Sollten wir ihre Eltern wecken, nach einem Überbrückungskabel fragen? Nein, das wäre unhöflich. Die Eltern schliefen schon und waren ohnehin nicht begeistert, dass ihre Tochter die Adventgemeinde besuchte. Doch dann schlich sich ein neuer Gedanke ein, den ich kaum auszusprechen wagte. Ich schaute meine Freundin an und sagte mit fester Stimme:

„Du sagst, du möchtest Gott erleben, du kannst ihn nicht fühlen und nicht sehen, jetzt kann er dir zeigen, dass es ihn wirklich gibt. Wir beten jetzt dafür, dass Gott ein Wunder tut." Sie stimmte zu. Ich betete: „Lieber Gott, du weißt, was passiert ist, und du weißt, dass meine Freundin Zweifel an deiner Existenz hat, sie möchte dich gern hautnah erfahren. Ich bitte dich von Herzen, zeig ihr, dass du auch heute noch Wunder tust und dass wir dich tatsächlich erleben können." Ich war total aufgeregt, denn dieses Gebet war auch ein Glaubenswagnis für mich: Was, wenn Gott jetzt nicht antwortete? Die Spannung stieg. Langsam drehte ich den Autoschlüssel um und … ich glaubte meinen Ohren nicht zu trauen, der Motor sprang sofort an, als wäre nie etwas gewesen! Ich platzte fast vor Freude, denn wir hatten gerade ein riesiges Wunder erlebt. Ich schaute meine Freundin überglücklich an:

„Und? … Gibt es einen Gott?"

MaK

24.2.

Ein lebendiger Brief

2. KORINTHER 3,3 SLT

Es ist ja offenbar, dass ihr ein Brief des Christus seid, durch unseren Dienst ausgefertigt, geschrieben nicht mit Tinte, sondern mit dem Geist des lebendigen Gottes, nicht auf steinerne Tafeln, sondern auf fleischerne Tafeln des Herzens.

Paulus vergleicht uns mit einem Brief, der von den Menschen gelesen wird – abgesandt von Gott persönlich! Paulus möchte uns damit deutlich machen, dass wir als Christen mit unserem Leben ein lebendiges Zeugnis für Gott sind – ein Brief, den er an die Menschen geschrieben hat! Ein lebendiger Brief also! Klingt erst einmal ungewöhnlich! Und doch hat Gott in der ganzen Geschichte der Menschheit Menschen als Beispiel für andere Menschen ausgewählt, damit sie von ihnen lernen können: Wie hat Gott in ihrem Leben gewirkt? Wie konnten sie die Alltagsprobleme mit seiner Hilfe bewältigen?

Und diese Aufgabe stellt Gott jedem von uns! An jedem Tag, sogar in jeder Sekunde unseres Lebens! Unsere Mitmenschen sollen an uns sehen, wie wir mit seinem Beistand das Leben „meistern". Unsere Erfahrungen sind wie ein Brief, den andere verstehen können. Wenn sie ihn „lesen", kann er sie zu Jesus führen.

Ich hatte als Teenager eine Tumorerkrankung mit einem komplexen Krankheitsverlauf. Oft fragte ich mich, warum gerade ich dieses Leid erleben musste. Tatsächlich habe ich jedoch erlebt, dass die Menschen offener für Jesus wurden, wenn ich ihnen meine Geschichte erzählte. Dadurch durfte ich ein authentischer Brief für die Menschen sein! Außerdem wurde ich durch diese Erfahrung selbst verändert, weil ich sensibler für die Nöte und Probleme anderer wurde. Ich konnte sie durch meine eigene Situation besser verstehen. Vielleicht steckst du gerade in einer schwierigen Lage und „musst da durch". Gott wird diese Erfahrung nutzen. Denn du bist ein Brief, der mit dem „Geist des lebendigen Gottes" geschrieben wird – gelesen und verstanden von den Menschen, denen du begegnest.

MiK

25.2.

Die Höhle, die keiner kennt

MATTHÄUS 19,26

… bei Gott sind alle Dinge möglich!

Die Mammoth Cave in den USA (Bundesstaat Kentucky) ist die längste Höhle der Welt. Bisher wurde sie auf einer Länge von 628 km entdeckt und vermessen. Die Voronya Höhle in Georgien im westlichen Kaukasus ist die tiefste Höhle der Welt. Von ihr sind 2191 Höhenmeter erforscht, aber sie ist wahrscheinlich noch wesentlich tiefer. Der Eingang befindet sich auf etwa 2.250 m Höhe. Von dort windet sich die Höhle durch abschüssige Gänge hinunter. Es gibt Schächte, die fallen bis zu 115 m tief senkrecht ab. Die Höhle birgt unterirdische Wasserfälle und Seen sowie verschiedene Höhlenräume und sogar eine große Halle in 1.710 m Tiefe.

Immer wieder werden neue, oft gigantische und geheimnisvolle Höhlen entdeckt und unsere Forscher kennen nur einen Bruchteil davon. Höhlen wecken Neugier und Abenteuerlust und bergen verhängnisvolle Gefahren.

Eine ganz besondere „Höhle" gibt den Forschern aber immer größere Rätsel auf, je tiefer sie in sie eindringen. Und wenn auch die Erkenntnisse mittlerweile wesentlich größer sind als noch vor einem Jahrhundert, so richtig erforscht hat man diese Höhle nicht. Und das wird auch nicht so ohne weiteres möglich sein. Jeremia schreibt: „Nichts auf dieser Welt ist so hinterhältig und verschlagen wie das Herz des Menschen. Wer kann es durchschauen?" (Jeremia 17,9 NL). Diese Höhle ist ein Gebiet, in das keine Menschenseele eindringen kann. Sie bleibt ein Rätsel, sogar für den, dem sie eigentlich gehört. Meine eigenen Gedanken sind oft so unglaublich und unbegreiflich, dass ich mich dasselbe frage wie damals Jeremia. Glücklicherweise weiß Gott selbst darauf eine Antwort: „Ich, der HERR, kann das Herz ergründen" (Jeremia 17,10). Und weil David das wusste, bat er Gott inständig: „Erforsche mich, Gott, und erkenne mein Herz; prüfe mich und erkenne, wie ich's meine. Und sieh, ob ich auf bösem Wege bin, und leite mich auf ewigem Wege" (Psalm 139,23.24). Gut, dass Gott ein gütiger und allmächtiger Forscher ist, der meine Höhle der Gedanken ganz genau kennt und die Probleme zu meistern weiß.

KR

26.2.

Wenn Gottes Plan anders ist

SPRÜCHE 19,21 SLT

Ein Mensch macht vielerlei Pläne in seinem Herzen, aber der Ratschluss des HERRN hat Bestand.

Wir machen Pläne. Vielleicht beschränken sie sich bei dir auf den Vorsatz, ab morgen früher schlafen zu gehen? Oder in Zukunft mehr zu lächeln und freundlicher zu sein?

Ich habe mein Leben genau durchgeplant. Zuerst ein Jahr auf einer Missionsschule, dann das Studium. Vielleicht werde ich in dieser Zeit einen netten, gläubigen Mann kennen lernen, wir verlieben uns, wir heiraten, haben einen tollen Arbeitsplatz und leben glücklich bis zum Ende unseres Lebens oder bis zu Jesu Wiederkunft.

Das war mein Plan. Ein bisschen blauäugig? Vielleicht. Doch das ändert nichts daran, dass die nächsten fünf bis sechs Jahre für mich feststanden … das dachte ich … bis heute. Was passiert ist? Nichts, oder vielleicht doch? Eins dieser Details, die unser Leben verändern. Ich bin auf einen

Vers gestoßen, der mich angesprochen hat. Er steht in Sprüche 19,21: „Ein Mensch macht vielerlei Pläne in seinem Herzen, aber der Ratschluss des HERRN hat Bestand“ (SLT). Dieser Satz lässt mich nicht mehr los, bei diesem einen Satz werden all meine Zukunftsideen unwichtig, diese sechs Wörter haben meine Sicht total verändert.

Wie läuft das bei dir? Wie oft hast du in letzter Zeit bei Entscheidungen an Gott gedacht? Vielleicht antwortest du jetzt: „Klar, natürlich, ich frage immer zuerst Gott, was er will, und erst dann überlege ich, was ich gern machen würde.“ Super! Ich habe das nicht geschafft. Ich bete zwar auch vor meinen Entscheidungen, aber doch ist oft schon vorher ein Wunsch in mir aufgekeimt. Und ich bin enttäuscht, wenn es anders läuft, als ich es „geplant“ hatte. Dieser Vers hat mir gezeigt, was entscheidend ist. Unsere Pläne, von denen wir meinen, sie würden optimal ausgehen, haben wir in unserer menschlichen Kurzsichtigkeit entwickelt. Uns fehlt der Blick auf das Gesamtbild. Diese Perspektive hat nur Einer und dessen Ratschluss hat Bestand! Ich lade dich heute ein, alle Pläne, Sorgen und Gedanken vor unseren Vater im Himmel zu bringen.

Er weiß am besten, was wir brauchen. Er verspricht uns: *„Ich bin bei euch alle Tage bis an der Welt Ende“* (Matthäus 28,20). Wer könnte ein besserer Ratgeber sein? Wer könnte besser für unsere Zukunft sorgen? Ich habe mich entschlossen, auf Gott zu vertrauen. Ich übergebe ihm meine Pläne, ich will seinen Weg gehen. Und du?

YG

27.2.

Tsunami

PSALM 77,2

Ich rufe zu Gott und schreie um Hilfe, zu Gott rufe ich und er erhört mich.

Der 27. Februar 2010 war ein Sabbat. Am Abend schalteten wir den Fernseher ein und wollten die Nachrichten sehen. In Chile hatte ein schweres Erdbeben einen Tsunami ausgelöst, der über den ganzen Pazifik rollte. Wir machten uns Sorgen um unseren Sohn und seinen Freund. Sie verbrachten ein Missionsjahr als Lehrer in einer adventistischen Schule auf den Marshall-Inseln. Ihre Insel war abgelegen und so winzig, dass sich an der engsten Stelle das Wasser des Ozeans mit dem Wasser der Lagune vermischte. Und die Verbindung zur Außenwelt bestand nur aus einem uralten Funkgerät, mit dem sie zur Hauptinsel funken konnten.

Für uns, die wir die Möglichkeiten der modernen Technik gern in Anspruch nehmen, war das schwer. Wollten wir ein Lebenszeichen von unseren Kindern erhalten, mussten wir auf der Hauptinsel anrufen und – wenn wir Glück hatten – wurden wir mit unseren Abenteurern verbunden: Der Hörer des Telefons wurde an das Funkgerät gehalten und am anderen Ende krächzte das Funkgerät der kleinen Insel. Viel konnte man bei solchen Gesprächen nicht verstehen, aber wir waren schon glücklich über ihre Stimmen.

An diesem Sabbat machten wir uns große Sorgen. Wir beobachteten, mit welcher Geschwindigkeit und Kraft sich der Tsunami über den Pazifik wälzte. Die Insel unserer Jungs war ganz flach. Dort gab es noch nicht einmal einen Hügel. Der Tsunami würde sie einfach wegwischen.

Wir beteten. Dann versuchten wir, eine Verbindung mit der Hauptinsel herzustellen: Die mussten doch die Menschen von dieser Insel evakuiert haben! Nach mehrmaligen Versuchen erreichten wir den Direktor dieser Schule auf der Hauptinsel. Er versicherte uns, dass unsere Jungs ganz prima Kerle wären, es gehe ihnen blendend, wir sollten uns keine Sorgen machen … Das konnte uns gar nicht beruhigen. Wollte der Direktor unsere Fragen nicht verstehen? Dann brach auch noch die Verbindung ab!

Wir beteten die ganze Nacht. Am nächsten Morgen erfuhren wir, dass der Tsunami in dieser Nacht an Kraft verloren hatte. Auf den Marshall-Inseln konnte er keinen Schaden anrichten. An diesem Tag konnte ich mit meinem Sohn sprechen und er sagte: „Nein, Mama, wir wissen nichts von einem Erdbeben, nein, wir wurden nicht vor dem Tsunami gewarnt …"

Ich verstand einmal mehr, dass auf Menschen kein Verlass ist. Allein Gott können wir vertrauen. Er sorgt sich um uns und beschützt uns. Ich bin sicher, dass Gott dem Tsunami die Kraft genommen hat, weil wir gebetet hatten.

ER

28.2.

Es ist doch nur ein Spiel ... oder doch nicht?

GALATER 5,22.23A

Die Frucht aber des Geistes ist Liebe, Freude, Friede, Geduld, Freundlichkeit, Güte, Treue, Sanftmut, Enthaltsamkeit.

„Es ist doch nur ein Spiel!“ Hast du das auch schon einmal geantwortet, als dir jemand – liebevoll oder auch nicht – riet, mit einem Baller-Computerspiel aufzuhören? Oder einen aggressiven Film lieber nicht weiter anzusehen?

Als Teenager spielte ich oft Computerspiele, die fast nur von Gewalt, Mord und Krieg handelten. Und ich schaute mir gerne Kriegsfilme an. Deshalb bekam ich häufig diese Ratschläge zu hören: „Das ist nicht gut für dich. Du darfst auch in der virtuellen Welt nicht töten, das gilt nicht nur für die reale Welt.“ Die Argumente dafür waren mir meist zu kraftlos. So machte ich mich selbst auf die Suche nach besseren Antworten.

Ich fing an, mich selbst zu beobachten. Dabei merkte ich, dass ich in Zeiten, in denen ich viel Computer spielte, wirklich deutlich aggressiver war. So schlug ich bei Ärger auch leicht zu, ohne ein schlechtes Gewissen zu haben. Eine interessante Erklärung hörte ich bei Vorträgen über die Erforschung der Spiegelneuronen in unserem Gehirn. Spiegelneuronen sind Nervenzellen, die beim passiven Betrachten eines Vorgangs die gleiche Aktivität zeigen, als wäre der Vorgang selbst aktiv ausgeübt worden. Sie sind daran beteiligt, dass wir in Situationen am ehesten so reagieren, wie wir es vorher einmal beobachtet haben. Wie wirkt sich also die Gewalt, die ich virtuell praktiziere, auf meinen Charakter und meine Handlungen aus?

Vor allem für mich als Christ, der Jesus ähnlicher werden möchte, der gern die „Frucht des Geistes" (Gal 5,22) bei sich wachsen lassen möchte, sind diese Spiele doch sehr kontraproduktiv. „Durch Anschauen werden wir verändert", heißt es. Ellen White rät uns, „die Herrlichkeit des Charakters Christi zu betrachten, damit wir durch Anschauen in sein Bild verändert werden" (RH, 29, März 1892).

Die Entscheidung liegt letztlich bei dir: Was schaust du dir an? Womit beschäftigst du dich? Wird es dich dem Charakter Jesu näherbringen – oder eher dagegen arbeiten?

RL

29.2.

Ein solcher Freund

SPRÜCHE 17,17

Ein Freund liebt zu jeder Zeit und ein Bruder wird für die Not geboren.

Ein solcher Freund
Ich möchte einen
Ich brauche einen
Ich suche einen
Einen, der zuhört
Einen, der versteht
Einen, der annimmt
Keinen, der auslacht
Keinen, der verrät
Keinen, der alleinlässt
Mit echtem Interesse
Mit feinem Gespür
Mit absoluter Vertrauenswürdigkeit
Ohne Klammern
Ohne Forderungen

29.2.

Ohne Hintergedanken
Beseelt von Liebe
Beseelt von Träumen
Beseelt von Freiheit
Frei von Neid
Frei von Grobheit
Frei von Sich
Werde warten
Werde schauen
Werde verzweifeln
Bis in mir
Bis ich selbst
Bis ich's werde
Ein solcher Mensch
Ein solcher Freund

MC

1.3.

Auf der Sonnenseite

1. MOSE 37,3

Israel aber hatte Josef lieber als alle seine Söhne.

Jakob hatte sechs Jahre darauf gewartet, dass ihm seine geliebte Rahel endlich einen Sohn schenkte. Seine anderen drei Frauen waren ihm ja aufgezwungen worden. Aber dann war der heißersehnte Kronprinz endlich da. Ob sich Jakob intensiver mit ihm befasste als mit den anderen Kindern? Vielleicht war Rahels Zelt eine Oase der Ruhe im Vergleich zum Gewusel der Kinder und dem Zank der drei anderen Frauen? Und Rahel sorgte dafür, dass sich „ihr Sohn" als etwas ganz Besonderes fühlte. Entsprechend wurde er ausstaffiert: Ein bunt gewebtes langes Kleid mit Ärmeln, wie Fürsten es trugen, wurde sein Aushängeschild. Damit konnte er zwar nicht richtig arbeiten, aber er wirkte elegant. Jeder konnte schon von weitem erkennen: Josef war Extraklasse. Jakob wollte ihm sogar das Erstgeburtsrecht zusprechen, was er kurz vor seinem Tod auch tat. Kein Wunder, dass die Brüder eifersüchtig wurden! Sie bekamen ohnehin nicht viel Zuwendung und Aufmerksamkeit vom Vater, denn der musste von früh bis spät als Viehzüchter schuften. Seine große Familie wollte ernährt werden. Außerdem betrog ihn der missgünstige Schwiegervater regelmäßig um den verdienten Lohn.

Was macht es mit einem Kind, einem Teenager, wenn er (oder sie) von den Eltern verwöhnt wird? Wenn ihm eingeredet wird, es sei so viel hübscher, klüger und geschickter als seine Geschwister? Auf den ersten Blick könnte man meinen, Gott hätte diese schädliche Pädagogik noch unterstützt, indem er Josef zwei Träume schickte, die ihm eine Zukunft als Herrscher voraussagten. Andererseits waren es gerade diese beiden Träume, die verhinderten, dass Josef verzweifelte, als er vom Logenplatz seines Lebens plötzlich in einen tiefen Schacht gestürzt wurde – und das passierte mehr als einmal!

Ob wir nun „mit einem goldenen Löffel im Mund" aufwachsen oder schon früh Not und Mangel kennenlernen – eins ist uns allen gemeinsam: Gott hat einen Plan für unsere Zukunft. Für ihn ist jeder von uns „etwas ganz Besonderes". Das soll uns nicht eitel oder überheblich machen. Aber es kann uns trösten, wenn sich die ganze Welt gegen uns verschworen hat. Josef bedeutet: Er fügt hinzu und er nimmt fort. Beides wird an Josefs Biografie deutlich. Und er hielt an Gott fest – in guten Zeiten wie bösen. Das möchte ich von ihm lernen!

SR

2.3.

Das ist so ungerecht!

1. PETRUS 3,12.13

Die Augen des Herrn sehen auf die Gerechten, und seine Ohren hören auf ihr Gebet; das Angesicht des Herrn aber steht wider die, die Böses tun. Und wer ist's, der euch schaden könnte, wenn ihr dem Guten nacheifert?

Josef sitzt im Gefängnis – unschuldig. Er hat den Verführungskünsten der Frau des Potifar widerstanden, weil er wusste: Sex mit der Frau des Chefs ist Ehebruch. Er wollte Gott treu bleiben. Und das schloss auch die Loyalität gegenüber Potifar ein. Die abgewiesene Frau hatte diesen Edelmut nicht zu schätzen gewusst …

Immer noch gellen Josef ihre hysterischen Schreie im Ohr: „Dieser ausländische Sklave, den du mir ins Haus geschleppt hast … Er wollte mir Gewalt antun!" Und er sieht in der Erinnerung, wie Potifar die Lippen zusammenpresst, wie sein Gesicht hochrot wird vor Zorn und Enttäuschung.

2.3.

Ob Potifar seiner Frau wirklich geglaubt hat? Wäre dann die Strafe nicht drastischer ausgefallen, mag sich Josef gefragt haben. Aber wenn er mich für unschuldig hielt, warum hat er mich dann hierher gebracht, ausgerechnet in sein Spezialgefängnis für politische Gefangene? Na gut, er musste sein Gesicht wahren, er konnte ja schlecht seine Frau als Lügnerin hinstellen. Aber weshalb liege ich hier in der untersten Zelle im Dunkeln? Ohne Gerichtsverhandlung, ohne Urteil? Ist das der Dank für meine Anständigkeit? Gott, warum hast du mich nicht beschützt?

Wie hätte Josef reagiert, wenn ich ihn im Knast besucht und den oben abgedruckten Bibelvers vorgelesen hätte? Wahrscheinlich hätte er sich geärgert. „Ich habe das ganz anders erlebt", könnte er widersprechen. „Gottes Ohren haben mein Gebet eben nicht erhört, obwohl ich ihm gehorcht habe – und was hat mir mein Gehorsam eingebracht? Die Zelle unter der Erde ist feucht, das Stroh riecht schimmelig und verfault, die Ketten scheuern an meinen Füßen, manchmal klettert eine Ratte auf mir herum, und ich kann mich kaum wehren. Wenn doch nur etwas Licht und Luft in meine Zelle käme! Warum hilft mir denn keiner?" (siehe Psalm 105,17.18)

Was Josef erlebte, haben Millionen von Menschen durchgemacht, die wegen ihrer Treue zu Jesus verhaftet wurden. Viele verloren ihr Leben, gerade weil sie „dem Guten nacheiferten". Hat sich Petrus hier getäuscht? Oder hast du eine Idee, wie man diesen Widerspruch auflösen könnte?

SR

3.3.

Durchhalten

PSALM 73,13.14.16

Soll es denn umsonst sein, dass ich mein Herz rein hielt und meine Hände in Unschuld wasche? Ich bin doch täglich geplagt, und meine Züchtigung ist alle Morgen da. … So sann ich nach, ob ich's begreifen könnte, aber es war mir zu schwer …

Wie lang musste Josef da unten in der modrigen Zelle liegen? Wie oft mag er Gott angefleht haben: „Hol mich hier bitte raus!" Sicher hat er sich an die Stunden in der Zisterne erinnert; dort hatten ihn die eifersüchtigen Brüder hineingeworfen, weil sie ihn loswerden wollten. Und als sie ihn endlich herauszerrten, war das keine echte Befreiung, im Gegenteil! Der verwöhnte „Kronprinz" musste die Finger von Menschenhändlern ertragen, die ihn gierig betasteten, als wäre er nichts als ein Stück Vieh. Dann schleppten sie ihn nach Ägypten auf den Sklavenmarkt. Er hatte solche Ängste ausgestanden! Aber dann durfte er spüren, dass Gott ihn nicht vergessen hatte. „Der Herr war mit Josef, so dass er ein Mann wurde, dem alles glückte" (1. Mose 39,2).

Und dasselbe durfte Josef wieder erleben. Wieder flogen ihm die Herzen der Menschen zu, mit denen er zu tun hatte, und schon bald war er die rechte Hand des Gefängnisdirektors. Hier bekam er endlich die Chance, auf die er so lang gewartet hatte: Der Vorkoster des Pharao, dessen engster Diener, wurde verhaftet und kam in Josefs Gefängnistrakt. Josef versorgte ihn gut und tröstete ihn, als er total verzweifelt war. „Du wirst rehabilitiert. Und wenn es dir dann wieder gut geht, dann denk an mich. Erzähle dem Pharao von mir. Denn ich wurde entführt und unschuldig ins Gefängnis geworfen" (nach 1. Mose 40,13-15). Endlich hatte Josef einen Fürsprecher.

Doch er musste noch zwei Jahre warten, bis sich der Vorkoster an Josef erinnerte. Dann endlich wurde Josef aus dem Gefängnis geholt und machte eine steile Karriere. Durch seine enge Verbindung mit Gott konnte er den Pharao vor einer drohenden Hungersnot warnen. Und weil Gott ihn klug gemacht hatte, fand er praktische Lösungen für die Versorgungsprobleme, die auf Ägypten in einigen Jahren zukommen würden.

Vom Sklaven zum zweiten Mann im Weltreich Ägypten – das war eine Karriere!

Wie mag Josef diesen Blitz-Aufstieg verkraftet haben? Wie hättest du dich dabei gefühlt?

SR

4.3.

Geduld, Geduld ...

SPRÜCHE 16,32

Ein Geduldiger ist besser als ein Starker und wer sich selbst beherrscht, besser als einer, der Städte gewinnt.

Nun war Josef auf der obersten Stufe der Karriereleiter angekommen. Der Pharao vertraute ihm total, die Ägypter verehrten ihn, und er konnte all seine genialen Pläne umsetzen. Er wurde mit einer Frau aus dem ägyptischen Hochadel verheiratet, damit war seine Stellung in der Gesellschaft gesichert. Er konnte sich jeden Herzenswunsch erfüllen.

Wirklich jeden? War er dabei rundum glücklich? Seinen ersten Sohn nennt er Manasse, „denn Gott hat mich vergessen lassen all mein Unglück und mein ganzes Vaterhaus." Der zweite Sohn wird Ephraim genannt, „denn Gott hat mich wachsen lassen in dem Lande meines Elends" (1. Mose 41,50-52). Dreizehn Jahre lang hatte er gebraucht, bis er die traumatischen Erlebnisse so halbwegs verarbeitet hatte.

Verarbeiten heißt aber nicht total vergessen! Verlust und Trauer hinterlassen tiefe Wunden in der Seele. Sie vernarben nach einiger Zeit, aber sie bleiben. Ich habe mich oft gefragt, weshalb Josef in seiner hohen Position niemals einen Brief an seinen Vater geschickt hatte: „Lieber Vater, ich lebe noch und es geht mir gut, komm mich bald mal besuchen, ich sorge für den Transport."

Das wäre doch einfach gewesen. Josef hatte große Sehnsucht nach seinem Vater, das zeigt sich am herzlichen Wiedersehen (1. Mose 46,28-30). Was hatte ihn bewogen, dieses Heimweh zu ertragen, statt eine schnelle Lösung zu finden? Die schnelle Lösung: „Vater, deine anderen Söhne sind Lumpen und Mistkerle, sie wollten mich umbringen. Stattdessen haben sie mich an Menschenhändler verkauft. Ich saß jahrelang unschuldig im Gefängnis. Aber jetzt geht es mir gut. Ich habe jetzt viel Geld und Macht. Jetzt kann ich endlich diese Verbrecher bestrafen!"

Wie hätte Jakob empfunden? Hätte dieses „Streben nach Gerechtigkeit" den Familienfrieden wiederhergestellt? Oder neues Herzweh, neues Leid gebracht?

Josef wartete geduldig, bis Gott ihm eine Tür öffnete und er spürte: Hier kann ich durchgehen. Dieser Weg ist für alle der beste! Diese Lösung ist „gesegnet".

Ich wünsche mir auch so einen langen Atem. Aber Warten-Können lernen wir nur durch Warten-Müssen!

SR

5.3.

Angst vor der Angst

1. PETRUS 5,7

Alle eure Sorge werft auf ihn; denn er sorgt für euch.

Dass wir uns vor Gefahren fürchten, ist eine Folge des Sündenfalls. Eine berechtigte Furcht kann seitdem unser Leben retten! Doch die kleine Schwester der Furcht ist Angst. Sie ist meist vage und unbestimmt und steht oft in keinem Verhältnis zur realen Gefahr. Satan benutzt solche Ängste. Eine seiner mächtigsten Waffen ist die Angst vor körperlichen Schmerzen. Auch wenn es in unseren Ländern derzeit keinen Krieg gibt, haben viele Menschen große Angst vor körperlichen Schmerzen. Bereits das Surren eines Zahnarztbohrers zum Beispiel löst bei manchem heftiges Zittern aus.

Ist ein Leben ohne Ängste realistisch oder reine Utopie? Die Bibel sagt, dass wir trotz schlimmer Angst bei Gott Geborgenheit finden. „In der Welt habt ihr Angst“, sagte Jesus, „seid getrost: ich habe die Welt überwunden“ (Johannes 16,33). Und Petrus lädt uns ein, unsere Ängste und Sorgen auf Gott zu werfen.

Wie können wir aber unsere Ängste „werfen“?

Im Mai 2015 habe ich zum ersten Mal an einer Wanderung mit den Pfadfindern teilgenommen. Keiner ahnte, dass ich mich mehr als alles andere vor Kälte fürchte. Diese Angst halte ich selbst für übertrieben, aber ich konnte wirklich nichts dagegen tun, denn Ängste sind oft unlogisch.

An dem einzigen nassen Tag der Wanderung wurde es ziemlich kalt. Auf einmal hatte ich Angst vor meiner lächerlichen Angst! Dann fiel mir der Text in 1. Petrus 5,7 wieder ein. Ich beschloss, diese Verheißung in Anspruch zu nehmen. Ich wollte abwarten, wie Gott mächtig eingreifen würde. Zwei Teilnehmer machten sich auf die Suche nach einem geeigneten Schutz für die Nacht. Sie fanden Leute, die uns erlaubten, in ihrer leeren Garage zu übernachten. Es war nicht so bequem dort, aber viel wärmer, als ich dachte.

Solche kleinen Erfahrungen können uns von unseren Ängsten und Sorgen allmählich heilen.

Am folgenden Tag spürte ich eine neue Freiheit. Mit Zuversicht konnte ich die Zukunft betrachten. Egal, wie schrecklich unsere Angst sein mag: Jesus ist stärker und er hat eine Lösung, die für uns passt. Jesus verspricht in Matthäus 28,18: „Mir ist gegeben alle Gewalt im Himmel und auf Erden." Außerdem wird er uns nicht verlassen, auch wenn wir in eine Situation geraten, in der wir jeden Grund zur Furcht haben!

NA

6.3.

Versuchung

MATTHÄUS 6,13

Und führe uns nicht in Versuchung, sondern erlöse uns von dem Bösen.

Das Vaterunser ist ein Mustergebet, das unser Erlöser allen gegeben hat. Es ist kein Zufall, dass Jesus in diesem berühmten Gespräch mit seinem Vater die Versuchungen erwähnt. Satan ist sehr ausdauernd darin, seine extrem wirksamen und listigen Methoden anzuwenden, damit er uns zum Ungehorsam verführen kann. Wenn er mit der Strategie „Gewalt" nicht zum Ziel kommt, setzt er manchmal Betrug und Täuschung ein. Vielleicht möchten wir uns an Gottes Prinzipien halten, doch gleichzeitig entscheiden wir uns für einen bequemeren Weg und weichen von der klaren biblischen Linie ab.

Eine kleine Lüge, eine halbe Wahrheit oder ein Kompromiss mit der Gesellschaft sind in unseren Augen oft kein Problem. Wir möchten gerne siegen, aber wir erleben viele Niederlagen. Wenn wir uns selbst als Versager betrachten, verlieren wir allen Mut. Doch die gute Nachricht ist: Wir haben trotzdem Chancen!

6.3.

Jesus bietet uns hier ein gutes Beispiel. Nachdem er 40 Tage lang in der Wüste gefastet hatte, kam Satan zu ihm und wollte ihn zu einem bequemeren Weg verleiten. Doch Jesus widerstand diesen Versuchungen, weil er seinen Auftrag kannte. Er wusste, dass der Heilige Geist ihn dorthin geführt hatte, wo er gerade war. Und er fand die Antwort auf Satans Versuchungen in den Worten, die Gott dem Mose auf der 40-jährigen Wüstenwanderung eingegeben hatte (siehe 5. Mose).

Eng verbunden mit Jesus und durch die Kraft des Heiligen Geistes können wir Versuchungen besiegen. Das hat Gott versprochen! „Bisher hat euch nur menschliche Versuchung getroffen. Aber Gott ist treu, der euch nicht versuchen lässt über eure Kraft, sondern macht, dass die Versuchung so ein Ende nimmt, dass ihr's ertragen könnt" (1. Korinther 10,13).

Nimm dir heute Zeit und knie dich vor dem Heiland nieder. Im Gebet kannst du deine Grenzen erkennen. Du wirst die Versuchungen Satans leichter durchschauen. Du fragst nach Gottes Kraft und nimmst sie für dich in Anspruch, als würdest du seine allmächtige Hand ergreifen. Ich wünsche dir Geduld, die Versuchungen durch die Kraft Gottes und des Heiligen Geistes zu überwinden!

NA

7.3.

Die Lösung

JOHANNES 12,25

Wer sein Leben lieb hat, der wird's verlieren; und wer sein Leben auf dieser Welt hasst, der wird's erhalten zum ewigen Leben.

Angst und Versuchung sind wie zwei Seiten einer Münze. Zwei mächtige Waffen in der Hand Satans, die er in seinem Kampf gegen Menschen benutzt. Manchmal versucht er, uns Christen zu zwingen und zu bedrohen, damit wir Gott ungehorsam sind. Oft bietet er uns etwas Begehrenswertes an, damit wir fürchten, wir könnten etwas Wertvolles verlieren, wenn wir uns an die biblischen Prinzipien halten. Womöglich suchen wir nach einem Kompromiss zwischen „Gehorsam" und „Ungehorsam". Doch den gibt es nicht.

Jesus selbst sagte, dass man nicht zwei Herren dienen kann (Matthäus 6,24). Wer sich nicht entscheiden will, hat sich leider damit auch schon entschieden.

Jesus möchte Nachfolger haben, die seine Liebe bewusst annehmen; junge Menschen, die täglich Freude an der Bibel haben und die Beziehung zu Jesus durch das Gebet pflegen. Wenn wir jemanden lieben, verbringen wir Zeit mit ihm/ihr, oder?

Im engen Kontakt mit Jesus lernen wir, Fehler zu erkennen und sie von der Wahrheit zu unterscheiden. Manchmal ist die Sünde winzig klein und unauffällig unter eine große Menge Wahrheit gemischt. Aber auch ein bisschen Gift in einer großen Menge Köder ist für die Maus tödlich.

Wo ist unser Herz? Lieben wir Tagträume und baden in Fantasien, die uns von Jesus wegbringen? Wie wichtig sind uns die Medien – Handy, PC, Tablet usw.? Wie wichtig ist uns das eigene Aussehen, die Anerkennung unserer Freunde und Verwandten? Schätzen wir das mehr als Jesus, der für uns gestorben und auferstanden ist? Der die Sünde und den Tod für uns überwunden hat? Steckst du mitten in diesem Kampf und weißt nicht, wie du dich entscheiden kannst? Fühlst du dich zu schwach?

Es ist leider normal, aber nicht hoffnungslos! Wenn du ehrlich im Gebet zu Jesus kommst, kannst du ihn um neue Kraft bitten und ihm erlauben, die Lust an allem wegzunehmen, das dich von Jesus trennt. Wir werden immer mehr Abstand spüren zwischen den äußeren Ablenkungen. Aber auch einen großen inneren Frieden und eine Freude, die die „Welt“ nicht geben kann! Wir sind so wertvoll in Gottes Augen! Und wie wertvoll ist Jesus für dich und für mich?

NA

8.3.

Ein Garten voller Bäume

PSALM 1,3

... der ist wie ein Baum, gepflanzt an den Wasserbächen, der seine Frucht bringt zu seiner Zeit, und seine Blätter verwelken nicht.

Leonardo da Vinci ist vielen als Maler, Bildhauer, Architekt usw. bekannt. Er war auch ein genialer Erfinder und fertigte beispielsweise Detailskizzen eines Hubschraubers an, der flugfähig gewesen wäre. Und er entdeckte die sogenannte Kapillarwirkung. Sie ist der Grund, warum Wasser in den Bäumen durch sehr feine Röhrchen im Stamm bis zu 100 Meter nach oben gepumpt oder besser gesagt gesaugt wird, bis in die Blätter. Alles ohne Motor oder sonstige Hochtechnologie, und das seit tausenden von Jahren. Sie funktioniert ganz von allein aufgrund von Naturgesetzen. Und das Ergebnis? Bäume wachsen, blühen, grünen und bringen wunderbare Früchte hervor. Viele davon sehen köstlich aus, riechen lecker und schmecken hervorragend. Und selbst wenn die Früchte bereits verzehrt sind, ist ihr „Dienst" noch nicht beendet. Die Samen bringen neue Bäume hervor mit noch mehr Früchten. So entsteht ein Garten, im Frühjahr eine Augenweide, im Spätsommer ein Ernteplatz, der Gaumenfreuden verspricht. Ein solcher Baum pumpt täglich bis zu 100 Liter Wasser bis in die Blätter und produziert Sauerstoff und Traubenzucker – neben den leckeren Früchten. Er spendet Schatten und reguliert mit seinen Kollegen wesentlich das Klima. Wenn er alt genug ist, dann kann er auch noch als Möbelholz oder als Brennholz dienen und, und, und … die Liste seines Nutzens hat fast kein Ende. Bäume erhalten das Leben von Mensch und Tier. Der Psalmschreiber vergleicht bestimmte Menschen mit solchen Bäumen, die an einem Wasserbach gepflanzt sind und zur rechten Zeit Früchte bringen. Menschen können wie Bäume ein wahrer Segen für ihre Umgebung sein. Nahrung für die Seele, Herzenswärme, fruchtbringende Gedanken, Worte und Taten, gute Luft und ein angenehmes Klima, all das und noch mehr wird von Menschen bewirkt, deren Wurzeln an der richtigen Stelle stehen. Die Wurzeln brauchen Wasser, lebendiges, frisches, immer strömendes Wasser, und einen guten Boden mit vielen Nährstoffen. Jesus selbst hat solches Wasser anzubieten und sein Wort enthält alle Nährstoffe, durch die wir gute Früchte produzieren können. Im täglichen, persönlichen Gespräch mit ihm, im Studium seines Wortes und der Natur werden wir mit allem versorgt, was ein guter Baum braucht, um reiche Frucht zu bringen! Das ist ein Naturgesetz.

KR

9.3.

Christuswert

1. KORINTHER 7,23 EB

Ihr seid um einen Preis erkauft. Werdet nicht Sklaven von Menschen!

Wie viele Minuten stehst du täglich vor dem Spiegel, um deine Fassade aufzuhübschen? Während dies früher eher eine Frauendisziplin war, lassen sich die Herren der Schöpfung heutzutage statistisch gesehen auch nicht mehr lumpen. Eine Online-Umfrage zu den Badezimmergewohnheiten ergab, dass Männer durchschnittlich 30 Minuten für die Körperpflege (ohne Duschen und Rasieren) aufwenden, während Frauen nur rund 26 Minuten benötigen (Quelle: www.platinnetz.de/magazin/leben/geschlechterrollen).

Uns ist es heute sehr wichtig, wie wir von anderen wahrgenommen werden. Wir versuchen unseren sogenannten Selbstwert zu steigern, indem wir an unserem Aussehen, unserer Leistung, unserer Besitzvermehrung und unseren Kompetenzen arbeiten, um uns mit anderen vergleichen zu können. Denn um einen Wert zu ermitteln, muss er ja vergleichbar sein. Was ist aber, wenn du mit den anderen nicht oder nicht mehr mithalten kannst, wenn du nicht im Geld schwimmst und das neueste und beste Smartphone nicht mehr finanzierbar ist?

9.3.

Woher beziehst du deinen Wert? Der Wert einer Sache oder Person kommt immer von außen. So bezahlte ein Käufer 2014 für die „British Guiana 1 Cent Magenta"-Briefmarke aus dem Jahr 1856 9,5 Millionen USD. Die Marke selber hatte nur einen Materialwert von weniger als einem Cent, aber das spielte für den Liebhaber keine Rolle. Wer oder was bestimmt aber deinen Wert?

Paulus ermahnt uns: „Werdet nicht Sklaven der Menschen!" Er sagt, wir sollen uns nicht von der Meinung anderer Menschen abhängig machen, weil es einen Liebhaber gibt, für den wir einen unfassbaren Wert haben, den er mit seinem Leben bezahlt hat – Jesus Christus. In unserer Gesellschaft wird häufig von der Steigerung unseres Selbstwertes gesprochen. Die Wahrheit jedoch ist, wir haben in uns selbst gar keinen Selbstwert, weil unser Wert von außen kommt. In Jesaja 43,4 sagt Gott dir heute: „Weil du teuer bist in meinen Augen und wertvoll bist und ich dich liebhabe, so gebe ich Menschen hin an deiner Stelle und Völkerschaften anstelle deines Lebens." Wenn du das nächste Mal in den Spiegel schaust, versuche neben deinen Pickeln und deinen vielleicht noch ungekämmten Haaren mal deinen „Christuswert" zu erkennen und zu überdenken. Du bist in Gottes Augen wertvoll und einzigartig, vergiss das nie, egal was Menschen dir vermitteln mögen.

HK

10.3.

Das Gebet

PSALM 27,7

HERR, höre meine Stimme, wenn ich rufe; sei mir gnädig und erhöre mich!

Welche Erfahrungen habt ihr mit dem Gebet gemacht? Vielleicht seid ihr in einem Elternhaus aufgewachsen, wo ihr von klein auf über alles mit Gott sprechen konntet? Herzlichen Glückwunsch! Oder habt ihr zwar mitgebetet, aber selbst noch nicht erfahren, dass man mit diesem unsichtbaren Gott tatsächlich „kommunizieren“ kann? Oder ihr habt erlebt, wie Gott euer Gebet erhört hat, doch hinterher dachtet ihr: „Hm … ja, das war doch eher Zufall, ich hab einfach Glück gehabt!“?

Alle drei Varianten habe ich in meiner Jugendzeit kennengelernt. Ich habe mit meiner Mutter immer beten „müssen“. Später habe ich auch alleine gebetet und nicht immer erlebt, dass mein Wunsch erfüllt wurde. Und manchmal bat ich Gott um etwas, dachte mir aber hinterher, dass das Erbetene wohl auch ohne Gebet passiert wäre.

Im Rückblick denke ich, dass ich damals oft daran gezweifelt hatte, ob Gott wirklich an meinem Leben persönlich Anteil nahm, weil die meisten Leute um mich herum nicht glaubten, was ich glaubte, und trotzdem ganz gut im Leben zurechtkamen. So sah es jedenfalls für mich aus. Ich hatte das Gefühl, dass Gott – sollte er überhaupt einen Plan für jeden von uns haben – ihn dann ferngesteuert irgendwo ablaufen ließ. Ich als kleines Pünktchen im Universum hatte eh keine Chance, dem zu entkommen. In meiner Teeniezeit fand ich es direkt lächerlich, den mächtigen Arm Gottes für meine kleinen Sorgen und Problemchen zu bewegen.

Auf der anderen Seite stand aber die Armee von Gläubigen, deren Geschichten in der Bibel wohl bekannt sind. Sie alle bezeugen: Wer Gott anruft, der wird erhört. Doch solange ich das nicht wirklich selbst erlebt hatte, ließ ich das Thema erst einmal außen vor …

Ich bin so froh, dass Gott mich auch in diesen Zeiten gesehen, geliebt und getragen hat. Es macht mir Mut, im Einsatz für ihn aufrecht zu stehen und motiviert zu bleiben, denn ich weiß: Es gibt keinen Menschen auf dieser Welt, egal wo und wann, den Gott nicht schon vor seiner Geburt mit Namen gekannt und geliebt hat. Jeder von uns ist berufen und auserwählt.

MW

11.3.

Geheimes Treffen mit Gott

2. CHRONIK 6,19

Wende dich aber, HERR, mein Gott, zu dem Gebet deines Knechts und zu seinem Flehen, dass du erhörest das Bitten und Beten deines Knechtes vor dir!

An einem Sabbat wurde aus dem Buch „Gott braucht Menschen“ ein Abschnitt über das Gebet vorgelesen. Ich war damals 12 Jahre alt. Die Geschichte handelte von einem Mann, der die ganze Nacht für seinen gottlosen Vater betete.

Mir wurde plötzlich eines klar: Wer nicht bittet, der empfängt nicht. Ich begriff, dass ich Gottes reiche Schatzkammer jederzeit anzapfen könnte, wenn ich Kraft im Glauben brauchte oder von ihm geführt werden wollte. Ich musste nur Ausdauer zeigen. Diese Perspektive ermutigte mich und ich beschloss, sie auszuprobieren. In jener Nacht vom Sabbat auf Sonntag wollte ich durchbeten und schauen, wie sich einer nach dem anderen meiner Bekannten ebenfalls zu Gott bekehren würde. Das war der Plan.

11.3.

Ich war aufgeregt: Geheimes Treffen mit Gott! Niemand wusste davon. Ich würde beten und dann würde sich Weltbewegendes ereignen. Meine Vorbereitungen begannen bereits am Nachmittag. Ich überlegte mir genau, wen ich aus der Finsternis zu Gottes strahlendem Licht hervorbeten wollte. Ich machte eine Liste.

Hin und wieder kam mir der Gedanke, dass es schon ein wenig ungerecht wäre, wenn ich für meine Freundin Susi betete und nicht auch für den Ralf und die Heidi. Und was wäre dann mit der Anke und der Heidrun und all den anderen. Sollte ich nicht gleich für alle beten? Aber selbst dann, wenn ich für alle beten würde, was wäre dann mit jenen, deren Namen ich nicht kenne? Hätten die dann keine Chance bei Gott?

Damals wurde mir bewusst, dass wir eigentlich ziemlich wenig darüber wissen, wie Gott wirkt. Manche dieser Fragen haben sich im Laufe der Jahre ein wenig geklärt, anderes frage ich mich noch heute. Aber ich habe erlebt und weiß, dass Gebet für andere einen Unterschied macht. Es lohnt sich hundertmal!

Für welche Menschen betest du heute?

MW

12.3.

Gebet verändert!

MARKUS 13,33 SLT

Habt acht, wacht und betet! Denn ihr wisst nicht, wann die Zeit da ist.

Im Rückblick ist es leicht, über mein Gebetsexperiment zu lächeln. Was sollte denn dabei herauskommen? War so eine Gebetsaktion überhaupt sinnvoll? Ich kann euch darauf nicht alle Antworten geben, aber ich erzähle euch, was damals passierte.

In diesen Tagen habe ich Gott auf besondere Weise erlebt. Ich habe gelernt, dass ihm meine Freunde wichtig sind. Er hat mir gezeigt, dass ich ihm wichtig bin. Ich habe seine Nähe aufgespürt. Leider hat sich, soweit mir bekannt ist, keiner meiner damaligen Freunde und Verwandten „bekehrt".

Aber mein Leben, das bis heute immer sehr spannend war, wurde getragen von den Antworten Gottes auf meine Gebete. Ich hatte in dieser Zeit gelernt, wie ich Gott nahekommen kann und wie seine Stimme klingt. Zwar hörte ich nie tatsächlich eine Stimme, sah auch nie wirklich einen Engel, aber ich lernte, dass Gott meine Gedanken gebraucht, um mit mir in Kontakt zu treten. Ich wurde sensibler in meinem Gewissen, einfühlsamer im Umgang mit anderen und aufmerksamer im Betrachten seines Wortes. Ich lernte, dass Gott uns respektiert, egal, welche Ansichten wir haben. Gott akzeptiert auch Entscheidungen, die uns schaden, und er begleitet den Gläubigen auch auf diesem Weg. Solange wir Gott erlauben, dass er uns anspricht, nutzt er diese Gelegenheiten, sooft er kann. Er ermahnt und erinnert und klopft an und ruft. Es liegt immer an mir, ob ich auf ihn hören will oder nicht.

Als ich einige Jahre später tatsächlich einige Nächte durchbetete, um für meinen nichtadventistischen Freund zu flehen, da wusste ich, warum ich damals – mit zwölf Jahren – immer eingeschlafen war: Die Dringlichkeit war einfach nicht groß genug gewesen. Heute bin ich mit meinem damaligen Freund 32 Jahre glücklich verheiratet und darf mit ihm gemeinsam für andere beten. Das ist ein großes Geschenk!

MW

13.3.

Wenn es alle sagen, muss es stimmen, oder?

1. MOSE 1,1

Am Anfang schuf Gott Himmel und Erde.

Ich kann mich noch gut daran erinnern, wie ich damals im Biologieunterricht saß und der Lehrerin zuhörte: Thema Evolution. Mein Sitznachbar schrieb fleißig mit. Ich überlegte: Was soll ich bloß schreiben? Ich nehme die Bibel ernst und glaube, was darin steht. Kann ich also akzeptieren, dass der Mensch in einem Zeitraum von Millionen von Jahren durch zufällige Prozesse und natürliche Selektion entstanden ist? Immerhin behaupten das viele Naturwissenschaftler. Mich hatte es nie überzeugt. Die Lehrerin las uns verschiedene Zitate vor. Sie zeigte verschiedene Folien mit den „Erkenntnissen" eines Lamarck und Darwin. Sollte ich jetzt aufstehen und sagen, dass ich an die Schöpfung glaube? Wie werden meine Freunde über mich denken? Das waren Gedanken, die mir in Sekundenschnelle durch den Kopf schossen. Ehe ich mich versah, war die Stunde vorbei, und doch blieben offene Fragen.

Hat Gott die Welt wirklich selbst geschaffen? Oder hat Gott die natürliche Selektion dafür benutzt? Immerhin gibt es etliche Christen, die das vermuten. Ich glaube aber, dass Gott das Leben auf dieser Welt in sechs aufeinander folgenden Tagen geschaffen hat, so wie es die Bibel sagt. Die Bibel beschreibt Gott als liebevoll und gerecht. Warum sollte er das nicht können? Wäre Gott wirklich gut und liebevoll, wenn Millionen von Lebewesen sterben müssten, bis sich endlich der Mensch, der nach „seinem Bilde geschaffen wurde", im Lauf von Jahrmillionen entwickelt hat?

Eigentlich ist die Frage „Evolution oder Schöpfung?" eine Frage des Weltbildes und nicht der Wissenschaft. Viele meinen, Wissenschaft und Schöpfung stünden im Widerspruch zueinander, aber das stimmt nicht. Sowohl Schöpfungsgläubige als auch Evolutionisten können bei ihrer Forschung wissenschaftliche Methoden nutzen. Nur wollen viele Menschen nicht an den Gott der Bibel glauben, weil sie ihn nicht kennen. Ich denke, es ist meine und deine Aufgabe, den Menschen zu zeigen, wie Gott wirklich ist. Vielleicht können sie dann glauben. Gleichzeitig dürfen wir weiter forschen und messen und entdecken, wie Gottes Schöpfung funktioniert.

AB

14.3.

Gottes Freund

PSALM 127,1.2

Wenn der HERR nicht das Haus baut, so arbeiten umsonst, die daran bauen. Wenn der HERR nicht die Stadt behütet, so wacht der Wächter umsonst. Es ist umsonst, dass ihr früh aufsteht und hernach lange sitzet und esset euer Brot mit Sorgen; denn seinen Freunden gibt er es im Schlaf.

Es gibt so viele schöne Projekte, die man sich vornehmen kann. Das kann etwas Kleines sein (z. B. Garten verschönern) oder etwas sehr Großes (Haus bauen). Wir mögen alle Kraft aufwenden, im Leben etwas zu erreichen, etwas zu werden, Erfolg zu haben. Daran ist nichts auszusetzen. Als Christen sollten wir unsere Talente nutzen, alles zu Gottes Ehre einsetzen und mutig vorangehen. Eines jedoch soll dabei nicht geschehen: Dass wir uns von Sorgen zermürben lassen. Jedes große Projekt bringt Arbeit und

Mühe mit sich. Meist ist auch ein gewisses Risiko dabei: Unser Vorhaben kann viel Geld kosten, viel Zeit, und es kann vielleicht auch gute Freundschaften belasten.

„Investiere mehr Arbeit, gönn dir keine Ruhe, bis es klappt, stell alles andere zurück" – das hören wir oft von Leuten, die solche großen Projekte umsetzen wollen. Doch, wie so oft, sagt uns Gott etwas ganz anderes: Tu deinen Teil, aber mach es ohne düstere Sorgen. Achte darauf, ein Freund Gottes zu sein, unter seinem Segen und Schutz zu stehen, dann wird dein Vorhaben gelingen. Das Wichtigste vernachlässigen wir allzu gerne: Enge Gemeinschaft mit Gott durch Gebet und Studium seines Wortes, in vollem Vertrauen darauf, dass die Zeit und Kraft, die wir hier investieren, sich vielfach auszahlen wird in allem, was ich mir in meinem Leben vorgenommen habe.

Egal welche Träume du für dein Leben hast, in welchen Projekten du gerade steckst: Überprüfe, ob das Fundament deines Lebens keine Risse hat. Denn wenn Gott dein Leben nicht mit dir „baut", ist all deine Mühe umsonst. Lass ihn an erster Stelle stehen, dann wird dir auch sein gewaltiger Segen zuteil: „Trachtet zuerst nach dem Reich Gottes und nach seiner Gerechtigkeit, so wird euch das alles zufallen" (Matthäus 6,33). Ich wünsche dir, dass du diese Erfahrung machen kannst und die damit verbundene tiefe Ruhe und Gelassenheit erleben wirst.

RG

15.3.

Sitzt du im gleichen Boot?

OFFENBARUNG 16,15 NL

Der Herr spricht: „Siehe, ich komme so unerwartet wie ein Dieb! Glücklich ist der, der wachsam auf mich wartet …“

Noch nie zuvor und auch nie danach waren wir als Familie derart aufgeregt, während wir auf einer Auslandsreise im Taxi saßen! Wir gestikulierten wild und riefen dem armen Taxifahrer zu: „Schneller! Beeil dich! Wir schaffen es sonst nicht!“ Es half nichts, wir kamen trotzdem zu spät … Da standen wir nun verzweifelt am Hafen von Korfu und starrten auf unser Kreuzfahrtschiff, das vor unseren Augen aufs offene Meer steuerte. Wir hatten beim Eintritt in eine andere Zeitzone leider versäumt, unsere Uhren umzustellen. So hatten wir beim Tagesausflug auf der Insel den Treffpunkt mit der Reisegruppe verpasst. Wir waren zu spät gekommen, das Schiff fuhr ohne uns ab.

Während ich vor Schreck nicht klar denken konnte, alarmierte meine Mutter die Hafenpolizei. Diese brachte uns notfallmäßig auf einem Motorboot zum Kreuzfahrtschiff, das dann extra für uns bremste. Das war knapp! Doch wir hatten es doch noch geschafft. Wir waren erleichtert und froh! Seitdem achteten wir auf Reisen besonders darauf, pünktlich zu sein.

Es gibt ein weltweites Ereignis, das du auf keinen Fall verpassen solltest. Hier haben Nachzügler keine Chance, so sehr sie sich auch bemühen. Ich spreche von dem Zeitpunkt, wenn Jesus wieder auf die Erde kommt. Dies wird garantiert die wichtigste Erfahrung deines Lebens sein! Du wirst Jesus persönlich begegnen, und er wird die Herrschaft über diese Welt wieder offiziell übernehmen. Die tägliche Konfrontation mit Leid, Angst und Ungerechtigkeit hat dann ein Ende.

Ich wünsche mir sehr, dass du rechtzeitig vorher in „sein Boot“ einsteigst! Bereits jetzt können wir uns gut vorbereiten und die „Uhren“ richtig einstellen. Dies ist möglich, indem wir uns täglich über Jesus Gedanken machen. Der Aufruf von Paulus für unsere Glaubensreise lautet: „Seid wachsam. Haltet treu an dem fest, was ihr glaubt. Seid mutig und stark“ (1 Kor 16,13 NL). Die Wiederkunft Jesu setzt übrigens keinen Schlusspunkt, sondern einen Doppelpunkt: Das Beste fängt damit erst an. Eine ganze Ewigkeit mit deinem Schöpfer wartet auf dich!

AD

16.3.

War es genug?

OFFENBARUNG 5,9.10 EB

Und sie singen ein neues Lied und sagen: „Du bist würdig, das Buch zu nehmen und seine Siegel zu öffnen; denn du bist geschlachtet worden und hast durch dein Blut Menschen für Gott erkauft aus jedem Stamm und jeder Sprache und jedem Volk und jeder Nation und hast sie unserem Gott zu Königen und Priestern gemacht, und sie werden über die Erde herrschen!"

Angespannte Stimmung im Himmel. Unsicherheit liegt in der Luft. Tausende Engel schweigen, doch eine Frage stellen sich alle: War es genug?

Über dreißig Jahre lebte Jesus als Mensch auf der Erde. Er wollte den Menschen vom Vater erzählen. Außerdem wollte er Schüler ausbilden, die seinen Dienst weiterführen sollten. Doch der wichtigste Grund für seinen

Besuch auf der Erde ging noch viel weiter: Jesus wollte als stellvertretendes Opfer für die Menschen sterben. Das war sein eigentlicher Auftrag.

Doch Jesus blieb nicht tot. Wie er es vorausgesagt hatte, stand er am dritten Tag wieder auf. Der Glanz seiner Göttlichkeit umhüllte ihn. Kein Mensch konnte diesem Anblick standhalten. Die Soldaten, die eigentlich das Grab bewachen sollten, fielen ohnmächtig zu Boden. Jesus war auferstanden, hatte den Tod, das Böse und Satan besiegt.

Und nun steht er vor dem Thron seines Vaters und alle fragen sich: War es genug? Hat sein Wirken auf der Erde gereicht – die Versuchungen, denen er widerstand, sein Sterben am Kreuz, seine Auferstehung –, damit Gott den Menschen das Geschenk der Erlösung anbieten kann?

Oh ja, es war genug! Als Jesus auferstand, konnten alle erkennen, dass sein Sieg vollkommen war. Dieser Sieg ist komplett, nichts könnte ihm hinzugefügt werden. Das Geschenk der Erlösung ist „verpackt".

Stell dir vor, du hast Geburtstag, kommst morgens ins Wohnzimmer und findest ein wunderschön eingepacktes Geschenk, das deinen Namen trägt. Was musst du tun, damit dieses Geschenk dir gehört? Musst du es noch kaufen, dir durch eigene Leistung verdienen? Nein, das Geschenk ist fertig, da fehlt nichts mehr. Nur eines musst du machen: auspacken.

Dasselbe gilt für die Erlösung. Der Preis für deine Rettung ist bezahlt. Das Werk der Erlösung ist abgeschlossen. Du kannst dieses Geschenk in Empfang nehmen und auspacken.

Hm, kann es so einfach sein? Dürfen wir Heilsgewissheit haben? Können wir sicher wissen, dass wir gerettet sind?

Diese Frage musst du dir stellen. Hast du das Geschenk schon ausgepackt? Jesus hat seinen Teil erledigt. Er hat alles Notwendige getan. Jetzt liegt es an dir, dieses Geschenk anzunehmen. JaS

17.3.

Verloren in Nepal

MATTHÄUS 7,7

Bittet, so wird euch gegeben; suchet, so werdet ihr finden; klopfet an, so wird euch aufgetan.

Jeder hat schon mal was Wichtiges verloren. Dieser Gegenstand wird uns in solchen Momenten wichtiger als alles andere. Wir stellen alles auf den Kopf. Und oft hilft auch das nicht weiter.

Vor einiger Zeit war ich mit einem ADRA-Team in Nepal. Wir halfen, ein Nebengebäude des Sheer Memorial Hospital in Banepa aufzubauen. Bevor wir auf die Baustelle kamen, mussten wir erst eine knappe Stunde lang durch den Dschungel und die Reisfelder marschieren.

Wenn wir Glück hatten, fuhr ein Bus, doch gibt es dort keinen Fahrplan wie bei uns. Man stellt sich an die Straße und wartet – manchmal wenige Minuten, oft auch Stunden. Im Bus beginnt das eigentliche Abenteuer. Da reisen nicht nur Frauen in bunten Saris mit ihren Kindern, da gackern Hühner und meckern Ziegen, Menschen hocken sogar auf dem Dach mit ihrem Gemüse für den Markt. Haltestellen gibt es nicht. Wer mitfahren will, der winkt. Ist der Bus voll, findet sich auf dem Dach kein Platz mehr, dann fährt er einfach weiter. Der Fußmarsch war sicherer.

17.3.

Ich war so stolz auf meine neue Kamera. Sie hatte einen leistungsstarken Zoom, das war mir wichtig, denn ich fotografiere sehr gern Gesichter. Ich knipste munter drauf los und konnte es gar nicht erwarten, diese Bilder zu Hause entwickeln zu lassen. Doch eines Tages fand ich meine Kamera nicht mehr. Wir suchten überall. Ich war enttäuscht, dabei verschmerzte ich den Verlust der Kamera leichter als den Film, der noch darin gesteckt hatte.

Die Suche blieb erfolglos. Wir beteten, dass Gott mir doch zeigen möge, wo ich noch suchen könnte. Wir meldeten es bei der Hotelleitung, doch mehr konnten wir im Augenblick nicht machen.

Unser Einsatz war fast vorüber und wir wollten noch einige Tage lang etwas von Nepal sehen. Wir reisten ab in die Hauptstadt Kathmandu. Eines Abends beim Essen kam ein Hotelangestellter zu mir: „An der Rezeption wartet jemand auf Sie.“ Wer sollte das sein? Ich kannte doch hier keinen! Da sah ich einen der Manager des Hotels von Banepa.

Er winkte mich zu sich und überreichte mir ein Kuvert. Ich war ganz erstaunt. In dem Kuvert waren Geldscheine. Sie wollten mir meinen Fotoapparat ersetzen! Ich kaufte mir eine gute Spiegelreflexkamera für das Geld. Gott beantwortet alle unsere Gebete, doch manchmal anders, als wir es erwarten und auch nicht immer zu dem Zeitpunkt, den wir uns wünschen.

CE

18.3.

In letzter Sekunde

PSALM 92,1

Das ist ein köstlich Ding, dem Herren danken und lobsingen deinem Namen, du Höchster!

Nepal ist ein beeindruckendes Land mit seinen riesigen Bergmassiven, dem Grün der Reisfelder, den Menschen, die so ganz anders sind. Ich kam aus dem Staunen nicht heraus, als wir mit einem kleinen Flugzeug um die Spitze des Mount Everest flogen oder auf einem Elefantenrücken so nahe an Nashörner herankamen, dass meine Füße ihren Rücken berührten. Ganz zu schweigen von einem mächtigen Fußabdruck eines Tigers am Flussufer, das ich bei unserer Wanderung durch das majestätische Anapurnagebirge eigentlich gerade überqueren wollte. Leider war unser Einsatz viel zu schnell vorüber und schon saßen wir wieder im Bus zum Flughafen. Aus Sicherheitsgründen hatten wir nach unserer Ankunft die Pässe im ADRA-Büro in Kathmandu im Safe untergebracht. Kurz vor dem Flughafen wurden die Pässe wieder verteilt und ich steckte meinen in eine Lederhülle. Wir waren spät dran, jeder schnappte seinen Koffer und raste zum Check-in-Schalter.

18.3.

Als ich an der Reihe war, wollte ich den Pass zeigen. Doch die Lederhülle war leer.

Verzweifelt suchte ich alles durch, doch der Pass war verschwunden. Alle anderen aus der Gruppe hatten eingecheckt. Wir setzten unsere Überredungskünste ein, doch ohne Erfolg. Wir gingen sogar bis zur Flughafenleitung. Dort legten unsere Team-Leiter die Papiere auf den Tisch, die bewiesen, dass wir als Gruppe zusammen unterwegs waren und ich mit ihnen gekommen war. Doch ohne Pass kein Flug! Wir beteten in kleinen Gruppen. Die Zeit verging, doch der Pass tauchte nicht auf. Nun mussten alle anderen durch den Sicherheitscheck. Ein paar „treue Freunde" blieben bis zum letzten Augenblick bei mir. Ich wusste nicht mehr aus noch ein. Ich war in einem fremden Land, konnte die Sprache nicht, geschweige denn die Schriftzeichen. Laut Flughafenleitung müsste ich auf der Deutschen Botschaft einen Pass beantragen, doch das könnte Wochen dauern.

Als der letzte aus der Gruppe durch die Sperre ging, rief plötzlich jemand meinen Namen. Der Busfahrer kam angerannt, völlig außer Atem. Er hatte meinen Pass zwischen den Sitzen im Bus gefunden und war dann mit dem Motorrad quer durch Kathmandu gerast, eine Meisterleistung bei dem Verkehr: Auf der Straße drängeln sich Kühe und Elefanten zwischen Rikschas, unzähligen Fahrrädern, Motorrädern, Lastwägen. Der Pass war wieder da und ich durfte nach Hause fliegen!!! Gott hatte unsere Gebete erhört.

CE

19.3.

Die kleinen Dinge

LUKAS 16,10 EB

Wer im Geringsten treu ist, ist auch in vielem treu, und wer im Geringsten ungerecht ist, ist auch in vielem ungerecht.

Vor kurzem bin ich bei meiner Andacht über ein Zitat gestolpert. Es traf genau das, was mich in letzter Zeit oft ein wenig mutlos machte. Ellen G. White zieht darin einen sehr interessanten Vergleich:

„Der breite, tiefe Strom, der sich dem Handel und Wandel der Nationen als ein Hauptverkehrsweg darbietet, wird als allgemeiner Nutzbringer geachtet; aber wie steht es mit den kleinen Bächlein, die diesen prächtigen Strom mit zustande bringen? Wären sie nicht da, so würde der Fluss verschwinden. Von ihnen hängt geradezu sein Dasein ab. So ehrt man Männer, die zur Führung in irgendeinem großen Werk berufen sind, als ob das Gelingen ihnen allein zuzuschreiben sei. Aber der Erfolg erforderte die treue Mitwirkung einer kaum übersehbaren Zahl einfacherer Mitarbeiter – Menschen, von denen die Welt nichts weiß. Aufgaben, die keiner würdigt, Mühen ohne Anerkennung fallen den meisten Schaffenden der Welt zu. Ein solches Los erfüllt viele mit Unzufriedenheit. Sie haben das Gefühl, als ob ihr Leben vergeudet wäre. Doch das kleine Bächlein, das durch Haine und Wiesen geräuschlos seines Weges zieht und dabei Gesundheit, Fruchtbarkeit und Schönheit spendet, ist in seiner Art so nützlich wie der breite Strom. Und indem es zum Dasein des Flusses beiträgt, hilft es das auszuführen, was er allein niemals hätte vollbringen können."

(Ellen G. White in Erziehung, S. 107)

Manchmal fühle ich mich auch wie so ein kleiner Bach. Ich tue dies und jenes, alles notwendige Dinge, aber eben nichts Großes, nicht etwas, wovon man wirklich etwas sieht!

Und hier hat mich dieses Zitat ermutigt. Ich möchte nicht unzufrieden sein, selbst wenn ich die Früchte meiner Arbeit nicht gleich sehe!

Denn was zählt, ist, dass wir unsere Pflichten, wie klein sie auch sind, als Liebestat für Jesus tun.

Wenn auch du ein solcher Bach bist – wenn du selten Anerkennung für deinen Dienst bekommst, wenn scheinbar niemand sieht, dass du dich abmühst, dann sei dir sicher: Einer sieht es bestimmt und er freut sich, wenn du es für ihn tust!

AF

20.3.

Begegnungen, die verändern

MATTHÄUS 27,28.29

Und [die Soldaten] zogen [Jesus] aus und legten ihm einen Purpurmantel an und flochten eine Dornenkrone und setzten sie ihm aufs Haupt und gaben ihm ein Rohr in seine rechte Hand und beugten die Knie vor ihm und verspotteten ihn und sprachen: Gegrüßet seist du, der Juden König!

Ist dir das auch schon einmal passiert? Bist du auch schon mal durch die Begegnung mit einer Person verändert worden? Ich war 22 Jahre alt und erst seit Kurzem gläubig. In dieser Zeit habe ich viel von verschiedenen Gemeindegliedern gelernt, ganz besonders von einer jungen Mutter aus Rumänien.

Eine solche Gastfreundschaft und Hilfsbereitschaft wie bei ihr hatte ich noch nicht erlebt. Als ich ein Fahrrad brauchte, lieh sie mir spontan ihr neues Mountainbike, ich durfte es so lange haben, wie ich es nötig hatte. Und selbst wenn wir spätabends mit Freunden an ihrem Haus vorbeikamen, ließ sie es sich nicht nehmen, uns noch auf ein warmes Abendessen einzuladen. Ihr Verhalten hat mich fasziniert und meine Einstellung zur Gastfreundschaft radikal verändert.

Eine noch viel größere Ausstrahlung muss Jesus gehabt haben, als er vor 2000 Jahren gelebt hat. Die Bibel berichtet etliche Beispiele, wie Menschen von Jesus verändert wurden. Eines davon finden wir in Matthäus 27, wenn auch etwas versteckt:

Unser Text beginnt gerade dort, wo die Verurteilung Jesu beschlossene Sache ist. Der Verurteilte wird seinen Henkern übergeben, sein Recht auf Leben oder Würde hat er schon verloren. Die Soldaten verspotten und erniedrigen ihn, behandeln ihn genauso brutal, wie sie es immer mit Verurteilten getan haben. Aber während sie ihn verspotten, und während sie ihn nach Golgatha abführen und schließlich kreuzigen, hat etwas im Verhalten Jesu in ihren harten Herzen einen Kampf ausgelöst. Den ersten Hinweis darauf finden wir nach der Kreuzigung. Alle Anwesenden verspotten Jesus am Kreuz: die Vorübergehenden, die Priester, die Schriftgelehrten, die Ältesten und die Verbrecher. Nicht aber die Soldaten, sie scheinen diesmal nicht mitzumachen. Und als Jesus dann unter großen Zeichen und unglaublichen Worten stirbt, können die Soldaten und ihr Hauptmann nicht mehr anders als zu rufen: „Wahrlich, dieser ist Gottes Sohn gewesen!" (Matthäus 27,54). Diese kurze Begegnung mit Jesus hatte sie verändert.

JaW

21.3.

Ein Blick in Gottes Augen

JOHANNES 1,18

Niemand hat Gott je gesehen; der eingeborene Sohn, der Gott ist und in des Vaters Schoß ist, der hat es uns verkündigt.

Wir kommunizieren viel. Manche sagen viel zu viel. Zum Glück gibt es Smartphones! … Wenn Gott ein Smartphone hätte und du seine Nummer, wie lange am Tag und worüber würdet ihr miteinander chatten? Wäre das cool? Viele Menschen fragen sich, wie man an einen Gott glauben kann, den man nicht sieht. Dabei erleben wir immer öfter, wie sich Männer und Frauen im Internet kennenlernen – ohne sich zu sehen. Klar, es gibt Skype, aber ein leibhaftiges Treffen ist noch etwas anderes. Ein Blick in die Augen sagt mehr als ein stundenlanger Chat. Da gibt es kein Zurück. Da lernt man sich richtig kennen. Und wie lerne ich Gott kennen, den ich nicht sehe? Wie sieht sein Gesicht aus? Wie schaut er auf unser Leben?

21.3.

Ich behaupte, ich habe Gott schon oft gesehen. Wenn mir ein Freund Mut gemacht hat; wenn mir jemand zugehört hat im Trubel des Alltags; wenn mich jemand eingeladen und versorgt hat; wenn jemand hinter mir stand, als ich in Grund und Boden versinken wollte … Überall dort, wo Menschen gehandelt haben wie Jesus. Denn in Jesus Christus hat Gott sein Gesicht gezeigt: „Niemand hat Gott je gesehen; der eingeborene Sohn, der in des Vaters Schoß ist, der hat ihn uns verkündigt" (Johannes 1,18).

Gott ist uns näher, als wir meinen. Die Gemeinde ist der Leib Christi. Dort wird Gott gewissermaßen „leibhaftig". Wenn wir unserem Mitmenschen in die Augen schauen – sehen wir Gott in ihm? Nicht, dass er Gott wäre! Aber wenn er handelt wie Christus, dann ist Gott in ihm – und er in Gott. Wir sehen Gott nicht, aber wir sehen sein Handeln und sein Gesicht. Ziemlich menschlich, unser Gott. Obwohl er gleichzeitig himmelhoch über uns steht. Noch! Denn bald „werden wir ihn sehen, wie er ist" (1. Johannes 3,2).

CL

22.3.

Der beste Lehrer

JOHANNES 6,35 SLT

Jesus aber sprach zu ihnen: „Ich bin das Brot des Lebens: wer zu mir kommt, wird nicht hungern, und wer an mich glaubt, wird nimmermehr dürsten."

Der Verstand ist der höchste Besitz, den wir haben, aber er muss trainiert werden, durch Studieren, durch Nachdenken und durch Lernen in der Schule, an der Jesus unterrichtet – und er ist der beste und glaubwürdigste Lehrer der Welt.

„Ich bin das Brot des Lebens", sagte er. Denn er schuf das Leben, nicht nur das irdische, sondern auch das ewige Leben in enger Gemeinschaft mit Gott. Und er versorgt uns mit diesem Leben. Wer – im übertragenen Sinne – „sein Fleisch isst, sein Blut trinkt", der akzeptiert ihn als den Lehrer, den uns der Himmel geschickt hat. Wer in Verbindung mit Gott leben will, der kommt an Jesus nicht vorüber, er muss ihm glauben. Wer sich am Wort Gottes „satt isst", der wird keinen Hunger nach etwas noch Besserem spüren. Sein Durst nach Leben wird gestillt und diese krampfhafte Suche nach „Höherem" oder nach Reichtum hört auf.

22.3.

Im Wort Gottes finden wir Wahrheit, die uns erhebt und adelt. In seiner Schlichtheit liegt echte Schönheit. Manche Leute saugen Zitate von „Berühmtheiten“ in sich auf und benutzen deren Formulierungen, weil das klug und gebildet klingt. Da werden Menschen zu Stars erhoben und verehrt. Doch wer in diesen Kult einsteigt, verliert Jesus aus den Augen. Er ist dann für sie nicht mehr „the one and only“. Ist dir so was schon mal passiert? Dann setz dich einfach in Gedanken mal auf einen Hocker zu den Füßen Jesu und hör ihm zu, wenn er über Gott redet. Lerne Gott kennen, wie er wirklich ist, denn das ist der Schlüssel zum ewigen Leben.

Die Bibel ist unser Wegweiser, unser „Navi“, und leitet uns auf den sicheren Wegen, die zum ewigen Leben führen. Gott hat Menschen inspiriert, das alles aufzuschreiben. Und darin finden wir die Wahrheit, die uns innerlich zu Gott hinzieht. Wenn wir diese Einsichten umsetzen, bekommen wir Rückgrat und Kraft zum Widerstand gegen Versuchungen. Und wir werden klug und weise. Wer das Wort Gottes studiert, wird seine Intelligenz steigern. Mehr als jedes andere Studium steckt darin das Potential, alle Kräfte deines Verstandes zu aktivieren und jedem Bereich frischen Schwung zu geben. Bibellesen bringt uns in enge Verbindung mit dem Himmel, und dadurch haben wir Zugang zur wahren Weisheit, zu tieferem Wissen und großem Verständnis. Das Evangelium ist genau das richtige „Futter“, das unsere tiefsten Sehnsüchte stillen kann. Es liefert in jeder Situation genau das, was der Mensch braucht.

Frei übertragen aus Ellen White, „Sons and Daughters of God“, S. 70

MP

23.3.

Die Welt mit seinen Augen sehen

PHILIPPER 4,4

Freuet euch in dem Herrn allewege, und abermals sage ich: Freuet euch!

Vielleicht bist du heute auch aufgewacht und hattest überhaupt keine Lust, die Bibel aufzuschlagen. Außerdem bist du viel zu spät dran und vor lauter Müdigkeit noch nicht aufnahmefähig. Du musst los. Du stürmst aus dem Haus und die Hektik des Alltags saugt dich ein. Die Leute laufen kreuz und quer. Jeder starrt verschlafen und leicht mürrisch aus der Wäsche – und ins Smartphone. Zu solcher Stunde ein freundliches Lächeln oder ein fröhliches Gesicht zu finden, ist genauso wahrscheinlich wie ein Sechser im Lotto.

Ich selbst kenne solche Tage nur zu gut. Es scheint unmöglich, sich gegen diese Stimmung zu wehren. Gegen diesen reißenden Strom, der alles und jeden mitschleift. Die Frustration über den misslungenen Start in den Tag breitet sich immer mehr aus. Die Negativschleife setzt sich weiter fort: Menschen, die mir wichtig sind, enttäuschen mich, weil sie sich ganz anders verhalten, als ich es erwartet hätte. Der Frust schaukelt sich noch mehr hoch. Ich spüre plötzlich, wie eine Verbitterung und Traurigkeit in mir hochsteigt. In solchen Momenten würde ich mich am liebsten wieder ins Bett verkriechen und mich in eine Decke von Selbstmitleid einhüllen. Dann können wir gar nicht anders fühlen. Und haben doch auch gute Gründe für unsere schlechte Laune.

Halt! Stopp! Da muss es doch einen anderen Weg geben!? Unser Leben als Christ sollte sich doch von alldem abheben! Jesus selbst hätte sicher 1000 Gründe gehabt, den Menschen enttäuscht den Rücken zuzukehren und sich zu verkriechen. Doch er wandte sich mit all diesen Dingen immer zuerst an seinen Vater im Himmel. Ich selbst durfte auch immer wieder erleben, wie Gott meine Stimmung und meinen Blick auf die Welt änderte, wenn ich mit meiner Enttäuschung gleich zu ihm gekommen bin. Oft genügte ein kurzes Gebet: „Jesus, du weißt, wie ich mich gerade fühle. Ich kann auch nicht anders. Bitte verändere du meinen Blick und hilf mir, dass ich diesen negativen Gefühlen keinen Raum gebe." Probier es heute aus und erlebe, wie Gott dir seinen Blick auf die Menschen und Dinge in deinem Leben schenkt!

JU

Angenommen ...?!

24.3.

JEREMIA 31,3 SLT)

Mit ewiger Liebe habe ich dich geliebt; darum habe ich dich zu mir gezogen aus lauter Gnade.

Angenommen, ich wäre angenommen. Angenommen, es würde in der Gruppe jemand auf mich zukommen und sagen: „Du bist o.k.! Dich nehme ich so, wie du bist!“ Und angenommen, die Person meint es ernst, ganz ernst. Die will mich nicht dumm machen oder auf den Arm nehmen. Würde ich das annehmen?

Angenommen, ich lehne das ab. Ich kenne diesen Typen doch überhaupt nicht und an Freundschaft ist schon gar nicht zu denken, so wie der aussieht! Würde er dann seine Meinung ändern? Würde er sein wahres Gesicht zeigen? Sich zu erkennen geben? Und wir merken: Er hat es doch nicht ernst gemeint!?

Aber mal angenommen, der andere würde mich so annehmen wie ich bin, auch wenn ich „Nein!“ sage. Kann ich diesen Menschen einfach so stehen lassen? Ja sicher, ich bin frei in meiner Wahl. Stehenlassen, beleidigen, vor den Kopf stoßen, Korb geben. Macht das Spaß? Wenn dieser

Mensch mich wirklich so annimmt, wie er sagt, wird er sich mir nicht aufdrängen. Vielleicht will er ja irgendwas von mir? Mein Geld? Mein Auto? Meine Karriere? Oder gar mein Leben? Aber das alles brauche ich doch selber, um glücklich zu sein!

Aber mal angenommen, hier ist jemand, der will nur meine Freundschaft und meint es ernst. Sollte ich ihn dann nicht auch ernst nehmen? Einfach mal so angenommen? Ich könnte ihn erst einmal nach seinem Namen fragen, nach seinen Interessen, seiner Familie und so weiter. Und sicher weiß er all das noch nicht von mir, oder doch? Aber dann würde er mich doch nicht so annehmen, wie ich bin, oder?

„Als Petrus das sah, fiel er erschrocken vor Jesus nieder und rief: ‚Herr, geh weg von mir! Ich bin ein sündiger Mensch!' … Aber Jesus sagte zu Petrus: ‚Fürchte dich nicht! Du wirst jetzt keine Fische mehr fangen, sondern Menschen für mich gewinnen'." (Lukas 5,8.10 Hfa)

TE

25.3.

Keine halben Sachen

MATTHÄUS 22,37

Jesus aber antwortete ihm: „Du sollst den Herrn, deinen Gott, lieben von ganzem Herzen, von ganzer Seele und von ganzem Gemüt."

Der Befehl war klar, das Gebot deutlich: „Zerstöre alles, vertreibe sie aus dem Land!" (4. Mose 33,52) Und sie taten es. Ja, anfangs hielten sie sich genau an das Gebot. Und Gott war mit ihnen. Oft erlebten sie große Wunder. Die gewaltigen Mauern der mächtigen Stadt Jericho fielen um. Ihre Feinde wurden von den Hornissen gejagt. Gott ließ die Sonne für sie still stehen! Niemand konnte vor ihnen bestehen! Niemand konnte sich ihrem Gott widersetzen!

Dann war aber der erste Teil der Arbeit geschafft. Das Land wurde aufgeteilt. Jeder bekam seinen Platz unter der Sonne, und der normale Alltag begann.

Eigentlich sollte jeder Stamm die übrigen Feinde, die noch im Land wohnten, aus seinem Gebiet vertreiben. Doch sie wurden nachlässig und ließen die Leute einfach dort, wo sie waren. Und die kanaanitischen Völker mit ihren perversen Götzenriten und ihrem ungesunden Lebensstil übten einen starken Einfluss auf die Israeliten aus. Allmählich hörten die Israeliten nicht mehr auf Gott. So konnte er sie nicht mehr beschützen. Ihr Land wurde erobert, die Städte zerstört, die Überlebenden wurden gefangengenommen und ins Exil verschleppt.

„Eine traurige Geschichte", denkst du, „aber was hat das mit mir zu tun?"

Du hast Recht. Du sitzt in deinem Zimmer, dein Platz unter der Sonne ist dir schon längst sicher und deine wichtigste Aufgabe ist es, das Schuljahr mit möglichst gutem Erfolg abzuschließen!

Und doch hast du Feinde. Und ich meine, echte Feinde, die dich um dein ewiges Leben bringen wollen … „Wer mag das sein?", fragst du dich. Vielleicht benutzt Satan deine Freunde, die dich mit ihrem Einfluss von Gott wegziehen?

Vielleicht ist es eine gewisse Art von Musik, sind es Filme oder Computerspiele, die deine Gedanken völlig einnehmen, dir die Zeit rauben und versuchen, deine moralischen Grundsätze zu untergraben?

Dein Lieblingsschauspieler, den du „anhimmelst"? Ein Fußballverein? Dein Smartphone? …

Wer oder was auch immer es ist, er wird dir zum Feind, wenn er dich von Gott wegzieht. Wenn du diesem Einfluss nicht entschieden den Kampf ansagst, wird er dich besiegen. Denke an das Volk Israel! Halbe Sachen führen zum gleichen Ergebnis wie offener Ungehorsam. Wir können Gott nicht mit halben Herzen dienen!

Entscheide dich heute, alles aus deinem Leben zu verbannen, was dich von Gott trennen will. Es ist ein Kampf, aber Gott kämpft an deiner Seite! Er hat dir etwas viel Besseres zu bieten – schon in diesem Leben!

TM

26.3.

Lass los!

GALATER 5,1

Zur Freiheit hat uns Christus befreit! So steht nun fest und lasst euch nicht wieder das Joch der Knechtschaft auflegen!

Unser Hund Liam, ein stattlicher, kräftiger Airedale Terrier, liebt Stöcke über alles. Aber nicht etwa handliche, schlanke Stecken, sondern große, dicke und enorm schwere Äste. Ich kann einen solchen Stock kaum ein, zwei Meter weit werfen. Während des Spazierganges spielt er mit dem Stock oder legt sich auf die Wiese und kaut genüsslich darauf herum. Wenn wir dann wieder nach Hause gehen wollen, kann er sich von diesem schweren Ast nicht trennen und will ihn unbedingt mitnehmen. Nach wenigen Metern muss Liam eine Pause einlegen und sich ausruhen. Diese Pause braucht er immer öfter. Irgendwann kommt Liam an den Punkt, wo ihn die Kräfte verlassen: Er muss den Ast liegen lassen. Die ersten Meter ohne sein „Joch“ fallen ihm schwer und oft blickt er sehnsüchtig zurück. Doch je weiter wir uns entfernen, desto freier wirkt er. Wahrscheinlich wird ihm klar, wieviel leichter er es ohne seine Last hat.

Diese Spaziergänge mit Liam erinnern mich jedes Mal daran, wie auch wir Menschen an unseren „Lieblingssünden" (= „LASTern") hängen und sie Gott nicht abgeben wollen. Manche von uns waren schon häufig an dem Punkt, wo Gott diese Lieblingssünde ins Meer werfen sollte, dorthin, wo es am tiefsten ist. Doch alleine die Vorstellung, dass wir nun ohne diesen Gegenstand – oder ohne eine tiefsitzende und liebgewonnene Charakterschwäche – weiterleben müssten, macht uns Angst. Dabei kann und will uns der Heilige Geist von allen Dingen befreien, die uns von Gott trennen. Wir dürfen ihn jeden Tag in unser Leben einladen und ihm erlauben, dass er an uns arbeitet. Auch verspricht uns Gott in Epheser 1,7, wir würden durch sein Blut erlöst und unsere Sünden würden allesamt vergeben, weil Gott so viel Gnade für uns hat. Gott verspricht dir nicht, du würdest niemals hinfallen. Doch mit seiner liebevollen Hand will er dir immer wieder aufhelfen! Denn: „Wenn euch nun der Sohn frei macht, so seid ihr wirklich frei." (Johannes 8,36)

Bist du bereit, Jesus deine Lieblingssünden zu übergeben? Er hat etwas Wunderbares mit dir vor, wenn du ihn in dein Leben lässt.

NT

27.3.

Gott liebt Süßigkeiten

SPRÜCHE 16,24 NL

Freundliche Worte sind wie Honig – süß für die Seele und gesund für den Körper.

Wie bitte? Na und ob! Warum hätte uns Gott wohl sonst mit einem Sinnesorgan ausgestattet, mit dem wir süße Dinge erkennen können – und mit einem Gehirn, das daran Freude findet? Und ich sehe ihn vor mir, wie er sich freute, als Adam und Eva die süßen Dinge des Gartens so richtig genossen.

Gott liebt es, wenn wir die Dinge genießen, die er geschaffen hat. Das schließe ich ganz einfach aus der Tatsache, dass wir das können. So hat er uns gemacht und gewollt.

Aber vielleicht fragst du jetzt: Warum werde ich dann andauernd vor den gesundheitlichen Problemen gewarnt, die Süßigkeiten angeblich bewirken?

Unser Feind ist ein perfekter Stratege. Ich wünschte, du und ich wären das auch, aber eben im guten Sinn. Satan weiß sehr genau, wie unsere Körpermaschine tickt. Er hat entdeckt, dass er uns Menschen leichter besiegen kann – körperlich, seelisch und geistig – wenn er uns schwächen kann. Also zerlegt er Gottes Schöpfung, setzt sie quasi neu (etwas modifiziert)

27.3.

zusammen, und füttert uns mit diesem Zeug. Und dieser Cocktail macht uns müde, schwach, krank und vielfach sogar abhängig: Wir können nicht mehr aufhören mit Naschen. Oder er bringt uns dazu, dass wir riesige Mengen von gesundem Essen in uns hineinstopfen, weil das ja „sooo gesund" ist.

Das Problem hat also mit Qualität und Menge zu tun. Gott hat in der Natur alles perfekt aufeinander abgestimmt. Jede Frucht ist in sich ein Meisterwerk der Schöpfung. Sie stärkt Körper, Seele und Geist – und zwar am besten in der Form, wie Gott sie geschaffen hat – und in Maßen (nicht Massen!) genossen. Und die Bienen? Sie produzieren den leckeren Honig, der laut Auskunft von Prof. Dr. med. Jesus Christus gesund ist für Seele und Körper!

Schön wär's, wenn wir schrittweise entdecken würden, wie lecker die Dinge schmecken, die Gott komponiert hat, und wie gut sie uns tun. Vor allem aber natürlich all die süßen Dinge, die es in seiner Schöpfung tatsächlich im Original gibt.

KR

28.3.

Lass mich nicht sterben!

PSALM 37,5

Befiehl dem Herrn deine Wege und hoffe auf ihn, er wird's wohl machen.

Mein Vater musste mit seiner Familie während des Zweiten Weltkrieges aus seiner Heimat fliehen. Alles, was sie unter viel Fleiß aufgebaut hatten, mussten sie zurücklassen. Nur ein paar Habseligkeiten wurden auf einen Wagen gepackt und das Pferd davor gespannt. Und dann ging es los, die Reise ins Ungewisse. Noch ein letzter, wehmütiger Blick auf die wunderschönen Weinberge, die nun wohl von anderen Menschen abgeerntet werden würden. Doch am schwersten fiel dem damals zwölfjährigen Jungen, dass er sich von den Pferden verabschieden musste. Seine Familie besaß eine Pferdezucht – weiße Lipizzaner – und an jedem einzelnen hing doch sein Herz! Da kullerte so manch bittere Träne die Wange hinab.

Nach einer langen beschwerlichen Reise gerieten sie in russische Gefangenschaft. „Treibt diesen Abschaum zusammen und erschießt alle!", wurde den Soldaten befohlen. Mein Vater und seine Familie standen ziemlich weit hinten. Das war ihnen nicht recht. Sie wollten nicht zuschauen, wie einer nach dem anderen erschossen wurde. Deshalb rannten sie nach vorn in die erste Reihe, um es schneller hinter sich zu haben.

Doch in meinem Vater brannte ein Wunsch: „Herr, bewahre uns vor dem Tod! Ich möchte so gerne leben. Ich bin doch noch so jung!" Von klein auf hatte ihn seine Mutter gelehrt, dass es einen lebendigen Gott gibt und dieser Gott uns liebt. Ja, und dieser Gott erhörte sein Flehen. Im nächsten Moment wurde plötzlich der Befehl gegeben, die Waffen niederzulegen und die Gefangenen nach Sibirien abzutransportieren.

Diese Gebetserfahrung hat mein Vater sein Leben lang nicht vergessen. Deshalb liebt er auch seinen Gott von ganzem Herzen, denn er hat IHN erlebt! „Du hast Menschen über unser Haupt kommen lassen, wir sind in Feuer und Wasser geraten. Aber du hast uns herausgeführt und uns erquickt" (Ps 66,12).

Auch du darfst diesen liebenden und fürsorglichen Gott erleben. Vergiss nur nicht, IHM dein Leben jeden Tag anzuvertrauen. „Ich bin bei euch alle Tage, bis an der Welt Ende." Das ist alles, was ich brauche.

GT

29.3.

Nur ein Fest

PSALM 1,1

Wohl dem, der nicht wandelt im Rat der Gottlosen noch tritt auf dem Weg der Sünder noch sitzt, wo die Spötter sitzen.

Es war eine der raffiniertesten Verschwörungen in der Geschichte des Volkes Israel. Eine erfolgreiche List, die Zehntausende hinters Licht führte und ihr Leben kostete. Dabei war sie so einfach, unscheinbar, so verlockend – und dennoch so böse, ja geradezu satanisch. Doch wie hätte man die Israeliten aufhalten können? Wie hätte man sich sonst vor ihnen retten sollen? Sie kamen wie eine Flut, vor der es kein Entkommen gab, und rissen alles vor sich nieder. Man sagte, eine übernatürliche Kraft kämpfe an ihrer Seite, eine Kraft, der keiner widerstehen konnte. Man sagte, ihr Gott wäre der mächtigste Gott – ein Gott über alle Götter. Ein Widerstand wäre zwecklos, eine Auseinandersetzung käme dem Selbstmord gleich. Wie konnten die Nachbarvölker ihrem sicheren Untergang entgehen, wie konnten sie den Vormarsch der Israeliten stoppen? Nur auf einem Weg: Sie mussten von ihrem Gott getrennt werden! Aber wie?

29.3.

Die Frauen mussten hin. Junge, hübsche Mädchen, unbewaffnet, ungefährlich – nicht um zu töten, sondern um Freundschaften zu schließen. Scheinfreundschaften natürlich. Aber das würde den Israeliten nicht auffallen. Sie witterten keine Gefahr, fühlten sich sicher. Also wurden die Freundschaften enger. Das Eis war gebrochen, die Tür weit aufgemacht. Und dann kam die Einladung zum Fest. Auf diesem Fest sollte zwar ein fremder Gott verehrt werden, aber da mussten sie ja nicht mitmachen. Sie sollten nur kommen und zuschauen, damit sie die Kultur ihrer neuen Nachbarn besser verstehen könnten. Einfach mal dabei sein. Der Plan der Midianiter ging auf! Sobald sich die israelitischen Männer auf die Götzenanbetung einließen, entzogen sie sich ihrem unsichtbaren Schutz, sie verloren ihren Gott aus den Augen und trennten sich von ihrer einzigen Kraftquelle. Nun war alles andere ein leichtes Spiel für den Feind. Der Rhythmus der lauten Musik, die verführerischen Reize eines Götzendienstes taten das Ihre. Der Verstand war benebelt, die israelitischen Besucher waren hingerissen und schalteten das Gewissen aus. Sie gaben sich der wilden Orgie hin. Möchte Gott, dass seine Kinder so leben? Unvernünftig und ekstatisch und ohne Verantwortung? Ohne nach seinem Willen zu fragen?

Damals verloren Zehntausende das Leben, wohl auch das ewige. Aber das muss uns nicht passieren. Hüten wir uns vor dem Rausch, der unser Gewissen ausschaltet!

TM

30.3.

Unser Körper – ein Kampfplatz

JOHANNES 15,13

Niemand hat größere Liebe als die, dass er sein Leben lässt für seine Freunde.

Ich arbeite in der chirurgischen Ambulanz. Neben mir sitzt ein Patient, der auf den Arzt wartet, um die Befunde und die weitere Therapie zu besprechen. Ich öffne die Patientenakte und plötzlich tut mir der Mann leid: Bauchspeicheldrüsenkrebs, inoperabel, der Tumor drückt auf die Bauchschlagader.

Krebs multipliziert sich ohne Rücksicht auf die umliegenden Zellen. Er stiehlt die Blutversorgung des Nachbar-Gewebes und tötet dadurch auch umliegende Organe.

Es gibt einen Lungentumor, der so groß wird, dass er die Vene, die das Herz versorgt, verdrängt und so zerstört. Was passiert dann? Du stirbst, aber was passiert mit dem Krebs? Er stirbt auch!

Krebs hat nur ein Ziel: er will groß werden. Er wächst, stiehlt Ressourcen, Nährstoffe, Gefäße. Er zerstört dadurch Organe, aber am Ende stirbt er selbst. Selbstmord.

Wir können heute Tumore schon im Frühstadium erkennen, dafür gibt es verschiedene gute Untersuchungen. Aber eines entdeckt den Krebs bereits, wenn er nur eine einzige Zelle besetzt hält: unser Immunsystem.

Die weißen Blutkörperchen greifen an und nehmen das Gift in sich selbst auf. Ein weißes Blutkörperchen kann im Leben nur ca. 12 Bakterien bekämpfen, bevor es selber stirbt. Es stirbt, weil es dich verteidigt. Wenn ein weißes Blutkörperchen das nicht alleine schafft, schließen sich viele zusammen. Sie bilden eine Kette und umzingeln den Krebs. Sie sterben dabei, aber im Knochenmark werden zum Glück wieder neue hergestellt. Krebs ist selbstsüchtig. Doch die Selbstsucht trägt eine Gesetzmäßigkeit in sich: Wer nur sich selbst dient, zerstört sich selbst. Und das einzige, was dagegen siegen kann, ist das Gesetz der Selbsthingabe: Die weißen Blutkörperchen opfern sich selbst. Gott hat uns so geschaffen, und das ist ein gutes Beispiel für unser Leben. Wir sollen uns nicht nur um uns selber drehen. Viele reiche und berühmte Menschen dienen sich selbst. Am Ende sterben sie leer und unerfüllt.

Wie werde ich ein glücklicher und zufriedener Mensch? Indem ich anderen Menschen diene und nicht nur mir selbst. Das Gesetz der Selbsthingabe ist das Gesetz der Selbsterhaltung.

Nimm dir Zeit, über dein Leben nachzudenken. Ich wette, dass du das meiste für dich selbst machst. Wunderst du dich, warum du nicht glücklich bist? Probiere mal, dass du überlegst: Was kann ich für andere tun? Jesus lebt uns dieses Prinzip vor.

Er hat sich für dich aufgegeben, damit du durch ihn den Krebs der Sünde loswerden kannst. Dann wirst du innerlich heil.

EK

31.3.

Endstation Motorschaden

PSALM 50,15

… rufe mich an in der Not, so will ich dich erretten und du sollst mich preisen.

Michael Dunham (Name geändert), Kampfpilot der US Airforce in Deutschland, erinnert sich an den 11. August 2015:

„Ich war mit meiner F-16 gemeinsam mit 5 anderen Kampfjets auf dem Weg zu einer Gefechtsübung. Schon bald stellte ich Probleme mit der Treibstoffversorgung fest, setzte meinen Flug jedoch fort. Nicht weit von meinem Ziel entfernt versagte dann plötzlich das Triebwerk. Mehrfache Startversuche gelangen nicht. Ich hatte keine Wahl mehr, das Flugzeug musste weg vom bewohnten Gebiet, und dann betätigte ich den Schleudersitz. Obwohl ich die Maschine im Grunde viel zu spät verlassen hatte, erlebte ich eine recht sanfte Landung, weil mein Fallschirm in einer Baumkrone hängen blieb. Mir war praktisch nichts passiert."

Ich hatte das Vorrecht, diesen 27-jährigen Mann im Krankenhaus „zufällig" kennen zu lernen. Wir unterhielten uns lange sehr nett und sprachen auch von Dankbarkeit über den Schutz Gottes.

Im Rückblick stelle ich mir die Frage, wie viele von uns einen ähnlichen Absturz erleben. Wir merken vielleicht da und dort, dass etwas mit der „Treibstoffversorgung" nicht klappt, dass unser Lebensmotor im körperlichen oder seelischen Bereich nicht ausreichend versorgt wird. Wir ignorieren die Anzeichen und „fliegen" weiter. Und dann kommt, was unweigerlich kommen muss: Motorschaden.

Verzweifelt versuchen wir, Gegenmaßnahmen zu treffen, nochmal „durchzustarten", vielleicht ein (vergeblicher) Hilfeschrei, vielleicht ein wackeliger, unwirksamer Reparaturversuch – und dann …?

Oft geht ein solcher „Absturz" für uns selbst gerade noch gut aus, vielleicht auch mit kleineren oder größeren Verletzungen. Viele können aber nicht mehr „aussteigen", finden keine Rettung mehr.

Ich wünsche dir zwei Dinge: Erstens dass du die Warnzeichen nicht ignorierst, wenn Körper, Seele oder Geist sich melden. Und zweitens, solltest du – warum auch immer – die Warnsignale dennoch ignorieren, dass du den rettenden Schleudersitz noch betätigen kannst, um noch einmal von vorn anzufangen.

Gott segne dich!

KR

1.4.

Ausblick vom Kreuz

RÖMER 8,31.32

Ist Gott für uns, wer kann wider uns sein? Der auch seinen eigenen Sohn nicht verschont hat, sondern hat ihn für uns alle dahingegeben – wie sollte er uns mit ihm nicht alles schenken?

Lena und Arne machten Osterferien in Graubünden. Schnell bezogen sie ihr Zimmer, packten mit fliegenden Händen die Koffer aus: Es zog sie nach draußen. Die Luft war mild, roch nach Frühling, nur noch zwei, drei schmutzig-weiße Schneefelder erinnerten an den Winter. Die ersten Märzenbecher und Krokusse steckten ihre Köpfe aus der feuchten Erde. Doch die Sonne konnte und wollte nicht durchbrechen. Grauer Nebel schwebte dicht über den Dächern, und in den Bäumen parkten düstere Wolkenfetzen. „Vielleicht müssen wir höher rauf", meinte Arne, und Lena schnürte die Wanderschuhe fester. Tapfer marschierten sie bergan, durchquerten den dichten Tannenwald und wanderten über Steine und Geröllhalden, bis die schroffe Felswand vor ihnen aufragte, triefnass im Nebel.

1.4.

Schließlich kam ihnen ein Einheimischer auf dem schmalen Ziegenpfad entgegen. „Sagen Sie, hat es einen Sinn, wenn wir noch weitersteigen? Wie sieht es oben aus?“

„Ja“, sagte der Ortskundige. „Sie müssen bis zum Kreuz hinauf, dort droben ist alles hell.“ Und wirklich: Am Gipfelkreuz war der Nebel wie fortgeblasen. Die Sonne strahlte vom blauen Himmel herab und brachte die anderen Gipfel zum Leuchten.

Vielleicht sollten wir auch öfter einmal über die Nebel und Wolkenfelder unseres Alltags hinweg steigen und empor wandern bis zum „Kreuz“. Vor 2.000 Jahren wurden an einem Kreuz die grundlegenden Probleme der Menschheit ein für allemal gelöst. Jesus hat das für uns getan. Bei ihm können wir alles ablegen, was uns bedrückt: eigene Schuld, Sorge um andere, unrealistische Erwartungen, unerfüllte Träume, Frust und Ärger, die Angst vor der Zukunft und den Schmerz, wenn unsere Liebe nicht erwidert wird, die Trauer über den Verlust guter Freunde. Wenn auch drunten im Tal immer noch derselbe Nebel lauert, können wir doch wieder einmal durchatmen und Mut schöpfen am „Kreuz“. Und die Hoffnung, dass Gott am Ende alles gut machen wird, kann heute Freude und Zuversicht in uns wecken.

SR

2.4.

Spiel mit dem Feuer

HEBRÄER 3,7.8 EB

Heute, wenn ihr seine Stimme hört, verhärtet eure Herzen nicht.

Lachend verstecken sich die beiden Jungs in der kleinen, alten Holzhütte. Thomas zerknüllt das Zeitungspapier und stopft es mit ganzer Kraft zwischen die Ritzen der Holzbalken. Alle offenen Fugen wollen sie mit dem Papier schließen, damit es nicht mehr zieht. Kichernd blödeln sie vor sich hin, bis Ralph die geniale Idee hat: „Komm, wir brennen einfach die vorstehenden Zeitungsenden mit dem Feuerzeug ab." Gesagt, getan. Fasziniert beobachten sie die kleinen Flammen, die das Papier in Sekundenschnelle auffressen. „Das funktioniert echt super", ruft Thomas begeistert. Doch diese Begeisterung wird schnell zum Entsetzen, als die Funken sprühen und das ganze Papier in Brand setzen. Schon nach 40 Sekunden entsteht so dichter Brandrauch, dass sie ununterbrochen husten müssen und der Atem knapp wird. Giftiger Qualm steigt nach oben, und heiße, lodernde Flammen breiten sich aus. Starr vor Schreck sehen die beiden Jungs auf ihr Werk und schreien lauthals um Hilfe. Die Holztür haben sie schnell erreicht, doch es dauert eine Weile, bis sie sich, vor Angst zitternd, befreien können. Hustend und würgend fallen sie auf den Boden. In weiter Ferne hören sie die schrillen Sirenen der Feuerwehr. Das Unglück ist schon bemerkt worden, jedoch zu spät – knisternd und krachend fallen die morschen, trockenen Stämme in sich zusammen.

Genauso kann es uns gehen: Kleine, unbedeutend erscheinende Entscheidungen oder Handlungen können sich zu einem handfesten „Brand" in unserem Leben entwickeln.

Auch Adam und Eva dachten, etwas so Kleines wie das Essen der verbotenen Frucht könne doch keine so schrecklichen Folgen haben. Aber was für eine Auswirkung hatte ihr Handeln!

Auch „kleine" Sünden sind nicht unbedeutend. Sie können der erste Funke sein, der ein größeres Feuer entfacht, und ehe wir es uns versehen, brennt unser „Lebenshäuschen" lichterloh. Aber es gibt Hoffnung! Als Adam und Eva gesündigt hatten und so diese Welt mit dem Feuer der Sünde verbrannten, hat sich Gott nicht einfach abgewandt. Er hat einen Retter verheißen, der den Sündenbrand löschen und die verbrannte Erde wieder in ein Paradies verwandeln würde. Diese Zusage gilt auch dir. Egal, was in deinem Leben passiert ist oder was du selbst „angezündet" hast: Es gibt Vergebung und Wiederherstellung durch Jesus Christus. Er bietet dir seine Hilfe an und gibt dir neuen Mut und Zuversicht – auch wenn du versagt hast. Du darfst zu ihm kommen und auf seine Stimme hören.

CR

3.4.

Gib nicht auf

PSALM 1,3

Der ist wie ein Baum, gepflanzt an den Wasserbächen …

Neulich gingen wir im Wald spazieren. Überall leuchtete das frische Grün der meist noch zerknitterten Blätter, die sich noch nicht richtig entfaltet hatten. Bei all dieser Schönheit fiel mir ein junger Baum auf, der waagrecht am Boden lag. Irgendetwas musste ihn umgeknickt und auf den Boden gedrückt haben.

Doch trotz dieser unnatürlichen Lage waren auch an seinen Ästen frische Blätter zu sehen. Genauso frisch und grün, wie die an den anderen Bäumen. Warum? Seine Verbindung zu den Wurzeln und somit zum lebenserhaltenden Wasser war nicht unterbrochen. Er war zu Boden gedrückt – aber er war immer noch mit der Quelle der Nährstoffe eng verbunden.

Was zeigt uns dieser Baum für unser Leben? Egal, was dich drückt, egal, welche Probleme dir Sorgen und Nöte bereiten, egal ob Krankheit oder Probleme in Schule oder Arbeitsleben dich niederdrücken: Halte die Verbindung zur nicht versiegenden Quelle der Kraft Jesu aufrecht! Er sagt in Matthäus 11,30: „Denn mein Joch ist sanft, und meine Last ist leicht."

3.4.

Vielleicht wendest du jetzt ein: „Und trotzdem bin ich in diesem Joch eingespannt." Denk daran: Das Joch war allermeist ein Zuggeschirr für zwei. Der zweite, der mit dir zieht, ist Jesus mit seiner unendlichen Kraft.

Er bittet uns, zuerst nach dem Reich Gottes und seiner Gerechtigkeit zu trachten, und verheißt, dass uns dann alle lebensnotwendigen Dinge zufallen. Sorge macht blind gegenüber der Zukunft, Jesus aber sieht das Ende vom Beginn an. Unser himmlischer Vater hat Tausende Hilfen für uns bereit, von denen wir nichts ahnen. Wer nach dem Motto lebt, dass er dem Dienst für Gott und für seine Ehre den ersten Platz einräumt, wird erleben, dass die Schwierigkeiten schwinden und sich vor seinen Füßen ein ebener Pfad ausbreitet. Gib nicht auf!

Man sagt: „Beten ist das Atmen der Seele", lebenswichtig wie die tägliche Nahrung. Probier es aus!

MaG

4.4.

Vorsicht, zerbrechlich!

SPRÜCHE 4,23 SLT

Mehr als alles andere behüte dein Herz; denn von ihm geht das Leben aus.

„Gestern hat ER mein neues Foto auf Facebook geliked." „SIE hat mir nach dem Tor, das ich geschossen habe, einen bewundernden Blick zu geworfen." „ER hat mir gestern geschrieben und nachgefragt, wie es mir geht." „In dem neuen Kleid sieht SIE wirklich scharf aus."

Solche Gedanken kommen uns wohl allen bekannt vor. Auch ich habe diese Sätze schon oft gehört und manchmal sogar selbst gedacht.

Wie schön ist es, das erste Mal verliebt zu sein! Ein Bursche interessiert sich nur für mich. Ein Mädchen, das nur mir zujubelt. Wie unvergesslich und geheimnisvoll fühlt es sich an, wenn man zum ersten Mal die „Schmetterlinge im Bauch" spürt. Die erste Rose riecht intensiver, der Himmel ist noch blauer und die Wangen öfter rot als zuvor. Verliebtsein ist etwas Schönes – und doch ein bisschen gefährlich.

Als ich 16 Jahre alt war, schenkte mir ein Klassenkollege viel Aufmerksamkeit. Nach ein paar SMS und gemeinsamen Unternehmungen „gingen" wir zusammen. Damals schlug ich guten Rat tapfer in den Wind und ging meinen eigenen Weg. Doch heute sehe ich, wie viel Schmerz ich mir erspart hätte. Ein ganzer Krug voll Tränen wäre ungeweint geblieben, hätte ich mein Herz bewahrt.

Verliebtsein ist gut und schön, doch sollte dies nicht blind passieren. Mit 16 Jahren hatte ich für mich selbst noch viele Fragen nicht beantwortet, zum Beispiel: Welchen Beruf möchte ich erlernen? Wo liegen meine Stärken? Wer bin ich? … Vor allem aber hatte ich meine Entscheidung für Gott noch nicht getroffen.

Wo auch immer du gerade stehst, ich möchte dir zwei Dinge mitgeben. Erstens: „Wie kannst du einen anderen so richtig kennen lernen wollen, solange du dich nicht selber kennst?" Bevor ich einen Partner wähle, sollte ich zuerst herausfinden, wer ich wirklich bin und wer ich mit seiner Hilfe werden kann …

Und zweitens: „Behüte dein Herz …", denn Vorsicht, es ist zerbrechlich!

MS

5.4.

Rückenwind

5. MOSE 8,14.17

... dann hüte dich, dass dein Herz sich nicht erhebt und du den HERRN, deinen Gott vergisst ... Du könntest sonst sagen in deinem Herzen: Meine Kräfte und meiner Hände Stärke haben mir diesen Reichtum gewonnen.

Es passiert mir immer wieder: Ich drehe mit dem Fahrrad meine Lieblingsrunde am Fluss entlang und es bläst mir ein ordentlicher Gegenwind ins Gesicht. Ganz schön anstrengend, dagegen anzutreten. Kilometer um Kilometer komme ich mehr schlecht als recht voran. In solchen Momenten freue ich mich auf den Wendepunkt meiner Route. Dort dürfte dann ja ebenso viel Rückenwind zu erwarten sein, von dem ich mich sanft nach Hause tragen lassen kann und der mich für all meine Mühe belohnen wird!

Was dann passiert, regt mich immer wieder zum Nachdenken an: Ich fahre in die Gegenrichtung und auf einmal fühle ich rein gar nichts. Plötzlich völlige Windstille! Wo ist jetzt der ersehnte Rückenwind? Zugegeben, es fährt sich angenehm, wenn der Gegenwind nachlässt. Aber es ist auch von der anderen Richtung nichts zu spüren!

Vielleicht hast du so etwas auch schon auf dem Rad erlebt. Rückenwind spürt man nicht, obwohl er ganz sicher da ist. (Dreh noch mal um, dann weißt du es!)

Ist es nicht auch in unserem Leben so? Den Gegenwind bemerken wir sehr deutlich: Schwierigkeiten und Herausforderungen beschäftigen uns rund um die Uhr. Wir denken nach, grübeln, beten intensiv, suchen Gott, sprechen darüber. Das war eine harte Zeit, anstrengend, stressig, wir sind ganz fertig …

Aber wenn dann die Lebensstrecke wieder angenehmer wird, nehmen wir den Segen Gottes gar nicht wahr. Es fühlt sich ganz selbstverständlich an. Wir denken, dass Ruhe und Windstille ist, Normalzustand. Dabei werden wir mächtig von hinten angeschoben!!!

Heute möchte ich mich daran erinnern, in wie vielen Dingen Gott mich segnet und mir hilft, obwohl ich es gar nicht merke!

LS

6.4.

Neustart

JOHANNES 11,25

Ich bin die Auferstehung und das Leben. Wer an mich glaubt, der wird leben, auch wenn er stirbt.

Wo bin ich bloß? Er fühlt sich frisch und ausgeschlafen. Aber seine Gedanken überschlagen sich. *Habe ich das nur geträumt?* Er versucht krampfhaft, sich zu erinnern: seine Krankheit; Ärzte, die mit ihrem Latein am Ende sind; seine Schwestern, die ihre Sorge und ihre Angst nicht länger vor ihm verbergen können. Dann neue Hoffnung: „Wir rufen unseren Freund!" Ja, wenn hier noch einer helfen kann, dann ist es der Freund, er kann alles!

Aber der Freund kommt nicht. Wo bleibt er nur? Noch nie haben sie sich so allein gefühlt, im Stich gelassen, ohne Hoffnung, ohne ihn.

Bin ich dann tatsächlich …

Geräusche holen ihn in die Gegenwart zurück, viele Menschen reden aufgeregt durcheinander. Erst jetzt bemerkt er, dass er seltsam angezogen ist. Wer hat sich denn da einen Spaß erlaubt und mir beim Schlafen ein Tuch vors Gesicht gebunden? Und überhaupt, ich bin ja völlig eingewickelt, was soll das denn?! Er kommt sich ziemlich albern vor. Seine Arme sind regelrecht gefesselt. Mit Mühe rappelt er sich auf und wankt in die Richtung, aus der er die Menschen hört.

Schlagartig verstummen alle Geräusche, es liegt ein staunendes Knistern in der Luft. O Mann, ich muss ja echt wie eine Leiche aussehen, kann mich nicht irgendjemand aus dieser Mumienhülle befreien?

Da hört er auf einmal die Stimme des Freundes. Sie klingt so natürlich und kindlich vertrauensvoll, garniert mit fröhlichen Obertönen: „Wie wär's, wenn ihr ihn mal befreit? Er kann ja nicht mal was sehen …" Jemand bindet ihm das Tuch vom Kopf ab. Huch, warum sind so viele Menschen hier und starren mich an, als wäre ich ein Geist? Nur der Freund lacht liebevoll und umarmt ihn herzlich, wie immer. Seine Schwestern schaffen es endlich, ihren Schock zu überwinden, und stürzen sich mit Freudentränen auf ihn. Na, na, nicht so stürmisch, ihr zwei. Lasst mich bitte leben!

In diesem Moment sickert ihm die Erkenntnis: Es war kein Traum! Ich war tatsächlich tot und bin soeben aus einem Grab heraus spaziert, als wäre ich schlicht von einem Mittagsschläfchen aufgewacht! Mein Freund kam wirklich zu spät. Und doch: genau rechtzeitig.

CR

7.4.

Das schiefe Bild

SPRÜCHE 3,5.6

Verlass dich auf den Herrn von ganzem Herzen, und verlass dich nicht auf deinen Verstand, sondern gedenke an ihn in allen deinen Wegen, so wird er dich recht führen.

Jedes Mädel und jeder Junge fragt sich irgendwann: „Werde ich die große Liebe finden?“ Ich war 14, als ich meinte: „Das ist er, the one and only!“ Er war 19, gläubig und sehr geheimnisvoll mit grünen Rätselaugen und blonden Locken. Ich war verknallt bis über beide Ohren. Aber die Eltern hatten mir eingeschärft: „Verlass dich in wichtigen Fragen nicht nur auf Gefühle. Lass dich von Gott beraten.“ Also kniete ich mich vor mein Bett: „Lieber Gott, du kennst mich. Du weißt, was kommen wird. Ich möchte den Richtigen lieben und heiraten. Wenn X der Mann ist, mit dem ich ein Leben lang glücklich sein kann, dann zeig es mir bitte. Und wenn nicht, würde ich das auch gerne wissen. In dieser wichtigen Frage möchte ich nichts falsch machen.“

Aber wie sollte Gott mir das zeigen? Ich machte ihm einen Vorschlag: „Wenn das Bild über meinem Bett morgen nach rechts schief hängt, dann weiß ich: X ist ok, unsere Liebe ist von dir gewollt und gesegnet. Sollte aber X nicht der Richtige sein, dann lass doch bitte das Bild nach links schief hängen. Einer der Engel in meinem Zimmer könnte doch das Bild mit dem Finger ein bisschen schubsen." Froh kletterte ich in mein Bett. Ich wusste, Gott würde antworten. Die ganze Nacht lang starrte ich auf das Bild und wartete auf diesen kleinen Schubs. Gegen Morgen nickte ich ein, doch beim Aufwachen galt mein erster Blick dem Bild: Es hing ohne Zweifel gerade. Gerader kann ein Bild gar nicht hängen. Ich war bitter enttäuscht. Ich war regelrecht sauer auf Gott und mochte einige Tage gar nicht mehr beten. Hatte er nicht versprochen, mich zu führen und zu beraten? Warum ließ er mich in dieser wichtigen Frage einfach im Stich? Immerhin war ich stolze 14 Jahre alt und wollte das geklärt haben!

Bald darauf zogen wir in eine andere Stadt und ich lernte andere Jungs kennen. Nach und nach konnte ich besser einschätzen, wie ein Mann sein sollte, mit dem ich ein Leben lang in Liebe und Achtung zusammenleben könnte. Und ich wusste nun: X war es nicht. Gott hatte mir geantwortet, doch auf seine Art und zu seiner Zeit.

Und so vertraute ich weiter, dass er mich bei dieser wichtigen Entscheidung führen würde.

SR

8.4.

Die große Liebe

PSALM 37,7

Sei stille dem Herrn und warte auf ihn.

Ich war damals in unserer großen Jugendgruppe aktiv. In den nächsten Jahren lernte ich viele junge Männer kennen. Für einige habe ich geschwärmt, in andere habe ich mich heimlich verliebt, aber immer blieb die Frage offen: „Ist das the one and only? Herr, bitte führe mich!"

An einem Sabbatmorgen – ich war damals gerade 16 – hörte ich beim Bibelgespräch hinter mir eine warme, sympathische Stimme, die originelle Antworten gab. Vor allem der charmante Wiener Akzent faszinierte mich. Ich war allerdings zu stolz, mich offen nach ihm umzudrehen. „Hey, Dorle", stupste ich meine Freundin an. „Wer ist das denn?" Sie hatte ein biegsameres Halsgelenk als ich, guckte nach und flüsterte: „Der ist Predigerschüler von der Marienhöhe. Er heißt Werner Renz."

Predigerschüler … ich seufzte. Mein Vater war ein engagierter Prediger, der immer ein offenes Ohr für andere hatte, dabei blieb aber nur wenig Zeit für uns als Familie. Deshalb hatte ich mir geschworen: Nie und nimmer heirate ich einen Prediger!

8.4.

Als der Gottesdienst zu Ende war, stand dieser charmante Wiener am Ausgang und unterhielt sich mit anderen jungen Leuten. Ich wollte an ihm vorübergehen, da drehte er sich zu mir um und streckte mir die Hand hin. Er schaute mir fest in die Augen, und in diesem Moment durchzuckte mich ein Blitz: „Dieser Mann wird dich einmal heiraten!" Ich war wie vom Donner gerührt. Zu Hause lief ich auf mein Zimmer, kramte das Tagebuch heraus und schrieb: „Heute bin ich dem Mann begegnet, der mich einmal heiraten wird. Er heißt Werner Renz." Danach übte ich ein paar Mal die Unterschrift. Und danach vergaß ich das Ganze total! Hundert Prozent! Als hätte jemand auf „Delete" gedrückt!

Und das war auch ganz gut so. Denn Gott lässt uns die Freiheit. Er gibt uns guten Rat, aber er lässt uns frei entscheiden. Übernatürliche Zeichen haben ihren Platz, wenn es keine anderen Entscheidungshilfen gibt. Aber der Normalfall ist das nicht. Gott will, dass wir unseren Verstand in seinem Sinne einsetzen. Dass wir genau hinschauen, uns und den anderen gründlich kennen lernen. Auf feine Signale achten. Auf guten Rat von kompetenten Freunden hören. Und dann verantwortlich und vernünftig entscheiden.

Erst einige Jahre später, als wir uns richtig gut kannten, kamen wir zusammen … und dann entdeckte ich den Tagebucheintrag wieder!

SR

9.4.

Alles unter Kontrolle

1. KORINTHER 1,25

Denn die Torheit Gottes ist weiser, als die Menschen sind, und die Schwachheit Gottes ist stärker, als die Menschen sind.

Wir schreiben das Jahr 1912. Viele Menschen stehen aufgeregt am überfüllten Pier in Southampton. Bewundernd recken sie ihre Köpfe nach oben und bestaunen die Pracht und Majestät des Schiffes, das vor ihnen liegt. Überall ist bekannt, dass dieses Schiff mit großem Luxus und höchsten Sicherheitsansprüchen geplant und gebaut wurde.

Die lokale Zeitung schreibt, nicht einmal Gott könne dieses Schiff zum Sinken bringen. Mit seinen 16 wasserdichten Schotten, die bei einem Leck wie Garagen verschlossen werden können, und dem doppeltem Boden, ist die Titanic praktisch unsinkbar.

Das Signalhorn ertönt, die Aufregung der Mitreisenden steigt. Bald wird sie dieser Luxusdampfer nach New York bringen.

Doch gleich zu Beginn, die erste Panne. Die Titanic wird durch den engen Kanal geschleppt, wo noch zwei weitere Dampfer liegen: die Oceanic und die New York. Durch den starken Sog der Titanic lösen sich die Halteleinen der New York. Mit angstvoll geweiteten Augen schauen die Passagiere, wie das Schiff der Titanic immer näher kommt. Im letzten Augenblick zieht ein Schlepper das abgetriebene Schiff aus der Gefahrenzone. „Puhh, das ist nochmal gutgegangen", sagt ein kleiner Junge zu seinem Vater.

„Das ist kein gutes Zeichen! Und das schon am Anfang", kann man von einem anderen Passagier hören.

Auch Kapitän Smith schaut erleichtert in die Ferne. Auf offener See wird ihm solch eine Panne nicht passieren. Was könnte dieses Schiff jetzt noch aufhalten? Alles sieht nach einer ruhigen Jungfernfahrt aus.

Bereits seit 25 Jahren dient der bestbezahlteste Kapitän der Welt der Schiffsrederei Whitestar. Dies ist seine letzte Fahrt vor seinem wohlverdienten Ruhestand. Jetzt kann er noch einmal Geschichte schreiben mit diesem Traumschiff. Eine wahre Meisterleistung der besten Ingenieure. Über 1300 Menschen sind an Bord, und rund 900 Besatzungsmitglieder sorgen dafür, dass es eine unvergessliche Reise wird.

Es gibt Situationen im Leben, da verlieren wir Gott ganz schnell aus den Augen. Wir fühlen uns wohl und denken, „wir haben alles im Griff", alles ist abgesichert, alles ist gründlich geplant, alles läuft perfekt … Doch ohne es zu merken, klammern wir Jesus Stück für Stück aus unserem Leben aus. Wir vertrauen mehr darauf, was wir können und leisten, bis Gott nur noch eine „nette Randerscheinung" in unserem Leben ist. Ob es wohl immer so weitergehen wird?

MaK

10.4.

Packeis voraus

MATTHÄUS 24,42

Darum wachet, denn ihr wisst nicht, in welcher Stunde der Herr kommen wird.

Das 269 Meter lange Schiff gleitet still in der Weite des Atlantischen Ozeans dahin. Es ist bitter kalt geworden. Der 22-jährige Harold Bride kommt früh am Morgen in die Funkkabine. Dort erwartet ihn schon sein Funkerkollege Phillip. „Gut, dass du kommst", sagt er. „Es gibt alle Hände voll zu tun." Dabei drückt er Harold einen Stapel Zettel in die Hand. „Wow", sagt dieser, „es ist schick, eine Nachricht von der Titanic zu verschicken." Und er funkt die vielen Grüße und Telegramme. Dann, um 9:00 Uhr, kommt die erste Eiswarnung. „Bring die Meldung auf die Brücke, Harold", sagt Phillip zu seinem jungen Kollegen. Der läuft sofort los. Kapitän Smith nimmt den Zettel entgegen und nickt. Er weiß: Es ist nicht ungewöhnlich, dass Packeis von Grönland nach Süden driftet. Im Laufe des Tages bekommt die Titanic mehrere Eiswarnungen. Doch die beiden Offiziere am Telegraphen haben so viele Telegramme zu verschicken, dass sie den eigentlich notwendigen Funkverkehr vernachlässigen „Wen kümmern schon Eiswarnungen? Die

Titanic ist unsinkbar!“ Die Offiziere fühlen sich auf der Titanic völlig sicher, dabei steuerten sie direkt auf ein schwimmendes Eisfeld zu.

„Wie konnten sie so blind sein?“, fragen wir uns. „Sie wurden mehrmals vor dem Eis gewarnt und haben das einfach ignoriert?“ Kann uns so etwas auch passieren? Mit 17 wollte ich die Bibel und den adventistischen Glauben meiner Mutter besser verstehen lernen. So besuchte ich die Adventgemeinde und lernte dort die quirlige Alma kennen. Sie kam schon bald jede Woche zu mir nach Hause und erklärte mir begeistert die Bibel. Sie steckte mich an, ich wollte nun auch in der Bibel lesen und gleich vorne im Matthäus-Evangelium anfangen. Eine der größten Entdeckungen für mich war, dass Jesus bald wiederkommen würde, und dass Gott seinen „Passagieren“ auf seinem „Luxusschiff Erde“ sehr ernste Warnungen mit auf den Weg gibt. Er will uns damit keine Angst einjagen. Vielmehr möchte er sicherstellen, dass wir als komplette Mannschaft den „Hafen“ erreichen. Damals war ich so erfüllt von dem, was ich las, dass ich es mit ebenso viel Freude wie Alma an meine Mitmenschen weitergeben wollte.

Wie ist es bei dir und bei mir heute? Sind wir zu sicher geworden? Zu beschäftigt? Zu gleichgültig? Zu unwissend? Was hindert uns, über die letzte Zukunft dieser Welt zu sprechen? Und über Jesus, der das eigentliche Ziel der Geschichte ist? Rede mit Gott darüber. Studiere die Bibel, vielleicht auch mit einer „Alma“, damit du wieder „Feuer“ fängst und die „Eisfelder“ frühzeitig erkennst. Vielleicht kannst du damit viele Menschenleben retten!

MaK

11.4.

Mitten im Eisfeld

APOSTELGESCHICHTE 27,10.11 NL

Ihr Männer, wir werden in Schwierigkeiten geraten, wenn wir jetzt aufbrechen. Uns drohen nicht nur Schiffbruch und Verlust der Fracht, sondern auch Gefahr für Leib und Leben. Doch der Offizier, der für die Gefangenen verantwortlich war, hörte mehr auf den Steuermann und den Schiffseigner als auf Paulus.

Es ist Abend am 14. April. Frau Godwin ermahnt ihre Kinder: „Bitte geht nicht ohne euren Wintermantel an Deck, draußen weht ein eisiger Wind!" Herr Godwin schmunzelt über das „quirlige Treiben" in ihrer kleinen Kabine. Er reibt sich zufrieden die Hände. Schon bald werden sie ein neues Leben im US-Staat New York beginnen. Die Vorfreude ist groß.

Der Multimillionär John Astor und seine Frau Madeleine sitzen währenddessen im großen, komfortablen Salon, mit ihnen viele andere Reiche der 1. Klasse. Die Musikkapelle sorgt für eine gemütliche Atmosphäre auf dem Schiff, dessen Standard in der 1. Klasse selbst ein 5-Sterne-Hotel weit übertrifft. Keiner der Mitreisenden ahnt etwas von den Eiswarnungen. Kapitän Smith bleibt trotz allem bei gleicher Geschwindigkeit auf dem gefährlichen Kurs. Um 21 Uhr schaut er vor Dienstschluss noch einmal nach dem Rechten. Zur Sicherheit lässt Smith den 20 Meter hohen Ausguck an Deck besetzen. Der Matrose Fleet sitzt mit Lee abwechselnd oben im Korb in der eisigen Kälte. Jemand hat den Schrank zugeschlossen, in dem die Ferngläser aufbewahrt werden. Sie kneifen die Augen zu kleinen Schlitzen zusammen und schauen angestrengt in die Runde. Um 23:00 Uhr kommt die eindringlichste und letzte Warnung von der „Californian", einem Dampfer in der Nähe. Funker Phillips gibt diese Meldung aber nicht an die Brücke weiter; er ist zu stark mit der Übermittlung privater Telegramme beschäftigt. Eine halbe Stunde später schlägt der Matrose Frederic Fleet Alarm. „Eisberg hart voraus". Der diensthabende Offizier Murdoch ordnet sofort an: „Maschinen volle Kraft zurück". Aber solch ein Riesenschiff hat einen enorm langen Bremsweg. Die Titanic entgeht knapp dem Frontalzusammenstoß. Doch sie streift den Eisberg mit der Steuerbordseite. Wie ein überdimensionaler Dosenöffner schlitzt der Eisberg das Schiff unterhalb der Wasserlinie über eine Länge von 100 Metern auf.

„Rums!", und plötzlich steht unser Leben auf dem Kopf! Das Unfassbare ist passiert, eine Katastrophe, mit der wir nie gerechnet haben. Wir hören unsere eigenen Worte: „Hätte ich doch nur auf die Warnung gehört …" Menschen, die uns lieben, wollten uns ermahnen. Oder hatte Gott selbst uns eine „Eiswarnung" gegeben? Aber nein, wir sagten: „Sorry, das kann und will ich schon selber entscheiden, schließlich ist es mein Leben, ich will meine eigenen Erfahrungen machen." Und die machen wir dann auch. Aber das Ergebnis kann bitter sein. Was wäre passiert, wenn Kapitän Smith die Situation ernst genommen hätte? Ihm und vielen anderen wäre viel Leid erspart geblieben. Wir können daraus lernen. Gib einem gut gemeinten Rat eine Chance! Das lohnt sich.

MaK

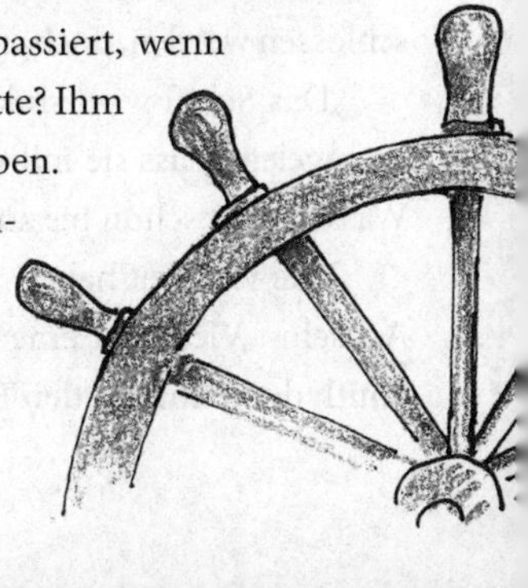

12.4.

Leuchtfeuer in der Nacht

MATTHÄUS 26,41 NL

Bleibt wach und betet. Sonst wird euch die Versuchung überwältigen. Denn der Geist ist zwar willig, aber der Körper ist schwach!

Hell erleuchtet liegt die Titanic im stillen Meer. An Nachtruhe ist nicht mehr zu denken. Einige Passagiere sind durch den Aufprall wach geworden. Die Besatzung will die Leute beruhigen, doch auch ihnen sitzt der Schock in den Gliedern. Chefkonstrukteur Andrews und Kapitän Smith sind auf dem Weg nach unten, sie wollen sich den Schaden ansehen. Die Schotts sind geschlossen worden, doch sie sind nicht hoch genug – das Wasser läuft drüber.

„Das Schiff wird sinken", sagt Andrews tonlos, „ich habe die Titanic so angelegt, dass sie mit vier Sektionen noch schwimmen kann, aber das Wasser steht schon bis zur sechsten."

„Wie viel Zeit haben wir noch?", fragt Smith. Andrews zuckt mit den Achseln. „Vielleicht eine Stunde, vielleicht zwei." Erst um 0:15 Uhr gibt Smith den Funkern den Befehl, SOS zu funken. Doch die meisten Schiffe liegen zu weit weg. Der Kapitän der Carpathia, eines Passagierdampfers in der Nähe, will der Titanic so schnell wie möglich zu Hilfe kommen.

Panik liegt in der Luft. Die Californian ist ganz nahe, doch sie meldet sich nicht. Sie liegt selber im dichten Treibeis. Ihr Motor ist ausgeschaltet. Die wachhabenden Männer des Schiffes sehen zwar die Lichter und Not-Raketen der Titanic, aber niemand kommt auf die Idee, den schlafenden Funker der Californian zu wecken, damit er die Funksignale entschlüsselt. Die Titanic ist allein im eisigen Meer …

Jesus erlebte Ähnliches. Er ist mit seinen Jüngern unterwegs zum Garten Gethsemane. Die Jünger sehen die zusammengezogenen Brauen im Gesicht ihres Meisters, die hängenden Mundwinkel. Sie nehmen wahr, wie seine Schultern nach vorn sacken und wie langsam und schleppend seine Schritte werden. Ja, etwas bedrückt ihn, doch die Jünger fragen nicht: „Was ist los? Was macht dich so traurig?" Jesus schwankt, als würde er gleich umfallen. Jeder Schritt wird ihm zur Qual. Er bittet seine Freunde: „Betet für mich!" Etwas abseits kniet er nieder. Das Schicksal der gesamten Menschheit hängt von seiner Entscheidung ab. Ist er bereit, den Weg für dich und mich zu Ende zu gehen? Die Sündenlast trennt ihn von seinem Vater, das fühlt er deutlich. Mühsam erhebt er sich von seinem Platz. Er sehnt sich so sehr danach, dass seine Jünger Anteil nehmen und ihn trösten. Aber sie schlafen. Drei Mal weckt er sie, damit sie für ihn beten, und drei Mal schlafen sie wieder ein. Er bleibt allein im „eisigen Meer der Sünde." (Aus Das Leben Jesu, Gethsemane)

Wie ist es mit uns? Merken wir, wenn Menschen unsere Hilfe brauchen? Haben wir unsere Mit-Menschen im Blick und sehen ihre Nöte? Lassen wir uns heute offene Augen schenken für Menschen, die sich alleine fühlen und eine Sehnsucht nach Annahme und Anteilnahme haben.

MaK

13.4.

Rettung in Sicht

PSALM 91,14.15

Er hängt an mir, darum will ich ihn retten; er kennt meinen Namen, darum will ich ihn schützen. Er ruft mich an, darum will ich ihn erhören; ich bin bei ihm in der Not; ich will ihn befreien und zu Ehren bringen.

Fröhlich spielt die Kapelle ihre Lieder. Es wird getanzt und getrunken, auch wenn die Becher schon schräg stehen. Die Leute meinen, diesem Schiff könne überhaupt nichts passieren, es ist ja selber ein riesiges Rettungsschiff. Die Situation ist unwirklich, die See ruhig und der Sternenhimmel klar. Übrigens leben heute viele Menschen genauso wie die Leute auf der Titanic, sie spüren die Gefahr, doch wollen sie nicht wahrhaben. Sie lassen sich ablenken, damit sie nicht darüber nachdenken müssen, wie es wirklich um sie steht.

Endlich gibt Kapitän Smith den Befehl: „Macht die Rettungsboote klar!" Aufgeregt strömen die Passagiere an Deck und nehmen die Schwimmwesten entgegen. Inzwischen hat jeder bemerkt, dass sie in großer Gefahr sind. Widersprüchliche Befehle fliegen hin und her, sodass leider viele Boote nicht voll besetzt werden. Erleben das auch heute Menschen in unserer Umgebung? Hören sie viele widersprüchliche Ideen, wie unsere Welt gerettet werden könnte?

Währenddessen sitzt Schiffskonstrukteur Andrews in Gedanken verloren im großen Salon. Er will mit seinem Schiff untergehen. Andere, wie Multimillionär Guggenheim, ziehen sich in ihre Kabine zurück. An Deck bettelt John Astor: „Bitte lasst mich mit ins Rettungsboot, meine Frau ist schwanger!“ Doch vergeblich, das Kommando heißt: „Frauen und Kinder zuerst!“ Familien werden auseinandergerissen. Tränen, Schreie, Abschiedsszenen. Etliche sind nur auf ihre eigene Sicherheit bedacht. Wie hätten wir reagiert? Sind wir vielleicht auch zu sehr auf unsere eigene Sicherheit konzentriert und verlieren dabei den Blick für unsere Mitmenschen aus den Augen?

Aber es gibt auch Helden in dieser Tragödie: Die Funker, die unter Hochdruck versuchen, die Außenwelt zu erreichen. Die Maschinisten, die unter Einsatz ihres Lebens darum kämpfen, die Stromversorgung aufrecht zu erhalten. Viele Menschen, die bewusst auf einen Platz im Boot verzichten. Die Musikkapelle, die bis zuletzt die Passagiere mit Liedern ermutigen. Etwa gegen 2:20 Uhr versinkt die Titanic in der Tiefe.

Um 4:00 Uhr morgens erreicht der Passagierdampfer Carpathia den Unglücksort. Der Kapitän hatte um ein gutes Ankommen gebetet, während er sein Schiff durchs gefährliche Treibeis eilen ließ. Nun werden die Menschen in den Booten geborgen. Als die Carpathia am Morgen den Unglücksort verlässt, sieht die Besatzung die vielen Eisberge um sich herum, die in der Nacht nicht bemerkt worden sind. Jeder weiß: Es ist ein Wunder, dass sie da unbeschadet durchgekommen sind. Gott hatte die Retter bewahrt.

MaK

14.4.

Das Tatoo

JESAJA 49,16A HFA

Unauslöschlich habe ich deinen Namen auf meine Handflächen geschrieben.

Ich stapfe den Berg hinauf. Schon von weitem höre ich sie, die grölende Menge. Es klingt, als ob sie jemanden lynchen wollten. Schreie voller Hass. Ich komme um eine Biegung und sehe Menschen, viele Menschen. Kaltblütige Soldaten und hämische Religiöse scharen sich um drei Kreuze. Eigentlich nur um ein Kreuz.

Ich komme näher heran, es stinkt nach kaltem Schweiß, Essig, Urin – ich verziehe die Mundwinkel. Fliegen surren herum und nisten sich in aufgerissenen Fleischwunden ein. Wie ekelhaft! Der Mann, der dort in der Mitte hängt und schwer und qualvoll atmet, hat bestimmt jemanden umgebracht oder sich an einem Kind vergangen. Man landet schließlich nicht ohne Grund am Kreuz. Er hat es wohl nicht anders verdient. Vielen scheint diese Folter noch nicht genug zu sein, sie bespucken ihn voller Verachtung. Angewidert will ich mich schon abwenden, aber etwas zieht mich noch näher heran.

14.4.

Ich sehe sein Gesicht. Es sieht nicht trotzig, verlogen oder bösartig aus. Hinter Schmerz und Erschöpfung strahlt ein geheimnisvoller Glanz hervor. Ich kann es zuerst gar nicht einordnen, in dieser von Feindseligkeit zum Schneiden dicken Luft dauert es eine ganze Weile, bis ich bemerke, was das Gesicht dieses Mannes so anders macht: Es ist Liebe. Tiefe, mitfühlende, überströmende, vergebende, zarte Liebe. Mich durchzuckt die Erkenntnis: Wenn Gott ein Gesicht hätte, dann müsste es so aussehen! Zum ersten Mal frage ich mich, warum er wirklich hier hängt.

Dunkelheit kriecht den Berg hinauf. Mich fröstelt. In diesem dämonischen Dämmerlicht schieben sich auf einmal grauenvolle Bilder vor meine Augen. Ich sehe Szenen voller Neid, Eifersucht, Stolz, Gehässigkeit, Faulheit, Täuschung, Bitterkeit, Grausamkeit – es ist mein Leben … Ich erschrecke, ich will ins Nichts fliehen, aber meine Beine sind wie angewurzelt; ich will laut schreien, aber meiner Kehle entweicht nur ein klägliches Gurgeln. Es ist, als ob nicht er dort hinge, sondern ich …

Mich zieht es noch näher zu dem Mann. Ich sehe nun seine Hände direkt vor mir. An der Stelle, an der sie von Nägeln durchstoßen sind, erkenne ich eintätowierte Buchstaben. Ich lese – durchbohrt – meinen Namen!

CR

15.4.

Ausruhen

LUKAS 23,56 NL

Dann gingen sie nach Hause und bereiteten Kräuter und Öle vor, um ihn damit einzubalsamieren. Doch als sie mit den Vorbereitungen fertig waren, war der Sabbat angebrochen, und sie ruhten den ganzen Tag, wie es im Gesetz vorgeschrieben ist.

Maria Magdalena wischte sich mit dem Handrücken die Tränen aus dem Gesicht. „Salome", sagte sie leise, „es wird dunkel. Mehr können wir heute nicht schaffen." Salome nickte und legte den Spatel beiseite, mit dem sie Duftkräuter in eine Salbe eingerührt hatte. „Ich hätte Jesus so gerne noch vor dem Sabbat einbalsamiert", flüsterte Maria. „Dazu war keine Zeit", meinte Salome. „Außerdem hat Nikodemus 150 kg Myrrhe und Aloe in die Laken gestreut. Woher hat er sie so schnell besorgen können? So kurz vor dem Passa-Sabbat?"

Maria zuckte die Achseln. „Er ist reich. Außerdem war er vorbereitet. Er sitzt ja mit im Hohen Rat. Er wusste, dass sie Jesus verurteilen und hinrichten werden." „Warum konnte er es nicht verhindern?", murrte Salome. „Ich glaube, das konnte kein einzelner Mann. Außerdem hat Jesus selbst in den letzten Tagen oft davon gesprochen, dass er bald sterben werde", erinnerte Maria. „Aber doch nicht so! Auf diese grausame Art!", protestierte Salome. „Vielleicht musste es genau so geschehen", überlegte Maria. „Weil der Senator Sejanus unser Volk beim römischen Kaiser in Misskredit gebracht hat, darf der Hohe Rat zur Zeit kein Todesurteil vollstrecken. Sonst hätten sie Jesus schon längst in einem heimlichen Winkel von Jerusalem gesteinigt. Aber so hing Jesus hoch am Kreuz, für alle sichtbar, so wie damals die Kupferschlange, die Mose in der Wüste auf eine hohe Stange gehängt hatte." Salome nickte. „Genau das hat Jesus einmal zu Nikodemus gesagt! Mein Sohn Johannes hat mir von diesem Gespräch erzählt!" „Ja, damals wurden viele Israeliten von Giftschlangen gebissen. Doch wer den Kopf hob und zu dieser Kupferschlange aufschaute, der blieb am Leben." Die beiden Frauen schwiegen eine Weile. Dann sagte Maria: „Da mussten die Leute darauf vertrauen. Glauben, dass dieser eine Blick genügt. Der Blick im Vertrauen auf die Rettung." „Ja", sagte Salome. „Mehr können wir nicht tun. Jesus anschauen, ihm glauben und ausruhen. Denn er hat schon alles für unsere Rettung getan." „Deshalb ruht er jetzt im Grab", flüsterte Maria. „Schlaf gut, Jesus."

SR

16.4.

Aufwachen

LUKAS 24,5.6 NL

Warum sucht ihr den Lebenden bei den Toten? Er ist nicht hier! Er ist auferstanden!

Maria überlegte: Wie sollte sie den schweren Stein wegrollen, der die Grabhöhle verschloss? Außerdem ging das Gerücht um, die Priester wären am heiligen Sabbat zu Pilatus gegangen und hätten ihn um Wachsoldaten gebeten. Pilatus hätte das Grab versiegeln und gut bewachen lassen, aus Sorge, die Anhänger von Jesus könnten den Leichnam stehlen und behaupten, er wäre auferstanden. Ob Pilatus tatsächlich das Häuflein verschreckter Jesus-Schüler fürchtete? Oder hatten die Priester Angst vor Jesus? Dass er ihnen erscheinen und sich rächen könnte? Maria schlich vorsichtig näher. Doch kein Wächter war zu sehen. Hier lag ein Helm, dort ein Schwert, eine Sandale mit gerissenem Lederriemen, als wären die Soldaten in Panik davongestürmt. Maria schaute hinüber zur Grabhöhle. Der Stein war beiseite gerollt. Dunkel gähnte ihr die Öffnung entgegen. Das Siegel lag zerdrückt am Boden. Maria konnte vor Herzklopfen kaum atmen. Sollten die Römer … oder die Priester … das offene Grab konnte nur eins bedeuten: Der Leichnam war fort! Sie bückte sich und schaute in die Gruft. Da lagen die Grabtücher, ordentlich zusammengelegt, und daneben das Tuch, das sie selbst um den Kopf des Toten gewickelt hatte. Sie starrte auf die Tücher, ohne richtig zu sehen, ohne zu begreifen, doch tief im Unterbewusstsein kämpfte sich ein Gedanke ins Helle, bis es sie durchfuhr wie ein heißes Messer: Was soll das? Wer trägt einen Leichnam ohne Tücher weg? Sie taumelt aus der Höhle und tappt langsam den Gartenweg entlang, ohne Ziel und tränenblind. Da hört sie eine Stimme hinter sich. „Warum weinst du? Und wen suchst du?" Sie fährt herum. Wie durch einen Nebel sieht sie den Mann. Vielleicht ist das der Gärtner, denkt sie. Sie beginnt zu laufen und ruft: „Wenn du ihn weggebracht hast, dann sag mir bitte wohin, damit ich ihn holen kann." Doch der vermeintliche Gärtner schweigt. Sie wischt sich über die verschleierten Augen, schluchzt auf. Da hört sie die Stimme, die sie mehr liebt als alles andere auf der Welt. „Maria!" Plötzlich versteht sie die Sprache der gefalteten Grabtücher. Aber ja! Er lebt! Er ist auferstanden! Es reißt sie zu ihm hin, sie stürzt auf ihn zu und will ihn festhalten. Freundlich wehrt er ihre Hände ab und sagt: „Halte mich nicht zurück. Zuerst will ich zu meinem Vater in den Himmel fahren. Ich muss wissen, ob er mein Opfer angenommen hat. Aber dann komme ich zurück. Geh jetzt, lauf zu den anderen, sag ihnen, dass ich lebe. Und … grüß mir den Petrus!"

SR

17.4.

In der Modewelt

1. SAMUEL 16,7

Ein Mensch sieht, was vor Augen ist; der HERR aber sieht das Herz an.

Ich wuchs in Brasilien in einer Kultur auf, wo der Wert einer jungen Frau hauptsächlich von ihrer Schönheit abhing. Die Medien vermittelten, dass man unbedingt groß, sehr dünn und schön sein musste. Weil das so war, hatte ich schon in meinen frühen Teenagerjahren ein Problem mit meinem Aussehen, schließlich war ich weder dünn noch groß. Nach meinen damaligen Idealen konnte ich also nie schön sein.

Als ich mich für einen Beruf entscheiden musste, ging ich in Richtung Modedesign. Wenn ich schon nicht Model sein könnte, so wollte ich wenigstens im gleichen Business tätig sein. Ich arbeitete vier Jahre in dieser Branche, und zwar mit den berühmtesten brasilianischen Modeschöpfern und Models. Aber im Herzen ging es mir sehr schlecht und ich sehnte mich nach mehr.

Die Modebranche ist sehr hart. Sie ist nicht so glanzvoll, wie die Medien es darstellen. Es geschieht viel hinter den Kulissen, was überhaupt nicht schön ist. Während ich Castings mit durchführte und Kleider entwarf, sah ich all diese wunderschönen jungen Mädchen, die davon träumten, erfolgreiche Models zu werden. Alles, was sie dafür oft hörten, war, dass sie nicht gut genug waren: „Du musst abnehmen". „Deine Hüften sind zu dick." „Du solltest über eine Schönheits-OP nachdenken". Ich erinnere mich, wie ich dachte: „Wirklich, die soll noch abnehmen? Die hat doch schon Untergewicht und ist so groß!" Ich sah viele von ihnen, wie sie weinend das Casting verließen oder andere, die alles erbrachen, was sie aßen, nur um abzunehmen; viele hatten Probleme mit Drogen... Nur weil jemand ihnen sagte, sie wären nicht gut genug!

Manchmal wollen wir lieber unsere eigenen Wege gehen als Gottes Wege. Heute, nachdem ich die Modebranche hinter mir gelassen habe, um in die Mission zu gehen, weiß ich, dass Gott so viel mehr zu bieten hat. Er hielt ein wunderbares, erfülltes Leben für mich bereit, und diese Pläne hatte er schon, seit ich geboren wurde. Er wartete nur darauf, dass ich mich endlich darauf einließ.

Seine Pläne sind groß und schließen alles ein, was du bist: deine Talente, dein Lächeln, deinen Willen. Für Gott bist du mehr als genug, dein Wert ist so groß, dass er mit seinem eigenen Leben für dich bezahlt hat. Er sehnt sich danach, dass du ihm dein Herz übergibst und ihm vertraust. Er hat Pläne für dich, „Zukunft und Hoffnung" (Jeremia 29,11).

Vergiss es nie: Gott schaut nicht auf die Dinge, auf die Menschen schauen. Wenn du in den Tag gehst, tue es mit einem Herzen voller Schönheit. Das zählt.

RR

18.4.

Ein Volk – eine Sprache

1. MOSE 11,6 EB

Und der HERR sprach: „Siehe, ein Volk sind sie, und eine Sprache haben sie alle, und dies ist der Anfang ihres Tuns. Jetzt wird ihnen nichts unmöglich sein, was sie zu tun ersinnen."

Mit 830 Metern ist der „Burj Khalifa" der höchste Wolkenkratzer der Welt. Das Gebäude hat 189 Etagen und 57 Aufzüge. Neben einem Hotel, einem Restaurant im 122. Stockwerk und einer Aussichtsplattform stehen unter anderem 900 Wohnungen zur Verfügung.

Scheich Chalifa bin Zayid Al Nahyan machte sich mit dem Bau dieses Gebäudes einen Namen. Damit reiht er sich in die Tradition zahlreicher Männer ein, die durch die Größe von Gebäuden berühmt werden wollten.

Auch in der Bibel begegnet uns eine Baustelle, in der Menschen immer größer und immer höher bauen wollten. Einige Zeit zuvor war die Sintflut zu Ende gegangen. Noahs Familie hatte sich vergrößert, war zu einem Volk geworden. Diese Menschen wollten beieinander wohnen. Sie fürchteten sich davor, in andere Gegenden ziehen zu müssen. Da fassten sie den

Entschluss, gemeinsam eine große Stadt mit einem Turm zu bauen. Dieser Turm sollte bis zum Himmel reichen. Sollte doch wieder eine Riesenflut kommen, dann könnten sie im Turm Zuflucht finden.

Doch die Menschen planten ohne Gott. Sie zweifelten an seinem Versprechen, dass er die Erde nie wieder durch eine Flut zerstören würde. Sie ignorierten den Auftrag Gottes, die ganze Erde zu bevölkern.

Als Gott diese Baustelle sah, stieg er vom Himmel „herab“ und schaute sich die Stadt und den Turm aus der Nähe an. Immer wieder verlässt Gott seinen Thron, weil er mit seinen „Menschenkindern“ Kontakt haben möchte. Damit sie ihren Plan nicht vollenden konnten, brachte Gott ihre Kommunikation durcheinander. Plötzlich konnte keiner den anderen verstehen. Ein Projekt, das zur Einheit führen sollte, endete in Zerstreuung. Ein Projekt, das dazu dienen sollte, sich einen Namen zu machen, endete als Blamage.

Was wäre geschehen, hätten diese Menschen ihre Gaben und Fähigkeiten, ihre Motivation und Begeisterung für Gott eingesetzt? Wie hätte Gott diese Menschen gebrauchen können?

Auch uns hat Gott Gaben und Fähigkeiten geschenkt. Es liegt an uns, ob wir diese Talente für oder gegen Gott einsetzen. Ich muss mich entscheiden: Möchte ich mir einen Namen machen? Oder will ich den Namen Gottes erhöhen?

JaS

19.4.

Nicht ohne Missionsmaterial

JOHANNES 3,16 EB

Denn so hat Gott die Welt geliebt, dass er seinen eingeborenen Sohn gab, damit jeder, der an ihn glaubt, nicht verloren geht, sondern ewiges Leben hat.

Mein Mann und ich fuhren für eine Woche in die Türkei auf Urlaub. Mit im Reisegepäck hatten wir einige Missionsbücher, auch Bücher von Ellen G. White auf Türkisch. Wir vereinbarten bei der Morgenandacht: Würde uns tagsüber jemand von sich aus ansprechen, dann wäre dies ein Zeichen dafür, dass er oder sie ein Buch von uns bekommen sollte. Welches, würde sich dann ergeben.

Am zweiten Tag unseres Aufenthaltes lernten wir bei einem Spaziergang einen türkischen Mann namens Lütfi kennen: Er lebt eine halbe Stunde vom Strand entfernt auf seinem eigenen Grund und Boden, den er gemeinsam mit seinem Sohn, seiner Frau und seiner Schwiegermutter bearbeitet. Der Mann besitzt eine Wohnung in der nächstgelegenen Kleinstadt, die er jedoch nur alle paar Wochen besucht, um sich z. B. ein Fußballspiel anzuschauen. Den Großteil des Jahres lebt er in einem selbst gebauten zeltähnlichen Unterschlupf aus etlichen dünneren und dickeren Ästen, die von einer Plane bedeckt sind. Es gibt auch ein „Wohnzimmer" aus einem betonierten Boden, der von einer Plane bedeckt ist. Dort stehen große Gläser mit eingelegtem Gemüse und Schafskäse. In der Mitte ist Platz zum Sitzen. Das Radio im Auto versorgt ihn mit Nachrichten und Musik. Mitten durch seine „Wohnstätte" führt ein Weg, auf dem die Hotelgäste vorbeispazieren. Auf der anderen Seite des Weges steht der Unterschlupf für die Schafe und Ziegen. Hunde und Hühner suchen unter den Bäumen Schatten. Freundlich grüßt Lütfi alle Leute, die durch sein „Anwesen" hindurchwandern.

Als wir vorübergingen, kam er näher. In seinem Englisch-Deutsch-Gemisch fragte er uns, woher wir kämen. Wir plauderten eine Weile über das Wetter.

Auf dem Weg zurück ins Hotel beschlossen wir, diesem Mann ein türkisches Buch zu bringen, denn er hatte uns von sich aus angesprochen. Das war ja unser „Zeichen"!

„Patriarchen und Propheten" sollte für einen Moslem die richtige Lektüre sein. Am nächsten Tag sollte er das Buch bekommen. Wir waren schon sehr gespannt!

Wenn wir in den Urlaub gehen, denken wir meist nur an uns. Schließlich haben wir es uns verdient, jetzt Urlaub zu machen. Aber möchte Gott mich vielleicht auch dort begleiten? Deshalb: Urlaub ja, aber nicht ohne etwas Missionsmaterial!

MW

20.4.

Einladung zum Tee

SPRÜCHE 16,9

Des Menschen Herz erdenkt sich seinen Weg; aber der Herr allein lenkt seinen Schritt.

Bei der Morgenandacht kamen meinem Mann Bedenken. Immerhin kannten wir den türkischen Bauern überhaupt nicht. Es käme bestimmt unerwartet für ihn, wenn ihm fremde Leute ein Buch in die Hand drückten. Wahrscheinlich würde er es gar nicht annehmen! Wir beschlossen also kurzerhand, unseren Spaziergang ohne Buch zu machen. Sollte Gott wirklich wollen, dass dieser Mann unser Buch bekommt, so müsste er uns am kommenden Tag zum Tee einladen. Wir legten Gott unseren Wunsch vor und gingen los.

Lütfi war wieder da und begrüßte uns nun noch herzlicher als am Vortag. Er freute sich sichtlich, uns wieder zu sehen. Nach einigen Minuten Smalltalk wollten wir uns wieder verabschieden. Und dann kamen die Worte über seine Lippen: „Bitte, kommt morgen noch einmal und bleibt zum Tee!“ Er hatte es tatsächlich gesagt! Er hatte uns zum Tee eingeladen. Nun war alles sonnenklar. Dieser Mann war vorbereitet für unser Buch. So einfach geht's.

Am nächsten Morgen allerdings kamen uns weitere Bedenken. Mein Mann hatte in der Zwischenzeit im Internet gelesen, dass Missionsversuche in der Türkei strafbar seien. Unser Buchgeschenk zählte eindeutig in diese Kategorie.

Außerdem wussten wir ja auch nicht, ob der Mann überhaupt lesen und schreiben konnte und wie ernst er seine Religion nahm. Sollten wir ihn nicht zuerst etwas besser kennenlernen? Gott möchte ja keinem etwas überstülpen. Auch Jesus hat den persönlichen Kontakt mit den Menschen gesucht und ging im Gespräch auf ihre besondere Situation ein, bevor er ihnen predigte... Das wollten wir auch umsetzen.

Manchmal ebnet uns Gott einen Weg, aber wir haben trotzdem nicht den Mut, ihn zu gehen. Wir finden lieber allerlei Ausreden. Die Hindernisse erscheinen uns größer als Gottes Kraft. Ist es dir auch schon so gegangen? Ich frage mich, warum es manchmal so schwer fällt, etwas mit Gott zu wagen.

Bist du heute bereit, anderen von deinem Glauben zu erzählen? Jesus möchte dir den Mut geben.

MW

21.4.

Das falsche Buch!

JESAJA 55,8

Denn meine Gedanken sind nicht eure Gedanken, und eure Wege sind nicht meine Wege, spricht der HERR.

Wir entschieden uns dazu, Lütfi am nächsten Morgen ohne Buch zu besuchen. Dieses Mal sollte er uns noch einmal für den kommenden Tag zum Tee einladen, und auch sein Sohn müsste sich zu uns setzen. Das wäre dann unser Signal, dass Gott diesen Mann auf das Buch vorbereitet hätte.

Wir spazierten also nach der Morgenandacht wieder los, vorbei an blühenden Feldern und Orangenhainen. Am Wegesrand blühten Mohn und Lavendel. Lütfi wartete schon auf uns. Der Tee war bald gekocht. Wir setzten uns. Ein Blatt Papier diente als Kommunikationshilfe. Hände, Füße und lachende Augen reichten aus, um dieses Mal das Gespräch auf etliche interessante Themen zu richten. Wir erfuhren so unter anderem, dass der Mann ein liberaler Moslem war, zehn Jahre Schulbildung hinter sich hatte und auch gerne Bücher las. Wir waren zufrieden. Das waren alle Informationen, die wir gebraucht hatten. Nun fehlte noch eins: die Einladung für den nächsten Tag zusammen mit dem Sohn, dann wäre alles klar.

Und tatsächlich: Kurz bevor wir gingen, erzählte Lütfi, er habe zwei Söhne, einer wäre beim Militär, der andere zuhause. Und er lud uns wieder ein und erwähnte, dass am nächsten Tag sogar seine beiden Söhne dabei sein würden. Unglaublich!

Nach der Morgenandacht fühlten wir Vorfreude auf den bevorstehenden Besuch. Die Familie war uns in der Zwischenzeit schon ein wenig näher gekommen. Wir nahmen das Buch in die Hand und öffneten die ersten Seiten. Auf einmal sahen wir, dass wir nicht wie geplant „Patriarchen und Propheten" mitgenommen hatten, sondern den „Großen Kampf zwischen Licht und Finsternis". Wir waren schockiert. Was sollte denn ein türkischer Bauer mit diesem Buch anfangen? Es war aus unserer Sicht völlig ungeeignet. Wahrscheinlich hatte er noch nie etwas davon gehört, dass es Katholiken und Protestanten gab. Was sollten ihn denn schon Martin Luther oder Calvin interessieren? Mein Mann schlug vor, das Buch im Zimmer zu lassen und ihm per Post später das richtige zuzusenden. Ich steckte es trotzdem ein. Wir fühlten uns unsicher, als wir losgingen; es war übrigens Ostersonntag …

Warum war es Gott scheinbar so wichtig, dass wir das Buch zu dieser Familie brachten, und dann war es das falsche Buch? Wir waren entmutigt.

Vertraue Gott, dass er auch in solchen Momenten genau weiß, was er tut und auch eine Lösung bereithält!

MW

22.4.

Überraschung

EPHESER 2,10

Denn wir sind sein Werk, geschaffen in Christus Jesus zu guten Werken, die Gott zuvor bereitet hat, dass wir darin wandeln sollen.

Lütfis Familie wartete schon auf uns. Die Frau bereitete auf der offenen Feuerstelle den Tee. Wir saßen auf Plastikstühlen unter einem Jostabeer-Baum, umgeben von gackernden Hühnern und Ziegen. Lütfi wusste übrigens, dass Christen am Ostersonntag die Auferstehung Jesu feiern. Wir zeigten ihm, dass uns dieses Thema am Herzen lag, und da freute er sich mit uns. Wir sprachen von Isa, der bald wiederkommen würde, was ja Muslime ebenfalls glauben.

Total überrascht waren wir, als er uns doch tatsächlich fragte, ob wir Protestanten oder Katholiken wären. Offensichtlich hatte er sich mit dem Christentum schon etwas näher beschäftigt. Nach einiger Zeit versuchten wir ihm klarzumachen, dass wir gerne seine Adresse hätten, damit wir ihm ein Buch schicken könnten. Bis jetzt hatten wir über alles gut reden können, der Mann las uns die Worte förmlich von den Gesichtern ab, doch nun schien er nicht zu verstehen. Ein Buch? In Türkisch? Kurz entschlossen nahm ich den „Großen Kampf" aus meinem Rucksack und zeigte ihm das Buch. Ich wollte ihm klarmachen, dass wir ihm ein Buch in türkischer Sprache schicken wollten.

Lütfi missverstand unser Anliegen. Er betrachtete das Buch mit wachsendem Interesse und begann dann nach und nach, alle Überschriften laut vorzulesen, während seine beiden Söhne aufmerksam und interessiert daneben saßen. Hin und wieder versuchte er, uns mit Körpersprache klarzumachen, was er gerade verstanden hatte. Fast 20 Minuten lang kommentierte er alle Kapitelüberschriften, z.B. „Schaitan" – Kopf ab = Satan wird gerichtet. (Das zeigte er mit den Händen). Und als er schließlich sagte: „Ich werde dieses Buch in einer Woche auslesen", wurde uns klar, dass Gott diesem türkischen Bauern genau dieses Buch geben wollte. Dagegen gab es kein Argument.

Wir überließen ihm den „Großen Kampf", verabschiedeten uns mit einer Umarmung und wünschten ihm Gottes Segen. Zu Hause angekommen, verschickten wir auch „Patriarchen und Propheten" gemeinsam mit einem Foto von Lütfis Familie und uns.

Nur Gott weiß, ob wir diese Familie im himmlischen Reich einmal wiedersehen werden. Aber wir wissen, dass Gott Menschen in allen Völkern kennt und ruft. Es ist ein großes Privileg, als seine Mitarbeiter dabei mithelfen zu dürfen. Ein Leben in seiner „Hand" ist wirklich spannend und ein großes Abenteuer.

MW

23.4.

Freude ist kostenlos

PREDIGER 3,12.13 EB

Ich erkannte, dass es nichts Besseres bei ihnen gibt, als sich zu freuen und sich in seinem Leben gütlich zu tun. Aber auch, dass jeder Mensch isst und trinkt und Gutes sieht bei all seinem Mühen, das ist eine Gabe Gottes.

Was ist das Beste für mich? Eine einfache und doch sehr wichtige Frage. Wir können sie leichter beantworten, wenn wir einmal alle Gedanken beiseite lassen, die uns momentan beschäftigen oder gar quälen.

Als Gott die Welt erschuf und alles noch leer und dunkel war, was war da seine Absicht mit der Schöpfung? Was bewegte ihn, die Erde, die Tiere, die Pflanzen UND die Menschen zu erschaffen?

Wir können seine Gedanken nicht lesen, und doch sehen wir in seinem Charakter die unendliche Liebe.

Stell dir vor, du wärst der erste Mensch, der den Garten Eden betreten würde. Alles um dich herum ist absolut neu. Du siehst die Vielfalt an Farben und Formen. Du spürst die weiche, warme Luft und atmest sie tief ein und aus, sie duftet nach Rosen, nach Lavendel. Du hörst den Wind durch die Blätter rauschen. Vögel zwitschern, ein Bach plätschert. Rechts siehst du einen Apfelbaum, links laden rote Pfirsiche ein, du entdeckst Papayas und Mangos, und das Wasser läuft dir im Mund zusammen.

Freude perlt in dir hoch, denn du weißt: Das alles hat dir Gott geschenkt, weil er dich liebt!

Glücklich ist, wer Gottes Geschenke erkennt und schätzt! Auch das ist eine Gabe Gottes: genießen zu können! Auch in einer sündigen Welt dürfen wir uns über das Gute freuen und es genießen.

Gott sah, dass es gut war. Er hat diese Welt in ihrer Schönheit genossen.

Auch wir haben das Vorrecht, das Gute in allem zu sehen, was wir tun.

Nimm dieses kostbare Geschenk an und genieße das, was Gott dir aus Liebe geschenkt hat.

AK

24.4.

Der Riese in unserem Leben

JESAJA 8,23A

Doch es wird nicht dunkel bleiben über denen, die in Angst sind.

Wovor hast du Angst? Vor großen Spinnen mit langen schwarzen Haaren? Fürchtest du dich vor einem steilen Abhang ohne ein Geländer zum Festhalten? Oder hast du weiche Knie, weil du vor deiner Klasse eine Präsentation halten musst oder der nächste Mathetest ansteht? Ängste hat jeder.

Auch in der Bibel finden wir viele Geschichten, in denen sich Menschen fürchten. Einmal fühlte sich ein ganzes Volk von nur einem Mann bedroht – dem Riesen Goliath! Er war so groß, dass man den Kopf ganz weit in den Nacken legen musste, um ihn ganz zu sehen. Er war ein durchtrainierter Krieger, der mit Sicherheit alle Bodybuilding Contests der Welt gewonnen hätte. Außerdem hatte er ein Herz aus Stahl. Diesem Mann würde wohl keiner von uns gerne im Dunkeln begegnen!

Dem damaligen König Saul ging es ähnlich, und er hatte keine Idee, wie er diesen Riesen besiegen könnte. Selbst die besten Waffen und geschultesten

Soldaten halfen nicht weiter. Dann kam da plötzlich ein Junge daher, wahrscheinlich noch in seinen Teenagerjahren, der rein äußerlich im Vergleich zu Goliath und der Armee Sauls ziemlich lächerlich wirkte. Und doch unterschied er sich von allen anderen: Er glaubte an die Macht Gottes im Himmel. Er besiegte den Riesen mit einem Steinwurf aus seiner Schleuder und den Worten: „Ich komme zu dir im Namen des Herrn!"

Was könnte geschehen, wenn wir das allen Riesen in unserem Leben entgegenhalten würden? Wenn alles eigene Kämpfen gegen das, was uns Angst macht, aufhört, und wenn wir dem „Riesen" ins Gesicht lachen, weil er im Vergleich zur Allmacht Gottes plötzlich winzig klein wäre?

Wir können noch heute, oder besser – jetzt gleich, Gott bitten, dass er unser Vertrauen zu ihm stärkt. Denn mit Gott sind wir immer in der Mehrzahl!

LaK

25.4.

Unter dem Schirm des Höchsten

PSALM 91,1.2

Wer unter dem Schirm des Höchsten sitzt und unter dem Schatten des Allmächtigen bleibt, der spricht zu dem HERRN: Meine Zuversicht und meine Burg, mein Gott, auf den ich hoffe.

„Ich wurde 1931 in Russland geboren. Als meine Mutter erfuhr, dass sie mit mir schwanger war, brach sie in Tränen aus. Ich war ihr viertes Kind, und die Zukunft sah düster aus. Viele gläubige Adventisten litten schwere Verfolgungen. Meine Eltern wussten nicht, wie ich überleben sollte. Mein Vater sagte damals zu meiner Mutter: ‚Wenn wir unser Kind Gott weihen, wird ER es schützen und sich um alles andere kümmern'. So wurde ich schon als kleines Baby der Fürsorge Gottes übergeben.

Als ich sechs war, passierte etwas Dramatisches. In einer mir unvergesslichen Nacht wurde mein Vater zusammen mit 39 anderen Männern gefangen genommen. Wie erschüttert waren unsere Familien, als wir erfuhren, dass alle Männer bis auf einen erschossen wurden, darunter auch mein Vater. Nun mussten wir ohne ihn zurechtkommen. Das war sehr schwer. Als ich zehn Jahre alt war, kam der Zweite Weltkrieg nach Russland. Um uns in Sicherheit zu bringen, flohen wir in die kasachische Steppe. Im Winter hatten wir dort nicht selten Temperaturen bis zu minus 40 Grad. Immer wieder sind dort Menschen an lebensgefährlichen Krankheiten gestorben. Meine Geschwister und ich hatten oft nichts zu essen. Unser Schulweg war lang. 18 Kilometer mussten wir zu Fuß durch die Wälder gehen, in denen es viele Wölfe gab. Ich bin so dankbar, dass meine Eltern mich von klein auf lehrten, für alles zu beten und auf Gott allein zu vertrauen. So betete ich täglich für meine Mutter und Geschwister. Betete gegen die Kälte, den Hunger und bat um Schutz vor den Wölfen. Ich hatte mich entschieden, mein Leben nicht von schwierigen Umständen und Entmutigungen zerstören zu lassen. Ich wollte das Beste daraus machen. Meine größte Sehnsucht war, Gott hingegeben zu dienen – inmitten einer gottlosen Bevölkerung." (Elvira Serkova)

Wenn wir solch einen Lebensbericht hören, wird wieder deutlich, wie dankbar wir für die Freiheit und Sicherheit in unserem Land sein dürfen. Wir müssen nur wenige Entbehrungen aushalten und haben wenig Anlass zur Todesangst. Die meisten von uns dürfen gesund aufwachsen. Aber dadurch könnten uns auch viele Erfahrungen mit Gott entgehen. Wem es gut geht und wer alles hat, wieso sollte der noch beten? Worin sollte er Gottes Schutz und Fürsorge erkennen, wenn alles selbstverständlich ist?

RG

26.4.

Unter Gottes Schutz

PSALM 91,11

Denn er hat seinen Engeln befohlen, dass sie dich behüten auf allen deinen Wegen.

„Nach dem Kriegsende musste ich wieder umziehen, diesmal ins Uralgebiet, wo ich zur Arzthelferin ausgebildet wurde. Dort habe ich auch meinen späteren Mann kennengelernt. Offiziell war er von Beruf Hausmeister, doch daneben arbeitete er als Prediger im Untergrund. Ich habe ihn in jeder Hinsicht unterstützt. Nachts habe ich auf der Schreibmaschine die spärlichen christlichen Bücher abgetippt, die wir besaßen. Auch die Sabbatschul-Lektion habe ich abgeschrieben, damit die Gemeinden etwas zu lesen hatten und zum Bibelstudium angeleitet wurden. Ich musste eine Bettdecke über mich breiten, damit die Nachbarn das Tippen nicht hörten, sie hätten mich sonst wohl angezeigt. Das hieß damals: Gefängnis und Entzug des Sorgerechts für unsere vier Töchter. Tagsüber habe ich mit der Hand Kleider für arme Leute genäht und geflickt, im Garten gearbeitet und mich um die Kinder und den Haushalt gekümmert. Obwohl wir vorsichtig waren, mussten wir in den kommenden 34 Jahren 18-mal umziehen. Denn uns wurde immer wieder das Sorgerecht für die Töchter entzogen. Sie sollten uns weggenommen und in ein Kinderheim gebracht werden. Da half nur die Flucht an einen anderen Ort. Obwohl ich viel zu tun hatte, zog ich mich täglich für einige Zeit zurück. Da war ich nicht erreichbar, weil ich in Ruhe mit Gott reden wollte. Aber nicht nur für mich und meine Familie habe ich gebetet; ich hatte eine lange Liste von Anliegen von anderen Menschen. Ich wusste ja aus Erfahrung, dass sich Gott gerne um seine Kinder kümmert." (Elvira Serkova)

Als ich diese Frau und ihren Mann viel später mit über 80 Jahren kennenlernte, beeindruckte mich gleich ihr freudiges, herzliches Gemüt. Sie war keineswegs verbittert über ihr Leben, nicht frustriert über einen Mangel an Bequemlichkeit und Wohlstand. In all den Unsicherheiten und Anfechtungen hatte sie von klein auf gelernt, dem zu vertrauen, für den kein Problem zu groß, keine Sorge zu komplex ist. Sie durfte erleben, wie all ihre Töchter ebenfalls Prediger heirateten und sogar ihre Enkel sich noch für den Dienst im Werk Gottes entschieden.

Eines wurde mir wieder ganz deutlich: Es ist die Art, wie wir mit Problemen und Herausforderungen umgehen, die über unser Glück oder Unglück entscheidet. Wir müssen nicht Sklaven der äußeren Umstände sein, wir dürfen an ihnen wachsen, sie meistern und durch Gottes beständige Fürsorge – inmitten aller von ihm beherrschten Sorgen und Nöte – unser Glück und reichen Segen für uns und unsere Familien finden.

RG

27.4.

Wenn der Schein trügt

1. SAMUEL 16,7B EB

Denn der HERR sieht nicht auf das, worauf der Mensch sieht. Denn der Mensch sieht auf das, was vor Augen ist, aber der HERR sieht auf das Herz.

Müde nach einem langen Arbeitstag im Krankenhaus wartete ich an der Bushaltestelle. Es war bereits nach 22:00 Uhr. Ich war nicht allein. Im Lichte der Straßenlaterne stand ein Mann. Er war offensichtlich angetrunken und taumelte auf mich zu. Er bat um Geld. Ich lehnte ab. Für mich war klar, dass er das Geld sofort in Alkohol investieren würde. Unbeeindruckt grölte der Mann Fußballparolen und lief auf die Straße. Die Autos mussten ausweichen. Dann kam er wieder zurück auf den Gehsteig und schrie herum. Ich wandte mich ab und holte mein Handy aus der Tasche, weil ich die Uhrzeit ablesen wollte. Da kam der Betrunkene wieder auf mich zu und sprach mich noch einmal an. Ich überlegte schon, wie ich ihn diesmal abwimmeln könnte, doch dieses Mal bat er nicht um Geld. Er sagte: „Dir ist gerade Geld runter gefallen." Und tatsächlich hatte ich einen Geldschein verloren. Ich war sprachlos. Immerhin war das viel Geld für mich. Ich hatte nicht damit gerechnet, dass mich ein Betrunkener, der selbst in Geldnöten war, auf den herausgefallenen Geldschein aufmerksam machen würde. Ich hatte diesen Mann nämlich innerlich schon längst als asozialen Trinker und Menschen ohne Werte abgestempelt.

Gott lehrte mich an diesem Abend eine Lektion: Bilde dir nicht voreilig eine Meinung von Menschen! Lass dich nicht von Äußerlichkeiten täuschen! Denn anders als Gott kannst du nicht in ihr Herz sehen. Plötzlich dachte ich anders über diesen Mann. Er war nicht mehr bloß der Betrunkene, sondern einer, der ehrlich war in einer Situation, die viele andere ausgenützt hätten.

Bitte, Gott, gib mir einen Blick, der unter die Oberfläche reicht, damit ich das in Menschen erkennen kann, was du in ihnen siehst.

LiH

28.4.

Gott ist bei dir!

JESAJA 43,2

Wenn du durch Wasser gehst, will ich bei dir sein, dass dich die Ströme nicht ersäufen sollen; und wenn du ins Feuer gehst, sollst du nicht brennen, und die Flamme soll dich nicht versengen.

Was für eine Freude war das für die Eltern, als der Arzt verkündete: „Sie haben ein Mädchen zur Welt gebracht!" Doch diese Freude mischte sich bald mit Schmerz, denn das Mädchen war von Geburt an blind. Nie sollte es seine Mutter, seinen Vater, seine Freunde, Bäume, Blumen, Tiere usw. sehen. Das war schon ein Schock für die Eltern und Verwandten, aber die Mutter verzweifelte nicht! Vertrauensvoll hielt sie sich an Gott und sagte: „Gott hat gerade mir zugetraut, dass ich mit diesem Problem fertig werde!"

Wow! Was für eine tapfere Frau! Ihre Reaktion macht mich ziemlich nachdenklich und ich frage mich: Was mache ich, wenn ich Probleme bekomme? Wie war das damals, als einer aus der Familie eine unheilbare Krankheit bekam? Und wenn ich plötzlich kein Geld mehr hätte? Wenn

Probleme auftauchen, die unlösbar erscheinen? Wenn deine Freunde dich enttäuschen? Deine Eltern vor dir streiten? Du Lernschwierigkeiten hast? Deine Klassenkameraden über dich herziehen? Kann es sein, dass du plötzlich an dir selbst zweifelst und du sogar mit deinem Körper unzufrieden bist, obwohl Gott dir ein hübsches Aussehen geschenkt hat? Kommt es dir manchmal sogar so vor, als ob die ganze Welt gegen dich wäre? Du fühlst dich ungeliebt und unverstanden?

So etwas ist schwer zu ertragen. Aber Gott lässt dich nie allein! Selbst wenn du meinst, er wäre weit, weit weg, so ist er doch ganz nahe! Er geht mit dir sogar in den „Feuerofen" (Daniel 3,25) oder in die „Löwengrube" (Daniel 6,23)! Vielleicht bist du tatsächlich von dem Wunsch gebunden, dass dich deine Freunde anerkennen und mögen. Gott möchte dich von diesen Fesseln befreien, damit du unabhängig von Umständen glücklich sein kannst! Ja, du darfst total fröhlich sein, weil Jesus das Feuer im Griff hat.

Gott hält auch den Löwen den Rachen zu, damit sie dir nichts antun können. D. h., wenn Streit oder Neid auf dich herabprasseln und du nicht weißt, wie dir geschieht; wenn du dich unverstanden fühlst, so kennt Gott dein Problem ganz genau, und wenn du ihm vertraust, wird er es nicht zulassen, dass diese unangenehmen und zermürbenden Umstände dich „auffressen". Selbst wenn eine ganze Klasse gegen dich aufsteht, bist du mit Jesus an der Seite in der Mehrheit. Er will dir Kraft geben, damit du denen, die dich beleidigen, sogar Gutes tun kannst. Jesus liebt dich. Du darfst in ihm völlig geborgen sein, egal, was passiert.

MoG

29.4.

Notruf: Totaleinsatz

1. MOSE 18,32 NL

Und der Herr sprach:
„Dann will ich sie wegen der zehn nicht zerstören."

728 Rettungskräfte aus 5 Nationen, 12 Tage harte und äußerst schwierige Arbeit, viele Hubschraubereinsätze … Am 19. Juni 2014 konnte man endlich aufatmen: der verunglückte Höhlenforscher Johann Westhauser konnte aus der Riesending-Höhle im Untersberg (Berchtesgaden) aus 1000 m Tiefe gerettet werden!

Am 5. August 2010 wurden bei einem Grubenunglück im Kupfer- und Goldbergwerk von San José in Chile 33 Bergleute verschüttet. Nach einem harten Kampf gegen die Naturgewalten konnten sie nach 69 (!) Tagen aus einer Tiefe von 700 m geborgen werden. Kostenpunkt: mehr als 20 Millionen US-Dollar.

Warum investieren Menschen Zeit, Kraft und astronomisch viel Geld, um andere Menschen aus Todesnot zu retten? Bei jedem Erdbeben, Tsunami, Flugzeug- oder Eisenbahnunglück suchen zahllose Helfer nach Überlebenden und riskieren dabei oft selbst Kopf und Kragen.

Kann es sein, dass Gott als unser Schöpfer diese Lebensretterhaltung in uns Menschen hineingelegt hat? Kann es sein, dass auch dieser Aspekt des menschlichen Lebens ein Abbild von dem ist, wie Gott und seine Helfer - die Engel - sind, die auch 24/7 im Einsatz sind, um Menschen zu retten?

Abraham verhandelte mit Gott wegen Sodom und Gomorra. Gott wollte (oder musste) diese Städte vernichten, sie waren gerichtsreif. Abraham dachte aber, dass es in diesen Städten noch Menschen gab, die gerettet werden könnten, auch wenn er um die unmoralischen Zustände dort sehr wohl wusste. Hatte Gott das vielleicht übersehen? Während er mit Gott diskutierte, wurde ihm versichert, dass Gott die Städte nicht vernichten würde, wenn es gerade einmal zehn Gerechte darin gäbe. Abraham hatte keine Ahnung, mit welchem Aufwand Gott jeden einzelnen Menschen dieser Städte unzählige Male besucht hatte. Er schickte letztlich sogar extra Engel, um Lot und seine Familie herauszuziehen …

Kämpfst du mit Problemen? Betest du für andere und gewinnst den Eindruck, es geschieht nichts? Dann halte dir vor Augen, dass Jesus 99 Schafe zurück gelassen hat, um das eine, verirrte Schaf zu suchen und zu retten (Lukas 15).

Jesus gibt niemals auf. Und er ist 24/7 im Einsatz! Mit zahllosen Helfern. Halte durch und bete weiter!

KR

30.4.

Eine wollige Erfahrung

JOHANNES 10,27

Meine Schafe hören meine Stimme, und ich kenne sie und sie folgen mir.

„Dumm geboren, nichts dazu gelernt", sagt Tommy und schaut mit einem etwas mitleidigen, aber auch liebevollen Blick auf seine Schafe, die sich gerade gegenseitig den Weg zum Futtertrog versperren. Seit einigen Wochen dürfen meine Schwester und ich jeden Abend zu ihm in den Stall gehen und zwei Lämmer, die von ihren Müttern verstoßen wurden, mit der Flasche füttern. Es ist eine sehr schöne Aufgabe, diese warmen, wolligen Tierchen im Schoß zu haben und zu füttern. Der Sommer kommt, und Susi und Böckchen, so haben wir die beiden Lämmer genannt, sind nun alt genug, um selber zu fressen. Nun besuchen wir die beiden auf der Weide. Bei jedem Besuch bietet sich uns dasselbe Bild. Wir stehen am Rand der Weide und rufen, daraufhin flüchten alle Schafe; nur zwei Lämmer rennen sofort in unsere Richtung und freuen sich sichtlich, dass wir da sind. Aber auch wenn ich diese Schafherde und natürlich insbesondere unsere zwei Schafe sehr ins Herz geschlossen habe, muss ich Tommy doch Recht geben – sehr intelligent sind Schafe nicht. Dafür sind sie umso treuer! Obwohl schon einige Jahre vergangen sind seit damals, als wir Susi und Böckchen mit der Flasche aufgezogen haben, und obwohl wir sie mittlerweile nicht mehr jeden Tag besuchen, erkennen sie unsere Stimmen, wenn wir nur mit dem Auto mit offenen Fenstern an ihrer Weide vorbeifahren und miteinander reden. Da kommen sie jedes Mal sofort auf uns zu gerannt. In diesen Momenten wird der Bibelvers für mich viel greifbarer: Schafe erkennen die Stimme ihres Hirten, auch wenn sie diese Stimme längere Zeit nicht mehr gehört haben.

Wir Menschen haben das Privileg, dass wir einen treuen Hirten haben, der uns nicht nur ab und zu besuchen kommt. Er ruft uns ständig zu sich. Es wäre gut, wenn wir nicht dumm zur Welt kommen und dann nichts dazu lernen. Ich möchte die Stimme meines Hirten erkennen und ihr folgen. Ich möchte mir ein Beispiel an den Schafen und ihrer Treue ihrem Hirten gegenüber nehmen. Wie steht's mit dir?

PG

1.5.

Der Eroberer meines Herzens

HOHELIED 6,3 EB

Ich gehöre meinem Geliebten, und mein Geliebter gehört mir, er, der in den Lilien weidet.

Er hat Sehnsucht nach ihr. Sie vermisst ihn, wenn sie alleine ist. Er bewundert ihre liebevolle Art. Sie ist fasziniert von seinem Wesen. Er kann sie nicht mehr vergessen. Sie freut sich auf jeden Moment zu zweit. Er schwärmt von ihr. Sie denkt ständig an ihn. Sie beide träumen davon, den Rest ihres Lebens gemeinsam zu verbringen.

Verliebt zu sein, das ist etwas Besonderes. Wir bekommen einen neuen Blick und entdecken ganz neue Seiten des geliebten Menschen. Wie wäre es wohl, wenn ich in Jesus verliebt wäre, den größten Gentleman überhaupt? Bestimmt würde sich viel verändern, wenn meine Gedanken ständig bei ihm wären wie bei einem Liebhaber.

Liebe macht blind. Ja, ich glaube tatsächlich, dass mich die Liebe zu Jesus blind macht für die Unvollkommenheiten meiner Mitmenschen. Wenn ich mich richtig in Jesus verliere, sehe ich die weltlichen Dinge nicht mehr, die mich unzufrieden machen, stören oder verletzen.

Andererseits öffnet die Liebe zu Jesus auch die Augen für das Schöne im Leben. Sie macht mich aufmerksam auf die Bedürfnisse meiner Mitmenschen und auf die Verheißungen, die er mir zusichert.

Im Hohelied 8,7a steht: „Mächtige Wasser sind nicht in der Lage, die Liebe auszulöschen, und Ströme schwemmen sie nicht fort." Solch eine Standhaftigkeit kommt nicht von alleine. In jeder Beziehung muss ich etwas investieren, damit die Liebe wachsen kann. Je besser ich Jesus kennenlerne, desto mehr werde ich mich in ihn verlieben.

Ellen White schreibt dazu: „Forsche in der Bibel, denn sie erzählt von Jesus. Ich möchte, dass du die Bibel liest und die Einzigartigkeit Jesu siehst. Ich wünschte, dass du dich verliebst in den Mann von Golgatha, so dass du bei jedem Schritt zu der Welt sagen kannst: Seine Wege sind angenehme Wege und alle seine Pfade bedeuten Friede" (E. White: In Heavenly Places, S. 354).

Lass Jesus die erste Liebe deines Lebens sein, dann wird er auch deine Partnerschaft auf dieser Erde segnen. Nimm dir heute Zeit und bitte Jesus darum, dass er alle falschen „Liebhaber" zerstört und dein Herz neu erobert!

AD

2.5.

Wenn Wiesenblumen nicht duften

HIOB 22,27 HFA

Wenn du zu ihm betest, wird er dich hören …

Mein elfjähriger Neffe schenkte meiner Schwester zum Muttertag einen selbstgepflückten Wiesenblumenstrauß. Er streckte ihn ihr glücklich entgegen und sagte mit leuchtenden Augen: „Für dich! Riech mal, wie er duftet!"

Meine Schwester sog den Wiesenblumenduft tief ein und wunderte sich: „Der riecht aber gut! Eigentlich genauso wie mein Parfum!"

„Da hab ich ja auch dein Parfum drauf gesprüht, Mama, weil die Blumen nicht geduftet haben!"

Wir schmunzeln, nicht wahr?

Ich musste darüber nachdenken, ob wir in unserem Leben nicht manches Mal genauso handeln. Wenn etwas nicht so gut läuft oder nicht so ist, wie ich es mir vorstelle, dann biege ich es mir zurecht. Manchmal funktioniert das. Aber was, wenn es in meinem Leben nicht so geht, wie ich es mir wünsche – und ich daran nichts ändern kann? Ich verliere einen geliebten

Menschen, meine Gesundheit oder meinen Job, ich gerate in einen Konflikt und stecke mittendrin und kann nicht davonlaufen. Ich muss mich irgendwie damit arrangieren.

Mir hilft dann immer der Gedanke, dass Gott um ALLES weiß! Alles geht an ihm vorbei. Ungerechtigkeit, die ich in meinem Leben erfahre, Wunden, die mir geschlagen werden, all das hat Gott gesehen und geprüft. Und er versteht, was ich gerade fühle. Dies zu wissen, das tut mir gut! Gott wartet nur darauf, dass ich ihn zu einer Freundschaft einlade. Hast du das schon ausprobiert? Auch du kannst erfahren, dass er ein offenes Ohr für dich hat und dir antworten WIRD. Ich kann meine unerfüllten Sehnsüchte und Wünsche im Gebet bei IHM abgeben, sie sind dort gut deponiert.

Vor Kurzem fand ich einen Text, der mich berührte:

Sag Ja zu den Überraschungen, die deine Pläne durchkreuzen,
deine Träume zunichtemachen,
deinem Tag eine ganz andere Richtung geben,
ja, vielleicht deinem Leben.
Sie sind nicht Zufall.
Lass dem himmlischen Vater die Freiheit,
selber den Verlauf deiner Tage zu bestimmen!

Ich möchte dir Mut machen: Vertraue unserem guten Gott alles in deinem Leben an. Lass ihn deinen besten Freund sein.

JS

3.5.

Genug

1. TIMOTHEUS 6,6 NL

„Wahrer Glaube und die Fähigkeit, mit wenigem zufrieden zu sein, sind tatsächlich großer Reichtum."

Ein zum Bersten voller Kleiderschrank,
aber nichts zum Anziehen.
Gut 1500 MP3-Files mit Musik,
aber keine Zeit, sie zu hören.
Drei funktionstüchtige Fahrräder,
aber niemand fährt sie.
Etliche Gigabyte voll mit Movies,
aber ganz wenig davon brauchbar.
Eine riesige Spielesammlung,
aber keiner will spielen.
15 angebrauchte Duschgels, Shampoos und Deos,
aber nichts Ansprechendes dabei.
Knapp 1000 Fotos auf der Digicam,
aber kaum richtig gute darunter.
Mehr als 20 Paar Schuhe im Schrank,

aber nur drei in Verwendung.
Über 20 Kugelschreiber in der Schublade,
aber keine Lust zu schreiben.
Täglich ein Stapel Post,
aber nichts, was einen freut.
Ein übervoller Kühlschrank,
aber nichts zu essen daheim.
Eine Regalwand voller Bücher,
aber keine Gelegenheit, sie zu lesen.
Genug.
Mehr als genug.
Ich habe mehr als genug.

MC

4.5.

Zukunftsplanung – wo, wann, wie?

JESAJA 41,10 SLT

Fürchte dich nicht, denn ich bin mit dir; sei nicht ängstlich, denn ich bin dein Gott; ich stärke dich, ich helfe dir auch, ja, ich erhalte dich durch die rechte Hand meiner Gerechtigkeit!

Als ich 2012/13 auf der Josia-Missionsschule in Deutschland war, hatte ich ein mulmiges Gefühl beim Gedanken an die „Zeit danach". Weshalb? Ich hatte keine Ahnung, wie es in meinem Leben beruflich weitergehen sollte. Ich hatte zwar viele Ideen und Angebote bekommen und habe auch sehr viel alleine und gemeinsam mit meinen Freunden dafür gebetet, doch Gott hat mir damals nicht geantwortet. Er hat mir den Platz, an dem er mich wirklich haben wollte, einfach nicht gezeigt. Ich hatte keine Orientierung und habe mich teilweise sehr verloren gefühlt. Das ging schon etwa zwei Jahre lang so! In dieser schwierigen Zeit übergab ich Gott immer wieder meine Zukunft. Ich war mir bewusst, dass er längst einen Plan hat.

Doch davon spürte ich nichts – keine kleinen Fortschritte, nichts an Veränderungen. Jedes Jahr zum Jahreswechsel lädt die Josia-Missionsschule alle ehemaligen und zukünftigen Missionsschüler zum gemeinsamen Start ins neue Jahr ein. Auch Familienangehörige und Freunde sind willkommen. Jeder darf dann einen Bibeltext ziehen, der ihn das ganze bevorstehende Jahr begleitet. Ich zog den Vers aus Jesaja 41,10. Immer noch geplagt von Sorgen und Ängsten, drehte ich das Kärtchen um und erwartete mir nichts Weltbewegendes davon. Als ich so anfing zu lesen, kamen mir die Tränen. Gott hat ganz persönlich durch diesen Text zu meinem Herzen gesprochen und mir Mut gemacht. Wovor sollte ich Angst haben? Er weiß doch, was ich brauche. Warum mache ich mir so viele Sorgen?

Und kaum zu glauben: Einige Monate später hatte ich bereits ein Bewerbungsgespräch und bekam einen Ausbildungsplatz, den ich mir selbst nie erträumt hätte! Vertraue auf IHN – nur ER kann dir vollkommenen Frieden geben.

DP

5.5.

Wie lange noch?

OFFENBARUNG 22,20

Es spricht, der dies bezeugt: Ja, ich komme bald! Amen. – Ja, komm, Herr Jesus!

Seit wir denken können, müssen wir warten. Wir warten ständig – auf den Bus, auf unsere Eltern, auf unseren Geburtstag, auf die Sommerferien und, und, und. Seit einigen Jahren verbringe ich meinen Sommerurlaub liebend gern am Atlantik. Für mich gibt es kaum etwas Schöneres, als auf meinem Surfboard zu sitzen und zu warten. Die Sonne wärmt mein Gesicht, der Wind lässt meine Haare fliegen. Und dann kommt sie endlich, diese traumhafte Welle, auf die ich gewartet habe. Ein paar hastige Paddelzüge und ich springe auf mein Board und genieße den Ritt über die Wellenschulter. Hinterher erinnere ich mich nur noch an diese Welle. Alles Warten hat sich dann für mich mehr als gelohnt.

Auch wir als Adventisten warten auf etwas, das steckt sogar in unserem Namen! Wir erwarten das zweite Kommen Jesu. Oft geht es uns dabei aber so ähnlich wie mir, als ich kürzlich auf einem Missionstrip in Mexiko war. Man hatte mir gesagt, dass ich um 18:45 Uhr fertig sein soll, damit ich rechtzeitig in der Gemeinde wäre, in der ich predigen sollte. Natürlich war ich pünktlich. Dann verging eine halbe Stunde, doch es kam niemand. Ich wollte schon wieder in mein Hotelzimmer zurückgehen. Aber ich war fest davon überzeugt, dass mich jemand abholen würde. So blieb ich weiter sitzen und wartete. Immerhin hatte man mir ja versprochen, dass jemand kommen würde, um mich zu holen. Ich „durfte" noch bis 20:15 Uhr warten! Das Warten wurde belohnt. Mit einiger Verspätung konnte ich den Vortrag halten.

Auch Jesus wird ganz sicher kommen. Er hat es uns versprochen. Wenn wir das Gefühl haben, er käme vielleicht gar nicht mehr, dann können wir unsere Bibel aufschlagen und sein Versprechen lesen. Aber auch Jesus wartet auf etwas. Er wartet, bis du und ich die Entscheidung für ihn ganz treffen. Das ist die wichtigste und beste Entscheidung – und wir dürfen sie HEUTE treffen. Bevor du dich heute also entscheidest, was du anziehst oder wie du deine Freizeit am Nachmittag verbringst, triff zuerst die Entscheidung für Jesus. Lade ihn ein, dass er dich heute begleitet und für dich den Tag gestaltet. Er will dir auch helfen, deine Freunde mit dieser Sehnsucht auf sein Kommen anzustecken. Dann kannst du auch schon heute sagen: Amen. – Ja, komm, Herr Jesus!

FS

6.5.

Bin ich schön?

1. SAMUEL 16,7

Ein Mensch sieht, was vor Augen ist, der Herr aber sieht das Herz an.

Stöhnend liege ich auf dem Bett, ziehe den Bauch noch ein paar Millimeter ein und versuche, den Reißverschluss meiner Jeans zu schließen. Dann hüpfe ich auf Strümpfen zum großen Flurspiegel und betrachte kritisch mein Äußeres. Nie bin ich ganz zufrieden. Prüfend drehe und wende ich mich. Da ist doch eine kleine Falte am Bauch, oder? Mein Hintern ist auch viel zu flach und da, kommt da etwa ein roter Pickel an meinem Kinn heraus???

Eine Studie zeigt, dass in Deutschland nahezu jeder Zweite mit seinem Körper unzufrieden ist. Vor 25 Jahren war es nur jeder Vierte. An welchen Werten messen wir uns? Wollen wir aussehen wie Sandra Bullock, die 2015 zur schönsten Frau der Welt gekürt worden ist? Haare haben wie Megan Fox, einen Hintern wie Jennifer Lopez oder die langen Beine von Cameron Diaz?

Machen wir uns bewusst, dass viele unserer Vorbilder auf Medikamente oder die Chirurgie zurückgreifen, weil ein „schöner" Körper aus eigener Anstrengung heraus nicht mehr zu erreichen ist? Für sie ist Schönheit käuflich. Ihr Körper ähnelt einer Maschine, bei der man kaputte oder störende Teile einfach so ersetzen kann. Außerdem werden ihre Fotos gründlich

„bearbeitet“. Gefällt uns eine äußerlich perfekte Frau wirklich, obwohl sie Arroganz und Kälte ausstrahlt?

Kürzlich fiel mir ein altes Mütterchen auf. Ihr Gesicht war von Lachfalten durchzogen, die grauen Haare waren zum Knoten aufgetürmt, der alte Kittel schlackerte um ihre dünnen Beine, aber ihre Augen leuchteten mit dem kleinen Jungen an ihrer Hand um die Wette. Ich schaute ihr gebannt zu und mein Herz wurde erwärmt. Ist das nicht auch Schönheit?

Du darfst dir bewusst machen, dass du ein von Gott gewolltes und geliebtes Geschöpf bist. Er hat dich nach seinem Ebenbild geschaffen. „Und Gott sah an alles, was er gemacht hatte, und siehe, es war sehr gut“ (1. Mose 1,3). Musst du leiden, wenn du schön sein willst? In Gottes Augen bist du es bereits! Du brauchst keine Operation, um dein Selbstwertgefühl anzuheben, du darfst dich selbst annehmen und ein positives Bild von deinem eigenen Körper entwickeln, denn wahre Schönheit kommt von Gott.

Äußerliche Schönheit zerfällt – aber die innerliche Schönheit unseres Charakters kann wachsen, wenn wir uns die Früchte des Geistes aneignen: Liebe, Freude, Friede, Geduld, Freundlichkeit, Glauben, Sanftmut und Selbstbeherrschung. Dann werden wir eine Schönheit ausstrahlen, an der kein Mensch vorübergehen kann!

CR

7.5.

Stark oder schwach?

2. KORINTHER 12,9

Und er hat zu mir gesagt: … meine Kraft ist in den Schwachen mächtig.

Er war das absolute Wunschkind, erbeten, erhofft und sehnsüchtig erwartet.

Sie war eine Waise in einem fremden Land.

Mit wachsamer Sorgfalt hielten sich seine Eltern an jede Anweisung, die ihnen Gott zum Thema „Erziehung" gab. Gott hatte Großes mit ihm vor, das wussten sie.

Sie wuchs bei ihrem Onkel auf, einem gläubigen Mann. Er hatte sie gelehrt, Gott zu lieben und ihm zu vertrauen. Gott hatte Großes mit ihr vor, aber das wussten sie damals noch nicht.

Er war sich seiner außergewöhnlichen Fähigkeiten und der besonderen Berufung bewusst. Das machte ihn selbstsicher. Unüberlegt und übermütig betrat er feindlichen Boden.

Sie fand sich durch göttliche Vorsehung plötzlich in einer ihr fremden Umgebung wieder. Die neue Aufgabe machte sie unsicher und demütig.

Er wählte falsche Freunde aus und missachtete bewusst Gottes ausdrückliches Gebot.

Sie betete mit ihren Freundinnen und suchte demütig nach Weisheit für ihr Tun.

Er vertraute auf seine Stärke, ließ sich von seinen Leidenschaften hinreißen und endete als ein Sklave, begraben unter den Trümmern des Tempels eines fremden Gottes.

Sie vertraute auf Gott, schritt mutig im Glauben voran und rettete ihr Volk vom sicheren Untergang.

Stark oder schwach?

„Ein Geduldiger ist besser als ein Starker und wer sich selbst beherrscht, besser als einer, der Städte gewinnt" (Sprüche 16,32).

Körperlich war Simson ein sehr starker Mann. Doch er hatte zu wenig moralische Grundsätze, ihm fehlten Selbstbeherrschung und Standhaftigkeit – auf diesem Gebiet war er ein Schwächling.

Esther war eine Ausländerin und lebte in einer Gesellschaft, in der Frauen gering geschätzt wurden. Doch ihrer eigenen Schwäche bewusst, vertraute sie auf den starken Gott und ließ sich von ihm gebrauchen. „... denn wenn ich schwach bin, so bin ich stark" (2. Korinther 12,10).

Stark oder schwach?

Heute kannst du entscheiden: Willst du dich auf dich selbst verlassen und deine eigenen Wege gehen? Oder willst du auf Gott vertrauen und ihm erlauben, dich zu einem starken Menschen zu machen, den er gebrauchen kann?

TM

8.5.

Zieh deine Schuhe aus!

2. MOSE 3,5

Gott sprach: „Tritt nicht herzu, zieh deine Schuhe von deinen Füßen; denn der Ort, darauf du stehst, ist heiliges Land."

Vor einiger Zeit besuchte uns ein Freund aus Mauritius. Er war Hindu, ca. 30 Jahre alt, und wurde nun mit der christlichen Kultur konfrontiert. Wir tauschten unsere unterschiedlichen Sichtweisen über Gott aus und wir durften miterleben, wie sich sein Herz langsam Jesus Christus zuwandte. Spannend!

Einmal erzählte er, wie Hindus ihre Götter verehren. Sie ziehen ihre Schuhe aus, bevor sie den Tempel betreten. Dann huschen sie geräuschlos und mit gesenktem Blick in die Gegenwart ihres Gottes. Niemandem würde es im Traum einfallen, im Tempel mit anderen zu plaudern!

Mit solch einem Verhalten könnte man „Respekt, Achtung, Ehrerbietung" im Duden nicht besser beschreiben! Dabei verehren die Hindus doch nur leblose Steingötter!

Ich war tief beeindruckt. Wie würde unser Freund empfinden, wenn er in meine Gemeinde käme und miterlebte, wie wir im Gottesdienst ganz locker miteinander plaudern? Vermutlich hätte er ein Problem: „Wie kann

man den Gott, der sogar sein Leben für die Menschen geopfert hat, nicht angemessen ehren?! Wir verehren unsere Götter aus Angst. Ihr aber dürft eurem Gott eure ganze Dankbarkeit und Liebe zeigen!“ Wahrscheinlich hätte er so oder ähnlich gedacht.

Ich überlegte: Ja, er hat völlig Recht! Nehmen wir Gottes Liebe als selbstverständlich hin? Schätze ich es hoch genug ein, was Jesus für mich getan hat? Ja, und noch immer tut? Wenn selbst die Engel im Himmel IHM Tag und Nacht die Ehre erweisen … wie zeige ich ihm meine Verehrung?

„Zieh deine Schuhe aus, denn der Ort, darauf du stehst, ist heiliges Land!“ Heilig ist der Herr – heilig, bezogen auf Gott, heißt: rein, sündlos. Das ist nur ER. Danke, Herr, dass du dich meiner annimmst. Ich bin ein Sünder, und doch darf ich dir nahe sein. Deshalb möchte ich dich auch in der rechten Art und Weise anbeten.

Die Bibel lässt mich wissen, dass eines Tages eine riesige Menschenschar aus vielen Nationen vor dem Thron Gottes anbeten wird. Diese Menschen werden nicht von Jesu Seite weichen. Sie werden ihn sogar Tag und Nacht loben und ihm danken.

Ja, das ist es! Die Dankbarkeit unserem gnädigen Gott gegenüber! Sie lässt mich in der rechten Art und Weise anbeten.

Was denkst du, was mir unser Freund nach unserem Gottesdienstbesuch gesagt hat?

GT

9.5.

Was willst du von mir?

MICHA 6,8A

Es ist dir gesagt, Mensch, was gut ist und was der HERR von dir fordert.

Im ersten Vers der Bibel wird gesagt, worauf sich der Glaube an Gott gründet. „Am Anfang schuf Gott …“ Er schuf Katzen, Fische, Pferde, Orangen, Mangos, Brennnesseln, Kastanien, Sonne, Licht, Wärme, Sommer, Schneelandschaften, Seen, Berge und die Milchstraße … Am Anfang schuf Gott Leben. Unendlich. Unendlich schön. Gott will Leben. Er will, dass du lebst!

Was tun nach der Schule? Ausbildung? Studium? Was tun mit dem Freund oder der Freundin? Gebetet habe ich schon oft. Immer gesagt: „Nicht, was ich will, sondern was du willst.“ Gott, was willst du? Diese Frage ist nicht ohne. Es heißt nämlich, dass Gott in meinem Leben mitreden will – und kann. Manchmal wünschte ich, er würde mir einen persönlichen Propheten schenken. Der kann mir sagen, was Gott will. Ich will ja keine Fehler machen.

Aber Gott hat schon längst gesagt, „was gut ist und was der HERR von dir fordert, nämlich Gottes Wort halten und Liebe üben und demütig sein vor deinem Gott“ (Micha 6,8). Gott sagt: Geh! Lebe! Liebe! Kreativ, abenteuerlustig, friedlich, mit anderen und für andere – „von ganzem Herzen, von ganzer Seele und von ganzem Gemüte“ (Matthäus 22,39). Das will ich. Darüber freue ich mich. Gott traut uns zu, unser Leben zu gestalten. Als ich das begriffen habe, war es leichter zu beten: „Dein Wille geschehe!“ Gottes Willen zu tun, heißt, so zu leben, als wären wir „am Anfang“. Unendlich. Unendlich schön. Hab keine Angst davor! Gott will es ja so.

Im Zweifel bete wie David: „Erforsche mich, Gott, und erkenne mein Herz; prüfe mich und erkenne, wie ich's meine. Und sieh, ob ich auf bösem Wege bin, und leite mich auf ewigem Wege“ (Psalm 139,23.24). Gott wird dieses Gebet erhören, denn er meint es gut mit dir.

CL

10.5.

Die Prüfung

PSALM 37,5

Befiehl dem Herrn deine Wege und hoffe auf ihn, er wird's wohl machen.

In meinem letzten Ausbildungsjahr auf der Frauenfachschule hatte die Rektorin zwei Hauptfächer auf den Sabbat gelegt: Englisch und Betriebspsychologie. Beide Fächer waren wichtig für das Staatsexamen. Die Schulleiterin war nicht bereit, den Stundenplan zu ändern. Sie meinte, das wäre mein Problem, ich müsste entweder sabbats den Unterricht besuchen oder mir den Stoff auf anderem Wege aneignen.

Die Psychologielehrerin war dafür bekannt, dass sie viel diktierte, sodass ich mir von den Kameradinnen die Notizen geben lassen konnte. Das eigentliche Problem war der Englischprofessor. Er kannte mich gut. Ich hatte im Rahmen der Ausbildung einige Monate in seinem Haushalt als Praktikantin gearbeitet. Daher wusste er, dass mir Jesus Christus und sein Wort sehr wichtig waren. Er hatte sich fast täglich über meinen „naiven Kinderglauben" amüsiert. Wenn ich vor der Mahlzeit den Kopf senkte, um still für das Essen zu danken, dachte er sich jedes Mal irgendeine spöttische Bemerkung aus. Ich hatte schon Angst, die Augen zu öffnen, denn das war das Signal für Sätze wie: „Na, Sylvia, was haben denn die Löwen im Paradies gefressen?“ oder: „Stellen Sie sich vor, Sie sind tot, und es gibt überhaupt keine Auferstehung. Was machen Sie dann?“

Dieser Lehrer unterrichtete sehr spontan und ging nicht nach einem Lehrbuch vor. Die Schulkameradinnen waren nicht bereit, den Unterrichtsstoff für mich zusammenzufassen. Ich hatte also keine Möglichkeit, seinem Unterricht zu folgen. Ich fragte ihn um Rat. Er runzelte die Stirn. „Wie wollen Sie denn dann die Prüfung bestehen?“ Ich stotterte: „Ich muss selbstständig Englisch lernen.“ Da grinste er schadenfroh: „Tja, Sylvia, jetzt müssen Sie sich entscheiden. Entweder besuchen Sie meinen Unterricht und bestehen das Examen. Oder Sie gehen an Ihrem Sabbat in die Kirche und fallen durch. Dann haben Sie drei Schuljahre in den Sand gesetzt. Wollen Sie das?“ Ich sagte: „Ich werde mir Mühe geben und Gott wird mir dabei helfen.“ Er schüttelte mitleidig den Kopf. „Tsss-tsss, Sie und Ihr Gott! Sie werden sehen, dass es diesen Gott überhaupt nicht gibt. Ich verspreche Ihnen, dass Sie bei dieser Prüfung achtkantig durchfallen!“ Das waren große Worte. Ich betete im Stillen: „Herr, hier geht's weniger um mich. Er greift deine Ehre an. Das wäre eine gute Chance, diesem stolzen Mann zu zeigen, dass du wirklich da bist. Ich verlasse mich auf dich! Bitte hilf mir!“

Solch ein Gebet wird niemals ungehört verhallen!

SR

11.5.

So ein „Zufall"

PSALM 73,28

Aber das ist meine Freude, dass ich mich zu Gott halte und meine Zuversicht setze auf Gott, den Herrn, dass ich verkündige all dein Tun.

Gott half durch drei US-Soldaten, die am nächsten Sabbat in den Gottesdienst kamen. Meine Mutter lud die Jungs zum Essen ein, und daraus entwickelte sich eine herzliche Freundschaft. Das ganze Schuljahr hindurch konnte ich an jedem Sabbat viele Stunden lang die englische Sprache trainieren, und auch unter der Woche trafen wir uns häufig zum Plaudern. Als der Prüfungstermin nahte, war mir Englisch so geläufig, dass ich manchmal sogar auf Englisch träumte!

Dann kam der „große Tag" der Englisch-Prüfung! Der Professor grinste siegessicher und überreichte mir einen Text. Den sollte ich durchlesen und mit ihm auf Englisch darüber diskutieren. Ich warf einen Blick darauf: Oh weh! Ich verstand nur jedes dritte Wort! Englische Hochsprache! Ich wankte ins Nebenzimmer, wo ich mich 20 Minuten lang vorbereiten sollte. Ein Stoßgebet: „Herr, mach mich innerlich ruhig. Zeig mir, was dieser Text bedeutet." Aber dann stutzte ich: Diese Gedanken kannte ich doch! Einige Tage zuvor hatte ich im Bücherregal meines Vaters ein kleines Büchlein von C.S. Lewis entdeckt. Ich begann zu schmökern. Etwa in der Hälfte des Buches stieß ich auf Gedanken, die mich faszinierten. Dieses Kapitel las ich vier- oder fünfmal hintereinander durch. Dann legte ich das Buch beiseite. Ich hatte ja noch eine Menge für die Prüfung zu lernen.

Und genau dieses Kapitel hatte mir der Englisch-Lehrer im Original-Text vorgelegt. Nun musste ich mich nicht mühsam durch diese Sätze quälen. Ich kannte den Professor und seine Art zu denken und ahnte, worauf er in der Diskussion hinaus wollte. Im Prüfungsgespräch zeigte mir Gott, wie ich mit Humor dem Spott des Lehrers etwas entgegnen konnte, mit dem er mich in die Enge treiben wollte. Die anderen Prüfer mussten oft über unser verbales „Ping-Pong-Spiel" lachen. Am Ende fragte der Lehrer: „Verraten Sie mir eins: Wie haben Sie so gut Englisch gelernt?" Ich erzählte, wie Gott mir geholfen hatte – durch die Kontakte mit Amerikanern und durch die Lektüre, die mir kurz zuvor in die Hände gefallen war. Er starrte mich an, schüttelte den Kopf und murmelte: „Also … Zufälle gibt es …"

Solche „Zufälle" kann jeder erfahren, der Gottes Willen an die erste Stelle setzt!

SR

12.5.

Ein doppeltes Geschenk

MATTHÄUS 6,3.4

Wenn du aber Almosen gibst, so soll deine linke Hand nicht wissen, was deine rechte Hand tut, damit dein Almosen im Verborgenen sei. Und dein Vater, der ins Verborgene sieht, wird es dir öffentlich vergelten.

Aus heiterem Himmel schenkte mir Melvin einen Teil seiner Sportausrüstung. Wie konnte ich ihm danken? Ein Kuvert mit Geld erschien mir plump, und so grübelte ich ein paar Tage darüber nach, was für Melvin ein passendes Dankeschön sein könnte. Auch mit Gott redete ich darüber; schließlich dürfen wir mit allen Fragen zu ihm kommen. Nach drei Wochen kam mir die Idee, ein Kästchen mit witzigen und teilweise ironischen Cartoonkarten zu gestalten, ein paar Naschereien hineinzupacken und noch ein paar Euros dazu zu stecken. Weil ich das Porto sparen wollte, gab ich den Karton einer gemeinsamen Bekannten mit. Sie übergab ihm das Geschenk eine Woche später nach dem Gottesdienst. Melvin bedankte sich bei ihr. Allerdings wollte er den Karton erst zuhause öffnen, denn vorher startete erst noch eine Missionsaktion.

Bei diesem Einsatz traf er einen Mann, der dringend Geld brauchte. Melvin überlegte hin und her, ob er ihm etwas geben sollte. Innerlich haderte er mit Gott, weil er einfach nicht wusste, ob eine Geldspende in diesem Fall sinnvoll wäre. Nach einem inneren Kampf gab er ihm dann doch einige Euros. Auf dem Weg nach Hause grübelte er immer noch über das Thema „Spenden" nach: „Einerseits leben wir hier im Wohlstand und könnten so viel geben, aber warum fällt es uns trotzdem so schwer? Ist es das trügerische Gefühl der Sicherheit, genug auf dem Sparkonto zu haben? Habe ich meinen Überfluss verdient, und dieser Mann, den ich vorhin getroffen habe, hat es nicht verdient, genug zu haben?"

Da gab Gott dem Melvin eine innere Sicherheit, dass ER immer gut für ihn sorgen würde; er könne anderen freudig geben, ohne zu wissen, was dabei rauskäme.

Am Abend erinnerte sich Melvin an meinen Karton und öffnete das Geschenk. Er schmunzelte über die Karten und die Naschereien und zeigte sie auch seiner Frau. Sie amüsierte sich darüber und entdeckte beim Herausnehmen die Euros. Er starrte auf das Geld und staunte. Exakt diesen Betrag hatte er vorher dem Mann gegeben!

Gott hatte genau gewusst, wann ich den Karton fertig gepackt haben würde und wann er bei Melvin landen würde. Ich durfte erfahren, dass Gottes Zeitplan perfekt ist, obwohl er mich nicht manipuliert hatte. Und Melvin durfte erleben, dass es sich lohnt, auf Gott zu vertrauen, auch wenn wir nicht wissen, was daraus werden wird.

LiK

13.5.

Wohin sonst?

JOHANNES 6,68B GNB

„Herr, zu wem sonst sollten wir gehen? Deine Worte bringen das ewige Leben."

Hast du dich auch schon gefragt, wie dein Leben wohl aussehen würde ohne Gott? Ich habe mir diese Frage während meiner Teenagerzeit oft gestellt. In mir tobte fast täglich ein Kampf. Ich wollte mit Gott leben, das war klar. Aber da war diese eine Sünde, die mich regelmäßig in ihren Bann zog. Immer wieder flehte ich zu Gott: „Mach mich doch davon frei!" Für ihn wäre es doch ein Klacks: ER, der Himmel und Erde erschaffen hat. ER, der mich in- und auswendig kennt. Wie oft flehte ich unter Tränen: „Herr Jesus, bitte befreie mich davon!" Doch von oben kam scheinbar keine Antwort. Es war ein ständiges Auf und Ab. Ich sehnte mich nach Konstanz im Leben. „Wenn ein Leben mit Jesus so aussieht", dachte ich mir, „dann kann ich es ja gleich sein lassen."

Die Jahre gingen dahin und schließlich hatte ich mein Maturazeugnis in der Hand. Nun war ich frei. Mein Leben stand offen vor mir. Ich beschloss, Gott den Rücken zu kehren. So zu tun, als würde ich ihn nicht mehr kennen. Ich hatte es satt, mich irgendwelchen Geboten der Bibel unterzuordnen. Warum sollte mich ständig ein schlechtes Gewissen plagen, wenn ich etwas – in Gottes Augen – Falsches machte? Gott gab mir scheinbar keine Antwort, also kündigte ich ihm die Freundschaft. Anfangs lief alles glatt. Endlich kein Kampf mehr! Ich konnte tun und lassen, was ich wollte. Bald wurde mir aber bewusst: Ich bin allein, ohne Gott. Ich kann seine Hilfe nicht mehr in Anspruch nehmen, denn ich habe mich gegen ihn entschieden. Tiefe Verzweiflung kam in mir hoch. Wieder tobte ein Kampf in mir, doch diesmal gewann Jesus. Ich musste schmerzvoll feststellen, wie ich mich und andere Menschen durch mein sündhaftes Leben verletzt habe. Doch ich durfte auch erfahren, wie mich Jesus wieder liebevoll aufnahm und mir antwortete.

Wohin sonst sollte ich gehen? Mir wurde klar, dass Gott mir den Sieg über meine Gewohnheitssünde nicht ohne meine aktive Mitarbeit schenken wollte. Ich musste die Gelegenheiten meiden, die mich in Versuchung brachten. Ich musste meine Einstellung ändern. Aber der eigentliche Kampf, den ich gewinnen musste, lag woanders: Vertraue ich Jesus und liebe ihn? Ist er mir wichtiger als alles andere? Eines Tages war mir diese „Sünde" nicht mehr wichtig, sie interessierte mich nicht mehr.

Ich möchte dich heute ermutigen: Geh zu Jesus mit allem, was du hast. Er hat „Worte ewigen Lebens", die auch deine Fragen beantworten. Lass seine Hand nicht los, denn sie führt dich sicher und bewahrt dich vor viel Schmerz.

JU

14.5.

Danke!

KOLOSSER 2,7B GNB

Seid voll Dank für das, was Gott euch geschenkt hat.

Schluchzend falle ich meiner Schwester um den Hals. Hemmungslos laufen Tränen aus unseren rot verquollenen Augen und wir klammern uns hilfesuchend aneinander.

Für unseren Verstand ging alles viel zu schnell. Erst vor Kurzem hatten wir erfahren, dass unsere Mutter Krebs hatte. Als sie die Diagnose bekam, wollte sie sofort das Krankenhaus verlassen. Sie hoffte auf eine alternative Kur inmitten herrlicher Bergwelt.

Und dann, drei Tage vorher kam der Anruf: Sie war zusammengebrochen, hatte stärkste Schmerzen und musste sofort nach Hause geholt werden. In einer Nacht-und-Nebel-Aktion nahmen wir den weiten Weg auf uns und erfüllten ihr diesen Wunsch.

Dabei quälten uns Fragen: „Wie soll es jetzt weiter gehen? Welche Behandlung ist die beste? Wie viel Zeit bleibt noch? Wie stehen die Chancen auf eine Besserung? Wer könnte sie rund um die Uhr pflegen?"

Dann war sie wieder da. Die Ärzte kamen und nahmen uns sämtliche Hoffnungen: „Höchstens 14 Tage!" In Wirklichkeit waren es dann nur noch drei Tage. Drei Tage mit Beratungen, Schmerztherapie, Versorgung rund um die Uhr. Ich stand in dieser Zeit neben mir, als wäre ich fremdgesteuert. Was getan werden musste, wurde getan, aber der Verstand kam nicht hinterher. Und dann – das Ende. Friedlich, im Kreis ihrer Lieben, schläft sie ein. Trotz allem – wir danken Gott!

Erst danach durften wir loslassen, den Schmerz fühlen. Die Gedanken suchten sich eigene Wege, erinnerten sich: Wie oft hatte mich meine Mutter getröstet, aufgebaut, ermutigt, gelobt, verwöhnt. Mit so viel Sorgfalt, Geschick und Talent hatte sie uns ein gemütliches Heim geschaffen. Wie liebevoll hatte sie mir von ihrem größten Freund, von Jesus, erzählt.

So oft war sie mir ein kluger und weiser Ratgeber. Dabei musste sie häufig meine Launen und meine Flegelhaftigkeit ertragen. Wie oft lag sie wohl auf ihren Knien und betete und flehte für mich? Mama, ich danke dir!

Habe ich es ihr gedankt? Ja, ich denke, ich habe mir nichts vorzuwerfen – und das beruhigt meine aufgewühlten Gedanken. Gerade in den letzten Tagen vor ihrem Tod konnte ich ihr nochmals meine Liebe zeigen. Sie wusste, dass sie sich auf mich verlassen konnte.

Hast du deine Mutter noch? Dann ist vielleicht jetzt die rechte Zeit, um ihr zu zeigen, wie sehr du sie schätzt. Sag ihr „Danke" für all ihr liebevolles Umsorgen. Verbringe Zeit mit ihr und genieße das! Auch wenn dies in manchen Alltagssituationen untergeht, mache dir bewusst: Eine gläubige Mutter ist ein unvorstellbar großer Schatz!

CR

15.5.

Ein „Kamel" gerettet

PSALM 91,11

Denn er hat seinen Engeln befohlen, dass sie dich behüten auf allen deinen Wegen.

Wer freut sich nicht auf die Ferien, nachdem er lange genug gelernt und gearbeitet hat? Wenn die Wärme der Sommersonne alles gemütlich werden lässt? Ich kenne keinen, der sich darauf nicht freut. Bei uns ist der Familienurlaub im Sommer eine ganz besondere Zeit. Aus lauter Vorfreude auf die gemeinsamen Tage am Mittelmeer schaffte sich meine Familie ein Wohnmobil an: Ein altes, mit ägyptischen Pyramiden bemaltes Hymer-Mobil samt silbernem Signalhorn auf dem Dach, mit genug Platz für uns sechs. Wir nannten es „Kamel".

Es war August, als wir auf Sardinien ankamen. Sardinien ist die zweitgrößte Insel im Mittelmeer. Der Tag neigte sich seinem Ende zu, als wir die Fähre in Olbia verließen. Die erste Nacht schliefen wir auf einem einsamen Parkplatz ganz nahe am Meer, früh am nächsten Morgen wollten wir weiterfahren. Doch das Wohnmobil sah das anders: Es wollte partout nicht anspringen. Ärgerlich, denn wir wollten den Tag im Norden der Insel an einem wunderschönen Strand verbringen! Wir verständigten den Pannendienst, doch der konnte erst am Nachmittag bei uns vorbeikommen.

Da waren wir nun mit unserem „Kamel“ gestrandet! Doch die Ferien waren noch zu jung für schlechte Laune. Wir hatten einander, die Wärme und die kleine Bucht. Wir probierten immer wieder, das Auto zu starten. Etwa zur Mittagszeit sprang der Motor plötzlich doch noch an. Begeistert über diese Wendung, sagten wir gleich dem Pannendienst ab und brachen in den Norden auf.

Endlich waren wir am Ziel angelangt. Doch hier war ein Buschfeuer ausgebrochen. Der Wind hatte es auf den Strandparkplatz getrieben. Viele Autos waren vollständig ausgebrannt. Immer noch bekämpfte die Feuerwehr das Feuer mit einem Wasserhubschrauber. Als uns bewusst wurde, was unserem „Kamel“ hätte passieren sollen, erkannten wir in der Auto-Panne am Schlafplatz Gottes Führung. Die gemeinsamen Ferien hätten schon am ersten Tag zu Ende sein können. Doch Gott wollte uns diese wunderbare Erfahrung nicht nehmen, diese zwei Wochen, in denen wir gemeinsam die Natur mit Sonne und Strand genießen durften.

Dieses Erlebnis ist mir dauerhaft in Erinnerung geblieben. Gott möchte für uns das Beste, auch wenn es momentan nicht danach aussieht. Manchmal erleben wir sein Eingreifen so direkt wie wir damals in Sardinien, doch meistens merken wir es erst später. Und einiges werden wir erst im Himmel erfahren …

JW

16.5.

Das wundervolle Warten

PSALM 32,8

Ich will dich unterweisen und dir den Weg zeigen, den du gehen sollst; ich will dich mit meinen Augen leiten.

In ihrem Buch „Made in Heaven" schlagen Eric und Leslie Ludy vor, dass wir den Stift, mit dem wir unsere Lebens- und Liebesgeschichte schreiben, an Gott abgeben sollen. Wir überlassen es dann ihm, auf welchem Weg er uns führen will.

Es war Sommer. Die Ferien hatten begonnen, viele schulfreie Tage, an denen ich „ihn" nicht mehr sehen würde. Er war ein total lieber Junge und ich kannte ihn noch nicht lange. Wir waren Freunde, Kameraden … Mehr aber nicht. Leider …

Ein paar Monate zuvor hatte ich mich entschlossen, meinen „Stift" an Gott abzugeben. Er sollte in meinem Leben die Feder führen. Ich wollte nicht mehr länger meinen eigenen Fehlern hinterherlaufen und unter meinen falschen Entscheidungen leiden. Gott sollte mich leiten, auch in der „Liebe".

Andererseits lernt man heutzutage in unserer Gesellschaft, dass sich „frau" einsetzen muss für das, was ihr wichtig ist. Also in diesem Fall: Initiative zeigen. Doch nun wollte ich meine Hoffnungen und Träume ganz Gott überlassen, ihm die Führung übergeben. Er sollte mir den nächsten Schritt zeigen.

Die Tage wurden mir lang beim Warten. Ich fragte mich: Soll ich oder soll ich nicht? Meine Hand zuckte immer wieder nach dem „Stift".

Aber dann hielt ich mich zurück und redete stattdessen lieber mit Gott darüber. Immer wieder kam mir dieser eine oben genannte Bibeltext in den Sinn: Er half mir, zu vertrauen und still zu sein. Im Rückblick kann ich sagen, dass sich das Warten gelohnt hat. Gott hat es in Freude und Sicherheit verwandelt. Jetzt weiß ich: Ich darf auf SEINEM Weg gehen. Am Ende des Sommers begann dann eine wundervolle Beziehung mit meinem Freund.

Ob du eine Prinzessin bist oder ein Prinz: Gib deinen „Stift" an Gott ab, damit er deine Liebesgeschichte schreibt. Er kann dir zeigen, wo du handeln sollst, aber auch, wo du geduldig auf sein Eingreifen warten sollst. Vertraue ihm deinen Weg an. Er wird dich führen.

RuL

17.5.

10 hoch 999 hoch 999 Petaflops

JESAJA 55,8

Meine Gedanken sind nicht eure Gedanken …

In China steht der schnellste Computer der Welt. Er heißt Tianhe-2, zu Deutsch „Milchstraße". Er schafft 33,86 Petaflops. Wow. Und was heißt das? Er kann in einer Minute 33,86 Billiarden Rechenoperationen ausführen. Nicht wirklich vorstellbar. Und wozu braucht man so ein Mathemonster? Zum Beispiel, um Klimaveränderungen, Ökosysteme, chemische Prozesse usw. zu simulieren. Oder wenn man herausfinden will, wie Gebäude wie z. B. die Twin-Towers in New York einstürzen, wie sich neue Flugzeuge, Raketen und Autos verhalten werden, wenn sie vom Fließband kommen und in den normalen Verkehr eingegliedert werden.

Und was sind dann 10 hoch 999 hoch 999 Petaflops? Manche Leute bezeichnen so etwas als „Hirnspalter", eine Zahl, die man sich nicht einmal annähernd vorstellen kann. Im Vergleich dazu fallen die 33,86 Petaflops der „Milchstraße" wie ein Waisenknabe aus. Gott selbst stellte einmal fest, dass seine Gedanken um so viel höher als unsere sind, wie der Himmel über der Erde ist. Die Frage ist natürlich, wie hoch der Himmel ist? Weiß das jemand? Hmm.

Dazu kommt, dass Gott das Universum erschaffen hat. Die Astronomen geben die Entfernungen schon gar nicht mehr in Kilometern an, weil man die Zahlen nicht aussprechen kann. Selbst Lichtjahre sind schon zu wenig. Aber Gott ist immer noch größer als all das. Ja, und jetzt kannst du sicherlich den Knacks in deinem Gehirn hören. Größer als all das? Ja, und Gott sagt, dass er dennoch in der Lage ist, sämtliche Haare auf deinem und meinem Kopf zu zählen, und zwar schneller als du überhaupt „Eins" sagen oder denken kannst. Und dann sind da noch die Spatzen, die Käfer, die Bakterien … Er sieht alles, weiß alles und kennt sämtliche Zusammenhänge – und daher auch den sichersten Weg mitten durch das Chaos hindurch.

Wenn du also demnächst wieder einmal am Verzweifeln bist und nicht weißt, wie es weiter gehen soll, weil DU keinen Weg mehr siehst, dann sei ganz beruhigt. Erstens bist du ein gern gesehenes Clubmitglied im Club der Unwissenden und Verzweifelten. Alle Menschen sind Vollmitglieder dieses Clubs. Und zweitens lächelt Gott dich in genau diesem Augenblick an und meint ganz gelassen: „Komm, steig auf meinen Rücken. Es geht los. Ich hab dich lieb!"

KR

18.5.

Echte Freunde

1. SAMUEL 23,16.17

Da machte sich Jonatan, Sauls Sohn, auf und ging hin zu David nach Horescha und stärkte sein Vertrauen auf Gott und sprach zu ihm: Fürchte dich nicht! …

Manchmal brauche ich das. Einen guten Freund an meiner Seite, der mich ermutigt, stärkt und meinen Blick wieder auf Gott richtet. Vielleicht stecke ich in einer schwierigen Situation, fühle mich einsam oder zweifelnde Fragen tauchen auf. Dann tut es gut, wenn da jemand ist, der mir hilft, an Gott festzuhalten und IHM neu zu vertrauen, wenn alles ausweglos scheint.

Zugleich wird mir bewusst: Ich möchte selbst so ein Mensch sein, der andere im Vertrauen auf Gott stärkt. Doch wie geht das? Jonatan machte sich auf den Weg zu David, er investierte Zeit und fand aufbauende Worte. Jonatan sagte: „Fürchte dich nicht!“ Damit nahm er Davids Situation ernst und machte ihm gleichzeitig Mut. Ich merke, was mir selbst in solchen Situationen hilft: ein anteilnehmendes Wort, ein persönliches Gebet und sei es am Telefon, ein ermutigender Bibelvers oder auch einfach nur eine Umarmung. Das lässt mich spüren: Ich bin nicht allein!

Gott möchte uns gebrauchen, dich und mich. Er schenkt uns die passenden Worte und Ideen, möchte uns Mut machen, auf andere zuzugehen. Er ist es, der uns und unseren Freunden wieder neu Vertrauen schenken kann.

Ich weiß nicht, in welcher Situation du gerade steckst oder was dich beschäftigt. Doch ich möchte dir heute sagen: Fürchte dich nicht! Gott ist bei dir. Er kennt deine Sorgen und lässt dich nicht im Stich. Er möchte dein engster Begleiter sein. Sage ihm konkret deine Zweifel und Befürchtungen und halte dir dann immer wieder ein Versprechen Gottes aus der Bibel vor Augen. Vertraue IHM!

Ich wünsche dir Freunde, die dich im Glauben tragen und im Vertrauen auf Gott stärken. Gleichzeitig möchte ich ebenfalls so ein Jonatan sein. Du auch?

DK

19.5.

Die Frage nach dem Sinn

OFFENBARUNG 14,7

Und er sprach mit großer Stimme: Fürchtet Gott und gebt ihm die Ehre; denn die Stunde seines Gerichts ist gekommen! Und betet an den, der gemacht hat Himmel und Erde und Meer und die Wasserquellen!

Wir Menschen haben viele Fragen. Wir sind neugierig, und das ist gut so. Leider gibt es manchmal Fragen, die wir nicht beantworten können. Ohne die Bibel wüssten wir nicht, dass Gott die Welt geschaffen hat. Wir wüssten nicht, dass Jesus für uns gestorben ist. Wir wüssten nicht, dass Jesus auferstanden ist und wiederkommt. Wir sind abhängig von dem, was Gott uns sagt. Auf die wichtigsten Fragen hat Gott uns eine Antwort gegeben, nur eben nicht auf alle Fragen. Wir sollen ja auch unseren Verstand gebrauchen und selber forschen.

19.5.

Atheisten sehen die Welt mit anderen Augen, auch wenn sie dieselben Fragen haben wie wir. Durch die Wissenschaft wollen sie Antworten auf ihre Fragen bekommen. Wie funktioniert unser Herz? Wie können wir Menschen ins Weltall transportieren? Diese Fragen beantworten uns die „Wie?"-Fragen. Sinnfragen hingegen, wie „Woher kommen wir?" oder „Wohin gehen wir?" oder „Wer sind wir"? sind „Warum?"-Fragen. Die Wissenschaft kann diese Fragen nicht beantworten. Darauf gibt uns die Bibel Antworten.

Es macht für mich einfach viel mehr Sinn, dass Gott die Welt geschaffen hat! Ich weiß, warum ich einen wundervollen Sonnenuntergang schön finde! Evolutionistisch gesehen hat Schönheit keinen Wert. Dennoch spricht uns Schönheit stark an und macht unser Leben reich. Gott hat so viel Freude an Schönheit! Gott schuf auch die Gene der Tiere und Menschen so, dass sie sich an die Umstände der Natur anpassen können. Das beobachten wir ganz besonders bei Hunden, Katzen, Vögeln und vielen anderen Tieren. Wir haben aber noch nie gesehen, dass aus einem Hund eine Katze geworden wäre, oder aus einem Fisch ein Mensch. Warum? Weil Makroevolution (artübergreifende Evolution) nicht möglich ist. Veränderungen innerhalb einer Art sind vollkommen natürlich. Da behaupten Vertreter der Evolutionstheorie, wir könnten deshalb niemals eine Makroevolution beobachten, weil dieser Vorgang angeblich Millionen von Jahren dauert. Also mal ehrlich: Wissenschaftlich ist dieses Argument nicht!

AB

20.5.

Was brauchen wir?

MATTHÄUS 11,28

Kommt her zu mir alle, die ihr mühselig und beladen seid; ich will euch erquicken.

Das Leben im westafrikanischen Busch ist abenteuerlich! Ich habe mit meiner Familie viele Jahre dort verbracht, und was wir erlebten, hat bei uns seine Spuren hinterlassen. Zu gewissen Anlässen kommen die Dorfbewohner und die Gläubigen einer Kirche zusammen, um Gemeinschaft zu pflegen. Ich habe einige Male an solchen Festen teilgenommen und war jedes Mal von den Einfällen der Kinder und Jugendlichen besonders beeindruckt. Wenn sie zu Wort kommen, haben sie etwas zu sagen. Zum Beispiel das:

Die Kirchengemeinde ist versammelt. Die Jungen wie die Alten sitzen barfuß mit einem Tuch um die Hüften bekleidet am Boden und hören dem Prediger zu. Dieser steht vorne, hält ein dickes Buch in der Hand und erzählt von Dingen, die sich gut anhören.

Plötzlich hört man von weitem eine singende Stimme, die von einem Tock-Tock begleitet wird. Wahrscheinlich klopft der Sänger mit einem Stein auf eine Flasche. Der Gesang kommt näher. Die versammelte Gruppe hört nicht mehr so ganz auf das, was vorne gepredigt wird, sondern auf die neue Stimme aus dem Hintergrund. Die Hälse der Zuhörer werden immer länger und einige drehen aus Neugierde den Kopf zur Tür. Die Stimme wird lauter und nun können alle den Lied-Text deutlich verstehen: Kommt her zu mir, mein Vater hat viel Geld, kommt her …

Der Erfolg bleibt nicht aus. Immer mehr Zuhörer drehen sich um und lassen sich vom Tanz des Fremden mitreißen. Diese fremde und unbekannte Stimme zieht jedenfalls viel mehr Aufmerksamkeit auf sich als die des Predigers …

Dann bricht die Vorstellung plötzlich ab. Große Stille im Raum. Wahrscheinlich denken nun alle Zuhörer über sich selbst nach. Ich habe es jedenfalls getan.

Was ist uns wichtig? Geld brauchen wir zum Leben, aber ist das schon alles, was wir nötig haben? Ist euch einmal aufgefallen, dass in Ländern, in denen viel Geld gezählt wird und dort, wo sich alles nur ums Geld dreht, immer weniger Menschen an Gott glauben? Warum wohl? Und wie sieht es mit dem inneren Frieden aus?

AdK

21.5.

Eine Herzenssache

1. PETRUS 2,9 EB

Ihr aber seid ein auserwähltes Geschlecht, ein königliches Priestertum, eine heilige Nation, ein Volk zum Besitztum, damit ihr die Tugenden dessen verkündigt, der euch aus der Finsternis zu seinem wunderbaren Licht berufen hat.

Ich habe mich gefragt: Was hat meine Kleidung mit meinem Herzen zu tun? Beim Nachdenken fiel mir auf, dass mein „Herz", oder man könnte auch sagen, mein Wille, meine innere Einstellung, geprägt wird und ich mich entscheiden kann, ob ich mich von guten oder schlechten Einflüssen formen lasse.

Wenn mein Herz Gott gehört, wenn ich also ein Kind des Königs aller Könige bin, ist es dann ganz egal, wie ich mich kleide? Ob ich jedem neuen Modetrend hinterherlaufe? Spielt es eine Rolle, ob ich sauber und gepflegt daherkomme oder ob meine Jeans zerlöchert sind und mein T-Shirt speckig?

Seither habe ich oft darüber nachgedacht, welche Kleidung für mich als Christin passend ist. Und diese Frage ist nicht nur für Mädchen interessant. Schließlich ziehen Jungs ja auch jeden Tag etwas an!

Aber keine Angst, ich möchte dir jetzt keine genauen Vorschriften machen, wie deine Kleidung auszusehen hat! Eins ist mir aber beim Studium dieses Themas sehr wichtig geworden.

Wie meine Kleidung aussieht, hängt davon ab, ob ich meine Wünsche dem Willen Gottes unterordne oder ob ich selbst bestimmen will, wie ich aussehe. Ziehe ich einfach an, was ich selbst schick oder cool finde oder was in meiner Gruppe gerade „in" ist? Oder frage ich: Herr, gefällt DIR meine Kleidung? Ehre ich damit DICH? Oder will ich selbst groß herauskommen? Oder mache ich durch mein Aussehen vielleicht eine schlechte Reklame für DICH?

Das ist eine Herzensfrage.

Und ich finde es interessant, dass Gottes Prinzipien so gut zu seinem Charakter passen! Gott hat viel Schönheitssinn, denken wir nur an die Eleganz der Tulpen oder die Farbenpracht der Rosen!

Gott braucht junge Menschen wie dich und mich, die sich nicht von der Mode beherrschen lassen, sondern frei sind und einen guten Geschmack entwickeln, weil wir ihm von Herzen dienen!

AF

22.5.

Keine Antwort!

PSALM 42,6

Was betrübst du dich, meine Seele, und bist so unruhig in mir? Harre auf Gott; denn ich werde ihm noch danken, dass er meines Angesichts Hilfe und mein Gott ist.

Vor kurzem suchten wir das Handy meines Mannes. Es war am Morgen noch da gewesen, er hatte es den ganzen Tag über nicht eingeschaltet, am Abend war es plötzlich nicht mehr auffindbar. Wir begannen mit der Suche.

Nach einer Weile knieten wir uns hin und beteten: „Lieber Vater im Himmel! Du warst den ganzen Tag bei uns. Du weißt, dass unser Handy weg ist. Bitte hilf uns, es zu finden, damit wir zur Ruhe kommen. Amen!" Wir standen auf und warteten, suchten weiter. Nichts geschah. Nach zwei Stunden knieten wir uns noch einmal hin, aber es änderte sich nichts.

In dieser Nacht schliefen wir schlecht und wenig. Wir waren aufgewühlt. Wie würden sich die Probleme meistern lassen, denen mein Mann am nächsten Tag begegnen würde? Er sollte eine Auslandsreise antreten und hatte Besprechungen und Termine geplant.

Am nächsten Morgen fiel es mir schwer zu beten. War ich bei der Bitte um unser Handy etwa zu weit gegangen? Mein Anliegen war realistisch und nachvollziehbar, für einen guten Freund wie unseren Gott war das doch eine Kleinigkeit. Warum hatte er unser Gebet nicht erhört? Wem hätte es denn geschadet, wenn wir unser Handy wiedergefunden hätten? Gar keinem! Im Gegenteil! Der Schaden war jetzt groß, wo es weg war! Mein Mann kann ohne seine Kontakte schlecht arbeiten. Er muss erreichbar sein. „Also, lieber Gott – warum?"

Ich schäme mich dafür, dass ich wiederholt in meinem Leben so respektlos Gott gegenüber gedacht habe. Zwar fühle ich mich dabei immer sehr authentisch, aber ich weiß, dass es nicht richtig ist. Das Problem dabei ist, dass ich manchmal tatsächlich über Gott verärgert bin. Obwohl ich es bis heute immer wieder erlebt habe, dass ich erst am Ende das ganze Bild sehen kann, überwältigt mich manchmal einfach der Moment und mein Glaube lebt nicht mehr. Gott sei Dank, dass er mich kennt und liebt, wie ich bin. Ja, ich kann überzeugt sagen: Gott kennt mich besser als ich mich selbst, und er ist mir noch nie wegen meines Verhaltens böse gewesen. Manchmal meine ich sogar, er schmunzelt über mich. Aber das Wichtigste ist, dass ich IHN in allen Situationen meines Lebens wahrnehmen kann – und auch das darf ich zu Gottes Ehre bezeugen: Gott ist immer für mich da gewesen, auch wenn meine Wünsche sich nicht immer erfüllt haben.

MW

23.5.

Der falsche Zug

SPRÜCHE 5,21

Denn eines jeden Wege liegen offen vor dem HERRN, und er hat Acht auf aller Menschen Gänge.

Ich fahre als Lehrerin täglich mit dem Zug in die Schule. In dieser Woche gab es besondere Fahrzeiten, aber der Zug stand da wie gewohnt. So stieg ich ein und begann, ein Buch zu lesen. Nach ca. 20 Minuten kam die Durchsage: Munderfing – Sägewerk. Entsetzt starrte ich aus dem Fenster! Ich war in den falschen Zug eingestiegen und fuhr in die entgegengesetzte Richtung. Schnell stieg ich aus und stand in einer Einöde, morgens um 7 Uhr, alles war dunkel, niemand dort. Dem Entsetzen folgten pragmatische Überlegungen: An diesem Vormittag waren in zwei Klassen Prüfungen angesagt. Ich musste da hin und das schnell – was jetzt?

Mir kamen Schuldgefühle. Wollte Gott mich für mein Aufbegehren und mein forderndes Gebet vom Vortag nun bestrafen? Ich hatte immer noch offene Fragen an Gott, und nun sollte ich ihm wie einem Freund vertrauen, der mir zwar bislang immer geholfen hatte, aber jetzt? Manchmal war sein Handeln doch unverständlich!

23.5.

Ich machte mich auf den Weg Richtung Dorfzentrum. Unterwegs überdachte ich meine Situation: Was war geschehen? Was hatte den emotionalen Streit ausgelöst, den ich zurzeit mit Gott führte? Faktencheck: Mein Mann hatte sein Handy verlegt und nicht gefunden. Ich war aus eigener Schuld in den falschen Zug eingestiegen und hatte es nicht bemerkt. Der nächste Zug zurück würde erst in einer Stunde kommen. Ich würde frühestens in drei Stunden in meiner Schule ankommen, viel zu spät. Ich war zornig auf Gott, weil er mich vor diesem Ärger nicht bewahrt hatte. Und nun, wo ich ihn dringend brauchte, schwieg er einfach!!!

Tief in meinem Herzen wusste ich, dass ich wie Jona gehandelt hatte. Ich war in einen emotionalen Kleinkrieg mit ihm eingetreten und forderte ihn durch mein Verhalten heraus. Die Folge war, dass ich nun im Nirgendwo stand, verlassen und in Panik, nicht wissend, was ich tun sollte. Bei Menschen wie mir, die Gott von klein auf kennen und ein besonderes Verhältnis zu ihm aufgebaut haben, wird ein „Streit“ mit ihm auch ziemlich real und emotional ausgetragen. Und – Gott lässt sich darauf ein.

Er diskutiert mit dir auf seine Weise. Vor allem wirft er dich aus deiner Routine. Das muss er tun, denn sonst fängst du an, dein Verhalten zu rechtfertigen und dein falsches Denken zu verfestigen. Du schmiedest Pläne und klammerst Gott aus deinem Leben aus. Dann kannst du nichts mehr dazu lernen. Das ist jedenfalls meine Erfahrung.

MW

24.5.

Wenn Gott antwortet

PSALM 65,3 GNB

Du erhörst Gebete, darum kommen alle Menschen zu dir.

Inzwischen war ich am Dorfplatz angelangt. Der nächste Bus würde erst in fünf Stunden fahren. Das war's dann wohl. Aber dann betete ich doch aus tiefster Seele: „Lieber Gott, bitte hilf mir jetzt!"

Sofort schoss mir ein Gedanke durch den Kopf: „Stell dich zur Straße und stoppe das nächste Auto." Nein, das wollte ich nicht tun, denn 1.) es hätte keinen Sinn; 2.) sollte mich jemand erkennen, wäre es mir peinlich; 3.) es könnte gefährlich sein – und trotzdem: 4.) Ich mach's einfach. Das fünfte Auto blieb stehen, ich fuhr ohne Unterbrechung ca. 30 Minuten direkt zur Schule. Als ich das Gebäude betrat, läutete es zur ersten Stunde. Ich war rechtzeitig angekommen!

Nach dem Unterricht nahm ich mir Zeit zum Gespräch mit Gott. Nun konnte ich die Situation mit anderen Augen sehen. Gott war mir weder böse, noch wollte er mich bestrafen, noch hatte er meine Gebete geflissentlich überhört. Mein Mann hatte überhaupt keine Probleme wegen seines verlorenen Handys. Die Handygesellschaft konnte bereits am Morgen den Chipcode auf ein anderes Handy übertragen – alle Anrufe kamen herein.

Mein Mann bekam ein neues und vielseitigeres Handy. Wie, wo und warum das alte verschwand, kann ich bis heute nicht beantworten, aber es ist auch nicht mehr wichtig.

An diesem Tag hatte ich gelernt, dass Gott mir vielleicht mein Handy nicht gibt oder andere Dinge, die ich mir wünsche. Er wird mich aber nirgendwo alleine stehen lassen. Er hilft mir schnell und tut dies leise, ohne großes Aufsehen und große Diskussionen.

Was bleibt, ist das Wissen, dass Gott seine eigenen Gedanken mit mir hat. Ich kann und darf nicht einschätzen, wie er zu mir steht, denn ich täusche mich. Seine Liebe zu mir ist groß und ich habe keine wirkliche Ahnung davon. Obwohl ich das alles theoretisch weiß, vergesse ich es in der Praxis immer wieder. Mein Glaube stimmt nicht immer mit meinen Worten überein, doch will ich lernen, Gott in jeder Situation meines Lebens zu vertrauen.

MW

25.5.

Sag laut „Danke!“

1. THESSALONICHER 5,18 NL

Was immer auch geschieht, seid dankbar …

Wie oft sagst du an einem durchschnittlichen Tag „danke“? Fällt es dir leicht, das Gute zu sehen? Mir eher nicht. Leider. Am Ende des Tages bin ich oft frustriert über das, was ich nicht geschafft habe. Und wenn etwas „schief gegangen“ ist, frage ich gerne, warum das gerade mir passieren musste. Dafür fällt es mir ziemlich leicht, andere zu kritisieren. An manchen Tagen sind meine Antennen primär auf Fehlersuche. Dabei erlebe ich so viel anderes, so viel Gutes, so viel Schönes – so vieles, für das ich dankbar sein könnte!

Das macht mich traurig über mich, weil ich eigentlich dankbar sein möchte. Aber von alleine kommt das nicht. Es braucht (m)eine Entscheidung, damit ich meine Augen auf das Gute richte, das mich umgibt.

Lieder helfen mir dabei immer wieder, eines davon hat einen sehr einfachen Text. Margret Birkenfeld hat ihn verfasst:

„Lasst uns danken statt zu klagen,
loben, wenn uns sinkt der Mut.
Und wir werden es erfahren,
dass Gott lauter Wunder tut.“

25.5.

Anfangs fand ich diese Worte banal. Aber je länger ich darüber nachdenke, je öfter ich Lieder singe, wenn ich mutlos bin, je mehr ich versuche, das Gute zu sehen und zu danken, speziell dann, wenn ich gerade in einer Klemme stecke, desto mehr verstehe ich, wie viel sie bedeuten. Es verändert mich, wenn ich danke. Es wird auch dich verändern, wenn du dankst. Und noch stärker wirkt das, wenn wir laut danken! Danken verbessert Beziehungen, es signalisiert Wertschätzung, es macht Freude – dem, der dankt, und dem, der Dank empfängt. Dankbare Menschen haben leuchtende Augen, sie leben gerne und freuen sich selbst an kleinen Dingen. Und noch etwas: „Die dankbaren Menschen geben den anderen Kraft zum Guten" (Albert Schweitzer). So jemand möchte ich sein. Du auch?

MC

26.5.

Sturmtief Niklas

PSALM 91,11.12

Denn er hat seinen Engeln befohlen, dass sie dich behüten auf all deinen Wegen, dass sie dich auf Händen tragen und du deinen Fuß nicht an einen Stein stoßest.

Heute ist es extrem windig. Im Radio wird vor dem Sturmtief Niklas gewarnt. Mit einer Spitzengeschwindigkeit von 192 Stundenkilometern fegt er über Deutschland und Österreich hinweg. Mehrmals in der Stunde geben sie Sturmwarnungen heraus. Besorgt stehe ich am Küchenfenster und beobachte das Spektakel vor meinen Augen. Keine 10 Meter vor unserem Haus wiegen sich die viel zu hohen alten Bäume wie das Gras im Wind. Allmählich mache ich mir Sorgen. Unser Wohnhaus steht für meinen Geschmack viel zu nahe am Wald. Was wäre, wenn ein Baum auf unser Haus krachte? Unten vor der Tür stehen drei parkende Autos. Sollte ich unseren Wagen nicht besser wegfahren? Aber ist es jetzt nicht viel zu gefährlich, das Haus zu verlassen? Kaum habe ich diese Gedanken zu Ende gedacht, passiert genau das, wovor ich mich fürchte. Ein großer Baum wird vom Sturm erfasst und zerbricht in zwei Stücke. Ein zweiter Baum wird beim Sturz mitgerissen, und wie im „schlechten Film“ sehe ich, wie die riesige Baumkrone direkt vor meinen Augen herunterkracht. „Rums“. Ich kann es nicht fassen!

Draußen vor unserer Haustür besehen wir uns den Schaden. Unser Auto und ein zweites sind komplett zerstört. Aus dem dritten Wagen steigt gerade unser lieber Nachbar aus. Mit bleichem Gesicht und zitternden Knien erzählt er uns, dass er sein Auto gerade wegfahren wollte. Doch aus unerklärbaren Gründen kam er nicht vom Fleck. Da raste dieser riesige Baum auf ihn zu. Er dachte: „Das ist mein Tod, ganz sicher!“

Wäre er nur ein paar Meter vorgefahren, hätte ihn der stürzende Baum direkt erwischt. In diesem Moment spüren wir deutlich: „Hier hat Gott eingegriffen. Das ist ein Wunder.“ Gott bewahrte sein kostbares Leben und darüber hinaus auch sein Fahrzeug. Die Freude über diese einzigartige Lebensrettung ist so groß, dass wir unseren eigenen Schaden gar nicht als schlimm empfinden. In unserer Wohnung danken wir Gott für seinen besonderen Schutz für den jungen Familienvater. Vielleicht sehen wir Gottes Bewahrung in unserem Leben nicht immer so offensichtlich. Doch sei dir sicher, dass der große Gott dir täglich seine Schutzengel mit auf deinen Weg gibt. Im Himmel werden wir einmal erfahren, wie oft Gott uns aus brenzligen Situationen gerettet hat.

MK

27.5.

Warum ist das passiert?

RÖMER 8,28A

Wir wissen aber, dass denen, die Gott lieben, alle Dinge zum Besten dienen …

Eines schönen Sommerabends war ich gerade mit dem Fahrrad auf dem Weg nach Hause. Fast hatte ich es geschafft. Ich war nur noch circa eine Minute von meinem Zuhause entfernt, als es passierte. Ich bog um die Ecke – und knallte in voller Fahrt mit einer anderen Radfahrerin zusammen. Unsere Köpfe prallten aufeinander. BAM! Wir lagen beide mit unseren Fahrrädern auf der Straße. Ich versuchte, mich aufzurichten, doch unmöglich. Auf einmal merkte ich, wie mir Blut über das Gesicht floss. An Aufstehen war nicht zu denken. Jemand rief den Krankenwagen, ein anderer zog mich weg von der Straße, weg an den Rand. Dann kam der Krankenwagen und brachte mich in die nächste Notaufnahme. Ich hatte eine riesige Platzwunde, direkt neben der Augenbraue, die mit fünf Stichen genäht werden musste. Alles war voller Blut und mein Gesicht sah aus, als hätte ich mich geprügelt: total verschwollen.

Später holten mich meine beiden Mitbewohnerinnen ab und fuhren mit mir nach Hause. Ich fragte mich: „Warum, Gott? Warum ist das passiert? Ich war doch nur wenige Meter von Zuhause entfernt. Eine Sekunde früher oder später – und das andere Mädchen wäre nicht in mich reingefahren." Ja, ich gebe zu, für einen kurzen Moment kamen mir solche Gedanken in den Kopf.

Doch dann traf ich eine Entscheidung. „Ich werde Gott nicht anklagen. Nein, ich werde keine Fragen stellen, auf die ich sowieso keine Antwort weiß – stattdessen werde ich dankbar sein. Ich werde Gott danken dafür, dass nichts Schlimmeres passiert ist – zum Beispiel, dass ich mir nichts gebrochen habe. Ich werde ihm danken, dass seine Engel das Schlimmste verhindert haben."

Oft begreifen wir nicht, weshalb ein Unglück geschieht. Wo war Gott in diesem Moment? Weit weg? Nein. Er war da. Seine schützende Hand hat das Schlimmste verhindert. Dabei versucht Satan immer wieder, unser Vertrauen zu Gott zu schwächen. Wie damals bei Hiob. Aber das wollte ich nicht zulassen. Es ist eine Herzenseinstellung. Also war ich Gott dankbar, statt böse zu sein.

Einige Zeit später meldete sich das Mädchen, das mit mir zusammengeprallt war. Sie wollte mich zu sich einladen; als Wiedergutmachung für den Unfall. Ich fand diese Idee sehr nett und aufmerksam und willigte ein. Sie wohnte nur wenige Straßen von mir entfernt. Als ich auf dem Weg zu ihr war, betete ich in meinem Herzen: „Lieber Herr Jesus! Ich weiß, dass alle Dinge denen zum Besten dienen, die dich lieben. Ich weiß nicht, warum der Unfall passiert ist, aber ich weiß, dass du auch aus schlimmen Dingen das Beste machen kannst. Bitte lass dieses Treffen einen Sinn haben. Segne du es." So ging ich zu ihr.

Wir kamen ins Gespräch. Ihr Mitbewohner gesellte sich zu uns. Dann erzählte einer der beiden, dass sie manchmal in den Studentengottesdienst gingen. Das war mein Stichwort! Ich sagte: „Ich bin auch Christ!" Sofort wollten sie mehr erfahren und fragten, zu welcher Gemeinde ich gehörte. So konnten wir uns lange über den Glauben und über Jesus unterhalten! Es war wirklich toll! Und wer weiß, was daraus noch folgen kann! Ich bin Gott so dankbar, dass er sogar aus den schlechten Dingen, die wir oft nicht verstehen können, etwas Gutes und Sinnvolles machen kann. Wir müssen ihm nur vertrauen. – Er will nur das Beste für uns! JB

28.5.

Stärker als Beton

2. KORINTHER 12,9 GNB

Aber der Herr hat zu mir gesagt: »Du brauchst nicht mehr als meine Gnade. Je schwächer du bist, desto stärker erweist sich an dir meine Kraft.« Jetzt trage ich meine Schwäche gern, ja, ich bin stolz darauf, weil dann Christus seine Kraft an mir erweisen kann.

Was denkst du? Welche Pflanze ist wohl die stärkste von allen? Vielleicht der Mammutbaum, der gigantische Größen erreicht, oder eine Liane, die unglaubliche Zugkräfte aushält? Oder ist es der Kaktus, der extremer Trockenheit trotzt und sich mit seinen Stacheln vor Feinden wehrt? Glaubst du mir, wenn ich behaupte, dass ein einfacher kleiner Grashalm mindestens genau so stark ist?

„Alles Beton, Asphalt und grau", so denke ich manchmal, wenn ich durch die Stadt spaziere. Und dann plötzlich durchbricht ein kleiner und unscheinbarer Grashalm den harten Straßenasphalt am Gehweg. Wie ist das möglich?

Ich glaube, wir können etwas von diesem Grashalm lernen. Fühlst du dich manchmal wie ein schwacher Grashalm? Bedroht von jeder stärkeren Windböe oder dem nächsten unachtsamen Tritt, der dein Ende bedeuten könnte? Du fühlst dich zu schwach, um den Alltag zu bewältigen. Und dann ist da noch dieser große Auftrag, ein Jünger Jesu zu sein, für ihn einzustehen und Großes für Gott zu leisten!

Vielleicht magst du dich schwach fühlen. Hervorragend! Das ist eine gute Voraussetzung dafür, dass Gott dich gebrauchen kann. Denn wichtig ist nicht, wie stark du bist. ER ist stark und kann in Menschen, die es zulassen, Großes tun. Wenn du IHM das, was du hast, zur Verfügung stellst, und weißt, dass du von IHM abhängig bist, dann kann Gott durch dich wirken.

Wenn du dich wieder einmal schwach fühlst, dann halte Ausschau nach einem Grashalm, der durch den Beton bricht und dir sagt: „Schau mich an. Gott ist in dem scheinbar Schwachen mächtig!“

LiH

29.5.

Eine einzigartige Blume im Garten Gottes

1. SAMUEL 16,7

Denn der Mensch sieht, was vor Augen ist; der HERR aber sieht das Herz an.

Ich kenne keinen, der Blumen nicht mag.

Wenn ich über eine Sommerwiese gehe, die übersät ist von rotem Mohn, den blauen Kornblumen und den eleganten Margariten, muss ich mich einfach hinhocken und diese Blüten bewundern, daran riechen und dann einen Strauß pflücken.

Im Blumenladen fühle ich mich wie im Paradies. Diese Rosen in allen Farben! Die Lilien! Die Orchideen! Da kann ich mich nur schwer für eine Blume entscheiden. Alle sind auf ihre Art perfekt.

Hast du heute schon in den Spiegel geschaut? Was siehst du? Eine etwas krumme Nase, Wuschelhaare, die wieder einmal nicht so wollen wie du, einen Pickel …?

29.5.

Was sieht Gott, wenn er uns ansieht? Sieht er nur mein Äußeres oder geht sein Blick tiefer?

Sieht er nur, was wir Menschen sehen wollen? NEIN!!!

Er schaut unser Herz an, unsere Gedanken, unsere Wünsche und Träume, unsere Ängste und das, was wir wirklich wollen. Er kennt uns so gut wie niemand sonst. Ihm sind unsere Haare, die schiefe Nase und der Pickel unwichtig. Für ihn ist jeder Mensch perfekt geschaffen, da er unser Schöpfer ist. Er hat sich jeden von uns ausgedacht. In der Bibel steht, dass er uns schon kannte, bevor wir im Mutterleib bereitet wurden. (Psalm 139,16)

Er liebt uns mehr, als es ein Mensch je tun könnte. Vor allem aber liebt er unsere Einzigartigkeit.

Wir sollten gar nicht danach streben, alle wie Rosen auszusehen!!! Gott ist unfassbar kreativ und liebt die Vielfalt, wie wir sie in seiner Schöpfung überall entdecken können. Er hat für jeden von uns einen Plan.

Unser Vater im Himmel möchte, dass wir uns mit seinen Augen sehen. Du bist ihm so wertvoll, dass sein Sohn, Jesus Christus, für dich gestorben ist. Wenn du das nächste Mal in den Spiegel schaust – sieh tiefer, wie Gott es tut. Lächle und danke Gott, dass er dich so wunderbar geschaffen hat.

CE

30.5.

Falsche Vorstellungen

PSALM 37,4 EB

Habe deine Lust am HERRN, so wird er dir geben, was dein Herz begehrt.

Was für ein schöner Vers! Eine andere Übersetzung (Gute Nachricht) sagt sogar: „Suche dein Glück beim HERRN: Er wird dir jeden Wunsch erfüllen." Wenn ich mit Gott ernst mache, dann wird er mir also alles geben, was mein Herz begehrt ... oder etwa nicht? Der Vers liest sich so gut, aber entspricht er wirklich der Realität, die ich erlebe? Wenn ich die Dinge an mir vorbeiziehen lasse, die ich in meinem Leben schon „begehrt" habe, dann ist mir längst nicht alles davon gegeben worden. Habe ich vielleicht nicht genug „Lust am HERRN" gehabt?

Und ist die Vorstellung nicht sowieso falsch, dass Gott mir alle meine Wünsche erfüllen würde? Dann wäre ja ich Gott und er mein Diener. Wenn ich ehrlich bin, sind manche meiner Wünsche auch egoistisch. Manchmal hat mir ein Verzichten-Müssen besser getan, als wäre mir alles in den Schoß gefallen. Aber wie ist dieser Text dann zu verstehen?

Eines Tages machte es „klick", als ich diesen Vers las: Wenn ich meine „Lust am HERRN habe", was begehrt mein Herz dann? Kann es sein, dass sich meine Wünsche dann radikal verändern? Dass es dann nicht mehr um ein leichtes und angenehmes Leben, makellose Gesundheit, einen tollen Partner und den Traumberuf dreht? Wer sein Glück bei Gott sucht, der wird erleben, dass sich Glück ganz neu definiert.

Echte Erfüllung finden wir nicht, indem sich alle unsere Herzenswünsche erfüllen. Jeder, der erlebt hat, wie ein lange gehegter Wunsch wahr wurde, weiß das. Wir denken manchmal: Wenn ich nur dieses Eine hätte (den Traumjob, einen tollen Partner …), dann wäre ich für immer glücklich. Aber das stimmt nicht! Bald wird das Neue normal, und ich bin vielleicht sogar enttäuscht, weil ich mir so viel davon erhofft hatte!

Echtes Glück ist es, mit Gott zu leben. Mit ihm Erfahrungen zu machen. Zu wissen, dass ich dort bin, wo er mich haben möchte und von ihm gebraucht werde. Und genau das ist mir hier versprochen. „Habe deine Lust am HERRN“, lass ihn dein Glück und dein größtes Begehren sein, „und er wird dir geben, was dein Herz begehrt“. Er wird dieses Verlangen stillen und du kannst seine Nähe erleben. Wenn ich mein Glück bei ihm suche, werde ich es auch bei ihm finden.

Das ist Realität in meinem Leben, denn diesen Wunsch hat er nie enttäuscht.

LS

31.5.

Hochzeit absagen?

2. KORINTHER 6,14

Zieht nicht am fremden Joch mit den Ungläubigen. Denn was hat die Gerechtigkeit zu schaffen mit der Ungerechtigkeit? Was hat das Licht für Gemeinschaft mit der Finsternis?

„Zwei Wochen vor der Hochzeit rieten mir Freunde, ich solle meine Verlobte lieber nicht heiraten!", erzählte Bruder L. einigen Teenies aus seinem Leben. Er hatte gerade wieder zu Christus zurückgefunden und wollte ihm treu nachfolgen, aber die Verlobung wollte er nicht auflösen. „Zwei Wochen vor unserer Hochzeit! Die Hochzeitsreise war schon gebucht. Alles war vorbereitet! Wie sollte ich da zurücktreten? Dieses Mädchen wollte zwar von meinem adventistischen Glauben nichts wissen, aber ich dachte: ‚Das schaffe ich schon!' Nach sieben Jahren trat das ein, wovor mich diese lieben Freunde gewarnt hatten: Meine Frau trennte sich von mir, vor allem, weil ich am Sabbat keine Zeit für sie gehabt hatte. Ich rate euch", sagte L. nachdenklich, „dass ihr später keinen Partner heiratet, der nicht euren Glauben mit euch teilt."

Nun, vielleicht denkst du noch gar nicht an Partnerschaft. Das brauchst du auch nicht. Aber es ist gut, wenn du heute schon wie Daniel in deinem Herzen eine Entscheidung triffst. Von ihm heißt es: „Aber Daniel nahm sich in seinem Herzen vor …" (Daniel 1,8).

Vielleicht hast du einen ungläubigen Vater. Dann ehre und achte ihn. Zeige ihm, dass du ihn liebst. Hoffentlich bist du so begeistert von Jesus, dass du ihn damit anstecken kannst. Er soll wissen, dass Jesus ihn liebt.

Vielleicht lebst du aber auch in einer gläubigen Familie, dann weißt du sicher, wie schön es ist, wenn man als ganze Familie miteinander die Bibel liest, gemeinsam betet und zusammen zum Gottesdienst geht. Die Familie, in der Jesus wirklich den ersten Platz einnimmt, kann eine wirklich glückliche Familie sein – ein Stück Himmel auf Erden. Deshalb triff die Entscheidung der Partnerwahl nur mit Jesus!

MoG

1.6.

Kinder haben Würde!

LUKAS 18,15–17 GNB

Einige Leute wollten auch ihre kleinen Kinder zu Jesus bringen, damit er sie berühre. Als die Jünger es sahen, fuhren sie die Leute an und wollten sie wegschicken. Doch Jesus rief die Kinder zu sich und sagte: „Lasst die Kinder zu mir kommen und hindert sie nicht, denn für Menschen wie sie steht Gottes neue Welt offen. Ich versichere euch: Wer sich Gottes neue Welt nicht schenken lässt wie ein Kind, wird niemals hineinkommen."

„Kommst du heute Abend zu meiner Party?", fragt Sonja. Katja freut sich über die Einladung, aber dann fällt ihr ein, dass ihre Mutter ausgerechnet heute zum Elternabend in die Schule gehen muss. „Leider kann ich nicht!", sagt sie. „Ich muss meine kleinen Geschwister ins Bett bringen. Meine Mutter geht heute Abend weg."

Sonja zieht eine Grimasse. „Kleine Geschwister – wie grässlich! Brauchen die vielleicht auch noch Windeln?" Katja grinst. „Kann schon vorkommen. Hast du etwa nie in die Windeln gemacht?" Sonja überlegt. Dann gesteht sie: „Na ja. Irgendwann schon. Als Baby … Aber sag mal, nervt dich das nicht, wenn du auf die Kleinen achten musst?" „Nein. Du müsstest mal sehen, wie süß meine kleine Schwester ist. Ihre Haut ist so weich, man möchte den ganzen Tag nur mit ihr schmusen. Und sie spricht so drollig." Sonja zuckt die Achseln. „Ich finde kleine Kinder langweilig." Katja schüttelt den Kopf. „Ich bin gern mit ihnen zusammen. Sie haben immer neue Ideen. Und wie schnell sie lernen! Und sie sind so dankbar und voller Liebe. Übrigens, Jesus hat kleine Kinder auch total gern gehabt. Wusstest du das?"

Heute werden Kinder häufig als Belastung empfunden. Viele wollen unbedingt ihre eigenen Wünsche durchdrücken. Kinder brauchen viel Aufmerksamkeit, und das empfinden manche Eltern als lästig. Jesus dachte anders. Er liebte Kinder, und sie fühlten sich zu ihm hingezogen. Obwohl er nur 3 ½ Jahre Zeit hatte, um die Welt zu erlösen, spielte er immer wieder mit Kindern, und seine Bildergeschichten waren auch für Kinderohren verständlich.

Welchen Raum haben Kinder in meinem Alltag? In meiner Berufswelt? In meiner Gemeinde? Sind sie „Sand im Getriebe"? Oder Halbgötter? Auch diese Auswüchse sind nicht gottgewollt. Es schadet Kindern, wenn Erwachsene sentimental reagieren und keine vernünftigen Grenzen setzen. Doch auch kleine Kinder haben Würde und Persönlichkeit.

SR

2.6.

Steh auf, tritt vor!

MARKUS 3,1 HFA

Als Jesus wie gewohnt zur Synagoge ging, traf er dort einen Mann, der eine verkrüppelte Hand hatte.

Jesus sieht einen Mann, dessen Hand nutzlos an seiner Seite herabhängt wie ein welkes Blatt. Mit dieser Hand kann er sich nicht einmal an der Nase kratzen, wenn es juckt, und schon gar nicht Holz sägen oder Ziegel formen. Er ist auf die Hilfe anderer angewiesen, auf ihre Gunst und Gnade, und wie oft lassen sie ihn das spüren, wenn sie ihm mit herablassendem Lächeln eine Last abnehmen, eine Tür aufhalten.

Jesus erkennt die innere Qual, die dieser Mann auszustehen hat. Er sagt: „Steh auf, tritt vor!" Dem Mann bricht der Schweiß aus. Wie er das hasst, wenn sie ihn alle so anstarren! Das Blut hämmert ihm durch die Adern. Wie von weitem hört er, dass Jesus etwas fragt: „Soll man am Sabbat Gutes tun oder Böses?"

Die frommen Menschen jener Zeit diskutierten ja stundenlang darüber, was man am heiligen Tag Gottes vermeiden sollte. Sie machten den Sabbat zu einem „Du-darfst-nicht-Tag" und versäumten dabei das Wesentliche:

die Freude, die Gott schenkt, wenn wir uns öffnen und die Hand nach ihm ausstrecken.

Wenn wir zum Gottesdienst kommen, dann wollen wir uns Jesus entgegenstrecken. Wir möchten „lauschen", auf Jesus hören und von ihm lernen, nicht wahr? Dann achten wir nicht darauf, was X heute anhat. Es stört uns auch nicht, dass Y bei der Predigt einnickt, das ist sein Problem … wir konzentrieren uns auf Jesus und sonst nichts.

Und Jesus ruft auch dir und mir in jedem Gottesdienst zu: „Steh auf, tritt vor!" Er möchte unsere inneren Wunden verbinden, die qualvollen Erinnerungen an schlimmes Unrecht, das uns angetan wurde. Er möchte unsere Verletzungen behandeln, die wir uns selbst zugefügt haben, indem wir an Gott und Mitmenschen schuldig wurden, und die noch nicht durch Vergebung und Versöhnung ausheilen konnten. Sie lähmen und blockieren uns. Jesus will außerdem unser schiefes Bild geraderücken, unsere verzerrten Vorstellungen von Gott, von uns selbst und vom Leben ganz allgemein. Wir sollen lernen, die Welt mit seinen Augen zu sehen. Aber all dies kann nur geschehen, wenn wir vortreten und die Hand nach ihm ausstrecken und nehmen, was er uns anbietet: Frieden, Mut und neue Kraft.

SR

3.6.

Strecke deine Hand aus!

MARKUS 3,4 GNB

Darauf fragte er die anderen: „Was darf man nach dem Gesetz am Sabbat tun? Gutes oder Böses?"

Jesus verbrachte den Sabbat nicht im Bett. Auch nicht einsam draußen in der Natur. Er wollte mit gleichgesinnten Menschen gemeinsam Gott anbeten, zu seiner Ehre singen und aus seinem Wort lernen. Die Schriftlesung wurde gewöhnlich von einem der Besucher erklärt. Danach unterhielten sich alle darüber, stellten Fragen, erforschten den Bibeltext.

An einem Sabbat ging Jesus wie gewohnt in die Synagoge. Dort traf er auf Männer, die für diesen Gottesdienst ganz andere Pläne hatten: „Sie lauerten darauf, ob er auch am Sabbat heilen würde, damit sie ihn verklagen könnten." (Markus 3,2)

Lauern – wie ein Panther, der sich auf einen Ast gelegt hat, alle Muskeln angespannt, zum Absprung bereit, mit dem er seinem Opfer das Genick brechen will. Diese „Gläubigen" kamen nicht, um zu hören – mit offenen Sinnen, bereit, sich erbauen, belehren und überraschen zu lassen, nein, sie stellten Jesus eine Falle, und dafür benutzten sie einen behinderten Mann als „Bauernopfer“. Was dieser Mensch denkt und fühlt, war ihnen egal. Für sie stand das Prinzip im Mittelpunkt, die harte Regel.

Jesus erfasste mit einem Blick die Situation und fragte: „Soll man am Sabbat einem Menschen das Leben retten oder ihn umkommen lassen?“ Er bekam keine Antwort. Da sah er sie zornig der Reihe nach an. Zugleich war er traurig, weil sie so engstirnig und hartherzig waren. Dann sagte er zu dem Mann: „Streck deine Hand aus!“ Sofort wurde die Hand heil, durchpulst von warmem Blut, lebendig und beweglich, konnte wieder zupacken, heben, streicheln, festhalten, stützen, tragen. Der Geheilte fühlte sich wieder als vollwertiger Mensch.

Doch die superfrommen Pharisäer blieben innerlich trocken und dürr. Sie konnten sich über das Glück des Geheilten nicht freuen. Sie waren blockiert, besetzt von bösen Gefühlen. Und diese Gefühle trieben sie weg von Jesus und hin zu seinen Feinden, und mit denen schmiedeten sie Mordpläne – und das am heiligen Ruhetag Gottes!

Was bin ich froh, dass solche Pharisäer ausgestorben sind! Oder kennt ihr etwa einen, der so denkt und handelt? Einer, der Gottes gute Regeln, die doch zum Schutz und zum Segen der Menschen geschenkt worden sind, in ihr Gegenteil verkehrt und sie dem Mitmenschen – wie einen Dolch – ins Herz stößt?

SR

4.6.

Freude im Himmel

PSALM 24,7

Machet die Tore weit und die Türen in der Welt hoch, dass der König der Ehre einziehe!

Es war einer dieser kostbaren Augenblicke. Jesus hatte die letzten 40 Tage mit ihnen verbracht. Diesmal nahm er sie zu einem Spaziergang mit, durch die engen Gassen Jerusalems hinaus zum Ölberg.

Diese vertraute Strecke war in den letzten Jahren immer wieder Schauplatz wichtiger Ereignisse gewesen. Mit jedem Schritt wurden wertvolle Erinnerungen lebendig, während Jesus seine wichtigsten Lehren wiederholte. Oben angekommen blieb er stehen. Sein Blick streifte seine geliebten Freunde, er hob die Hände, um sie zu segnen und wurde langsam vor ihren Augen emporgehoben. Überwältigt schauten sie ihrem Herrn nach, bis eine weiße Wolke die Sicht verhüllte.

Der ganze Himmel, ja das ganze Universum, war in heller Aufregung! Endlich, endlich kommt ihr geliebter Herr und König zurück. Alles war für seinen Empfang bereit, und mit freudiger Spannung wurde die Nachricht seiner Ankunft erwartet.

4.6.

Als die Tore aufgingen und Jesus in der Begleitung mächtiger Engel einzog, brach in der himmlischen Stadt freudiger Jubel aus. Der herrliche Lobgesang füllte den Himmel! Doch Jesus wehrte ab! Noch war er nicht bereit, die Anbetung anzunehmen.

Er kam nicht allein. Eine Schar gottestreuer Menschen, Vertreter derer, die einmal das Reich erben werden, hatte er von der Erde mitgenommen. Und solange sein Vater nicht bestätigt hatte, dass sie bei ihm bleiben dürften, konnte er nicht zufrieden sein.

Er ging zum Vater hinein, zeigte ihm seine durchbohrten Hände und Füße und fragte, ob der Gerechtigkeit Genüge getan wurde. Der Vater umarmte seinen Sohn und versicherte ihm, sein Opfer war angenommen. Erst jetzt war er zufrieden. Jetzt konnte er die Königsrobe und die Krone entgegen nehmen und sich zur Rechten seines Vaters auf den Thron setzen.

Doch in all seiner Herrlichkeit, mitten in der unbeschreiblichen Freude, vergaß Jesus die Seinen auf der Erde nicht! Sobald der Erlöser gekrönt wurde und alle Macht im Himmel und auf Erde empfangen hatte, erfüllte er sein Versprechen und sandte seiner kleinen, wartenden Schar auf der Erde den Heiligen Geist!

Nun waren auch sie bereit, ihren Auftrag zu erfüllen und die frohe Botschaft von seinem Reich in die ganze Welt zu tragen.

So ist unser Gott: In tiefstem Leid und in der größten Freude denkt unser Erlöser an seine Menschenkinder. Er denkt an dich und mich.

TM

Basiert auf den biblischen Berichten und E. G. White, Das Leben Jesu, Kapitel 87: „Zu meinem Vater und zu eurem Vater“ und E.G. White, Das Wirken der Apostel, Kapitel 4: „Pfingsten“

5.6.

Freude auf der Erde

APOSTELGESCHICHTE 2,4

Und sie wurden alle erfüllt von dem heiligen Geist …

Es war einer dieser kostbaren Augenblicke. Jesus hatte die letzten 40 Tage mit ihnen verbracht. Diesmal nahm er sie zu einem Spaziergang mit, durch die engen Gassen Jerusalems hinaus zum Ölberg.

Diese vertraute Strecke war in den letzten Jahren immer wieder Schauplatz wichtiger Ereignisse gewesen. Mit jedem Schritt wurden wertvolle Erinnerungen lebendig, während Jesus seine wichtigsten Lehren wiederholte. Oben angekommen blieb er stehen. Sein Blick streifte seine geliebten Freunde, er hob die Hände, um sie zu segnen und wurde langsam vor ihren Augen emporgehoben. Überwältigt schauten sie ihrem Herrn nach, bis eine weiße Wolke die Sicht verhüllte.

Da hörten sie eine freundliche Stimme und sahen zwei Männer, die zu ihnen sprachen: „Ihr Männer von Galiläa, was steht ihr da und seht zum Himmel? Dieser Jesus, der von euch weg gen Himmel aufgenommen wurde, wird so wiederkommen, wie ihr ihn habt gen Himmel fahren sehen“ (Apostelgeschichte 1,11).

Immer noch sprachlos von dem gerade Erlebten, fühlten sie, wie eine unbeschreibliche Freude ihre Herzen erfüllte. Ihr geliebter Jesus war auf dem Weg zum Vater, um dort in seiner Gegenwart für sie zu wirken!

Plötzlich waren Angst und Verwirrung von ihnen gewichen! Voller Begeisterung und unendlich glücklich gingen sie nach Jerusalem zurück. Sie wussten nun, was sie zu tun hatten! Jesus hatte sie zu seinen Zeugen gemacht! Doch sie mussten zuerst mit der Kraft aus der Höhe ausgerüstet werden.

Also kamen sie im Obergemach zusammen und warteten. Ihre Herzen brannten so sehr, dass sie nicht mehr aufhören konnten, von Jesus zu reden. Ihre Augen wurden geöffnet, und erst jetzt erkannten sie die Bedeutung vieler seiner Worte und Taten. Sie sahen ihn und sich selbst in einem ganz neuen Licht und begriffen, wie kleinlich und unbedeutend alle ihre Meinungsverschiedenheiten waren. Also gaben sie sie auf und bereuten ihre Sünden.

Einmütig im Gebet und in einer innigen Gemeinschaft verbunden, erlebten sie die Erfüllung seiner Verheißung. „Und es geschah plötzlich ein Brausen vom Himmel wie von einem gewaltigen Wind und erfüllte das ganze Haus, in dem sie saßen“ (Apostelgeschichte 2,2). An diesem Tag wurden sie mit dem Heiligen Geist erfüllt und mit der Kraft aus der Höhe ausgerüstet.

Nun waren sie bereit, ihren Auftrag zu erfüllen und die frohe Botschaft von seinem Reich in die ganze Welt zu tragen.

So ist unser Gott. Er lässt uns nie allein und erfüllt jedes Versprechen, das er uns gegeben hat.

TM

6.6.

Graslehrgang

1. PETRUS 5,6

So demütigt euch nun unter die gewaltige Hand Gottes, damit er euch erhöhe zu seiner Zeit.

Im Oktober 2012 wurde die Ostküste der USA durch den Wirbelsturm „Sandy" stark verwüstet. New York erlebte die schwerste Katastrophe seit Jahrzehnten, zerstörte Häuser, Stromausfall, Hochwasser. Bürgermeister Bloomberg meinte, es wäre wahrscheinlich der schlimmste Sturm in der Geschichte der Stadt New York gewesen.

Trotz aller Verwüstung konnte man in der „grünen Lunge" von New York, dem Central Park, eine bemerkenswerte Beobachtung machen, eine Tatsache, der man nach einem Sturm immer wieder begegnet: Während viele teils mächtige Bäume entweder wie Zahnstocher geknickt oder komplett entwurzelt worden waren, standen die kleinen, unscheinbaren und schwachen Grashalme immer noch aufrecht da!

Sie sind nicht hoch und sehr flexibel. Sie werden immer wieder niedergetreten und durch den Wind kurzfristig gebeugt, aber schnell stehen sie wieder auf, als wäre nichts geschehen. Sie wirken beinahe unbesiegbar.

Das erinnert an eine Aussage von Jesus: „Kommt zu mir und lernt von mir, ich bin von Herzen demütig“ (vgl. Matthäus 11,28-30). Demut scheint keine attraktive Eigenschaft zu sein, aber Jesus hat sie intensiv praktiziert.

Wie bitte? Soll ich mir etwa alles gefallen lassen?

Im Leben von Jesus entdecken wir niemals eine Schlägerei oder einen verbalen rechthaberischen Kampf, eine lautstarke Schreierei, dafür aber oft genug Schweigen. Er war tatsächlich schweigsam und hingebungsvoll wie ein Lamm, das zur Schlachtung geführt wird. Und er hätte tausend Gründe gehabt, auszurasten. Aber er tat es nicht. Seine Sanftmut und Demut sind beeindruckend.

Er hat Unrecht und Ungerechtigkeit geduldig ertragen. Manchmal ist er dem Kampf ausgewichen, manchmal brachte er seine Ankläger einfach nur zum Nachdenken. Aber am Ende neigte er nach einem Gebet für seine Feinde sein Haupt – und starb.

Jedoch endet Jesu Geschichte damit nicht! Der demütige Jesus, der scheinbar ein lächerlicher, gescheiterter Verlierer gewesen war, stand aus dem Grab als mächtiger Sieger auf. Und viele sind ihm bisher gefolgt und warten auf genau diesen Sieg in ihren Gräbern.

Echte Demut ist nicht dumm, sondern vertraut darauf, dass Gott die Dinge zu seiner Zeit richten wird und das gebeugte Gras wieder aufrichtet. Das ist lebendiger, belastbarer Glaube.

KR

7.6.

Eine unterschätzte Eigenschaft

JAKOBUS 4,6

Gott widersteht den Hochmütigen, aber den Demütigen gibt er Gnade.

Eine riesige, mächtige Buche bietet einem Sturm eine große Angriffsfläche. Wenn sie umstürzt, dann zittert der Boden, ein Aufrichten ist unmöglich. An eine Regeneration ist kaum zu denken, weil die Wurzeln die Verbindung zum nährstoffreichen Boden verloren haben. Keine Nahrung mehr, kein Wasser, der Baum stirbt.

Anders ein Grashalm. Er ist so geschmeidig, dass der stärkste Wind einfach an ihm abgleitet. Er verliert die Verbindung zu seiner Wasser- und Nahrungsquelle nicht, richtet sich wieder auf und erfreut die Welt weiterhin mit seinem strahlenden Grün.

Demütige Menschen haben es in vieler Hinsicht leichter als stolze Menschen. Sie nehmen Korrekturen bereitwilliger an, stecken Niederlagen besser weg und können leichter mit ihren Mitmenschen echte Beziehungen eingehen, weil sie mit ihnen „auf Augenhöhe" kommunizieren. Und sie erleben weniger herbe Enttäuschungen. Die erfahren vor allem solche, die immer ganz oben, ganz vorne dabei sein müssen und den Mund dabei weit aufreißen. Demut ist ganz einfach der bessere Weg.

Leider wird Demut sehr oft völlig falsch verstanden als „Duckmäusertum" von „Schwächlingen" und „Dummköpfen".

Waren Mose, Noah, Daniel und seine Freunde, Paulus, Stephanus und Jesus eigentlich Feiglinge, Duckmäuser, Schwächlinge oder Dummköpfe? Sicher nicht. Sie vertrauten nicht auf ihre eigene Kraft und pochten nicht auf ihr gutes Recht, sondern überließen dies ihrem mächtigen Gott.

Hand aufs Herz: Mit wem verbringst du gerne deine Zeit und möchtest mit ihm oder ihr befreundet sein: Mit jemandem, der immer das letzte Wort hat? Immer alles besser weiß und durchsetzt? Der nur sich selbst gelten lässt und alle anderen für Idioten hält und es sie auch fühlen lässt? Der nie Einsicht zeigt oder sich mal entschuldigt?

Oder möchtest du lieber einen Freund, der auf dich Rücksicht nimmt, dir Wertschätzung entgegenbringt? Der dir zuhört, seine Meinung nicht immer und überall durchsetzt? Der Fehler macht und sie auch zugibt und sich entschuldigt? Der sich über den Erfolg anderer freut? Also jemand, der hilfsbereit ist und ab und zu anderen zuliebe auf etwas verzichtet, der auch mal einen Schritt zurück geht und kein Problem damit hat, die „Dreckarbeit" zu machen? Und ja, der auch dann noch dein Freund bleibt, wenn du ihm wehgetan hast, der also auch selber gerne vergibt?

All das und noch mehr ist Demut. Ich wünsche dir solche Freunde und dass du selbst so einer bist.

KR

8.6.

Zeit, ein Geschenk

PSALM 31,16

Meine Zeit steht in deinen Händen.

Es war der 1. Juni 2016. Die ganze Nacht hatte es geschüttet, und auch dieser Tag empfing uns mit schweren dunklen Regenwolken. Die Koffer waren gepackt, und mein Mann und ich rannten zum Auto, um nicht komplett durchnässt in den Urlaub starten zu müssen. Wir kamen anfangs nur sehr langsam voran, denn es goss wie aus Eimern. In Spanien angekommen ereilten uns dramatische Bilder von zuhause. Unfassbar, was sich die letzten Stunden dort abgespielt hatte. Simbach am Inn und die umliegenden Orte waren komplett überflutet. 50 Gewitterzellen hatten sich über diesem Gebiet gebildet, und innerhalb von sieben Stunden wurde aus einem kleinen Bach ein reißender Fluss von über fünf Metern. Das Wasser nahm sich alles mit Gewalt, das ihm entgegenstand.

Unser Sohn Markus schaute äußerst beunruhigt aus dem Fenster und musste hilflos mitansehen, wie sein Auto von den steigenden Fluten verschluckt wurde. Was sollte er tun? Das Wasser stieg unfassbar schnell! Nur noch 30 cm bis zu seinem Balkon im ersten Stock. Schnell fasste er seinen ganzen Mut zusammen, sprang in die Fluten und schwamm zwischen treibendem Gerümpel und Autos ins Trockene. Sein Leben war gerettet! Auch wenn es schmerzte, Auto, Laptop, Handy und Gitarre dem Wasser überlassen zu müssen.

Als uns alle diese furchtbaren Nachrichten ereilten, konnte ich nur Gott für seinen Schutz an meinen Kindern danken. Doch mir wurde auch bewusst, wie schnell ein Menschenleben vorbei sein kann.

Oft leben wir gedankenlos in den Tag, so als hätten wir alle Zeit der Welt. Nur zu oft geben wir uns Nichtigkeiten hin, die uns jedoch die Zeit für das wirklich Wichtige im Leben rauben. Dinge wie: Habe ich genügend Likes auf Instagram, oder sollte ich nicht doch mal wieder ein Foto von mir posten? Wie viel kostbare Zeit vergeuden wir!

In Epheser 5,15.16 steht: „So seht nun sorgfältig darauf, wie ihr euer Leben führt, nicht als Unweise, sondern als Weise, und **kauft die Zeit aus; denn es ist böse Zeit.“**

In Matthäus 19,21 sagt Jesus: „Willst du vollkommen sein, so gehe hin, verkaufe, was du hast, und gib's den Armen, so wirst du einen Schatz im Himmel haben; und komm und folge mir nach!“

Wie viel befriedigender und erfüllender ist es doch, meine Zeit auszukosten. Nimm dir Zeit, bei Gott aufzutanken und gib es an andere weiter. Das macht wirklich glücklich.

GT

9.6.

Wie geht es mit der Schule weiter?

PSALM 32,8

Ich will dir den Weg zeigen, den du gehen sollst; ich will dich mit meinen Augen leiten.

„Seit Wochen, nein, seit Monaten bete ich, dass der liebe Gott mir hilft, bessere Noten zu schreiben. Warum tut sich nichts? Obwohl ich so viel lerne, komme ich irgendwie nicht richtig weiter. Warum erhört Gott mein Gebet nicht?"

Sonja (Name wurde geändert) wollte eigentlich auf dem Gymnasium bleiben, aber sie quälte sich in der Schule. Sie lernte mehr als ihr Bruder und bekam doch lange nicht so gute Noten wie er. Was sollte sie tun?

„Mach aus Sorgen ein Gebet!", pflegte die Oma zu sagen, und das tat Sonja, und ihre Familie unterstützte sie dabei. Sonja bat Gott: „Bitte zeig mir, wie es weitergehen soll. Wenn sich meine Noten bis zum Schuljahresende nicht verbessern, dann ist das deine Wegweisung dafür, dass ich auf die Realschule wechseln soll. Bleiben die Noten konstant, dann bleibe ich auf dem Gymnasium."

Doch bis zum Schuljahresende verbesserten sich die Noten nicht. Sie blieben auch nicht auf dem gleichen Niveau, im Gegenteil: Sie wurden sogar noch schlechter. So wechselte Sonja die Schule, machte einen guten Realschulabschluss, erlernte einen für sie passenden Beruf und ist heute, nach Jahren, immer noch glücklich über ihre Entscheidung, die sie damals mit der Unterstützung ihrer Familie getroffen hat.

Gott macht nie einen Fehler. Sonja ist nämlich mit so vielen praktischen Fähigkeiten gesegnet, mit denen sie anderen dienen kann. Und im Nachhinein war die Berufsausbildung für sie ein Segen, da sie damals keine Zeit für unnütze Dinge hatte. Sie lernte in dieser Zeit, Verantwortung für ihr Leben zu tragen.

Stehst du vor der Entscheidung, welche weiterführende Schule du besuchen solltest oder welchen Beruf du erlernen könntest? Dann sprich mit Jesus darüber! Lass dich von IHM führen! Ob Gymnasium oder Realschule, Studium oder Berufsausbildung – er möchte dir den Weg zeigen, der für dich der Beste ist. Und er wird dir den Weg zeigen, wenn du ihn darum bittest! Gott segne dich!

MoG

10.6.

Um Leben und Tod

2. KORINTHER 12,9

Lass dir an meiner Gnade genügen, denn meine Kraft ist in den Schwachen mächtig. Darum will ich mich am allermeisten rühmen meiner Schwachheit, auf dass die Kraft Christi in mir wohne!

Es passierte an einem sonnigen Sabbatmorgen. Ich war sechs Jahre alt und wohnte mit meiner Mutter und meinen drei Brüdern am Stadtrand von Salzburg. Unsere Wohnung lag oberhalb einer Tischlerei. Daneben stand ein hohes zweistöckiges Wirtschaftsgebäude, in dem auch landwirtschaftliche Geräte untergebracht waren. Ich erinnere mich noch gut an den wundervollen Duft, der immer unten aus der Waschküche herausquoll. In der Nachbarschaft gab es etliche Kinder in meinem Alter. Unser Lieblingsplatz war der Heuhaufen ganz oben unter der Luke. Da spielten wir besonders gern.

An diesem Sabbatmorgen hatte ich mein gutes Sabbatkleid an und wartete unten im Hof auf meine Mutter. Wir wollten gleich zum Gottesdienst gehen. Draußen hörte ich viele Kinder spielen. Sie winkten mir und riefen:

10.6.

„Komm doch rauf zu uns. Wir wollen im Heu herumhüpfen." Dieser Einladung konnte und wollte ich nicht widerstehen. Das Herumspringen im Heu machte enorm Spaß. Dann sagten die Kinder: „Geht mal alle zur Seite, wir wollen das Heu wieder zu einem großen Haufen zusammenlegen." Ich wollte mich an die Holzmauer anlehnen, doch das war keine stabile Wand, sondern es waren die großen Schwenktüren, die nach außen aufgingen. Ich verlor das Gleichgewicht und flog kopfüber von der obersten Luke auf den Betonboden!

Ich hatte schwerste Kopfverletzungen. Die Ärzte kämpften um mein Leben. Doch mein Vater im Himmel hatte noch viel mit mir vor. Ich starb nicht. Langsam erholte ich mich. In der langen Zeit im Krankenhaus lernte ich eine liebevolle Krankenschwester kennen. Ihr Name war Evelyn. Wenn sie in den Saal hereinkam, dann strahlte sie wie eine Sonne, ermutigte jedes Kind und verschenkte viel Liebe. Da erwachte in mir der Wunsch, auch Krankenschwester zu werden. Ich dachte: Es gibt doch nichts Schöneres, als wenn wir anderen Menschen Mut und Hilfe geben können.

Nach diesem Entschluss erholte ich mich schnell und konnte bald wieder in die Schule gehen. Gott hatte mein Gehirn bewahrt, so dass ich die neun Pflichtschuljahre gut bewältigen konnte.

Er hatte einen Plan für mein Leben und ich bin ihm sehr dankbar, dass er mein Leben bewahrt hat!

LH

11.6.

Dem Tode geweiht?

PSALM 34,20

Der Gerechte muss viel erleiden, aber aus alledem hilft ihm der HERR.

Nach der Schule erlernte ich den Beruf der Bürokauffrau und konnte es kaum erwarten, mit 17 Jahren die Krankenschwesternschule zu beginnen. Auf jeder Station, auf der ich arbeitete, war ich unglaublich glücklich. Das war meine Berufung. Ich setzte mich am Abend zu den Patienten mit schlimmer Diagnose und schenkte ihnen Trost und Hoffnung. Nach drei wundervollen Jahren machte ich meinen Abschluss und bekam auch gleich einen Job in der Chirurgie-Ambulanz angeboten.

Dazwischen hatte ich aber noch zwei Monate Urlaub. In diesem Jahr hatte ich meinen zukünftigen Mann kennengelernt, und wir fuhren mit dem Auto in die Schweiz. Unterwegs bekam ich Hunger. Wir hielten an, ich stieg aus und wollte gerade über den Zebrastreifen gehen, um Essen zu kaufen. Als ich in der Mitte der Straße war, raste ein Auto auf mich zu und schleifte mich ein paar Meter mit. Danach flog ich in hohem Bogen auf die Fahrbahn.

11.6.

Der Krankenwagen brachte mich sofort in die Klinik. Diagnose: schwere Gehirnquetschung, Schädelbasisbruch, ein paar andere Knochenbrüche. Am schlimmsten waren die Blutungen im Gehirn. Daraufhin flogen sie mich mit dem Hubschrauber in die Uniklinik nach Zürich, wo man mich sofort operierte. Der Arzt meinte: „Hätte man die Patientin eine halbe Stunde später eingeliefert, dann wäre es zu spät gewesen."

Der behandelnde Arzt war noch sehr jung, und er musste bei dieser OP ein paar schwere Entscheidungen treffen. Er probierte eine neue Schnitttechnik am Kopf, wodurch meine Narben heute nicht sichtbar sind. Den Teil der Schädeldecke, der entfernt werden musste, damit das Gehirn wegen des hohen Drucks nicht Schaden leiden würde, den operierte er mir in den linken Unterbauch. So konnte mein Körper den Knochen ernähren. Eigentlich war dieses Verfahren nicht üblich, normalerweise legte man die Schädeldecke vorübergehend auf Eis. Aber seine Methode war natürlich viel besser.

Ohne Gottes Hilfe hätte ich diese schwere Zeit in meinem Leben nie überstanden. Wenn ich heute zurückblicke, bin ich dankbar, dass er mein Leben ein zweites Mal bewahrt und mich weiterhin geführt hat. Wir können sicher sein, dass Gott seine Pläne ans Ziel bringt, auch wenn es nach menschlicher Meinung gar nicht möglich ist! Wir dürfen ihm vertrauen!

LH

12.6.

Das Versprechen

SPRÜCHE 16,9

Des Menschen Herz erdenkt sich seinen Weg; aber der Herr allein lenkt seinen Schritt.

Mein schwerer Unfall hatte sich in der Schweiz ereignet. Leider hatte meine Krankenkasse kein Abkommen mit der Schweiz und ich hatte auch keine Auslandskrankenversicherung. Jeder Tag auf der Intensivstation kostete eine Menge Geld. Keiner wusste, ob ich überleben würde. Doch Gott hatte einen Plan mit mir. Und er hatte schon längst für diese Notlage vorgesorgt – zu einer Zeit, wo es mich noch nicht einmal gegeben hatte!!!

Der Unglücksfahrer gab den Unfallbericht an seine Schweizer Versicherung weiter. Gott lenkte diese Papiere in die richtigen Hände. Der Versicherungsmann schlug die Akte auf, las meinen Namen und dass ich aus Salzburg kam. Da freute er sich und dankte Gott!

Als dieser Mann noch sehr jung war und der Krieg ausbrach, wollte er mit dem Zug nach Hause fahren. In Salzburg musste er umsteigen. Am Bahnhof stahl man ihm aus der Jacke die Geldtasche und alle Ausweispapiere. Da saß er nun fest. Nach drei Tagen und Nächten kam ein Polizist auf ihn zu. „Was machen Sie hier?“ Der junge Mann sagte: „Man hat mich bestohlen. Ich habe kein Geld mehr zur Weiterfahrt.“ Da zog der Polizist

Geld heraus. „Hier, kaufen Sie sich eine Fahrkarte nach Hause. Sie müssen mir das Geld nicht mehr zurückgeben, ich schenke es Ihnen." Der junge Mann kaufte die Fahrkarte und fuhr nach Hause. Er dankte Gott von ganzem Herzen und versprach ihm eins: „Wenn ich einmal einen Menschen aus Salzburg kennenlerne, dann werde ich diesem Menschen das Geld zehnfach zurückgeben."

Die Jahre vergingen. Der Mann wurde älter und stand kurz vor der Pensionierung, doch er hatte nie wieder einen Menschen aus Salzburg getroffen. Aber nun hielt er meine Akte in der Hand und erinnerte sich an sein Gelübde.

Er setzte sich voll für mich ein und kämpfte für Schadensersatz und Schmerzensgeld, obwohl ich doch eigentlich zur Gegenpartei gehörte! Schließlich übernahm diese Versicherung alle Kosten. Der Versicherungsmann finanzierte auch noch die OP, bei der nach Monaten der eigene Schädelknochen wieder eingesetzt wurde.

Über solche Fügungen in meinem Leben kann ich nur staunen. Gott hat den Überblick in meinem und in deinem Leben. Selbst die schlimmsten Umstände können ihn nicht überraschen. Er hat für alles eine Lösung!

LH

13.6.

Gottes Krankenschwester

RÖMER 8,28

Wir wissen aber, dass denen, die Gott lieben, alle Dinge zum Besten dienen, denen, die nach seinem Ratschluss berufen sind.

Als ich aus dem Koma erwachte, verrieten mir die Ärzte meine Diagnose: 60 % Behinderung. Damit war klar, dass ich nicht mehr als diplomierte Krankenschwester arbeiten konnte.

Mir zog das den Boden unter den Füßen weg, und ich fiel in ein tiefes Loch. Ich war 20 Jahre alt und mein Leben war vorbei. Das konnte und wollte ich nicht akzeptieren. Ich wollte doch anderen Menschen helfen und für Gott arbeiten! Ich musste wieder fit werden! Immer wieder trimmte ich meinen Körper über die Belastungsgrenze hinaus und brach dabei wieder zusammen. Ich kämpfte aber nicht nur gegen die Ärzte, sondern auch gegen Gott. Wie konnte er mir nur meinen geliebten Beruf wegnehmen? Warum hatte er das zugelassen?

13.6.

Mit diesen Kämpfen war ich nicht alleine. Viele große Personen der Bibel haben gegen Leid und Unglück rebelliert. Gott hörte sich ihre Klagen und Vorwürfe geduldig an. Aber das war noch lange nicht das Ende vom Lied!

In dieser besonderen Zeit lag ich viel im Bett. Obwohl ich mit Gott haderte, las ich oft in der Bibel. Mit der Zeit merkte ich, wie Gott mir das „Schwert aus meinem Herzen" zog. Ich erkannte, dass Gott mich durch das Leid innerlich weitergebracht hatte. Er schenkte mir neue Gaben: Einfühlungsvermögen, Verständnis und Mitgefühl für meine Mitmenschen. Mir fiel auf, wie viele Menschen furchtbares Leid erfahren und oft niemanden haben, der sie versteht.

Am schönsten ist es für mich bis heute, wenn ich Menschen zu Jesus führen darf. Das erfüllt mich mit großer Freude und tiefem Glück. Gott hat mich doch noch zu „seiner Krankenschwester" gemacht. Ich darf mit dem besten Herzspezialisten im größten Krankenhaus, in „der Welt", zusammenarbeiten und ihm verletzte, verwundete Herzen zuführen. Es gibt für mich nichts Schöneres, als mit anderen das Wort Gottes zu studieren und ihnen zu erzählen, dass sie einen Vater im Himmel haben, der sie liebt und sie durch alles Chaos im Leben und jede Not hindurch führt.

Heute darf ich aus tiefstem Herzen sagen: Egal, welche Wege Gott dich führt, welche Umstände, welche Schmerzen dich auch treffen – seine Wege führen wirklich zu heilsamer Selbsterkenntnis und wahrer Gotteserkenntnis; vor allem zu echter Freude und tiefem Frieden. Gott will dich, darum lebst du. Gott liebt dich, darum starb er für dich. Gott will dieses Leben mit dir leben – und das Beste liegt noch vor dir!

LH

14.6.

Zufriedenheit

PSALM 104,24

Herr, wie sind deine Werke so groß und viel! Du hast sie alle weise geordnet, und die Erde ist voll deiner Güter.

„Man kann sich gar nicht genug beklagen“, mault ein Bekannter. Er ist dafür bekannt, in jeder Suppe ein Haar zu finden. Er meckert, wenn es regnet, und stöhnt über die Hitze, wenn die Sonne scheint. Ich nenne ihn „Schweizer Käse“, weil er sich immer auf die Löcher fixiert und nicht auf das köstliche „Drumherum“.

Betrachten wir doch einmal das Gute, was uns begegnet: Klatschmohn in der Wiese, der Duft einer sonnengereiften Tomate, den Geschmack einer Himbeere, das Lächeln der Nachbarin … Denken wir nicht immerzu an das, was uns fehlt, freuen wir uns über das, was Gott uns gegeben hat: ein Dach über dem Kopf, wir können uns kleiden und haben zu essen, zu trinken, fließendes Wasser zum Erfrischen und Waschen; außerdem Menschen, die uns mögen.

Und Gott bietet uns noch mehr an: Wir dürfen ewig leben! Er selbst hat uns einen Fluchtweg aus dem Dschungel der Sünde gebahnt. Er verschenkte sein Liebstes an unsere Welt: seinen einzigen Sohn. Durch ihn

14.6.

haben wir Zugang zur Schatzkammer des Himmels: Der Heilige Geist will uns jederzeit beistehen und trösten, und er bringt als „Gastgeschenk" viele Gaben mit.

Das sind natürliche und übernatürliche Fähigkeiten. Sie machen unser Leben reich und bunt. Außerdem können wir dadurch anderen besser den Weg zu Gott zeigen. Auch künstlerische Talente oder geschickte Hände für handwerkliche Tätigkeiten hat uns Gott ins „Paket" gesteckt. Oder Führungsqualitäten und den Wunsch, sich für andere zu engagieren. Durch den Heiligen Geist verändert sich auch unser Wesen. Wir werden Jesus ähnlicher, haben Anteil an seiner einfühlsamen und fürsorglichen Art, an seinem Taktgefühl und auch an seiner unbestechlichen Wahrhaftigkeit. Wenn Jesus wieder zur Erde zurückkehrt, wird er uns evakuieren und in unsere wirkliche Heimat bringen: in den Himmel zu Gott. Grund genug, zufrieden durch den Tag zu gehen!

Kleiner Tipp: Morgens vor dem Aufstehen für fünf positive Dinge danken! Vielleicht so ähnlich: Danke für das Morgenlied der Amsel! Danke, dass ich die Augen öffnen kann! Danke, dass unsere Dusche so herrlich pritschelt! Danke für die Frühstücksmango, hmmm, ist die süß! Danke, dass ich mir aus fünf verschiedenen Shirts eins aussuchen kann. Danke, dass du mich in diesen Tag begleitest!

SR

15.6.

Zufall oder aus Liebe erschaffen?

PSALM 139,14

Ich danke dir dafür, dass ich wunderbar gemacht bin; wunderbar sind deine Werke, und das erkennt meine Seele wohl.

Vor wenigen Wochen saß ich in einer meiner Pflichtvorlesungen, „Grundlagen der Anthropologie und aktuelle humanwissenschaftliche Forschung". In dieser Vorlesung beschäftigen wir uns mit den Schnittstellen der Erziehung und Verhaltensforschung im Vergleich zur biologischen und kulturellen Evolution. Im Laufe der Vorlesung erzählte uns die Professorin, dass es ja im fernen Amerika tatsächlich Gruppierungen gäbe, die noch an eine Schöpfung glauben. Natürlich zog sie das ins Lächerliche. Dann aber stellte sie uns zwei sehr interessante Fragen. Die erste Frage lautete: „Wer glaubt daran, dass er ein von Gott erschaffenes Wesen ist, das hier auf Erden einen Sinn und ein Ziel verfolgt?" Die andere Frage hieß: „Wem ist es egal, dass er aus Zufall entstanden ist?" Ich konnte es kaum glauben, doch die meisten Hände gingen bei der zweiten Frage in die Höhe!

Gott sagt in 1. Mose 1,27, dass er uns zu seinem Bilde, zum Bilde Gottes erschaffen hat. Außerdem war es Gott wichtig, dass wir hier auf Erden nicht sinnlos vor uns hinvegetieren, sondern ein Ziel und eine Aufgabe verfolgen! Diese Aufgabe steht klar und deutlich im Wort Gottes: „Gehet hin und machet zu Jüngern alle Völker!"

Im 19. Jahrhundert formulierte Louis Pasteur ein Gesetz, das lautet: „Leben entsteht aus Leben!" Dieses einfache und nachvollziehbare Gesetz stimmt mit der Bibel überein, denn Jesus ist der Weg, die Wahrheit und das Leben, und nur durch ihn können auch wir leben.

Ich bin Gott unendlich dankbar, dass er uns wunderbar gemacht hat, dass er uns so sehr liebt, dass er uns bei unserem Namen kennt und weiß, wie viele Haare wir auf dem Kopf haben! Du und ich, wir sind etwas ganz Besonderes, und Gott gab sein Leben, damit wir nicht einfach abwarten, bis unsere Zeit abgelaufen ist. Vielmehr dürfen wir voller Hoffnung wissen: Er wird wiederkommen und holt uns nach Hause!

Diese Sicherheit in Jesus wünsche ich dir heute.

NT

16.6.

Höchste Zeit

PREDIGER 3,1

Ein jegliches hat seine Zeit, und alles Vorhaben unter dem Himmel hat seine Stunde.

Wir optimieren alles
und sind nie zufrieden.
Wir erleichtern uns den Alltag
und sind oft heillos überfordert.
Wir haben für beinahe jede Arbeit eine Maschine
und doch bleibt keine Zeit.
Wir gelangen im Nu von A nach B
und begegnen uns doch selten wirklich.
Wir umsegeln und umfliegen die Welt
und kennen unseren Nachbarn nur dem Namen nach.
Wir benutzen modernste Kommunikationstechnologien
und haben noch nie so wenig Gehaltvolles gesagt.
Wir wissen Bescheid, was rund um den Globus geschieht,
und kennen die Träume unserer Kinder nicht.
Wir können alles kaufen, was wir brauchen,
und haben so oft das Gefühl, uns würde etwas fehlen.
Wir haben hunderte virtuelle Freunde

und kämpfen mit der Einsamkeit.
Wir lassen uns per GPS navigieren
und haben darüber völlig die Orientierung verloren.
Wir schießen tausende Fotos
und sehen sie uns nie an.
Wir publizieren unser Privatleben
und ärgern uns über Grenzüberschreitungen.
Wir besitzen immensen Speicherplatz
und können uns nichts merken.
Wir haben ein perfekt gestyltes Outfit
und sind frustriert, weil andere uns verkennen.
Wir lassen Institutionen unsere Kinder großziehen
und sind erstaunt über die gesellschaftliche Entwicklung.
Wir nehmen vor dem flimmernden Kasten am Beziehungsleben andrer teil
und wissen nicht, was wir miteinander reden könnten.
Wir denken, wir wären reich,
und sind eigentlich arm.
Wir denken, wir sind überlegen,
und sind im Grunde geblendet.
Wir denken, wir brauchen nichts und niemanden,
und sind innen leer und zerbrechlich.
Höchste Zeit, dass wir hinsehen,
hinsehen und erkennen,
erkennen und erschrecken,
erschrecken und den Kurs korrigieren.
Jeder – jeder für sich.

MC

17.6.

Wer Facebook wirklich erfunden hat

OFFENBARUNG 20,12 NL

Und es wurden Bücher aufgeschlagen, darunter auch das Buch des Lebens.

Wahrscheinlich wissen sehr viele User von Facebook, wem sie dieses soziale Netzwerk zu verdanken haben. Mark Zuckerberg ist ein ungewöhnlicher Name, den merkt man sich leichter als die Namen seiner Mitgründer.

Facebooks, das sind Jahrbücher, die man an vielen Schulen erstellt. Sie enthalten Fotos der Schüler und Studenten. Eine nette Erinnerung eigentlich.

Bei Facebook kann jeder sein und reden, wie und was er will. So denkt man jedenfalls oft. Hier werden meine Träume wahr, hier kann ich mich präsentieren, zeigen, was mir gefällt, was ich gerade mache, was ich mir wünsche, was ich denke. Hier kann ich cool sein.

Aber der eigentliche Erfinder von Facebook ist Gott. Wie bitte? Ja, denn er verfügt über einen gigantischen Datenspeicher, in dem wirklich ALLES aufgezeichnet wird. Das, was ich auf Facebook veröffentliche, steht auch drin. Aber auch, was ich denke und fühle und wer ich (hinter der Maske) wirklich bin.

Wir sagen manchmal (gedankenlos): Gott weiß, wie ich es meine. Und damit vermitteln wir gerne, dass es da drin im Herzen gut bis sehr gut aussieht, denn Gott kennt ja meine „wahren" Beweggründe. Und ja, das stimmt, aber er sieht dort oft etwas anderes als ich selbst. Und das macht ihn ziemlich traurig. Vieles von dem möchte ich lieber nicht veröffentlicht wissen – wenn es mir bewusst wird.

Wenn Gott einmal die Bücher aufmacht, in denen wirklich alles nachzulesen ist, dann wünsche ich mir, dass du und ich mit einem dankbaren Lächeln diesen Bericht genießen. Denn er wird beweisen, dass Gott in deinem und meinem Leben unwahrscheinlich geduldig und barmherzig war. Und dass er es geschafft hat, mich und dich mit seiner unendlichen Liebenswürdigkeit davon zu überzeugen, dass Gott und alles, was er denkt, spricht und tut, perfekt gut ist. Und dass er es fertig gebracht hat, mein Leben komplett umzukrempeln – weil ich ihm dazu die Genehmigung erteilt habe. Was für ein Bericht! Was für ein Facebook!

KR

18.6.

Herzverpflanzung

HESEKIEL 36,26

Und ich will euch ein neues Herz und einen neuen Geist in euch geben und will das steinerne Herz aus eurem Fleisch wegnehmen und euch ein fleischernes Herz geben.

Wenn Gott von einem neuen „Herzen“ spricht, meint er damit den Geist, das Leben, den ganzen Menschen. Damit wir dieses neue Herz bekommen, müssen wir unsere Zuneigung zur „Welt“ nun auf Christus verschieben. Ein neues Herz, das ist eine neue Einstellung, das sind neue Ziele und völlig andere Motive.

Woran zeigt sich dieses neue Herz? An einem veränderten Leben. Das neue Herz entscheidet sich an jedem Tag und in jeder Stunde gegen den natürlichen Egoismus und sagt dem Stolz „Ade“. Jetzt ist unsere Haltung zum Nächsten von Güte und Freundlichkeit geprägt, und das nicht nur ab und zu, sondern ständig. Das zeigt sich deutlich an unserer Einstellung und an unserem Verhalten. Wir werden mit allen, die mit uns zu tun haben, anders sprechen und werden auch anders handeln.

Du wirst dann nicht mehr die Schwächen der anderen aufbauschen und schlecht über sie reden. Du bist jetzt einer, der Seite an Seite mit Christus arbeitet – so wie er! Statt über die Fehler eines anderen zu tratschen und seine Schwächen breitzutreten, wirst du dich lieber dafür einsetzen, dass Beziehungen heil werden und Freundschaften neu geknüpft werden.

Ein harter Mensch ist unkultiviert, grob; er denkt und handelt nicht so, wie es Gottes Geist entspricht, er führt sich auf, als hätte er kein Herz aus Fleisch, sondern aus Stein. Was könnte ihm helfen? Nur das: Er muss „auf den Felsen fallen", er muss spüren, dass er ohne Jesus ganz und gar verloren ist. Sein Stolz muss zerbrechen.

Der Glaube, den Christus bringt, bezieht den ganzen Menschen ein. Er gibt ihm Kraft, er fördert alle Fähigkeiten, er reinigt und veredelt seinen Charakter. Solch ein Christsein zeigt sich nicht in frommen Phrasen oder in einer großen Show. Das praktische Leben beweist, ob jemand echt und aufrichtig ist und nicht mehr egoistisch denkt und handelt.

Nur Gottes Macht kann ein „Herz aus Stein" in ein „Herz aus Fleisch" verwandeln.

Frei übertragen aus Ellen G. White, „Sons and Daughters of God", Seite 100.

MP

19.6.

Selbstbeherrschung

SPRÜCHE 16,32

Ein Geduldiger ist besser als ein Starker und wer sich selbst beherrscht, besser als einer, der Städte gewinnt.

Wenn ein Mensch wütend ist, steht er in der Gefahr, sich selbst zu vergessen. Das Risiko, Schaden anzurichten, steigt gewaltig an. Wenn ich richtig wütend bin, kann ich mit ungeahnten Kräften eine Tür in Rekordzeit schließen. Natürlich hat das Einfluss auf die Lebensdauer von Klinke, Schloss und Rahmen, und meiner Wut hilft es auch nicht.

Als Marie nach der Schule voller Wut und Zorn einen Stein nach drei jüngeren Schülerinnen warf, war das so eine Kurzschlussreaktion. Aber dann sah sie, dass sie damit eines der Mädchen am Kopf traf und war geschockt. Voller Angst rannte sie nach Hause. Sie zitterte und weinte – das hatte sie nicht gewollt! Aber sie konnte es auch nicht mehr rückgängig machen. Da war jetzt jemand verletzt, schwer verletzt, vielleicht sogar tödlich verletzt. Und sie war schuld. Ein Alptraum? Nein, Realität! Was nun?

Was wir sagen oder tun, hat immer Konsequenzen. Niemand von uns lebt nur für sich allein. Schnell können wir andere verletzen. Was dann?

Natürlich, sich entschuldigen, aber das wird die Verletzung nicht gleich heilen. Können wir vielleicht noch mehr tun, um die Verantwortung für unser Verhalten zu übernehmen?

Marie hatte Ellen im Gesicht getroffen. Ellen erlitt einen Nasenbeinbruch mit Gehirnerschütterung. Da es 1835 noch kein Krankenhaus in Portland, Maine (USA), gab, wurde Ellen zu Hause gepflegt. Ihre Mutter, Eunice Harmon, wollte nichts gegen Marie unternehmen. Wie durch ein Wunder überlebte Ellen, aber ihre Genesung ging nur langsam voran.

Als Ellen wieder in die Schule kam, sollte Marie ihre Chance bekommen. Als die Lehrerin fragte: „Wer hilft Ellen, den versäumten Unterrichtsstoff nachzuholen?", nahm sie allen Mut zusammen und meldete sich. Marie bat Ellen um Vergebung, und Ellen vergab ihr von Herzen. Danach tat Marie alles, was sie konnte, um Ellen zu helfen.

TE

20.6.

Entglitten!

HEBRÄER 2,1

Darum sollen wir desto mehr achten auf das Wort, das wir hören, damit wir nicht am Ziel vorbeitreiben.

Das griechische Wort, das hier bei „vorbeitreiben" verwendet wird, hat noch eine zweite Bedeutung. Man benutzt es auch, um zu beschreiben, wie uns ein Ring vom Finger rutscht. Wie oft ist mir das passiert! Ich schüttle den Putzlappen aus und – klingeling! – gleitet der Ehering in den Eimer. Ich habe meinen Ring auch mehrmals im Schwimmbad verloren und musste dann mühsam den Boden des Bassins abtauchen, bis ich ihn wieder zurück hatte. Hin und wieder hab ich nicht einmal bemerkt, dass der Ring weg war, erst viel später begann die große Suche.

So ähnlich kann es uns auch in unseren Freundschaften und in der Ehe ergehen. Nähe und Vertrautheit sind kostbare Errungenschaften, die nicht automatisch zwischen Menschen bestehen „bleiben"; sie wollen immer wieder neu gewonnen und verschenkt werden. Wer seine Beziehungen nicht pflegt, dem gehen sie nach und nach verloren.

Das gilt auch für die Gemeinschaft mit unserem Schöpfer und Erlöser. Vielleicht engagieren wir uns in vielen frommen Aktivitäten und übersehen dadurch, dass „der Ring schon längst vom Finger gerutscht ist“ und wir nur noch aus Routine beten und singen und über Gott reden.

Kann es passieren, dass wir die Theorie vorzüglich beherrschen – und trotzdem ist Jesus für uns ein Fremder geworden? Dem wir keinen Anteil geben an dem, was wir denken, fühlen, sagen oder tun? Den wir nicht mehr um Rat fragen bei den großen und kleinen Entscheidungen des Alltags? Suchen wir noch den „Blickkontakt“ mit unserem besten Freund, wenn uns etwas bewegt, freut, bekümmert? Dabei ist er doch „das Wort“, das in unserem Leben „Fleisch“ werden möchte, nämlich Gestalt annehmen will. Wie kann das geschehen? Bewundern wir ihn noch um seiner Herzensgüte willen? Können wir staunen über seinen Takt und seine Einfühlung? Beeindruckt uns sein unbestechlicher Sinn für Wahrheit und Gerechtigkeit?

Wenn wir die enge Gemeinschaft mit ihm so hoch einschätzen wie eine Braut ihren diamantbesetzten Verlobungsring, dann wird uns der Kontakt mit ihm bestimmt nicht aus Versehen „vom Finger gleiten“.

SR

21.6.

Viel Wissen ist nicht alles

1. KORINTHER 13,9

Unser Wissen ist Stückwerk …

Ich bewundere Menschen mit großem Wissen. Sie können fast alles erklären, und wenn sie reden, schweigen die anderen. Sie haben viel gelernt, waren fleißig in der Schule, hatten wahrscheinlich immer die besten Noten. Jeder von uns kennt solche Menschen. Ich könnte hier viele Menschen beim Namen nennen, die sich durch enormes Wissen ausgezeichnet haben.

In der Apostelgeschichte stoßen wir auf einen Mann, der ebenfalls zu dieser Gruppe gehörte: der berühmte Saulus von Tarsus. Auch er lernte viel, hatte berühmte Lehrer, und alle waren stolz auf ihn. Sein Kopf war zum Platzen voll mit Wissen. Er hatte eine hohe Meinung von sich selbst. Zu jener Zeit glaubten immer mehr Menschen, dass Jesus von Nazareth der geweissagte Messias war. Das konnte der junge Saulus nicht dulden, denn er hielt diese „Sekte" für Irrlehrer und Betrüger. Er war der Ansicht, dass diese „Christen" allesamt ins Gefängnis gesteckt werden müssten. Deshalb reiste er eines Tages mit seinen Freunden nach Damaskus, um dort alle Christen zu verhaften.

Aber dieser Plan ging schief, weil sich Jesus dazwischen stellte. Saulus wurde von einem gleißend hellen Licht geblendet und fiel von seinem „hohen Ross". Nun lag er am Boden, erschrocken und blind. Er hörte eine Stimme, die ihn beim Namen nannte: „Saul, Saul, warum verfolgst du mich" (Apostelgeschichte 9,4)? In diesem kurzen Gespräch mit Jesus entdeckte er einen Gott, der überhaupt nicht seiner Vorstellung entsprach. Sein Wissen half ihm hier nicht weiter, dabei brauchte er ganz dringend Hilfe! Die fand er schließlich bei einem schlichten Nachfolger von Jesus, der ihn besuchte, seine Augen heilte und ihn taufte.

Jahre später schrieb Saulus den oben angeführten Satz nieder und bekannte, dass all unser Wissen begrenzt ist. Saulus musste in seinem Kopf aufräumen, seine Gedanken ordnen und Platz machen für ein anderes Wissen, diesmal für Gedanken, die von Gott kommen. Und diese sind oft ganz anders als unsere eigenen Vorstellungen. Schon der Prophet Jesaja spricht davon, wenn er sagt: „Meine Gedanken sind nicht eure Gedanken" (Jesaia 55,8).

Wer dies verstehen möchte, sollte vielleicht lieber selbst „vom hohen Ross" heruntersteigen, das ist nämlich besser als ein Sturz.

AdK

22.6.

(Un)vergesslich

JESAJA 49,15.16 NL

Kann eine Mutter etwa ihren Säugling vergessen? Fühlt sie etwa nicht mit dem Kind, das sie geboren hat? Selbst wenn sie es vergessen würde, vergesse ich dich nicht! Sieh, ich habe dich in meine Handflächen gezeichnet. Das Bild deiner Mauern habe ich immer vor Augen.

Als ich zehn war, besuchten wir als Familie ein großes Jubiläumsfest des Advent-Verlags. Ich war mit meinen Spielkameraden und den aufregenden Angeboten so beschäftigt, dass ich nicht darauf achtete, wo sich meine Familie aufhielt. Später suchte ich meine Eltern vergebens. Da stellte sich heraus, dass sie bereits ohne mich auf dem Weg nach Hause waren. Meine Familie hatte vergessen, mich mitzunehmen! Ratlos lief ich zum Straßenrand. Keine Spur von ihnen. Lähmende Angst stieg in mir auf. Was sollte ich tun? Ich fühlte mich alleingelassen.

22.6.

Es dauerte nicht lange, da sah ich unser Familienauto zurückkommen. Mir fiel ein Stein vom Herzen! Sie erklärten mir, dass sie beim Aufbruch gar nicht bemerkt hatten, dass ich fehlte. Als ruhiges Kind fiel ich selten auf. Nach einigen Minuten war ihnen aber dann doch klar geworden, dass unsere Familie im Auto nicht komplett war.

Heute kann ich über die Anekdote lachen, damals war ich aber schon recht betroffen. Niemand möchte vergessen werden. Denn es verunsichert. Es ängstigt. Es tut weh. Zweifel nisten sich ein, ob man in den Augen anderer wertvoll ist.

Tatsächlich werde ich nicht von allen Menschen wertgeschätzt. Gerade diejenigen, die mir am nächsten stehen, können mich am meisten enttäuschen. Aber es gibt jemanden, der jeden Augenblick an mich denkt. Es widerspricht seinem Wesen, mich zu vergessen. Mein Name ist auf seine Handflächen geschrieben. Unauslöschlich eingraviert. In einem unendlich weitreichenden Universum bin ich für ihn bedeutsam und unersetzlich. Kein Weg war ihm zu umständlich, um mich näher zu sich zu ziehen. Kein Preis war für ihn zu hoch, um mich sein Kind zu nennen. Er ist mein himmlischer Vater. Dies will ich nie vergessen!

AD

23.6.

Kleiner Mensch, große Wirkung

SPRÜCHE 17,22 NL

Ein fröhliches Herz ist die beste Medizin, ein verzweifelter Geist aber schwächt die Kraft eines Menschen.

Letztens war ich auf dem Weg in die Uni, ausgerechnet in der Stoßzeit. Die U-Bahn war überfüllt. Ich hatte einen schlechten Tag. Zu viel zu tun und zu wenig Zeit. Und dann kam auch noch diese Frau mit dem Kinderwagen und bildete sich ein, dass sie sich ebenfalls in die U-Bahn quetschen musste, obwohl die schon voll war. Was tut man also in solchen Momenten? Ich zumindest steckte meine Kopfhörer in die Ohren und suchte irgendeine Musik, damit ich die Fahrt halbwegs erträglich überstehen könnte, während ich genervt vor mich hinstarrte.

Versteht mich nicht falsch: Ich liebe Kinder! Deswegen werde ich auch Grundschullehrerin. Aber in diesem Moment hätte die Mutter samt ihrem Kind gerne in ein anderes Abteil einsteigen können. Dann fiel mir etwas auf: Das Kind starrte mich an. Es schaute nicht einfach herum und guckte dabei zufällig in meine Richtung. Nein. Das Kind schaute mir voll ins Gesicht. Und dann lächelte es und schnitt eine Grimasse. Den Rest der Fahrt verbrachte ich mit dem Versuch, das Kind im Grimassenschneiden zu übertrumpfen. Und als ich ausstieg, hatte ich auch ein Lächeln auf den Lippen.

Mir wurde eines bewusst: Gott hatte soeben ein schwaches, kleines, hilfloses Kind benutzt, um meinen Tag zu erhellen. Es war keine beeindruckende Persönlichkeit gewesen, kein berühmter Redner, kein Wunder war geschehen, sondern ein kleines Persönchen hatte mir ein Lächeln geschenkt und meinen Tag damit so viel besser gemacht. Gott kann jeden Menschen gebrauchen, und Gott kann durch jeden Menschen Großes bewirken. Egal, wie schwach und klein diese Person auch sein mag.

Die Bibel gibt uns einige Beispiele von Menschen, die auf den ersten Blick unbedeutend erscheinen mögen. Auf den zweiten Blick machen sie jedoch DEN Unterschied. Wir werden uns in den nächsten Tagen ein paar von ihnen anschauen, aber heute möchte ich dich ermutigen: Lass dich gebrauchen! Und erlaube auch anderen Menschen, dass sie deinen Tag verändern. Du wirst staunen, wie viele Möglichkeiten es dazu gibt – an nur einem einzigen Tag!

YG

24.6.

Kleiner Mensch, großes Herz

GALATER 6,10 NL

Lasst uns jede Gelegenheit nutzen, allen Menschen Gutes zu tun, besonders aber unseren Brüdern und Schwestern im Glauben.

Die Grube ist ganz schön tief. Jeremia sackt in den Schlamm ein. Es ist dunkel. Es ist feucht. Es ist kalt. Jeremia ist erschöpft. So oft hat er schon versucht, die Menschen zu warnen, doch keiner hört auf ihn. Stattdessen wird er nun in eine schlammige Grube geworfen. Doch plötzlich hört er Stimmen, Seile werden heruntergelassen. Jemand ruft ihm zu: „Halt dich am Seil fest, wir ziehen dich hoch!“ Und sie holen ihn aus dem Schlammloch heraus.

Gerade eben fühlte sich Jeremia noch müde und vielleicht auch allein, doch nun schickte Gott ihm einen Freund. Wer war dieser Freund? Alles, was wir über Ebed-Melech erfahren, steht in zwei Kapiteln in der Bibel. In

Jeremia 38 erfahren wir, dass er ein Diener im Palast Zedekias war, er kam aus Kusch (das liegt im heutigen Sudan) und war somit ein Fremder, ein Heide. Er hatte keine besondere Stellung und kein besonderes Ansehen, doch er hatte etwas viel Besseres. Ebed-Melech hatte ein mitfühlendes und mutiges Herz. Ein Herz, das für andere Menschen schlug und das nicht einfach zusehen konnte, wenn etwas Ungerechtes geschah. So kümmerte er sich nicht weiter darum, dass er Ausländer und nur ein Diener war, sondern versuchte alles, um Jeremia zu helfen. Er scheute sich nicht, Unrecht öffentlich zu benennen, obwohl er sich damit vielleicht mächtige Männer zu Feinden machte. Die Menschlichkeit in seinem Herzen ließ nicht zu, dass etwas Falsches vor seinen Augen passierte, ohne dass er nicht wenigstens einen Versuch unternommen hätte, um es zu verhindern.

Als ich die Geschichte las, habe ich mir überlegt, wie ich mich wohl an seiner Stelle verhalten hätte. Niemand hätte ihm einen Vorwurf gemacht, wenn er nichts unternommen hätte. Er war nun wirklich nicht für Jeremia verantwortlich. Aber seine Selbstlosigkeit ließ ihm keine Ruhe. Durch die Betrachtung dieser Geschichte ist mir eines klar geworden: Es braucht damals wie heute mitfühlende und mutige Herzen, die ihre Augen nicht in Gleichgültigkeit verschließen und sich nicht nur in ihrer eigenen kleinen Welt bewegen, sondern die Gutes tun. Herzen, die für andere schlagen und die nicht schweigen können, wenn Ungerechtigkeit vor ihren Augen geschieht. Und ich hoffe sehr, dass wir, du und ich, solche mitfühlenden und mutigen Herzen haben.

YG

25.6.

Kleiner Mensch, großes Vertrauen

JEREMIA 39,17.18 NL

Dich aber will ich retten, spricht der Herr. Du wirst nicht den Männern ausgeliefert werden, vor denen du dich so sehr fürchtest, sondern ich will dich entkommen lassen. Du hast mir vertraut, deshalb wirst du nicht im Kampf fallen, sondern wirst mit dem Leben davonkommen und in Sicherheit sein. Das verspreche ich, der Herr.

Ebed-Melech hat sich entschieden. Er will das Richtige tun und alles versuchen, um Jeremia zu helfen. Das heißt aber nicht, dass er keine Angst hat. Er weiß: Er wird sich wahrscheinlich mächtige Männer zu Feinden machen. Und was wird passieren, nachdem er Jeremia aus der Grube gezogen hat? Die Stadt wird immer noch belagert. Vielleicht wird er nicht durch die Mächtigen des Königs sterben, aber ob er dem Zorn der Babylonier entkommen kann?

So sitzt er da, und alles was er noch tun kann, ist hoffen und beten. Plötzlich erscheint jemand an seiner Tür. Erschrocken springt er auf, doch es ist nur Jeremia. Er hat eine Botschaft von Gott. Gott hat den Glauben und das Vertrauen Ebed-Melechs gesehen. Und er sieht auch dessen Angst und schickt seinen Propheten, damit er ihn beruhigt.

Ich mag Gottes Botschaft an Ebed-Melech. Sie zeigt so deutlich, dass Gott ganz genau weiß, was im Herzen Ebed-Melechs vorgeht. Er versteht seine Angst, und er findet genau die richtigen Worte für ihn. Dabei ist diese Botschaft so persönlich. Man stelle sich das einmal vor, Gott, der Schöpfer des Universums, der Allmächtige, hat eine ganz persönliche Botschaft für einen – könnte man meinen – so unbedeutenden Menschen wie Ebed-Melech, einen Diener des Königs, nicht einmal ein Israelit, sondern ein Fremder. Gott gibt ihm das Versprechen, dass er leben soll. Er interessiert sich für die Angst und die Unsicherheit Ebed-Melechs und tröstet ihn. Ist das nicht wunderbar? Alles, was in diesem Augenblick zählt, ist, dass Ebed-Melech Gott vertraut hat. Genauso ist es heute auch.

Entscheidend ist, dass wir auf Gott vertrauen, egal, wie unbedeutend wir uns vorkommen, egal, in welcher Situation wir sind, und egal, wie unfähig wir uns fühlen. Wenn wir vertrauen, dann wird Gott uns helfen und uns zu Großem befähigen. Vielleicht wird kein Prophet zu uns kommen, aber Gott wird immer einen Weg finden, um uns zu stärken. So wie damals bei Ebed-Melech.

YG

26.6.

Kleiner Mensch, großer Einsatz

JOHANNES 6,9 NL

Hier ist ein kleiner Junge mit fünf Gerstenbroten und zwei Fischen. Doch was nützt uns das bei so vielen Menschen?

Warst du schon einmal so begeistert von einer Sache, dass die Stunden dabei nur so dahingeflogen sind? Alles andere erschien dir unwichtig, Hauptsache, du wirst nicht gestört. Und so verrinnen die Minuten und auch die Stunden, bis sich schließlich ein nicht ganz unbekanntes Ziehen in der Magengegend bemerkbar macht.

Genau dasselbe erlebten Tausende von Menschen, die eines Tages Jesus zuhörten. Alles erschien unwichtig, bis schließlich der Hunger zu groß wurde. Ich stelle es mir so vor: Zuerst wurden einige Kinder quengelig. Eine Mutter fragt die andere: „Hast du etwas zu essen dabei?“ Die andere schüttelt den Kopf und gibt die Frage an andere Frauen weiter. Schließlich wird die ganze Menschenmenge unruhig. Die Jünger hören das Geflüster und nicken, denn sie finden ja auch, dass Jesus langsam mit dem Predigen aufhören sollte, damit die Leute sich Essen besorgen können. Immerhin ist es schon spät!

Und was antwortet Jesus? „Gebt ihr ihnen zu essen!" – Aber das ist unmöglich! Wie sollen sie das schaffen? Sie diskutieren sich die Köpfe heiß. Da kommt Andreas, der Bruder von Petrus, mit einem kleinen Jungen daher. Dieser Junge ist bereit, alles wegzugeben, was er hat. Es ist nicht viel. Ein kleines Körbchen mit fünf Broten und zwei Fischen, sein Mittagessen. Der Junge hat sich nicht zuerst einen Fisch und ein Brot herausgenommen und hinterher den Korb zu Andreas gebracht. Er gibt alles her, was er in diesem Moment hat. Und Jesus macht etwas Großes daraus. Er macht mit Hilfe dieses Körbchens eine riesige Menschenmenge satt.

Manchmal erscheint uns das, was wir geben, klein und unbedeutend. Vielleicht denken wir, dass wir keine besonderen Talente haben. Wir können Jesus nicht mehr geben als den schlichten Wunsch: „Ich will für dich arbeiten. Aber ich weiß eigentlich gar nicht, wie …" Oder wir haben nicht viel Zeit, nur die kurze Phase, bevor der Alltag losgeht. Egal, was es ist, übergib es Jesus vollkommen, halte nichts davon zurück! Dann wird er etwas Großes daraus machen.

YG

27.6.

Ein bisschen Spaß muss sein

SPRÜCHE 26,18.19 NL

Ein Verrückter mit einer tödlichen Waffe richtet ebenso großen Schaden an wie jemand, der einen Freund betrügt und dann sagt: „Ich habe nur Spaß gemacht."

„Ätsch. Voll reingelegt! Eins zu null für mich!" Brust raus und Nase hoch. Der andere bleibt kurz schockiert stehen, dann grinst er erleichtert. Puh! Es war also nicht ernst gemeint. Und schon könnt ihr gemeinsam darüber lachen. „Das zahl ich dir heim!", zischt er dann zwischen den Zähnen mit einem fast böswilligen Unterton.

Wer kennt das nicht? Kann man das als Lüge bezeichnen? Das war doch nur Spaß! Freunde können sich doch ab und zu auf den Arm nehmen, sie verstehen das schon. Aber was, wenn nicht? Wenn sie für bare Münze nehmen, was doch nur ironisch gemeint war?

27.6.

Neulich kam ein Freund zu mir und sagte: „Es wurmt mich immer noch, was du letzte Woche zu mir gesagt hast! Ich bin stinksauer.“ „Aber das war doch nur Spaß! Das habe ich nicht so gemeint!“, entgegnete ich. Und doch hatte er meinen Scherz in den falschen Hals bekommen. Eine ganze Woche lang trug er den Ärger mit sich herum. Und dann ließ er seine Gefühle raus, als würde er mir einen Sack vor die Füße werfen, der aufplatzte. Ich hatte ihn nicht verletzen wollen! Und doch wuchs hier ein kleiner Riss in der Freundschaft. Zum Glück konnten wir das klären. Das hat unserer Freundschaft das „Leben“ gerettet.

Wenn wir solche bitteren Gefühle nicht rechtzeitig beseitigen, dann ist das wie eine tote Maus im Keller. Mit der Zeit beginnt es zu stinken, und der abscheuliche Geruch verbreitet sich im ganzen Haus. Am Ende können wir nicht mehr herausfinden, woher der Gestank überhaupt kommt. So können Freundschaften kaputtgehen.

Gott wünscht sich aber, dass wir harmonisch miteinander auskommen. Wir sollen uns nicht unnötig wehtun. Kleine Witzeleien oder Sarkasmus können tödlich sein. Vergiss nicht: Wir können die Gefühle des anderen verletzen, auch wenn er oder sie zuerst darüber lacht.

AH

28.6.

Licht am Ende des Tunnels

JOSUA 1,5 HFA

Ich lasse dich nicht fallen und verlasse dich nicht!

„Nein – das kann doch nicht sein!“ Mit schreckgeweiteten Augen starre ich meinen Freund an. Auch er ist völlig fassungslos. „Doch, ich hab es eben erfahren. Ich kann es selbst nicht glauben …“, stottert er und nimmt mich in den Arm. „Aber wie, wo, wann hat er das getan?“, will ich wissen.

Einer unserer besten Freunde hatte sich am Tag zuvor im Park erhängt. Er war 19 Jahre alt. Warum??? Wir hatten nichts bemerkt. Er war nicht depressiv, eher tiefsinnig, wollte gerne alles genau wissen, hat vieles hinterfragt. So jung – so unbegreiflich! Da hat er sein Leben einfach weggeworfen … Hätte ich ihm helfen können? Habe ich etwas versäumt? War ich nicht aufmerksam genug?

Wie können wir mit negativen Gefühlen wie Angst, Einsamkeit oder Trauer umgehen? Wie kommen wir aus dem Sog negativer Gedanken heraus?

28.6.

Allein in Deutschland nehmen sich jährlich ca. 10.000 Menschen das Leben und weitere 100.000 versuchen es. Es gibt viele Risikofaktoren für Selbstmord: psychische Erkrankungen, Alkohol- oder Drogenmissbrauch, belastende Lebensereignisse, schwere Krankheiten, Verluste, Heavy-Metal-Musik oder völliger Rückzug und das ununterbrochene Kreisen um die eigenen Probleme.

Wenn du dich mutlos fühlst, wenn du denkst, kein Mensch versteht dich, wenn in dir alles leer ist und du kein Licht am Ende des Tunnels siehst – dann darfst du wissen, dir kann geholfen werden! Es gibt Heilung, auch wenn du dir das vielleicht momentan nicht vorstellen kannst.

Als erstes kannst du dich niederknien und Jesus dein Herz ausschütten. Er versteht dich! Er kann sich in dich einfühlen und – er kann Gefühle verändern! Bitte ihn jeden Tag um positive Gedanken und um Ausgeglichenheit! Mit der Zeit wird sich deine Einstellung verändern! Dann suche dir einen Menschen, dem du vertraust. Hab Mut – trau dich über deine Gefühle zu sprechen, du wirst sehen, das erleichtert ungemein! Wichtig ist, dass du die Ursache deiner Depression erkennst. Kommt sie von innen? Ein Ungleichgewicht im Stoffwechsel oder eine nichterkannte Krankheit? Oder sind äußere Umstände an deiner Traurigkeit „schuld" – Liebeskummer, Mobbing in der Schule, Streit mit den Eltern …?

Oft hilft es, wenn du deine Lebensgewohnheiten änderst (täglich Sport, 6 – 8 Glas Wasser trinken, 8 Stunden Schlaf, 5 Portionen Obst und Gemüse). Doch wenn du merkst, du kommst alleine nicht weiter, dann wende dich an christlich-therapeutisch ausgebildete Fachkräfte.

Vergiss nie – dir kann geholfen werden, wenn du es zulässt!

CR

29.6.

Wach auf!

MATTHÄUS 25,13 SLT

Darum wacht! Denn ihr wisst weder den Tag noch die Stunde, in welcher der Sohn des Menschen kommen wird.

Das gibt's ja nicht! Schon wieder spät dran … ob ich es noch schaffe? Dabei habe ich mir doch fest vorgenommen, diesmal pünktlich zu sein. Eine endlose Kolonne von Autos steht vor mir. Ein regelrechter Stau. Wohin wollen die denn alle?

Überall sind die Plakate für die kirchliche Veranstaltung aufgestellt. Ich will auch daran teilnehmen. Schon seit Monaten arbeiten wir daran und beten unaufhörlich.

Im Schneckentempo geht's weiter. Da endlich, ich bin angekommen. Aber es gibt keine freie Parklücke. Wäre ich doch früher gekommen!

Eine große Menschenmenge wartet vor der Eingangspforte zur Halle. Wie? Alle wollen zu unserer Kirchenveranstaltung?

Ich eile hinüber zu den Massen und höre gerade die tiefe Stimme des Feuerwehrkommandanten: „Kein Eintritt mehr. Der Saal ist voll. Es ist zu spät!"

„Aber bitte, ich gehöre hier hin – ich bin Mitglied bei dieser Kirche."

„Tut mir leid – Sie sind zu spät. Hier kommen Sie heute nicht mehr hinein."

Langsam tappe ich zurück, in meinem Kopf hämmert es: Zu spät. Zu spät. Ich bin zu spät. Tatsächlich, das Tor ist geschlossen. Kein Klopfen, Bitten, Flehen nützt. Die Tür ist zu.

Plötzlich schießt mir ein Gedanke durch den Kopf. Was, wenn Gott gerade zu mir persönlich spricht? Bereit für die Wiederkunft – bin ich das? Wird dann die Türe für mich auch geschlossen sein? Bin ich eine der fünf törichten Jungfrauen? Als diese vom Öl-Einkauf zurückkamen, sagte Jesus: „Ich kenne euch nicht." Um das Öl, den Heiligen Geist, haben sie sich zu spät gekümmert. Die Tür blieb geschlossen.

Ein Licht geht mir auf. Gerade jetzt – mitten am Parkplatz – bleibe ich andächtig stehen und spreche mit Gott: „Danke, dass du mich wach gerüttelt hast. Nimm mich, Herr Jesus, lass mich ganz dir gehören. Alle meine Pläne lege ich zu deinen Füßen. Gebrauche mich in deinem Dienst. Bleib in mir, und lass alles, was ich tue, in dir geschehen."

CP

30.6.

7 Milliarden Winzlinge

PSALM 8,4.5

Wenn ich sehe die Himmel, deiner Finger Werk, den Mond und die Sterne, die du bereitet hast: Was ist der Mensch, dass du seiner gedenkst, und des Menschen Kind, dass du dich seiner annimmst?

Den ganzen Tag bin ich unterwegs gewesen und komme erst mitten in der Nacht nach Hause. Ich fühle die laue Luft dieser Sommernacht, der Himmel ist sternenklar. Als ich aus dem Auto steige und in den Sternenhimmel schaue, bin ich überwältigt von dem Anblick. Ich sehe die Milchstraße mit ihren vielen Millionen von Sternen in den unendlichen Weiten des Universums... Eine kleine Ewigkeit stehe ich da und kann meinen Blick nicht abwenden von der Schönheit dieser Sternenpracht.

Plötzlich komme ich mir ganz klein vor. Unser Planet Erde ist, gemessen an der Größe des Universums, winziger als ein Staubkorn. Und auf diesem „Staubkorn" leben über 7 Milliarden Menschen, die im Vergleich zum Weltraum so klein sind, dass sie nur mit einem sehr guten Mikroskop zu sehen wären. Ich bin einer von diesen winzigen Menschen. Völlig unbedeutend! Was bin ich schon in so einer Menge von Winzlingen? Ein Nichts unter vielen anderen unbedeutenden Nichtsen. Eigentlich kommt es auf mich doch gar nicht an, oder? Ob es mich gibt oder nicht, spielt im Vergleich zur unermesslichen Größe des Raums keine Rolle!

Kann es wirklich sein, dass der, der den ganzen Kosmos geschaffen hat, sich um mich kümmert? Dass ER Anteil nimmt an meinem Leben? Dass ER sich dafür interessiert, was in meinem Leben gerade passiert? Dass ich IHM wichtig bin? Ähnliche Gedanken müssen David bewegt haben, als er den achten Psalm geschrieben hat. Der große Schöpfergott, der das Weltall durch sein Wort ins Dasein rief, der Herrscher des Universums, gibt sich mit diesen kleinen, oftmals aufsässigen „Menschenkindern" ab! Ja, er läuft ihnen hinterher, lädt sie zu sich ein, will Freundschaft und Gemeinschaft mit ihnen jeden Tag.

Das macht mich froh und dankbar, dass Gott sich um mich kleinen Menschen kümmert, dass ich ihm nicht egal bin. In seinen Augen bin ich wertvoll und nicht einfach einer unter vielen. In seinem Herzen habe ich einen besonderen Platz. Er liebt mich und will mir ganz nahe sein. Das ist die beste Nachricht, die jemals diesen Planeten erreicht hat.

TK

1.7.

Wenn der Sturm tobt

PSALM 93,4 SLT

Doch mächtiger als das Brausen großer Wasser, mächtiger als die Meereswogen ist der HERR in der Höhe!

Bist du schon mal in ein Unwetter gekommen? So richtig überraschend mit Blitz und Donner, viel Wasser von oben, Wind, lautem Krachen – einfach allem, was dazugehört? Ich schon, und genau in dieser Nacht hatten wir gezeltet. Da konnte ich nicht schlafen, das ging einfach nicht.

Ich kenne jemanden, der konnte mitten in einem Sturm schlafen. Obwohl er schlief, war er doch anwesend. Er lag in einem kleinen Fischerkahn. Die Mannschaft setzte gerade ihr Leben ein und kämpfte mit aller Kraft, damit das Boot nicht unterging. Aber der Sturm war doch stärker.

Wie diesen Sturm gibt es Dinge in meinem Leben, die kann ich nicht kontrollieren, nicht voraussehen, nicht bewältigen. Wenn Probleme kommen – diese Stürme im Leben – suche ich aus eigener Kraft eine Lösung. Wie oft habe ich dabei schon Schiffbruch erlitten?

Diese Mannschaft in der Sturmnacht wendet sich endlich an den einen schlafenden, aber anwesenden Mann. Vielleicht wollen sie, dass er beim Wasserschöpfen mitmacht. Oder dass er das Ruder festhält und genau dort hilft, wo sie ihn einsetzen, und genau das macht, was sie geplant und gedacht haben. Aber er geht ganz anders an die Sache heran: Er steht auf, bedroht den Sturm, und plötzlich geschieht etwas, was keiner erwartet hat: Es wird still und ruhig. Da ist kein Wind mehr, selbst die kleinen Wellen verstummen.

Das hat mich zum Nachdenken gebracht. Der Mann damals war Jesus Christus. Die Bibel schreibt, dass er heute noch lebt. Wenn er damals diesen Sturm beruhigen konnte, dann kann er das auch mit den Stürmen in meinem Leben tun. Dann sollte ich ihn jetzt wecken und ihm den Sturm anvertrauen.

Die Sturmgeschichte findest du in der Bibel in Markus 4,35-41.

TE

2.7.

Vertraue mir

SPRÜCHE 3,5.6 NL

Vertraue von ganzem Herzen auf den Herrn und verlass dich nicht auf deinen Verstand! Denke an ihn, was immer du tust, dann wird er dir den richtigen Weg zeigen.

vertraue mir
wenn du mutlos bist
und den Weg nicht mehr findest
wenn du verwirrt bist
und alle Türen geschlossen sind
vertraue mir
wenn du einsam bist
und keine Menschenseele sieht es
wenn du müde bist
und keine Kraft hast, um weiterzugehen
vertraue mir
wenn du traurig bist

und niemand hört dich
wenn du ratlos bist
und keiner kann dir weiterhelfen
vertraue mir
wenn du Angst hast
und dich nirgendwo verstecken kannst
wenn du verletzt bist
und niemand versteht dich
vertraue mir
ich bin
der Weg
die Tür
das Licht
das Leben
vertraue mir
ich heiße
Tröster
Wunder-Rat
Friede-Fürst
und Heiland
du kannst
mir vertrauen

MC

3.7.

Strahlende Lichter in der Dunkelheit

PSALM 22,5 EB

Auf dich vertrauten unsere Väter; sie vertrauten, und du rettetest sie.

Die Zeit des 30-jährigen Kriegs war eine sehr schlimme Zeit. Eine Zeit, in der durch grausame Kämpfe versucht wurde, Probleme zu beseitigen. Sogar verschiedene Religionen bekämpften sich mit Gewalt.

Aber auch in dieser Zeit gab es Menschen, die ernsthaft an Gottes Wort festhielten, die trotz Leid und Not ihr Vertrauen in Gott nicht verloren! Einer von ihnen war Paul Gerhardt. Ein Mann, den ich wegen seines unerschütterlichen Vertrauens in Gott und seiner Gabe, dieses durch Gedichte auszudrücken, schätzen gelernt habe. Viele seiner Texte wurden auch zu Liedern vertont.

Die Sehnsucht nach seinem Erlöser und seine Gewissheit, dass dieser lebt, wird deutlich, wenn er schreibt: „Ich weiß, dass mein Erlöser lebt, das soll mir niemand nehmen!“ Und einige Verse weiter: „Mein Auge wird sein Angesicht mit großer Lust erblicken; ich werd’ ihn sehen mir zur Freud und werd’ ihm dienen ohne Zeit, ich selber und kein Fremder.“

Bereits mit 14 Jahren hatte Paul Gerhardt beide Eltern verloren. Auch viele seiner Kinder starben noch zu seinen Lebzeiten oft schon im Kindesalter! Dennoch sind seine Texte stets durch Hoffnung gekennzeichnet, sie drücken Freude aus: Dankbarkeit, trotz schwerer Schicksalsschläge.

Eines dieser Lieder gefällt mir besonders gut: „Befiehl du deine Wege" – du kennst es sicher.

Zugegeben, die Sprache ist nicht besonders modern, aber ich habe trotzdem angefangen, dieses Lied auswendig zu lernen. Mit jeder Strophe, die ich lerne, bekomme ich eine neue Vorstellung davon, was es heißt, Gott ganz zu vertrauen!

Es ist ein Geschenk, dass diese und viele andere Texte heute noch bekannt sind, damit wir sehen können: Es lohnt sich, mit Gott zu gehen, denn andere haben es getan und wurden reich belohnt!

AF

4.7.

Bekenne dich zu Gott

MATTHÄUS 10,32.33

Wer nun mich bekennt vor den Menschen, den will ich auch bekennen vor meinem himmlischen Vater. Wer mich aber verleugnet vor den Menschen, den will ich auch verleugnen vor meinem himmlischen Vater.

Wenn ich auf meine Kindheit zurückblicke, frage ich mich, wie ich es früher wohl geschafft habe, mit einer nichtgläubigen Freundin zu beten – einfach so! Oder wie ich in einem Aufsatz über die Wiederkunft Jesu schreiben konnte. Oder vor der ganzen Klasse ein christliches Gleichnis erzählte. Ich dachte damals absolut nicht daran, was die anderen von mir halten könnten.

Doch je älter ich wurde, desto mehr verlor ich die Selbstsicherheit und den Mut, zu meinem Glauben zu stehen. Lieber hielt ich mich zurück, als anderen zu erklären, was ich glaubte und warum. Das ging sogar so weit, dass ich jede Frage nach meiner Weltanschauung als schwere Kritik und

Beleidigung empfand. Erst später wurde mir klar, dass mir das Interesse der anderen eine Chance gegeben hätte, meinen Glauben positiv zu bezeugen.

Im Gymnasium fragte mich einmal ein Schulkollege unerwartet und ohne Zusammenhang, ob ich viel bete. Eigentlich hatten wir uns noch nie über den Glauben unterhalten, und doch hatte er gemerkt, dass ich gläubig bin.

Gott schenkt uns die richtigen Gelegenheiten, bei denen wir ihn bezeugen können! Viele Worte sind gar nicht nötig, denn die Leute merken an unserem Lebensstil, wie wichtig Gott uns ist. Da ich sabbats an keiner Schulveranstaltung teilnahm, aus Prinzip keinen Alkohol trank und mich gegen unmoralische Bücher wehrte, ergaben sich auf eine natürliche Weise Gespräche über meine Überzeugungen. Die Bibelsprüche und andere christliche Texte auf meiner Agenda wurden von etlichen neugierigen Mitschülern gelesen. Manche Kollegen waren interessiert und stellten mir Fragen zu meinem Glauben, während andere gleichgültig oder ablehnend reagierten. Ich muss zugeben, ein missbilligender Blick ist immer unangenehm. Aber was sollte es mich kümmern, was andere über mich denken?

In dieser Welt gibt es immer ein Risiko, abgelehnt zu werden, wenn man sich zum christlichen Glauben bekennt. Doch wenn ich mich entscheiden muss, setze ich lieber meine Beliebtheit aufs Spiel, als meinen Platz im „Himmel“ zu verlieren. Wichtiger als alles ist doch, wie Gott von mir denkt!

AD

5.7.

Vertrauen, auch bei Kleinigkeiten

MATTHÄUS 17,20

... wenn ihr Glauben habt wie ein Senfkorn ...

Die Kinder tobten, rannten, spielten und freuten sich über die Ferienzeit. Wir waren auf einer Freizeit für Kinder aus sozial benachteiligten Familien. Jedes Kind brachte seine Erfahrungen und Herausforderungen mit. Keines stammte aus einer aktiv christlichen Familie. Trotzdem hatten wir morgens und abends mit ihnen eine besondere „Geschichtenzeit", in der wir ihnen von der Bibel, von Gott, von unserem Glauben erzählten und mit ihnen beteten.

An einem Nachmittag spielten wir draußen ein Spiel, als plötzlich eines der Mädchen aufschrie: „Ich hab meine Kontaktlinse verloren!" Es war eine teure Linse, und ihre Familie hatte wenig Geld – das Mädchen machte sich große Sorgen. Wir suchten sofort, aber so eine winzige Linse ist schwerer zu finden als eine Stecknadel im Heuhaufen. Eine riesige Wiese, ein Haufen rennender Kinder und eine winzige Kontaktlinse – äußerst schlechte Bedingungen!

Dann kam ein anderer Leiter vorbei und fragte, ob wir schon gebetet hätten. Die Theorie kannten die Kinder, jetzt ging es zur Praxis, aber ich zögerte noch: „Na, toll! Was, wenn wir die Linse nicht finden?! Wir machen unseren Glauben völlig unglaubwürdig! Wir machen dich unglaubwürdig, Gott!“

Aber jetzt blieb mir nichts anderes übrig, und so beteten wir gemeinsam. Keine 20 Sekunden später hielt ein anderes Kind die Kontaktlinse hoch! Den Bereich, in dem die Linse lag, hatten wir ausgeschlossen, weil er zu weit weg war! Es war eine große Erfahrung für uns alle.

„Glaube wie ein Senfkorn“. Nein, Gott ist kein Automat, der alles tut, was ich ihm befehle. Aber er zeigt mir immer wieder liebevoll, dass ich ihm vertrauen darf, dass er glaubwürdig ist und ich mir keine Sorgen machen muss, denn: Er sorgt für mich und dich!

AsW

6.7.

Mitmenschen

2. PETRUS 3,9

Der Herr ... will nicht, dass jemand verloren werde, sondern dass jeder zur Buße finde.

Bei unserem letzten Urlaub trafen wir auf unseren Wanderungen fast täglich ein junges Mädchen. Sie war allein unterwegs, wirkte blass und verschlossen. Am dritten Tag fiel sie uns bewusst auf.

Mein Mann und ich haben es uns zur guten Gewohnheit gemacht, immer nach Menschen Ausschau zu halten, die Hilfe auf ihrer Suche nach Gott brauchen. Sollte die junge Dame vielleicht die sein, für die wir am Morgen schon anonym gebetet hatten? Wir wollten unser Gebet für sie intensivieren und nach einem Weg suchen, mit ihr in Kontakt zu treten, ohne uns aufzudrängen.

An allen weiteren Tagen trafen wir sie nun regelmäßig, täglich mindestens einmal. Dabei sind wir nicht immer denselben Weg gegangen – ganz im Gegenteil! Wir gingen sämtliche Wanderwege ab, die es in diesem Bergland gab.

Im Gebet kam uns die Gewissheit, dass wir ihr das Buch „Das Leben Jesu“ schenken sollten. Aber wie? Wir wechselten mit ihr nie ein Wort, grüßten uns auch nicht. Ich hatte den Eindruck, dass das Mädchen die Begegnungen mit uns nur unbewusst wahrnahm. Sie wirkte abwesend, introvertiert, am äußeren Geschehen nicht interessiert.

Ich war vom intensiven Drängen berührt, mit dem Gott mich für dieses Mädchen beten und denken ließ. War es nicht ER, der in mir den Wunsch weckte, an andere Menschen zu denken, auch im Urlaub?

Das Mädchen selbst mochte davon nichts ahnen, aber Gott war auch an ihr interessiert. Dieser Gedanke erfüllte mich mit unglaublicher Dankbarkeit: Gott kümmert sich auch um mich, selbst dann, wenn mir nicht bewusst ist, dass ich Hilfe benötige, oder auch dann, wenn ich gar nicht glaube, dass es einen persönlichen Gott gibt.

Und wenn ich bereits zu denen gehöre, die mit Gott leben, habe ich das Vorrecht, für andere zu beten, damit auch sie ihm begegnen. Lasst uns unsere Mitmenschen nicht vergessen!

MW

7.7.

Der letzte Versuch

RÖMER 8,14

Denn welche der Geist Gottes treibt, die sind Gottes Kinder

Es war einen Tag vor unserer Abreise. Trotz drohender Regenwolken entschieden wir uns für eine Nachmittagswanderung. Als wir das Zimmer verließen, dachten wir noch einen kurzen Moment darüber nach, ob wir das Buch für das Mädchen einpacken sollten. Vielleicht würden wir sie ja wiedersehen! Das wäre die letzte Gelegenheit für das Geschenk. Schließlich waren wir aber doch zu bequem und ließen das Buch im Zimmer.

Tatsächlich begegnete uns das Mädchen auf unserer Wanderung! Wir hatten ein komisches Gefühl … hätten wir doch … Aber ich redete mir ein: „Ach, sie hätte das Buch sowieso nicht gelesen, und so wie sie auf uns wirkt, hätte sie es vielleicht gar nicht angenommen! Außerdem: Vielleicht hätte sie das Buch auf dem Weg genauso wenig tragen wollen wie wir. Es hat halt nicht gepasst. Das müssen wir akzeptieren. Wir haben ohnehin für sie gebetet. Gott kann ihr auf vielerlei Weise helfen. Er braucht uns nicht." Alles davon war wahr, und trotzdem blieb der „Nachgeschmack", nicht richtig gehandelt zu haben.

7.7.

Nach dem Abendessen – ich war schon geduscht und umgezogen – stand mein Mann plötzlich vor mir und sagte: „Komm, steh auf! Wir gehen jetzt noch einmal hinauf zur kleinen Kirche!“ Diese Kirche hatten wir unter der Woche einige Male abends besucht. Sie lag auf einer Anhöhe nicht weit von unserem Quartier entfernt. „Was tun wir dort?“, fragte ich erstaunt. Er hielt das Buch „Das Leben Jesu“ in der Hand. „Wenn Gott will, dass dieses Mädchen das Buch bekommt, dann wird er sie jetzt zur Kirche führen, so wie er auch uns dorthin schickt.“ „Das ist doch nicht dein Ernst!“, sagte ich verwirrt. „Wir haben sie doch heute schon getroffen. Warum sollte sie denn gerade jetzt, wo es schon Abend wird, noch einmal spazieren gehen? Das Wetter ist schlecht, kühl und regnerisch. Sie wird genau wie wir froh sein, wenn sie im Warmen sitzen kann.“

Im Nachhinein muss ich sagen, dass ich mich schäme. Mein Vertrauen auf Gott reichte gerade so weit, wie es bequem für mich war. Und meine Bereitschaft, auf Gott zu hören, hörte dort auf, wo etwas von mir verlangt wurde, was meine Kreise störte, wo ich in einer Situation aktiv werden sollte, die von mir Kraft und Überwindung kostete. Solange es leicht ging, war ich dabei – jetzt, wo ein Mehraufwand in Aussicht stand, stieg ich aus.

MW

8.7.

Abendliche Begegnung

1. TIMOTHEUS 2,4

(Gott) will, dass allen Menschen geholfen werde und sie zur Erkenntnis der Wahrheit kommen.

Nach einigem Hin und Her zog ich mich widerwillig an. Wir beteten noch einmal und marschierten dann schweigend los, das Buch unter dem Arm. Bei der Kirche angekommen, beteten wir nochmals. Unsere Blicke schweiften von der Anhöhe über das kleine Dorf. Eine Zeitlang sahen wir den Wolken zu, wie sie - vom Wind bewegt - bedrohlich über unsere Köpfe wanderten. Der Sabbat neigte sich seinem Ende zu.

Und dann sahen wir sie. Sie kam langsam den kleinen Pfad zu uns herauf.

Mein Mann ging sofort in die Kirche, um weiter zu beten. Ich nahm das Buch und machte mich auf den Weg zu ihr. Dies sind die Momente in meinem Leben, in denen ich weiß, dass ich aktiv werden muss, selbst wenn ich noch keinen genauen Plan habe, wie das aussehen soll.

Auf halbem Weg trafen wir uns. Ich sprach sie an: „Guten Tag! Sprechen Sie Deutsch?“ Sie blieb stehen und bejahte. „Wir haben uns ja in den letzten Tagen öfter getroffen.“ Sie nickte. „Ich hatte den Eindruck, dass es

Ihnen aus irgendeinem Grund nicht gut geht. Deshalb haben mein Mann und ich begonnen, für Sie zu beten."

„Ach, tatsächlich?" Sie wirkte ziemlich erstaunt. „Im Gebet hatten wir das Gefühl, wir sollten Ihnen ein Buch schenken. Es handelt von Jesus Christus. Wir können Ihnen nicht wirklich weiterhelfen, aber Jesus kann das. Er weiß genau, was Sie belastet und bedrückt, und er weiß auch, wie er Ihnen helfen kann. Wollen Sie das Buch haben?"

Sie trat einen Schritt zurück. „Was hat Gott Ihnen noch über mich gesagt?" „Nichts. Nur dass er Sie liebt und mich auch. Er liebt alle Menschen und möchte deren Bestes." Sie streckte ihre Hand nach dem Buch aus und sagte: „Gerne will ich das Buch nehmen und lesen. Ich danke Ihnen!" Dann umarmte sie mich spontan und herzlich und hielt mich für einige Sekunden fest. Wir verabschiedeten uns.

Mein Mann kam kurz danach zu mir, und wir beteten noch einmal für sie. Wir wissen nicht, wie es ihr geht und was sie macht. Aber Gott weiß es. Er kennt uns alle, weil wir für ihn unendlich lieb und wertvoll sind. Ich bin so dankbar, dass wir diese Erfahrung mit Gott machen durften!

MW

9.7.

Der Spiegel

2. MOSE 38,8 HFA

Bezalel fertigte auch das Wasserbecken mit seinem Gestell aus Bronze an. Dazu verwendete er die Bronze aus den Spiegeln der Frauen, die am Eingang des Zeltes der Begegnung ihren Dienst taten.

Morgens der erste Blick in den Spiegel verrät: um 10 Jahre älter! Mein Gesicht, mal wieder passend zum Faltenrock – was für ein Frust! Da hilft es wenig, auf die „inneren Werte" zu hoffen! Aber wie ich hörte, soll die morgendliche Enttäuschung vor dem Spiegel eine reine Frauenkrankheit sein. Angeblich lächeln Männer ihrem Spiegelbild erfreut zu und stärken sich am eigenen Anblick, während sich 70 % der Frauen im Spiegel dicker und hässlicher finden, als sie sind. Vielleicht messen wir uns an den falschen Vorbildern, den zurechtgemachten und geschönten Models in Katalogen und Zeitschriften. Die israelitischen Frauen, die damals rund um das heilige Zelt arbeiteten und lebten, haben ihre Spiegel gespendet.

Daraus wurde ein großes Wasserbecken angefertigt, in dem sich die Priester regelmäßig Hände und Füße waschen mussten.

Wir haben eben keine reine Weste, wir müssen immer wieder sauber gemacht werden. Diese rituellen Waschungen erinnern an das, was Gott an uns tut: Er vergibt uns die Schuld und wäscht alles weg, was uns von ihm trennt: unrealistische Träume, böse Wünsche, egoistische Entscheidungen, Groll und Bitterkeit, Habgier und Neid. Und wie kann das geschehen, ganz praktisch? Im Wasser des Beckens spiegelte sich ein Stück Himmel. Wenn unser Spiegel den richtigen Winkel hat, dann sehen wir nicht mehr uns selbst mit all den Pickeln und Narben, sondern das Licht. Jesus mit seinem vollkommenen Charakter sollte unser Leitbild sein. Er selbst will uns verändern, möchte uns ihm ähnlich machen. Während der Blick in den Spiegel der Selbstkritik mutlos macht, kann uns der Blick auf Jesus Kraft und die Zuversicht schenken, ihm näher zu kommen. Paulus schildert in seinem Brief an die Epheser, wie Christus mit seiner „Frau", der Gemeinde, umgeht: Er hat sie durch das Wasserbad im Wort gereinigt. Durch die intensive Beschäftigung mit Gottes Wort ändern sich unsere Werte, unsere Gedanken, unsere Träume und Wünsche, ja unsere ganze Einstellung zum Leben. Und das schlägt sich auch in unserem Charakter nieder: Christus sagt über seine Leute: rein und makellos, weder Flecken noch Falten – wunderschön! (Nach Epheser 5,26)

SR

10.7.

Das Original erkennen

MATTHÄUS 24,4 HFA

Habt Acht, dass euch niemand verführt.

Mein Vater wuchs in einer Missionarsfamilie in Afrika auf. Dort hatte er viele Haustiere. Ein kleiner Affe gehörte zu seinen täglichen Spielkameraden, und ein bunter, vorwitziger Papagei saß fröhlich in seinem Gehege. Jeden Tag tobte der kleine Jochen draußen mit seinen afrikanischen Freunden herum.

Seine Mutter – die weiße Massai – musste ihn oft weglocken, damit er auch mal im Haushalt half. Der Junge unterbrach seine spannenden Unternehmungen nur ungern, wenn er den lauten Ruf hörte: „Jochen, komm!" Erst wenn einige Zeit später eine zornige Stimme ertönte: „Jochen, kommst du jetzt oder nicht?!", rannte er schnell ins Haus.

Dort angekommen schnaufte er atemlos: „Ja, Mama, hier bin ich!" Erstaunt schaute die Mutter ihren Ältesten an: „Ich hab dich nicht gerufen, du kannst ruhig spielen gehen." Als sich dieser Vorfall mehrmals wiederholte, achteten beide ganz genau darauf, wer sich diesen Spaß mit ihnen erlaubte. Und sie mussten herzhaft lachen, als sie merkten, wer der „Übeltäter" war: Der Papagei konnte die Stimme der Mutter naturgetreu nachahmen und hatte wohl auch ihren Ruf schon so oft gehört, dass er diesen auswendig wiederholte.

Ich kenne noch jemanden, der mit dem Trick „Nachahmung" arbeitet. Er versucht alles, um uns zu verführen, und ahmt dabei sein größtes Vorbild so getreu nach, dass wir die beiden nur unterscheiden können, wenn wir uns im Wort Gottes gut auskennen.

Christus war der anerkannte Fürst des Himmels, aber Luzifers Herz war so von Neid und Hass erfüllt, dass er eine Rebellion anzettelte, die ihm zum Verhängnis wurde (Offenbarung 12,9). Seit er erkannt hat, dass es keine Möglichkeit zur Rückkehr mehr gibt, ist es sein oberstes Ziel, so viele Menschen wie möglich mit ins Verderben zu ziehen.

So vollbringt er im Namen des Heiligen Geistes viele Wunder (Matthäus 24,24). Er spickt Gottes Wort mit kleinen Unwahrheiten (1. Johannes 4,1). Er bringt Menschen in die Gemeinde, die sich zwar Christen nennen, ihrem Wesen nach aber unbekehrt geblieben sind (2. Korinther 11,13-15). Er erscheint als falscher Christus (Matthäus 13,22.23) und will sogar die Wiederkunft Jesu in den Wolken simulieren!

Wie können wir nun zwischen Wahrheit und Lüge unterscheiden?

Die Autorin Ellen White gibt uns einen guten Rat: „Wer unter Gebet wacht und täglich in der Schrift forscht, weil er unbedingt Gottes Willen erkennen und tun will, wird keiner Täuschung Satans zum Opfer fallen." (Glaube und Werke, S. 43)

CR

11.7.

In den Slums

SPRÜCHE 22,2

Reiche und Arme begegnen einander;
der HERR hat sie alle gemacht.

Wir fahren mit der Rikscha, schlängeln uns durch die Autos und Busse, manchmal mit dem Verkehr, manchmal gegen den Verkehr. Konstantes Hupen, Rufen und Klingeln begleitet uns während der Fahrt. Die Luft ist dick, der Duft von Curry und Rosinen mischt sich mit Patschuli und Auto-Abgasen. Wir fahren vorbei an Häusern, an Hütten, an Ständen, an denen Chai und Brot verkauft werden, Bananen und Mangos. Am Straßenrand stehen Männer im Business-Anzug, daneben halbnackte Bauern, Frauen in schillernden Saris, die sich mit Regenschirmen vor der Sonne schützen. Andere kriechen auf dem Boden oder werden im Rollstuhl gefahren. Kindern wuseln herum, viele tragen Müllsäcke über der Schulter und suchen im Abfall nach Essbarem, nach Glasflaschen oder Papier. Ein paar Ziegen meckern gegen den Straßenlärm an, hier und da gackert ein Huhn. Am Straßenrand wiegen sich tropische Bäume, sie tragen Blüten und manche auch schon Früchte. Dann riecht es faulig. Wir fahren nun zwischen Müllbergen vorüber, die sich fast bis zum Himmel türmen. Der Straßenbelag hat Löcher, wir werden in der Rikscha immer wieder herumgeschleudert. Die Sonne brennt vom Himmel, dabei ist es erst 10 Uhr morgens. Wir fahren unter einem Tor durch. Hier beginnen die Slums. An der Straße drängen sich kleine „Läden", hinter den Geschäften ein Labyrinth aus engsten Gassen und Mini-Wohnungen, Blechbüchse an Blechbüchse.

Unser Ziel ist die Schule für Straßenkinder. Wir klettern aus der Rikscha, ich gebe dem Fahrer sein sauer verdientes Geld und suche die erste Klasse. Ich öffne die Tür und steige vorsichtig über die Schüler, die auf dem Boden kauern. Sie begrüßen mich mit einem Geschrei, das mich halb taub macht. Aber sie lachen dabei. 30 Paar leuchtende Augen richten sich auf mich. Die Kinder werden still, hören gespannt zu. Der Raum heizt sich immer mehr auf. Am Fenster und an der Tür stehen Kinder und Erwachsene und schauen neugierig herein. Auch hier hört man Autos hupen und Rikschas klingeln, Babys schreien, Kinder rufen und lachen, Maschinen rattern. Ich versuche, dagegen anzuschreien, ebenso schreit meine Übersetzerin ihre Worte durch das Zimmer. Wir hoffen, dass wir die Aufmerksamkeit der Kinder halten können. Am Ende des Unterrichtes bete ich mit ihnen. Ob sie heute etwas gelernt haben? Ich wünsche es ihnen von ganzem Herzen! Wie gerne möchten wir ihnen zu einem gesünderen und besseren Leben verhelfen!

Ich jedenfalls habe viel gelernt: Ich schätze unsere Lebensumstände im westlichen Europa heute doppelt und dreifach! Wir sind wirklich privilegiert. Dafür dürfen wir danken!

VH

12.7.

Wasser und Kekse

2. KORINTHER 8,9 GNB

Ihr wisst ja, was Jesus Christus, unser Herr, in seiner Liebe für euch getan hat. Er war reich und wurde für euch arm; denn er wollte euch durch seine Armut reich machen.

Völlig außer Atem erreiche ich unseren vereinbarten Treffpunkt. Heute will ich mit meinem Begleiter Jonathan zu unserer Straßenkinder-Schule fahren. Nach 10 Minuten immer noch keine Spur von ihm. Hoppla, jetzt kriege ich eine SMS: Er verspäte sich um 30 Minuten, es tue ihm leid. Na toll … Ich bin genervt, ich stehe hier in der Hitze und fühle mich beobachtet. Ein Mädchen mit dreckiger Kleidung und einem Müllsack auf dem Rücken läuft an mir vorbei. Ich schaue ihr zu, wie sie sich über einen Müllbehälter beugt und sich dabei ihre Tränen aus den Augen wischt. Ich bin betroffen. Ich will ihr etwas Gutes tun. Schnell laufe ich ihr hinterher und will ihr meine Trinkflasche geben, doch schon ist sie weg. Das Mädchen sah so verzweifelt aus. Das packt mich, ich fühle mich furchtbar. Schäme mich, weil ich mich über die Hitze und das lange Warten geärgert habe.

12.7.

Ich kaufe ein paar Kekspackungen und eine extra Wasserflasche. Beim nächsten Mal möchte ich vorbereitet sein.

Kaum komme ich aus dem Laden, sehe ich ein anderes kleines Mädchen mit einem Müllsack vor dem Kübel stehen und warten. Schnell laufe ich zu ihr und gebe ihr Kekse und Wasser. Sie dreht die Kekspackung mehrmals in ihren Händen, bis sie sie aufreißt und einen Keks nach dem anderen futtert. Immer wieder lacht sie. Während ich sie beobachte, denke ich mir, wie leicht ich solch ein armes Mädchen glücklich machen kann! Aber wie schwer bin ich zufriedenzustellen! Wie sehr bin ich im Konsum und Materialismus gefangen!

Ein Büroangestellter kommt vorbei und will seinen Mülleimer ausleeren. Er ist freundlich und lässt das Mädchen den Eimer durchwühlen, *bevor* er seinen Müll in die Tonne kippt. In der einen Hand hält sie ihre Kekse, mit der anderen sucht sie flink nach Papieren, Dosen und Flaschen. Dabei schaut sie so unbekümmert aus. Ihre Freundin kommt ihr zu Hilfe. Beide tragen keine Schuhe. Nachdem sie fertig sind, frage ich die Kleine, wie sie heißt. „Mitu“, sagt das Mädchen. Freudig teilt sie mit ihrer Freundin das Wasser und die Kekse. Ich bin bewegt. Die halbe Stunde Wartezeit hat sich in eine knappe Stunde verwandelt. Es kümmert mich nicht mehr. Ich bin so dankbar für das, was ich gerade gelernt habe. Dankbar, dass ich Mitu getroffen habe.

Herr, bitte, segne Mitu und all die anderen Straßenkinder. Versorge du sie, indem du ihnen Menschen schickst, die weiterhelfen. Gib mir offene Augen über mich selbst! Schenk mir ein Herz für das, was meine Mitmenschen brauchen!

VH

13.7.

Die kleinen Dinge

SPRÜCHE 15,4.30 HFA

Ein freundliches Wort schenkt Freude am Leben, aber eine böse Zunge verletzt schwer. Ein freundlicher Blick erfreut jeden, und eine gute Nachricht gibt neue Kraft.

Als ich kürzlich in meiner Mittagspause einige Besorgungen machte, hatte ich noch ein wenig Zeit und setzte mich in einem Einkaufszentrum auf eine Bank. Neben mir saß ein älterer Herr, der mir „Guten Appetit" wünschte, als ich in mein Brot biss. Ich freute mich und wünschte ihm noch einen schönen Tag, als ich ging. Er lächelte und bedankte sich. Am Ausgang kam mir eine Frau mit Kinderwagen entgegen. Ich hielt ihr die Tür auf. Sie freute sich sehr und bedankte sich herzlich. Für mich war das in diesem Moment selbstverständlich. Diese beiden kurzen Begegnungen schenkten mir aber eine Freude, die mich den ganzen Nachmittag begleitete. Ich habe erlebt, wie gut mir ein Lächeln tut, ein freundlicher Blick und oder ein Dank. Dazu las ich folgende Zeilen, die ich gerne mit dir teilen möchte:

13.7.

„Jede Tat in unserem Leben, wie klein sie auch sein mag, hat Auswirkungen entweder zum Guten oder zum Bösen. Gewissenhaftigkeit oder Nachlässigkeit in den scheinbar kleinsten Pflichten kann der Türöffner für reichste Segnungen oder aber größtes Unglück sein. [...] Unser Leben kann nur dann zu einem Segen werden, wenn wir einen Geist der Selbstvergessenheit und der liebevollen Hilfsbereitschaft pflegen. Die kleinen Aufmerksamkeiten, die simplen Höflichkeiten tragen in ihrer Summe viel dazu bei, dass wir im Leben glücklich werden." (aus: Noah, E. G. White, S. 84f)

Ich wünsche dir, dass du heute mit dem Bewusstsein in den Tag gehst, dass auch die kleinen Dinge im Leben einen Unterschied machen können.

MF

14.7.

Zentrum oder Lückenfüller?

MATTHÄUS 14,23

Und als er das Volk hatte gehen lassen, stieg er allein auf einen Berg, um zu beten. Und am Abend war er dort allein.

Dein Tag fängt ziemlich hektisch an. Der Wecker klingelt schon sehr früh, denn du musst pünktlich in der Schule sein. Irgendwo auf dem Weg schaffst du es vielleicht noch, in Gedanken ein kurzes Gebet zu formulieren.

Und es wird nicht besser. Du hetzt weiter: Von einer Aufgabe zur anderen, schreibst deine Prüfungen, gibst deine Berichte ab und jagst schon dem nächsten Termin nach.

Am Abend angekommen, bist du müde und erledigt, bringst keinen klaren Gedanken mehr zustande und bist froh, wenn du dein Gebet noch beenden kannst, bevor du eingeschlafen bist. Vielleicht bleibt dir ja morgen mehr Zeit und Kraft für eine richtige Andacht …

„Es begab sich aber zu der Zeit, dass er auf einen Berg ging, um zu beten; und er blieb die Nacht über im Gebet zu Gott." (Lukas 6,12) Jesus hatte oft die Einsamkeit für ein Gespräch mit seinem Vater gesucht. Ja, manchmal verbrachte er sogar die ganze Nacht im Gebet – besonders, wenn wichtige Entscheidungen zu treffen waren oder große Ereignisse bevorstanden. Die stille Zeit des Gebets zum himmlischen Vater war seine Kraftquelle für den arbeitsreichen Tag.

Ein Blick auf meinen Wecker verriet mir, dass ich Recht hatte. 3:30 Uhr. Noch viel zu früh, sogar für eine überzeugte Frühaufsteherin wie mich. Es war nicht das erste Mal, dass ich viel zu früh aufwachte, aber das erste Mal, dass ich dabei sofort hellwach war, als wäre es mitten am Tag.

Und nicht nur das. Ich merkte, wie meine Gedanken langsam in die Gänge kamen und sofort himmelwärts ihre Bahn fanden, als hätte mich mein himmlischer Vater aufgeweckt, um mit mir etwas zu besprechen. Doch nicht er hat das Gespräch gebraucht, ich war es. Und so öffnete ich ihm in dieser frühen Stunde mein Herz und wurde reich beschenkt. Eine Erfahrung der ganz besonderen Art!

Wie wäre es, mal den ersten Termin des Tages für unseren himmlischen Vater frei zu halten? Wie wäre es, unser Leben um Gott herum zu bauen, statt ihn in irgendeine freie Lücke unseres vollen Terminkalenders zu stopfen?

„Keine Zeit!", meinst du? Schade, denn dann wirst du nie erfahren, was es heißt, ein wirklich erfülltes Leben zu haben.

TM

15.7.

Dranbleiben!

OFFENBARUNG 3,20

Siehe, ich stehe vor der Tür und klopfe an. Wenn jemand meine Stimme hören wird und die Tür auftun, zu dem werde ich hineingehen und das Abendmahl mit ihm halten und er mit mir.

Es gab eine Zeit in meinem Leben, in der ich mich innerlich von meinem Umfeld stark distanzierte. Die Gemeinde nervte mich, und ich wollte nichts mit ihr zu tun haben. Stattdessen faszinierte mich das weltliche Leben. Ich ließ mich voll darauf ein, ohne zu merken, wie mich das zum Negativen veränderte.

Am Samstagnachmittag gab es regelmäßig Jugendstunden. Da wir über der Gemeinde wohnten, kam der Jugendleiter auf die Idee, bei mir anzuklopfen und mich zur Jugendstunde einzuladen. Er war sehr freundlich. Ich verdrehte aber nur die Augen und meinte, dass ich absolut keine Zeit hätte. Er akzeptierte das und ging weg.

Am nächsten Samstag klopfte er wieder und lud mich ein. Ich war verblüfft. Wieder machte ich ihm klar, dass ich schon etwas anderes vorhätte.

Der Jugendleiter ließ sich aber nicht entmutigen und klopfte Sabbat für Sabbat an meine Tür und lud mich immer wieder zur Jugendstunde ein. Monate vergingen, und noch immer blieb ich hart. Seine Beharrlichkeit ärgerte mich, aber ganz tief im Herzen berührte sich mich auch. Ich war bloß nicht fähig, das zu zeigen. Im Gegenteil. Ich machte ihm in einem unfreundlichen Ton bewusst, dass er mich in Ruhe lassen soll. Wann würde er das endlich einsehen?

Irgendwann zog ich von zu Hause weg, und die Einladungen hörten auf. Jahre später, als ich mich von ganzem Herzen zu Gott bekehrte, erinnerte ich mich an dieses Ereignis. Ich weinte bitterlich. Ich habe die Liebe dieses Jugendleiters hartherzig abgewiesen, doch er gab nicht auf. Sein Handeln hat sich tief in mein Herz eingebrannt. Eine wahre Liebestat! Auch wenn ich durch mein Verhalten das Gegenteil von dem zeigte, was ich wirklich empfand, hat er sich davon nicht unterkriegen lassen. Jesus hat durch ihn gewirkt.

Diese Erfahrung hat mich gelehrt, dass ich meine Mitmenschen trotz ihrer Fehler und Sünden auch so lieben soll! Ich möchte auch dich dazu ermutigen, deine Mitmenschen zu lieben und sie nicht aufzugeben. Gehe immer wieder auf sie zu! Irgendwann werden sie vielleicht zurückblicken und sich darüber freuen. Gott kann uns die Kraft dafür geben.

AK

16.7.

Glauben wie ein Kind

MATTHÄUS 18,3 SLT

Wahrlich, ich sage euch: Wenn ihr nicht umkehrt und werdet wie die Kinder, so werdet ihr nicht in das Reich der Himmel kommen!

Mich faszinieren Kinder: Gesunde Kinder sind furchtlos, lächeln gern, gehen neugierig und mutig die nächsten Schritte, sind nicht von Sorgen geplagt. Wenn sie in einer guten Familie aufwachsen, fühlen sie sich von ihren Eltern und Freunden geliebt und wertgeschätzt und vertrauen ihnen. Sie saugen alles Neue auf wie Schwämme. Sie können sich für kleine Dinge im Alltag begeistern. Sie denken nicht sofort an das Schlimmste. Sie lieben das Leben. Außerdem sagen sie alles, was ihnen durch den Kopf geht.

Gott wünscht sich von uns, dass wir in mancher Hinsicht genauso werden wie die Kinder. Wenn wir nicht im Vertrauen eines Kindes zu ihm kommen, wird er uns immer nur begrenzt helfen und uns bereichern können.

Gott verlangt nie Unmögliches von uns, nur Mögliches und auch nur so viel, wie jeder von uns selbst tragen kann. Ihm sind keine Grenzen gesetzt, denn durch ihn und mit ihm ist ALLES möglich! Was dabei gefordert wird, bist ganz allein DU! Was du geben, vielleicht sogar „opfern" kannst, wird er vervielfachen und dich somit stärken.

Lass dich in Gottes Arme fallen, denn in seinen Händen bist du sicher! Lass dich von schwierigen Umständen nicht verunsichern, sondern vertraue ihm wie ein Kind, und du wirst die größten Wunder in deinem Leben erfahren!

Gott wird dir in der Zukunft womöglich Menschen in den Weg stellen, die Probleme haben und genau in denselben Schwierigkeiten stecken, die du selbst bewältigen musstest. Dann kannst du voller Begeisterung erzählen, was du mit Gott erlebt hast. Dadurch kannst du vielen Menschen Mut zusprechen und sie anspornen.

Ich freue mich schon sehr auf die Zeit, in der wir mit Gott im Paradies leben werden. Dann können wir ihm viele Fragen zu unserer Lebensgeschichte stellen. Vielleicht fragen wir: „Warum hast du diese Tragödie zugelassen? Weshalb musste ich einen so schlimmen Verlust erleiden?" Er wird das alles klären. Und nach jeder Antwort werden wir darüber staunen, wie perfekt er alles geplant hat. So manche Katastrophe – aufgrund einer Fehlentscheidung – hat er zum Happy End umgestaltet.

Bevor du betest, glaube!
Bevor du sprichst, hör zu!
Bevor du ausgibst, verdiene!
Bevor du schreibst, denke nach!
Bevor du aufgibst, versuche es!

DP

17.7.

Warte noch!

SPRÜCHE 18,17

Im Recht scheint, wer in seiner Streitsache als Erster auftritt, bis sein Nächster kommt und ihn ausforscht.

Kaum vorstellbar, was mir mein Kollege da gerade erzählt! Was B. da aufgeführt hat, das ist ja wirklich völlig unmöglich! Nie hätte ich das von ihm gedacht! Je länger ich zuhöre, desto ungeheuerlicher wird alles. Er hat offenbar von Anfang an nur Schlechtes im Sinn gehabt. Nicht zu fassen! Und das, was ich selbst gerade mit B. erlebt habe? Das hatte ich bisher noch gar nicht in diesem Licht gesehen, aber wenn ich es recht bedenke, war seine Freundlichkeit sicher nur geheuchelt …

So oder anders hat sicher jeder schon einmal erlebt, dass er – mehr oder weniger freiwillig – in einen Konflikt hineingezogen worden ist. Wir erfahren brühwarm unangenehme Dinge über einen Mitmenschen. Der Erzählende, der sich selbst meist 100%ig im Recht sieht, wirbt um unsere Sympathie … und wir? Wir tappen in die Falle!

Jetzt stehen wir auch auf einer Seite und „kennen uns aus". Aber Vorsicht! Abgesehen davon, dass schlechtes Reden unser eigenes Herz verdirbt, uns herunterzieht, belastet und am Ende auch auf uns zurückfällt, gibt es noch andere wichtige Gründe, davor Reißaus zu nehmen:

Stell dir vor, B. wäre zuerst bei dir gewesen und nicht A. Du hättest alles zuerst aus seiner Perspektive erfahren. Vielleicht wäre B.s Verhalten in deinen Augen dann gar nicht so unmöglich. Vielleicht hat er ganz andere Motive gehabt, als man dir nun weismachen will. Vielleicht erklärt dir B. etwas, was die ganze Situation plötzlich in einem völlig anderen Licht erscheinen lässt. Wie oft habe ich das schon erlebt, wenn ich persönlich auf jemanden zugegangen bin! Und selbst wenn B. tatsächlich einen Fehler gemacht hat, habe ich das Recht, das jetzt überall zu verbreiten???

Ich habe mir angewöhnt, jedes Gerücht, jede Anklage mit einem inneren Vorbehalt anzuhören. Oder gleich mit mehreren. Erstens: Ich muss nicht alles beurteilen. Das darf ich Gott überlassen, der alle Motive und Gedanken kennt und den allein alles etwas angeht. Ich muss nicht alles wissen und erforschen. Ich kann auch etwas offen lassen. Das ist übrigens sehr befreiend! Zweitens: Wenn du dir schon eine Meinung bilden musst, tue das nie, ohne dass du alle Seiten, alle Argumente zu einer Sache gehört hast. Du stehst sonst sehr in Gefahr, dich zu irren.

LS

18.7.

Zweierlei Maß

MATTHÄUS 7,2

... und mit welchem Maß ihr messt, wird euch zugemessen werden.

Der Junge rast mit seinem Fahrrad in einem Tempo an mir vorbei, dass ich erschrocken zusammenzucke. Wäre ich eine Spur weiter links gegangen, hätte es einen gefährlichen Zusammenstoß gegeben, und das in der Dunkelheit am frühen Morgen.

Ich regte mich in Gedanken auf: „Mensch, Junge, klingle doch, wenn du so dicht vorbeifahren willst!"

Doch gleich danach kamen mir andere Gedanken: Wie hätte ich gedacht, wenn dieser Junge der Sohn meiner Bibelschülerin gewesen wäre? Oder wenn eine Freundin genauso schnell an mir verbeigesaust wäre, mich plötzlich erkannt und Halt gemacht hätte? Hätte ich mich nicht gefreut, sie freundlich begrüßt und mich mit ihr unterhalten? Warum habe ich mich über diesen Jungen so geärgert?

Nun betrachtete ich die Situation anders. Vielleicht hat der Kleine noch einen weiten Schulweg vor sich. Vielleicht gab es an diesem Morgen Ärger zu Hause, und dann hätte ich ihn beinahe noch ausgeschimpft. Messe ich vielleicht mit unterschiedlichem Maß? Mache ich mich mit dem Ärger über den Jungen vielleicht schuldiger, als der Junge selbst ist?

Sicher muss man manchmal auch etwas sagen, wenn andere unvorsichtig sind. In Liebe. Aber eigentlich sollte ich Gott an diesem Morgen für seinen Schutz danken, anstatt mich zu ärgern.

Misst du auch manchmal mit zweierlei Maß? Vielleicht erwartest du, dass die Lehrer deine Aufgaben fair benoten, aber du gehst unfair mit Geschwistern oder Freunden um. Du möchtest, dass deine Eltern Verständnis für dich haben, doch du respektierst sie nicht. Du setzt dich gerne an den fertigen Mittagstisch, bist aber nicht bereit, beim Aufräumen zu helfen. Es ist menschlich, dass wir großzügig über unsere eigenen Fehler hinwegsehen, während wir die Schwächen anderer in leuchtenden Farben schildern.

Jesus will uns helfen, dass wir echte Zufriedenheit erleben. Leben wir doch seinen Rat aus, den er uns in Matthäus 7,12 gibt: „Alles nun, was ihr wollt, dass euch die Leute tun sollen, das tut ihr ihnen auch." Setze das gleich heute um und lass dich von Gott beschenken!

MoG

19.7.

Trau dich!

2. MOSE 4,10.11 HFA

„Ach, Herr", entgegnete Mose, „ich bin noch nie ein guter Redner gewesen (…) Ich rede nicht gerne, die Worte kommen mir nur schwer über die Lippen." Aber der Herr sagte: „Habe nicht ich, der Herr, den Menschen einen Mund gegeben? (…) Ich bin bei dir und sage dir, was du reden sollst."

Ich habe einmal gehört, dass das öffentliche Reden zu den größten Ängsten der meisten Menschen gehört. Das kann ich gut verstehen! Ich erinnere mich an einen Moment, wo ich als Kind ein Gedicht vortragen sollte und mir auf einmal nicht einmal die erste Zeile einfiel! Ich war total „blank"! Oder als ich in der Gemeinde eine Erfahrung erzählen wollte und vor lauter Aufregung alles durcheinanderbrachte … Vielleicht hast du auch erlebt, wie du bei einem Theaterstück oder Konzert Lampenfieber hattest. Man bekommt weiche Knie, schweißige Finger, eine dünne Stimme … einfach schrecklich!!!

Das Ärgerliche am Lampenfieber ist, dass es so sinnlos ist! Warum steht man sich selbst so im Weg? Die anderen sind doch auch nur Menschen. Und was soll schon im schlimmsten Fall passieren? Dann lachen halt alle einmal, na und?

Die meisten von uns sind keine Showtalente und Bühnenstars. Das ist auch gut so! Aber in unserer heutigen Welt wird doch fast von jedem verlangt, dass er etwas öffentlich präsentieren kann. Die gute Nachricht? Ängste können überwunden werden! Es braucht Mut, aber es ist wichtig, sich immer wieder auf die unangenehme Situation einzulassen. Vielleicht in kleiner Dosis: z. B. ab und zu in der Gemeinde etwas vorlesen, moderieren oder mitsingen. Nicht gleich abblocken: „Das kann ich nicht!", sondern dranbleiben. Und wenn es schiefgeht, dann wieder aufstehen und nochmals probieren, immer wieder. Solange du wieder gefragt wirst, kann es nicht so schlimm gewesen sein, oder?

Manchmal braucht es 999 Blamagen bis zum ersten Erfolg. Du kannst also schon mal beginnen! Der Vorteil: Du weißt, dass du 100 % von Gott abhängig bist. Du kannst es nicht, aber ER kann es! So hat es Mose erlebt.

So war es auch bei mir. Auch wenn ich nie eine großartige Rednerin sein werde, stelle ich dankbar fest, dass ich heute vor hunderten Leuten reden oder musizieren kann, ohne extrem aufgeregt zu sein. Das hätte ich NIE für möglich gehalten. Gott vergrößert deine Talente und gibt dir sogar neue dazu, wenn du sie für ihn einsetzt!

Ein Spruch sagt: „Tu, wovor du dich fürchtest, und das Ende deiner Angst ist gewiss." Wo fürchtest du dich? Wo kannst du heute ein wenig von dieser Angst überwinden? Gott wird dir den Mut schenken!

LS

20.7.

Hinter der dicken Glaswand

1. MOSE 3,24 NEÜ

So vertrieb er den Menschen. Östlich vom Garten Eden stellte er Cherubim auf, Engelwesen mit Flammenschwertern, die den Weg zum Baum des Lebens bewachen.

Herbert Herz ist Maschinenschlosser, 46 Jahre alt, verheiratet und Vater von Jan, 26. Als Teenager wurde Jan oft gemobbt, doch dann wendete sich das Blatt. Jan begann sich „Respekt“ und „Ansehen“ zu verschaffen, indem er Autos und Häuser beschädigte, als Dieb „arbeitete“ und seinen Gegnern durch fernöstliche Kampftechniken zeigte, „wer der Boss ist“.

Mit 17 kamen Drogen und Waffen hinzu. Er war gefürchtet und geachtet. Und er war oft genug bei Gericht „zu Gast“. Mit 19 erschoss er bei einem Raubüberfall zwei Angestellte, die „den Helden spielen“ wollten, und verletzte sieben weitere Personen, darunter zwei kleine Kinder. Eines davon ist seither gelähmt. Das Strafregister war lang und erschreckend. 20 Jahre

Haft, da waren sich alle Geschworenen einig. Seine Eltern besuchten ihn jeden Sonntag im Gefängnis. Sie liebten ihren Sohn über alles und konnten auch nach all den Jahren den Schmerz kaum ertragen. Mehrmals hatten sie um Begnadigung und Straferlass angesucht. Erfolglos. Da Jan kein „leichter Bursche" war, durften seine Eltern nur hinter einer Glaswand mit ihm sprechen. Das tat noch mehr weh. Sie konnten ihn nicht einmal umarmen, drücken. Und mittlerweile waren erst sieben Jahre vergangen.

Allerdings hatte sich Jan im Lauf der Zeit verändert. Er hatte eine zweite Berufsausbildung abgeschlossen. Und er hatte Gott kennen und lieben gelernt. Im Gefängnis wurde er kürzlich zum „Hero behind the Bars" gekürt, weil er bei einem Brand in der Gefängniswerkstätte zwei Mitgefangenen auf spektakuläre Weise das Leben gerettet hatte und dabei selbst schwer verletzt wurde.

Wie musste es wohl Gott ergangen sein, als er Adam und Eva nach ihrem Sündenfall aus dem Garten Eden verweisen musste? Damals stand eine Feuermauer zwischen ihnen und Gott. Gott konnte seine geliebten Menschen nicht mehr drücken, berühren, herzen. Er musste sich auf ein langes Warten einstellen. Immer wieder hören wir in der Bibel Gottes tiefen Herzensschrei: „Gehorcht meiner Stimme, so will ich euer Gott sein, und ihr sollt mein Volk sein … damit es euch wohlergehe!" (Jeremia 7,23, SLT)

Es ist, als hörte man Gott leiden, weinen und sich sehnen, damit endlich diese „dicke Glaswand" entfernt werden kann. Sehnst du dich auch danach?

KR

21.7.

Der Wert eines Lächelns

SPRÜCHE 15,30 SLT

Ein freundlicher Blick erfreut das Herz; eine gute Botschaft stärkt das Gebein.

Wie viel Wert hat ein Lächeln? Diese Frage stand am Anfang einer Geschichte, die wir vor kurzem bei der Familienandacht lasen. Sie hat mich nachdenklich gemacht.

Was würdest denn du sagen? Wie viel ist ein Lächeln wert? Kann man überhaupt einen Preis dafür festlegen? Und wenn ja, nach welchen Kriterien sollte man es tun? Muss man nur den Aufwand, den es den Lächler kostet, in die Rechnung einbeziehen? Oder sollte man seinen Wert eher danach beurteilen, wie wertvoll es für den Menschen ist, dem man es schenkt?

Wie sehr man es auch versucht, wird es wohl nie gelingen, den tatsächlichen Wert eines Lächelns zu berechnen, denn sobald man einen Wert dafür festlegen würde, verlöre es unweigerlich seinen wahren Wert. Übrigens: Hast du schon einmal irgendwo ein Kaufangebot für ein Lächeln gesehen? Nein, ein Lächeln ist nur dann etwas wert, wenn es geschenkt ist!

Ich habe einmal ein Gedicht gelesen, das von einem Mann handelt, der am Morgen seinen Nachbarn anlächelt, worauf dieser das Lächeln an den

Straßenbahnschaffner weitergibt. Dieser lächelt einen anderen an, und so geht es immer weiter, bis jener Mann am Abend im Feierabendstau den Verkehr blockiert. Doch der Polizist, bei dem das weitergereichte Lächeln inzwischen auch angekommen ist, quittiert ihm dies nur mit einem Lächeln. Super, oder?

Aber auch, wenn diese Geschichte etwas idealistisch und unrealistisch klingt, glaube ich, dass sie doch eine wertvolle Wahrheit birgt.

Ein Lächeln spart Kraft, die man sonst fürs Jammern bräuchte, ein Lächeln spart Tränen und böse Worte, ein Lächeln spart möglicherweise sogar Geld – ein Smily – ja, ein Lächeln bewirkt noch mehr: Es schenkt dem Lächelnden und dem Angelächelten eine Freude ins Herz, die er weitergeben kann. Diese Freude multipliziert sich so weit, dass der Lächelnde niemals erfährt, wo sein Lächeln überall hingetragen wird.

Ein freundlicher, aufmerksamer, wohlwollender Blick, ein Blick, der den anderen einfach spüren lässt, dass du ihn nicht ignorierst, ist unglaublich wertvoll.

Probiere es doch heute einmal aus! Du wirst sehen, dass es nicht nur die anderen Menschen erfreut, sondern auch dein Lebensgefühl verändert!

AF

22.7.

Fürbitte kann Wunder bewirken

1. JOHANNES 5,16

Wenn jemand seinen Bruder sündigen sieht – eine Sünde nicht zum Tode, so mag er bitten, und Gott wird ihm das Leben geben …

Der Evangelist Tony Campolo sollte die Predigt halten. Kurz davor wollten die Gemeindeleiter im Nebenraum für ihn beten. Sie knieten nieder, und die acht Männer legten ihm die Hände auf den Kopf und begannen ernst und eindringlich für ihn zu beten. Mit der Zeit wurde Tony müde, denn die Männer beteten lang und breit und ihre Hände drückten ihm auf den Kopf.

Einer der Männer betete überhaupt nicht für die Predigt. Er sagte: „Großer Gott, du kennst Charly Stoltzfus. Er wohnt in diesem silbernen Wohnwagen, etwa eine Meile von hier entfernt, wenn man die Straße entlangfährt." Tony dachte: „Als ob Gott nicht selber wüsste, wo dieser Stoltzfus wohnt … wozu betet er jetzt und hier für diesen Mann?"

Der Beter sprach weiter: „Herr, heute Morgen hat mir Charly erzählt, dass er heute seine Frau und seine drei Kinder verlassen will. Bitte, greif ein und halte diese Familie zusammen!" Tony konnte nun verstehen, warum der Gemeindeleiter so bekümmert war.

Nach der Predigt stieg Tony in seinen Wagen und machte sich auf den Heimweg. Kurz vor der Auffahrt zur Autobahn sah er einen Anhalter dastehen. Er hielt an und ließ ihn einsteigen. Er stellte sich vor: „Ich heiße Tony Campolo, und wer sind Sie?" „Ich bin Charly Stoltzfus."

Tony bog bei der nächsten Ausfahrt von der Autobahn ab und fuhr den Weg zurück. Charly fragte: „Was ist los? Warum fahren wir zurück?" Tony sagte: „Weil ich dich nach Hause bringe. Du wolltest deine Frau und deine drei Kinder verlassen." Stumm nickte der Mann. Seine Augen wurden immer größer, als Tony vor dem silbernen Wohnwagen anhielt. „Woher wissen Sie das alles?", stotterte er. Tony sagte: „Ich glaube, das hat mir Gott erzählt."

Frau Stoltzfus stürzte aus dem Wohnwagen. Sie konnte kaum fassen, dass ihr Mann zurückgekehrt war. Tony erklärte den beiden den Weg zu Jesus Christus. Danach versöhnten sich die Eheleute.

Wie gut, dass einer der betenden Männer für das Drängen des Heiligen Geistes offen gewesen war! Und dass ihm das Schicksal einer Familie nicht gleichgültig war. Wer weiß, was unsere Fürbitte bewirken kann, wenn wir nur den Mut haben, für andere zu beten, und die feste Zuversicht, dass Gott eingreift – auf seine Art und zu seiner Zeit.

SR

23.7.

Was wünschst du dir?

PSALM 37,4

Habe deine Lust am HERRN, der wird dir geben, was dein Herz sich wünscht.

Nachdenklich blätterte ich in den Psalmen und ließ in Gedanken die letzten 30 Jahre Revue passieren. Hatte Gott dieses Versprechen eingehalten?

Mit 12 Jahren entschied ich mich für einen Neuanfang mit Jesus... Es bereitete mir Freude, früh aufzustehen, um Zeit allein mit Jesus zu verbringen, ganz in der Stille und ungestört die Bibel zu durchforschen. Ich war gespannt, was ich wohl heute Neues in seinem Wort entdecken würde, was er mir zu sagen hatte. Ich nahm Verheißungen in Anspruch und erlebte, wie Gott führt und seine Versprechen hält.

Dann stand ich mit 15 Jahren vor Weichenstellungen für mein Berufsleben. Ich wollte so vieles machen! „Unmöglich", sagten mir die Erwachsenen. „Du kannst nicht alles erlernen!" Meine favorisierten Berufe waren Tischlerin, Kinderkrankenschwester, Lehrerin, Verkäuferin, aber auch Gärtnerin, Bäuerin und Missionarsfrau in Afrika!

Unglaublich, was Gott auf meinen Lebenszeilen für Geschichten schrieb. Ich wurde zwar zuerst zur Kindergärtnerin ausgebildet. Im Rückblick kann ich aber sagen, dass Gott alle meine Wünsche wahrgemacht hat.

Er schenkte mir einen vielseitig talentierten Mann und vier fleißige Söhne. So wurde ich kurzzeitig auch als Kinderkrankenschwester gebraucht. Mit unseren Kindern konnten wir „Stadtmenschen" nun auf dem Land bunte, abwechslungsreiche Gartenarbeit erlernen und für zusammengerechnet 34 Schuljahre die Schulbank drücken. Da gab es viel zu lernen.

Durch Gesundheitsvorträge und bedürfnisorientierte Workshops, die ich durchführen durfte, machte Gott auch den Traum, als Missionarsfrau Menschen praktisch zu dienen, wahr – und zwar im wilden österreichischen Dschungel. In all den Jahren staunten wir immer wieder, was doch die Freude am Herrn in unserem Leben für Kräfte freisetzte. Nicht nur, dass er uns gab, was sich unser Herz wünschte, nein, die Freude am Herrn wurde auch täglich mehr.

Genau das wünsche ich dir von Herzen, dass auch du Gott heute ganz konkret deine Wünsche vorlegst und dir auch seine zu Herzen nimmst. Er will, „dass ALLEN", auch dir, „geholfen werde" und du und auch andere „zur Erkenntnis der Wahrheit kommen". So steht es in 1. Timotheus 2,4.

Mich freut es immer wieder, im „Lebenskonzert" mit Gott zusammen zu üben, ihm als Dirigenten zu vertrauen, damit seine Partitur in meinem und deinem Leben zu einem Wohlklang führt, der uns bis in die Ewigkeit erfreuen wird. Was wünschst du dir heute?

AS

24.7.

Glaube und Wissenschaft

1. KÖNIGE 18,21

Wie lange hinkt ihr auf beiden Seiten? Ist der HERR Gott, so wandelt ihm nach, ist's aber Baal, so wandelt ihm nach. Und das Volk antwortete ihm nichts.

Als ich mit dem Maschinenbaustudium begann, wurde ich von einem Kommilitonen mit folgendem Satz konfrontiert: „Glaube und Wissenschaft, das passt doch nicht zusammen".

Tatsächlich glauben viele Menschen, dass der Glaube an einen Schöpfergott für Wissenschaftler kein Thema sei. Daraufhin habe ich einigen Professoren diese Frage gestellt. Und: Die meisten waren davon überzeugt, dass es Gott gibt. So antwortete beispielsweise der Professor des Mechanik-Lehrstuhls: „Wenn wir an unseren humanoiden (menschenähnlichen) Robotern arbeiten, staunt man schon, was für ein Wunder der Mensch ist. Ich denke, das hat sich doch jemand ausgedacht."

24.7.

Trotzdem plagen gerade auch junge Menschen und Studenten immer wieder Zweifel. Ist es der Herr, der alles geschaffen hat, oder sind wir durch Evolution entstanden? Es ist interessant, dass bei der Evolutionstheorie gerade der Fortpflanzungsfähigkeit der Spezies die entscheidende Rolle zukommt. Der Gott Baal war ein syrischer Fruchtbarkeitsgott. Somit hat die Frage, die Elia damals dem Volk Israel stellte, heute wieder für viele Christen Aktualität: Ist der Herr Gott oder ist es Baal (die Evolution bzw. damals die Fruchtbarkeitsreligion)?

Gott wünscht sich, dass wir eine klare Haltung einnehmen. Wie die Israeliten auf dem Berg Horeb haben auch wir erlebt, dass Gott existiert und in unser Leben eingreift. Sollen wir auf beiden Seiten „hinken“, nur weil die Menschen um uns herum offensichtlich einem anderen „Gott“ nachwandeln?

Im Laufe des Studiums wurden der erwähnte Kommilitone und ich die besten Freunde. Und auch für ihn ist Glaube und Wissenschaft mittlerweile kein Widerspruch mehr, wie für so viele Naturforscher der vergangenen Jahrhunderte.

„Die wunderbare Einrichtung und Harmonie des Weltalls kann nur nach dem Plan eines allwissenden und allmächtigen Wesens zustande gekommen sein. Das ist und bleibt meine letzte und höchste Erkenntnis.“ (Isaac Newton, Dieter Hattrup „Gottbekenntnisse großer Naturforscher“, Paulinus Verlag, 2005)

JaW

25.7.

Wenn der Boden unter deinen Füßen reißt

PSALM 42,6 EB

Was bist du so aufgelöst, meine Seele, und stöhnst in mir? Harre auf Gott! – denn ich werde ihn noch preisen (für) das Heil seines Angesichts.

Als Kind betrachtete ich die Welt mit träumenden Augen. Mir kam es vor, als lebte ich in einem Film, in dem ich eine Nebenrolle hatte – eine Figur, die einfach im Hintergrund stand. Ich liebte es, die Menschen um mich herum zu beobachten und sie zu analysieren. Manchmal schaute ich mir stundenlang einen Käfer an, wie er sich bewegte und die Herausforderungen auf seinem Weg bewältigte, und freute mich, wenn er es geschafft hatte. Meine Kinderwelt war interessant und schön.

Doch dann wurde mir die Realität schnell und auf hartem Weg bewusst. Satan wollte mich und meine Familie zerstören: Missbrauch, Streit, Unzucht, Hass und Minderwertigkeitsgefühle. Mein Leben war wie eine verdorrte Blume. Eine Blume, die einfach zerfiel, da sie zertreten und nicht beachtet wurde.

In frühem Alter begann ich von ganzem Herzen nach Gott zu suchen. Ich wusste, dass er mir Heilung schenken konnte. Täglich betete ich zu ihm, vor allem wenn mich Ängste, schlechte Träume oder Angriffe plagten. Mit 6 Jahren waren Jesus und ich „beste Freunde". Ich redete mit ihm, so oft ich konnte. Vor allem wenn ich zur Schule oder nach Hause ging. Ich stellte mir vor, er würde neben mir gehen und mir zuhören. Mein Vertrauen wuchs immer mehr, und ich liebte ihn immer mehr.

Die Versuchungen wurden immer härter, sodass ich auch manchmal nachgab und in Sünde fiel. Dies bereue ich zutiefst, da es mir sehr geschadet hat. Doch Gott versicherte mir, dass er mir vergab und neues Leben und Frieden schenken wollte. Diesen Frieden erlebte ich immer wieder in meinen Gebeten. Ich lernte, ihm völlig zu vertrauen.

In seinen Händen bin ich geborgen. Er hat einen Plan für mein Leben, von dem ich nicht einmal zu träumen wage. Er weiß, was für uns gut ist. Wir können ihm vertrauen, so wie es die Kinder tun, und am Ende werden wir ihn dafür preisen. In der Ewigkeit werden wir ihn loben und wollen damit gar nicht aufhören!

Lass nicht zu, dass deine Seele aufgelöst ist! Stöhne nicht! Sondern vertraue ihm, und am Ende wirst du ihn dafür preisen.

AK

26.7.

Wie lange noch warten?

HABAKUK 1,2

HERR, wie lange soll ich schreien, und du willst nicht hören? Wie lange soll ich zu dir rufen … und du willst nicht helfen?

Keiner tut es gern. Jeder hat Probleme damit. Der Reiche wie der Arme, der Junge wie der Ältere. Alle leiden darunter. Sogar das Baby kämpft damit. Auch bei seinen Eltern war das schon so. Sie haben das gleiche Problem. Seit Jahren ringen sie damit und leiden darunter. Auch deren Eltern hatten schon dasselbe Problem … auch ihre Großeltern und deren Eltern. Seit Generationen leiden sie an diesem Punkt.

Und ehrlich gesagt: Auch vor meiner Familie hat dies nicht halt gemacht. Ich selbst leide auch darunter. Ich habe gehört, dass manch einer ein bisschen besser damit umgehen kann und es uns jungen Leuten viel schwerer fällt. In der Bibel lesen wir davon in Psalm 42,6:

„Was betrübst du dich, meine Seele, und bist so unruhig in mir? Harre auf Gott, denn ich werde ihm noch danken, dass er meines Angesichts Hilfe und mein Gott ist.“

Herr, wann? Wann ist es so weit? Am liebsten wäre mir, es wäre vorgestern gewesen.

Worunter leiden wir denn alle?

Wir wollen nicht warten, oder? Wartest du gerne? Beim Arzt, in der Warteschlange im Supermarkt, auf der Autobahn im Stau? Wie ergeht es dir beim Warten?

Wir warten auf das Essen, auf den wichtigen Anruf.

Wir warten auf das Ergebnis der Schularbeit, auf den Studienabschluss.

Wir warten auf den Besuch, auf die Geburt … auf wichtige Ereignisse …

Wir warten, wir warten, wir warten, warten, warten, warten …

Da könnte man aus der Haut fahren! Aber auch das würde nichts nützen.

Wer lebt, der wartet. Aber viel besser: Wer wartet, der lebt.

Wer harrt, der wartet.

Wer wartet, der lebt.

Seid den Menschen gleich, die auf ihren Herrn warten, wenn er von der Hochzeit aufbricht, um ihm zu öffnen, sobald er kommt und anklopft. Selig sind die Knechte, die der Herr wach findet, wenn er kommt. Lukas 12,36

Wer wacht, der wartet. Wer wartet, der lebt.

Wer leidet, der wartet.

Wer leidet, der fragt: Wie lange noch?

Wir warten alle. Gott wartet auch. Er wartet auf dich.

Kommen dir spontan Personen in den Sinn, die lange warten mussten? Wer hat außer dir noch gewartet? Worauf haben sie gewartet? Hat es sich gelohnt?

CP

27.7.

Echte Weisheit

SPRÜCHE 26,12

Kennst du jemanden, der sich selbst für weise hält? Ich sage dir: Für einen Toren gibt es mehr Hoffnung als für ihn!

Während ich für die Abiturprüfung lernte, war ich der Meinung, so ziemlich alles über Mathematik zu wissen. Als ich an die Uni kam, wurde mir klar, wie weit das Gebiet eigentlich ist. Und keiner ist sich stärker dessen bewusst, wie wenig er weiß – im Vergleich zu dem, was noch zu erforschen ist - als ein Professor der Mathematik.

Ich denke, dieses Prinzip lässt sich auch auf viele andere Gebiete übertragen. Mir ist bei evangelistischen Straßeneinsätzen aufgefallen, dass die überzeugtesten Verfechter des Atheismus oft jene waren, die über die naturwissenschaftlichen Hintergründe am wenigsten Bescheid wussten. Unter Studenten gibt es Vertreter beider Richtungen. Und bei einer Umfrage unter einigen Professoren der TU München haben fast alle an die Existenz Gottes geglaubt. Keiner hat sie komplett ausgeschlossen.

Von Paulus können wir lesen: „Denn was diese Welt für weise hält, ist nichts als Dummheit vor Gott." So steht es auch in der Schrift: „Er fängt die Klugen mit ihrer eigenen Schlauheit" (1. Korinther 3,19 NeÜ). Ist damit

27.7.

gemeint, dass wissenschaftliche Bildung grundsätzlich negativ zu beurteilen ist? Ich denke nicht. Es scheint beiden Schreibern, Salomo und Paulus, nicht darum zu gehen, das Wissen selbst zu verurteilen. Vielmehr wollen sie davor warnen, sich selbst für seine Klugheit gewissermaßen zu „loben".

Jesus bezieht denselben Sachverhalt noch auf die geistliche Dimension. In seiner Bergpredigt sagt er einen Satz, den ich lange nicht verstanden habe: „Selig sind, die da geistlich arm sind; denn ihrer ist das Himmelreich." (Matthäus 5,3) Jesus verdeutlicht ganz bewusst, dass nicht die, die sich für besonders gläubig halten, Gott auch besonders gefallen. In der Offenbarung lesen wir dazu: „Du sagst: »Ich bin reich. Ich habe alles, was ich will. Ich brauche nichts!« Und du merkst nicht, dass du erbärmlich und bemitleidenswert und arm und blind und nackt bist." (Offenbarung 3,17, NL) Dabei liegt das Problem nicht beim enormen Bibelwissen, sondern bei der inneren Einstellung. Salomo hat Recht, wenn er sagt: Wer sich für weise hält, ist es eigentlich nicht; aber wer sich bewusst ist, wie wenig er eigentlich weiß, für den ist noch Hoffnung da!

„Ich weiß, dass ich nichts weiß", sagte Sokrates.

JaW

28.7.

Sicher ankommen

OFFENBARUNG 12,17 SLT

Und der Drache wurde zornig über die Frau und ging hin, um Krieg zu führen mit den Übrigen von ihrem Samen, welche die Gebote Gottes befolgen und das Zeugnis Jesu Christi haben.

Dieser Drache ist die alte Schlange Satan (Offenbarung 12,9). Er ist zornig, denn er weiß, dass er nur noch wenig Zeit hat. Die „Übrigen" wissen es auch, deshalb befolgen sie die Gebote Gottes und geben das Zeugnis von Jesus weiter. Der Herr hat ihnen den Auftrag gegeben, das ewige Evangelium in der ganzen Welt zu verkündigen, denn der Herr steht vor der Tür und klopft an. (Offenbarung 14,6-12; 3,20)

Ich finde es ermutigend, dass diese „Übrigen" die Gebote Gottes kennen und befolgen. Jesus bekennt sich zu ihnen mit einem „Zeugnis". Was ist damit gemeint? Dass wir von Jesus sprechen und uns zu ihm bekennen? Das macht ja jeder Christ, der Jesus liebt! Nein, dieses besondere „Zeugnis" beschreibt vielmehr das Wunder, dass sich Jesus selbst zeigt und sich durch das Geschenk der Prophetie offenbart. Das letzte Buch der Bibel heißt

„Offenbarung Jesu Christi". „Das Zeugnis Jesu ist der Geist der Weissagung" (Offenbarung 19,10), sagt der Engel. Er will nicht angebetet werden, denn er ist doch nur ein Bote Gottes. Er hat das Zeugnis von Jesus genauso empfangen wie die Propheten, die Teile der Bibel geschrieben haben. (Offenbarung 22.9; vgl. Amos 3,7)

Wir dürfen dankbar sein, dass uns Jesus für die letzte Zeit diese besondere „Online-Verbindung" schenkt. Er verspricht: „Ich bin bei euch bis ans Ende der Welt." (Matthäus 28,20) Der Steuermann Jesus bringt sein Schiff namens Gemeinde sicher in den Hafen, das himmlische Jerusalem. Die Matrosen wissen, was zu tun ist, denn Jesus hat es ihnen offenbart. Und je näher das Schiff dem Hafen kommt, umso mehr Informationen bekommen wir. „Umso fester haben wir das prophetische Wort, und ihr tut gut daran, dass ihr darauf achtet als auf ein Licht, das da scheint an einem dunklen Ort, bis der Tag anbreche und der Morgenstern aufgehe in euren Herzen." (2. Petrus 1,19)

TE

29.7.

Er wird's wohl machen

PSALM 37,5

Befiehl dem HERRN deine Wege und hoffe auf ihn; er wird's wohl machen.

Nach meinem Schulabschluss wusste ich genau, wie es weitergehen sollte: Ein Jahr im Ausland verbringen oder aber Psychologie studieren. Nachdem beide Pläne „den Bach runter gegangen" waren, begann ich die Ausbildung zur Krankenschwester. Diesen Wunsch hatte ich schon vor Jahren gehabt, mit der Zeit jedoch verworfen. Gott hat ihn aber nicht vergessen und stand mir bei. Ich durfte ihn immer wieder neu kennenlernen: in verschiedenen Prüfungssituationen, aber auch, als ich zum ersten Mal öffentlich meinen Glauben bezeugte.

Im zweiten Ausbildungsjahr mussten wir als Gruppe eine Präsentation halten. Leider sollte diese genau an einem Sabbat stattfinden! Ich war noch nie mit einer Situation konfrontiert worden, in der ich offen über meinen Glauben reden musste. Ich war verzweifelt: Warum musste es ausgerechnet mich treffen? Ich war auch noch die einzige und erste Adventistin an dieser Schule! Es schien mir nur eine Möglichkeit zu geben, diesem Dilemma zu entgehen: Nicht auftauchen, eine negative Note und einen schlechten Eindruck kassieren und meine Kollegen enttäuschen, die von mir abhängig waren! Ich begann zu beten und fasste dadurch Mut. Am nächsten Tag ging ich zu meinem Professor und schilderte ihm meinen Gewissenskonflikt. Völlig unerwartet und überraschend war er offen und gleichzeitig interessiert. Er ließ die Präsentation um einen Tag nach vorn verschieben. Ich konnte den Sabbat halten, und keiner hatte dadurch irgendeinen Nachteil.

Während meiner Diplomprüfungszeit vor einem Jahr ging ich durch eine Achterbahn der Gefühle. Da merkte ich erst, wie mich Gott durch diese schwierige Zeit hindurch trug. Jeden Morgen nahm ich mein Andachtsbuch und sagte mir: „Wenn diese schreckliche Prüfungszeit jemals ein Ende haben sollte, möchte ich Gott zur Ehre meine Geschichte niederschreiben." Heute, knapp ein Jahr nach meinem Abschluss, wurde ich tatsächlich gefragt, ob ich eine Erfahrung erzählen könnte. Eine davon habt ihr gerade gelesen. Aus heutiger Sicht betrachtet, erfüllt es mich mit Freude, aber auch mit Dankbarkeit, dass ich trotz meiner Unsicherheit und Angst meinen Glauben nicht verleugnet habe.

ElR

30.7.

Fürchte dich nicht, ich helfe dir!

JESAJA 41,13 SLT

Denn ich, der HERR, dein Gott, ergreife deine rechte Hand und sage dir: Fürchte dich nicht, ich helfe dir!

Als die Zeit der Diplomprüfungen näher rückte, stand ich vor derselben Situation wie nach der Matura: Wie geht es jetzt weiter? Ich wagte noch einmal den Versuch, ins Ausland zu gehen, dieses Mal aber als Krankenschwester. Leider hatte ich damit keinen Erfolg. Ich fand mich damit ab, dass ich wohl in Österreich bleiben würde. In meinem letzten Praktikum ging ich nach Tirol, in die Unfallchirurgie. Nach wenigen Tagen hatten sich meine Zweifel: „Wird mir das überhaupt gefallen?" bereits in Luft aufgelöst. „Was für ein Trost!", dachte ich mir. In einer so kurzen Zeit öffneten sich mir neue Türen. Ich war so auf die Idee „Ausland" fixiert gewesen, dass ich andere Möglichkeiten gar nicht mehr in Betracht gezogen hatte.

Voller Tatendrang begann ich, zwischen den Lernpausen Bewerbungen zu schreiben. Ich wusste ganz genau, welche Spitäler infrage kamen.

30.7.

Ich war mir meiner Sache so sicher, dass ich mir kaum vorstellen konnte, dass da eine Absage dabei sein könnte. Zu meiner großen Überraschung bekam ich Stunden später die erste Rückmeldung. Am nächsten Tag dann eine weitere, aber das gefiel mir nicht: Sie brauchten keine neuen Mitarbeiter! Das Drama war perfekt. In mir stieg die Angst auf! Was nun? Ich war so der Unfallchirurgie verfallen, dass mir alles andere egal schien. Ich beschloss, das Thema „Bewerbung" einige Zeit ruhen zu lassen, und legte im Gebet alles in Gottes Hand.

Zwei Wochen später erhielt ich einen Anruf: „Hätten Sie für ein Vorstellungsgespräch Zeit? Uns ist ein Mitarbeiter ausgefallen." Ich konnte es kaum glauben, denn es war das Krankenhaus, das mir Wochen zuvor eine Absage geschickt hatte. Ich sagte sofort zu und fuhr quer durch Österreich. Das Gespräch lief allerdings nicht besonders gut.

Also reiste ich zurück nach Tirol und wartete. Es war Februar, doch die Antwort sollte ich erst im März bekommen. Ich machte mir große Sorgen, denn ich musste vorher noch eine wichtige Prüfung bestehen. Außerdem hatten sich noch andere um diese Stelle beworben. Das waren schwere Wochen! Doch Gott hat mich nicht allein gelassen. Endlich bekam ich die Zusage und durfte ab April am gewünschten Ort arbeiten. Ich bin Gott so dankbar, dass er mich durch diese Zeit hindurch begleitet hat. Er hat mir Türen geöffnet, von denen ich nicht einmal zu träumen wagte!

EIR

31.7.

Orientierungshilfe

PSALM 43,3 HFA

Gib mir dein Licht und deine Wahrheit! Sie sollen mich zurückführen zu deinem heiligen Berg, zu dem Tempel, wo du wohnst!

Eine Zeitungsmeldung vom 15.7.2002 lautet: „Gestern geriet eine US-Militärmaschine in Flugnot. Unmittelbar nach dem Abheben der Frachtmaschine in Ramstein fielen alle elektronischen Systeme aus, bedingt durch ein starkes Gewitter. Das Charterflugzeug war mit Dutzenden Tonnen Waffen und Raketen beladen und irrte zwischen den Wolken umher. Der Pilot hatte keinerlei Orientierungshilfen. Er konnte sich nur noch auf seinen Gleichgewichtssinn und auf einen Kreiselkompass verlassen. Aber dann bekam er Kontakt zur Bodenstation. Eine Notlandung auf dem Rhein-Main-Flughafen von Frankfurt wurde eingeleitet. Als sich das Wetter besserte, wurde jedoch die Notlandung abgebrochen. Das Flugzeug kehrte nach Ramstein um und konnte, von zwei Kampfflugzeugen eskortiert, dort sicher landen."

Auch wir geraten zuweilen in „schwere Gewitter", bei denen unsere normalen Hilfsquellen versagen. Wer hilft uns dann bei der Orientierung? Ist unser „Gleichgewichtssinn" in Ordnung? Haben wir unser Gewissen am Wort Gottes geeicht und es davon prägen lassen. Ein eindeutiges „So spricht der Herr“ entspricht dem Kreiselkompass, dessen Magnetnadel nach Norden zeigt. Aber das genügt oft nicht. Wie gut, wenn wir Funkverbindung haben! Durch das Gebet können wir mit der „Bodenstation“ Kontakt aufnehmen und um Führung und Hilfe bitten. Und dann heißt es durchhalten, bis sich das Wetter bessert. Noch schöner ist es, wenn wir von Freunden „eskortiert“ und unterstützt werden.

Was wäre passiert, wenn der Pilot gesagt hätte: „Das schaffe ich doch locker alleine, ich brauche keinen, der mir dreinredet und vorschreibt, was ich zu tun habe!“? Wahrscheinlich wäre ein furchtbares Unglück geschehen.

Zum Glück tragen wir keine derart gefährlichen Waffen mit uns herum, höchstens unsere Zunge, aber damit können wir doch keinen wirklichen Schaden anrichten, oder etwa doch???

Ich bitte darum, dass Gott mir heute den „Gleichgewichtssinn“ schärft, damit ich weiß, was angemessen ist und dem anderen hilft. Und wenn ich in ein Gewitter gerate, dann möchte ich die Funkverbindung nicht abreißen lassen. Ich bin auch dankbar für diejenigen, die mich eskortieren, damit ich sicher landen kann.

SR

1.8.

Wen Gott beruft, den befähigt er auch

2. KORINTHER 3,4.5 SLT

Und eine solche Zuversicht haben wir durch Christus zu Gott; nicht dass wir von uns selber aus tüchtig wären, so dass wir uns etwas anrechnen dürften, als käme es aus uns selbst, sondern unsere Tüchtigkeit kommt von Gott.

Ich stand vor einer kleinen, mir nicht bekannten Gemeinde. Wir sangen gerade das Eröffnungslied zur Predigt, aber ich sang nicht mit, bewegte nur stumm die Lippen. Nicht etwa, weil ich das Singen nicht gemocht hätte. Aber ich war heiser, hatte Halsschmerzen, und mir war schwindlig. Normalerweise wäre ich an einem solchen Tag im Bett geblieben. All das wäre grundsätzlich nicht weiter schlimm gewesen, aber die Sache hatte einen Haken: Ich sollte in einer Minute zum ersten Mal in meinem Leben predigen …

Mir war bewusst, dass der Gegenspieler Gottes versuchte, meinen Einsatz zu verhindern. Aber gleichzeitig beteten auch viele Leute für mich. In diesem Moment wurde mir wieder einmal klar, dass der Kampf zwischen Jesus und Satan real ist. Und das nicht nur irgendwo im entfernten Universum, sondern hier und jetzt in meinem Leben!

Nun stand ich also da und hatte durchaus eine Botschaft weiterzugeben, aber keine Stimme. Es war, als würde Gott mir sanft zuflüstern: Schau mal, genau darum geht es beim Vertrauen. Ohne mich kannst du nichts tun. Ich wusste, dass mich Gott nicht im Stich lassen würde, gerade jetzt nicht, wo ich mich trotz Erkältung aufgerappelt hatte. Aber den Mund auftun musste ich selber. Es lag an mir, den ersten Schritt zu wagen.

Als ich dann zu reden begann, hatte ich plötzlich eine einigermaßen klare Stimme und konnte die Predigt einwandfrei halten! Außerdem gab mir Gott die nötige Konzentration, Ruhe und Sicherheit, wofür ich sehr dankbar bin. Am Schluss sagte mir eine Frau, das Thema habe sehr gut zur Gemeindesituation gepasst.

All das wäre ohne Gottes Beistand nicht möglich gewesen. Ich selbst bin nicht tüchtig, doch Gott ist in den Schwachen besonders wirksam. Vor der Gemeinde zu sprechen ist ein Privileg, aber auch eine große Verantwortung. Gott scheut sich nicht, uns eine wichtige Aufgabe zu übertragen. Meine erste Predigt war wegen der Krankheit bestimmt nicht die angenehmste Erfahrung, und doch erzähle ich diese Geschichte gerne weiter. Sie zeigt mir: „Gott beruft nicht die Befähigten, sondern befähigt die Berufenen!“ (E. G. White)

AD

2.8.

Irrgarten der Gefühle

JEREMIA 29,11 GNB

… denn mein Plan mit euch steht fest: Ich will euer Glück und nicht euer Unglück. Ich habe im Sinn, euch eine Zukunft zu schenken, wie ihr sie erhofft.

Fühlst du dich auch manchmal unsicher? Dann wieder total gut und kurz darauf abgrundtief traurig. Hängst du manchmal apathisch herum, ziehst dich zurück und langweilst dich tödlich? Und ohne Übergang steckst du plötzlich wieder voller Energie und Lebensfreude? Vielleicht gibst du dich gern großspurig, weil du die eigene Unsicherheit überspielen willst. Du möchtest die Welt davon überzeugen, dass du selbstbewusster und stärker bist, als du dich eigentlich fühlst. Du liebst das Risiko. Du willst experimentieren – Grenzen ausloten. Du bist risikobereit und hast Lust auf extreme Gefühle. Wenn du von Gleichaltrigen anerkannt wirst, schlägst du deine Vernunft gerne in den Wind. Du willst die Glaubensvorstellungen deiner Eltern nicht übernehmen, du willst dich aus dem „Glaubenskäfig" befreien – deinen eigenen Gott finden. „Wo will ich hin? Wie will ich sein? Wie will ich wahrgenommen werden?"

2.8.

Diese Fragen dominieren unsere Teenagerzeit. Wie eine Larve häute ich mich, lasse meine Kindheit hinter mir zurück; ich will ein gesunder, kräftiger Schmetterling werden, ein Mensch mit eigenen Wertvorstellungen. Und das ist auch richtig so!

Kleiner Tipp: Wirf nicht alles, was du gelernt hast, über Bord. Bestimmt ist einiges dabei, das dir nützlich ist und wichtig für dich sein kann. Mach deine eigenen Erfahrungen, aber sei dir immer bewusst: Gott hat einen Plan für dich! Du bist kein Zufallsprodukt, sondern gewollt und geliebt!

Gott hat bestimmte Vorstellungen für unser Leben, bei denen sich unsere Gaben und Fähigkeiten optimal entfalten können. Er sieht uns nämlich nicht nur, wie wir sind, sondern auch, wie wir sein könnten. Er sieht all unsere Möglichkeiten, unser Potential – das, was in uns steckt. Diesen Plan können wir entdecken, aber dazu müssen wir erst unseren Schöpfer kennenlernen wollen. Das ist sowieso das Beste, was wir tun können, denn ohne ihn läuft nichts. Als Schöpfer hat er auf jeden Fall die bessere Sicht.

Wenn du kurvige Wege gehen möchtest, wird er dich nicht zwingen, gerade zu laufen; er wird an der nächsten Biegung auf dich warten und hoffen, dass er die nächste Wegstrecke neben dir gehen darf. „Ich unterweise dich und zeige dir den Weg, den du gehen sollst. Ich will dir raten; über dir wacht mein Auge.“ (Psalm 32,8 EÜ)

Nimm dieses Angebot an, dann wirst du deinen Weg für die Zukunft finden!

CR

3.8.

Guter Anfang!

PHILIPPER 1,6 NL

Ich bin ganz sicher, dass Gott, der sein gutes Werk in euch angefangen hat, damit weitermachen und es vollenden wird bis zu dem Tag, an dem Christus Jesus wiederkommt.

Hast du heute schon eine gute Nachricht bekommen? Vielleicht die Nachricht vom Besuch eines Freundes? Von einer Jobzusage? Schau mal, wie oft eine gute Nachricht mit einem neuen Anfang zu tun hat. In der Regel gilt: Wir freuen uns, wenn etwas neu beginnt. Wir sind gespannt auf die Zukunft – ob wir die ersten Tage im Kindergarten erleben, eine neue Schule beginnen oder die ersten Erfahrungen im Job sammeln. Alles ist noch frisch, wie unberührt, wir können etwas gestalten, etwas pflanzen, wir sind mitten im Leben, live dabei!

Anfangen gehört zu den Grundbewegungen unseres menschlichen Lebens. Denk nur an ein kleines Kind, das gerade gehen lernt! Immer wieder zieht es sich am Stuhl hoch, richtet sich auf, wagt einen Schritt – und so oft es auch auf den Hosenboden plumpst, es beginnt immer wieder neu – so lange, bis die Sache klappt, die Schritte fester und die Bewegungen sicherer werden. Mal ehrlich – hättest du diesen starken Willen?

Ohne anzufangen, gibt es keinen Fortschritt. Um ein konkretes Beispiel zu nennen: Uns allen ist die gute, alte Glühbirne vertraut. Wusstest du, wie oft Thomas Edison seinen Versuch zur Funktionsfähigkeit der ersten Glühbirne wiederholen musste? Über 2.000 Mal. 2.000 Mal neu anfangen! Mit anderen Worten: 2.000 Mal Vertrauen in die Zukunft, 2.000 Mal Hoffnung.

Wenn das kein guter Anfang ist! Menschen, die immer wieder anfangen, sind nicht so leicht unterzukriegen. Denk nur an Stehaufmännchen! Wo auch immer du gerade in deinem Leben stehst – du kannst mit Gott neu beginnen! Im Anfang liegt eine große Chance – es ist ein Ja zum Leben, ein Ja zu meiner Zukunft! So schreibt auch Martin Buber: „Gott verlangt vom Menschen nur das Anfangen: dass er anfange, das Rechte zu tun, und Gott wird ihm helfen, es zu vollenden, denn ohne Hilfe von Gott kann man ja nichts zu Ende führen.“

CF

4.8.

Warnsignale überhören

JESAJA 65,2

Ich streckte meine Hände aus den ganzen Tag nach einem ungehorsamen Volk, das nach seinen eigenen Gedanken wandelt auf einem Weg, der nicht gut ist.

Erster Tag der Sommerferien und ein Bilderbuch-Wetter! Peter hat gerade seinen Schulfreund Simon abgeholt, und nun beraten die beiden Jungs, was sie heute unternehmen. Sie trotten über die Wiese bis zum Bahndamm. „Komm, wir laufen auf den Gleisen", schlägt Peter vor. Es macht Spaß, von Schwelle zu Schwelle zu hüpfen. Die Eltern haben zwar davor gewarnt, auf den Bahngleisen zu spielen, aber der verbotene Weg reizt umso mehr. Unterwegs überlegen sie, ob sie nach links in den Wald abbiegen oder nach rechts zum Badesee marschieren sollen. Eifrig wägen sie Vorteil gegen Nachteil ab und sind so tief in ihr Gespräch versunken, dass sie Simons Vater nicht hören, der aufgeregt hinter ihnen herläuft und schreit: „Runter von den Gleisen! Runter!" Denn hinter ihnen saust der Eilzug heran. Die Jungs hören ihn nicht, weil so viele Lkw auf der nahen

Autobahn vorüberdonnern. Auch die drängenden Hupsignale des Zuges nehmen sie nicht wahr.

Was hat sie schließlich dazu gebracht, mit einem Satz vom Bahndamm zu springen – in allerletzter Sekunde? Sie können es nicht erklären. Da liegen die beiden im dürren Gras am Bahndamm, atemlos, gelähmt vom Schock; die Druckwelle hat sie umgeworfen. Simons Vater trabt heran, schwenkt die Arme, Tränen laufen ihm übers Gesicht, das von der ausgestandenen Angst verzerrt ist. „Warum habt ihr nicht gehört?", keucht er. „Ich habe euch doch gerufen!"

„Typisch für Kinder", denken wir. „Sind von ihren eigenen Plänen und Ideen so gefesselt, dass sie alles andere ausblenden." Uns Erwachsenen kann ja so etwas nicht passieren. Der Fernsehkrimi, das Computerspiel, die Fußballergebnisse, das neueste Modeheft und der Einkaufsbummel – das sind für uns bloß Nebensachen. Auch die Arbeit kann uns niemals so stark gefangen nehmen, dass wir darüber Warnungen unseres himmlischen Vaters überhören. Was er sagt und was er möchte, hat doch für uns oberste Priorität. Oder etwa nicht?

Ich habe mich schon oft dabei ertappt, dass ich drauflos presche, nicht nach links oder rechts schaue, schon gar nicht nach hinten, weil ich hier und jetzt mit dem Kopf durch die Wand will. Auch ich überhöre dann Warnsignale. Hoffentlich reißt mich dann jemand vom „Bahndamm", bevor ich überrollt werde!

SR

5.8.

Eine Frage des Maßstabs

JESAJA 5,20

Wehe denen, die Böses gut und Gutes böse nennen, die aus Finsternis Licht und aus Licht Finsternis machen, die aus sauer süß und aus süß sauer machen!

Im Sommer bin ich um meine Dachwohnung wohl nicht zu beneiden. Vom ersten Sonnenstrahl in der Früh an klettert das Thermometer in kurzer Zeit unbarmherzig bis auf weit über 30°C – und daran ist dann den ganzen Tag auch nichts mehr zu ändern. Die Fenster zu öffnen, ist an solchen Tagen nämlich keine gute Idee, die glühende Dachhitze macht es sonst noch viel heißer! Einen Lichtblick gibt es aber: Nach einer langen Nacht mit weit offenen Fenstern (vorausgesetzt, es regnet nicht!!!) wache ich morgens bei „kühlen“ 27° C wieder auf. Herrlich erfrischend!

Bei solchen Zuständen kann einem natürlich ein wenig das natürliche Temperaturempfinden verlassen. So habe ich mich schon des Öfteren dabei ertappt, bei 25° C eine Gänsehaut zu bekommen! Da kann doch etwas nicht stimmen, oder?

Wir Menschen halten uns oft in unserer Einschätzung der Dinge für völlig objektiv. Dabei bemerken wir gar nicht, dass sich unsere Maßstäbe sehr schnell verschieben können. Wenn wir uns längere Zeit in einem gewissen Umfeld bzw. „Klima" aufhalten, gewöhnen wir uns schrittweise daran und hinterfragen vieles nicht mehr. Manches, was uns Monate zuvor noch missfallen oder ein schlechtes Gewissen bereitet hätte, ist jetzt ganz normal geworden. Wir stumpfen ab!

Bei Temperaturen ist es natürlich kein Problem, wenn manche Menschen es lieber arktisch und andere lieber tropisch haben. Aber es gibt auch andere Maßstäbe, bei denen Gott ganz klar sagt, was „warm" und was „kalt" ist. Daran ändert es auch nichts, wenn manche Leute in meinem Umfeld warm kalt und kalt warm finden! Und wo steht, dass wir als Christen nicht „lau" werden sollen? Da ist wohl auch die Orientierung für heiß oder kalt verloren gegangen!

Unsere Messgeräte müssen immer wieder an Gottes Wort „geeicht" werden, um ihre Sensibilität nicht zu verlieren. Manchmal ist auch ein Wechsel der Klimazone nötig! Vielleicht ist heute ein guter Tag, um seine Sensoren einer solchen ehrlichen Prüfung zu unterziehen!

LS

6.8.

Gib nicht zu früh auf!

APOSTELGESCHICHTE 4,20

Wir können's ja nicht lassen, von dem zu reden, was wir gesehen und gehört haben.

„Gott hat Menschen vorbereitet. Eure Aufgabe ist es, sie zu finden!" Dieser Satz begleitete mich eines sonnigen Sabbatnachmittags. Die Vögel zwitscherten in den Bäumen der Wohngegend, durch die ich mit einigen anderen Jugendlichen zog. Wir wollten unsere Mitmenschen ansprechen und mit ihnen ins Gespräch über Jesus kommen. Wir waren hochmotiviert, und alles schien möglich.

Doch mit jeder Absage, die wir erhielten, schwand unsere Begeisterung. Keiner der Menschen, die wir angesprochen hatten, zeigte Interesse an dem, was wir zu sagen hatten. Am letzten Haus in der letzten Straße – wieder eine Abfuhr. Wir waren total entmutigt und wollten aufhören, die Aktion abbrechen.

Doch dann sahen wir sie. Ein junges Ehepaar ging mit seinen zwei kleinen Kindern die Straße entlang. Ein kurzes Gebet, Unsicherheit – doch wir wollten es ein letztes Mal für heute wagen und die Leute ansprechen.

Für mich war es ein kleines Wunder, dass sich ein richtig gutes Gespräch entwickelte. Sogar auf Gottes Ruhetag, den Sabbat, kamen wir zu sprechen. Sie erzählten, dass sie ihn vor einiger Zeit entdeckt hätten. Seitdem feierten sie ihn schon – für sich alleine. Sie dachten, sie seien die Einzigen. Sie kannten niemanden sonst, der den Sabbat heilig hielt.

Hier standen wir also: eine kleine Gruppe von Jugendlichen und eine junge Familie. Gott hatte uns zusammengeführt. Voller Begeisterung durften wir ihnen sagen, dass auch wir Gottes Sabbat halten und feiern. Die Einladung in die Gemeinde nahmen sie gerne an. Diese Begegnung liegt nun schon einige Jahre zurück. Das Ehepaar hat wiederum Leute in den Gottesdienst eingeladen und arbeitet heute aktiv in der Gemeinde mit. Wir können's ja nicht lassen, von dem zu reden, was wir gesehen und gehört haben!

Wie ist es bei dir? Was hast du erlebt? Welche Erfahrungen hast du mit Gott gemacht? Bitte ihn heute, dass du etwas mit ihm erlebst. Lass dir von ihm auch den Mut und den Wunsch geben, anderen davon zu erzählen. Gott möchte mit dir zusammenarbeiten, damit du Menschen für ihn gewinnst. Möchtest du dich von ihm gebrauchen lassen und erleben, wie dich das froh macht?

AW

7.8.

Wie man sich Gott vom Leib hält

JONA 1,3

Aber Jona machte sich auf und wollte vor dem HERRN nach Tarsis fliehen und kam hinab nach Jafo. Und als er ein Schiff fand, das nach Tarsis fahren wollte, gab er Fährgeld und trat hinein, um mit ihnen nach Tarsis zu fahren und dem HERRN aus den Augen zu kommen.

Eigentlich geht es doch um die assyrische Stadt Ninive. Dort ist die Hölle los, und Gott will es nicht länger ansehen, sondern ein Machtwort sprechen. Als Übermittler wählt er sich Jona. Der läuft weg und flieht. Er flieht vor Gott. Dabei – wir erinnern uns – ging es doch eigentlich um Ninive.

Der Text verrät nicht viel über Jona, nur seine Herkunft (Jona 1,1). Wir können nur vermuten, warum er vor Gott flieht. Er hat nicht etwa Angst vor den ungläubigen Heiden! Auf dem Schiff legt er nämlich ein Muster-Zeugnis ab (Jona 1,9). Er ist auch nicht zu faul, denn später investiert er sogar mehr als 40 Tage in seinen prophetischen Spezialauftrag. Was ist Jonas Problem?

Als das Schiff während der Flucht in einen Sturm gerät und die Leute um ihr Leben fürchten – wie konnte Jona da überhaupt schlafen? – wird er aufgefordert: „Steh auf, rufe deinen Gott an! Ob vielleicht dieser Gott an uns denken will, dass wir nicht verderben." (Jona1,6) Die Seeleute sind für Gottes Macht offen. Und was sagt Jona? „Werft mich über Bord!" (Jona1,12) Selbstmord als letzter Ausweg auf der Flucht vor Gott?

Wie man sich Gott vom Leib hält? Gar nicht. Du kannst ihn nicht loswerden! Denn er will dich keineswegs verderben, sondern dir ganz bestimmt ewiges Leben schenken. Jona flieht vor einem Gott, der ein schreckliches Gericht androht, aber dann doch Gnade vor Recht ergehen lässt. Jona will nicht der Bote eines Gottes sein, der den grausamen und verdorbenen Assyrern verzeiht. Er ahnt voraus, dass es so kommen könnte. Sein Gerechtigkeitsgefühl bäumt sich dagegen auf. Und er verurteilt sich selbst zum Tod, denn er hat sich dem Auftrag Gottes verweigert. Erst als ein Fisch ihn verschlingt und dadurch vor dem Ertrinken rettet, spürt er selbst, wie wohltuend Gottes Barmherzigkeit ist.

Und dann geht er doch nach Ninive. Dort verkündet er die harte Botschaft vom nahen Untergang. Im Hinterkopf: Die Assyrer kriegen nur, was sie verdient haben. Aber dann erlebt er, dass sich dieses böse Volk zu Gott hinwendet. Und Gott ist wieder barmherzig, denn er will nicht, dass Menschen und Tiere umkommen. Er will, dass wir leben.

CL

8.8.

Wenn das Unerwartete passiert

MARKUS 4,35-41 SLT

Und es erhob sich ein großer Sturm …

Hast du schon einmal erlebt, dass die Dinge nicht so kamen, wie du sie erwartet hattest? Du kommst in eine neue Schule und meinst, du werdest schnell Freunde finden – doch es klappt nicht. Du beginnst dein Studium, und der Kurs sieht komplett anders aus, als du erwartet hast?

Im Januar 2015 reiste ich nach Australien und wollte dort meinen Dienst als Bibelarbeiterin antreten. Nach zwei Monaten Haussuche war die Freude groß, als meine Kollegin aus China und ich in unser neues Missions-Haus einziehen durften.

Eines Nachmittags kam ich nach Hause und wollte die Tür aufschließen. Da stutzte ich: Wieso lagen da Scherben am Eingang? Langsam hob ich den Blick zur Fensterscheibe: ein Loch. Und daneben lag ein Ziegelstein. Noch mehr Scherben. „Nein. Das gibt es nicht!", murmelte ich. Immerhin bin ich in Australien, in einem westlichen Land. Ich gehe in mein Zimmer und schaue zur Laptoptasche, in der heute Früh noch mein Laptop lag: Sie ist leer. Auch mein Koffer wurde durchwühlt. Meine Kleidung liegt überall im Zimmer verstreut. Ich gehe in das Zimmer meiner Freundin, die ihr Notebook auf dem Tisch liegen hatte: weg! Nein, das kann nicht sein. Ich nehme mein Handy zur Hand und rufe meinen Mentor an, danach die Polizei. Dann breche ich in Tränen aus. Was soll ich tun?

Jesus fuhr mit seinen Jüngern in einem kleinen Boot auf dem See Genezareth, als sich plötzlich ein schlimmer Sturm erhob. Die Männer kämpften um ihr Leben. Und was tat Jesus? Er schlief im Boot auf einem Kissen. Verzweifelt weckten sie ihn und fragten: „Kümmert es dich denn nicht, wenn wir ertrinken?" Nein, Jesus war es nicht egal! Er stand auf und befahl dem Wind: „Schweig, werde still!" (Markus 4, 37-39)

Für mich war damals dieser Einbruch so etwas wie ein großer Sturm. Ich hatte nie damit gerechnet, dass jemand in meine Wohnung einbrechen würde. Mich plagten die Fragen: „Wo bist du? Warum hast du das zugelassen? Immerhin arbeite ich hier für dich! Wieso passiert das dann?"

Aber Jesus antwortet: „Mein Kind, ich habe dir versprochen, dass ich dich nie aufgeben und niemals verlassen werde. Ich habe nie versprochen, dass ich jeden Sturm von dir fernhalten werde, aber ich versichere dir: Ich bin in diesem Sturm bei dir!"

Mit welchem Sturm du auch immer konfrontiert sein magst: Vergiss nicht, Jesus ist da. Mittendrin und nahe bei dir. Das ist für mich Grund genug, jeden Tag mit einem Lächeln zu begrüßen. Wenn das Unerwartete geschieht, ist Jesus mit dir.

SaR

9.8.

Gute Idee!

SPRÜCHE 15,13 GNB

Freude zeigt sich am strahlenden Gesicht.

Ideen sind doch etwas Gutes! Ich hatte eine. Und ich fand sie gut. Aus dem Internet suchte ich Sprüche und Bibelverse heraus. Jede Menge. Um genau zu sein: 275. Ich schrieb alle ab und fasste sie in einem Word-Dokument zusammen. Zum Schluss druckte ich alles aus und schnitt die Sprüche und Verse aus. Ich war voller Tatendrang und konnte den kommenden Sabbat kaum erwarten. Schon früher als üblich fuhr ich mit meiner Mutter in die Gemeinde. Außer uns war noch niemand da. Wir legten auf jeden Sitzplatz im Saal einen Zettel. Noch wusste keiner, was sie heute erwartet. Ich wollte sehen, wie die Leute die kleinen Zettel bemerken und darauf reagieren. Also setzte ich mich in den Mutter-Kind-Raum. Von dort kann man den ganzen Saal überblicken. Ich wartete. Die Ersten kamen, sahen und lasen. Viele der älteren Damen unterhielten sich über die Sprüche und tauschten sie untereinander aus. Ich sah viele glückliche und verwunderte Gesichter. Doch ich glaube, an jenem Tag war ICH die Glücklichste von allen.

Als der Gottesdienst begann, meldete sich ein älterer Herr. „Ich fand heute auf meinem Platz einen Zettel. Darauf steht: ‚Gott ist mein Fels, meine Hilfe und mein Schutz, dass ich nicht fallen werde'. Ich weiß nicht, wer den Spruch auf meinen Stuhl gelegt hat, aber ich bin dieser Person sehr dankbar. Dieser Bibelvers gibt mir Kraft", fuhr er fort. Ich staunte nicht schlecht, als ich hörte, was er da sagte. In diesem Moment wollte ich lachen und weinen zugleich. Ich war überwältigt. Ich hatte genau das erreicht, was ich mir erhofft hatte.

Ich wollte den Menschen nur für einen kurzen Augenblick ein Lächeln ins Gesicht zaubern, ihnen Kraft schenken, obwohl ich mich selbst ziemlich kraftlos fühlte.

Möchtest du so etwas auch einmal probieren? Einen Bibelspruch auf ein Kärtchen schreiben und weitergeben? Oder eine andere Ermutigung und Aufmerksamkeit für andere vorbereiten? Wer weiß, wem du damit eine Freude machen kannst!

SW

10.8.

Theorie ist nicht gleich Praxis

MATTHÄUS 25,35.36

Denn ich bin hungrig gewesen, und ihr habt mir zu essen gegeben. Ich bin durstig gewesen, und ihr habt mir zu trinken gegeben. Ich bin ein Fremder gewesen, und ihr habt mich aufgenommen.

Im Vergleich zu meiner ersten Reise nach Bangladesch bin ich dieses Mal ziemlich gelassen und ruhig. Ich beruhige mich mit dem Gedanken, dass ich ja so ungefähr weiß, was mich erwartet …

Eine heftige Hitzewelle schlägt mir entgegen, als ich das Flughafengebäude verlasse. Der chaotische Verkehr, das Hupen, die Müllberge, der faulige Geruch in der Luft, die vielen Menschen, die schlafend oder bettelnd neben der Straße liegen, die Kranken und Kinder, die mir ihre schmutzigen Hände entgegenstrecken, schnüren mir das Herz zusammen.

10.8.

Ich wusste zwar, was auf mich zukommt, aber bin ich jetzt trotzdem bereit, all diesen Umständen und Eindrücken zu begegnen? Wie angenehm war es doch zu Hause!

Freimütig redete ich über das ferne Land, das ich nun schon zum zweiten Mal bereise. Ich sprach mit meiner Gemeinde und Freunden über meine Aufgaben und Mission, meine Vorstellungen und Ziele. Ich wurde bewundert, respektiert und gelobt.

Doch jetzt bin ich hier und fühle mich von Gott extrem abhängig. Mir ist bewusst: Ohne seine Hilfe werde ich dieser Mission auch dieses Mal nicht gewachsen sein. Ich habe zwar edle Motive und eine Portion Mut, aber erst hier, im wahrscheinlich ärmsten Land der Welt, merke ich, dass ich aus meiner gemütlichen Komfortzone gar nicht so leicht ausbrechen kann – hinein in ein Leben, das mich Selbstlosigkeit und Aufopferung kosten wird.

Erst hier weiß ich wieder, wie leicht es ist, über Dinge zu sprechen, und wie schwer, sie tatsächlich auszuführen. Es ist der Kampf zwischen meinem antrainierten Egoismus und unserem Auftrag der Nächstenliebe.

Ich bin sehr dankbar für diese Zeit, in der ich mich und mein Herz wieder unter die Lupe nehme und mit Franz von Assisi sage: „Mache, dass ich danach trachte zu trösten, statt getröstet zu werden, zu verstehen, statt verstanden zu werden, zu lieben, statt geliebt zu werden. Denn wir können nur empfangen, wenn wir geben."

VH

11.8.

Glückliche Gesichter

MARKUS 10,14

Lasst die Kinder zu mir kommen und wehret ihnen nicht; denn solchen gehört das Reich Gottes.

Nun bin ich schon einige Tage in Bangladesch und genieße die Zeit mit den Straßenkindern. Sie sind so herzlich, so unbefangen und fröhlich. Am Anfang dachte ich, ich müsste unbedingt Abstand zu ihnen halten, weil ich keine Läuse bekommen wollte … Bei manchen sieht man nämlich schon bei einem kurzen Blick auf den Kopf, wie es da wimmelt. Aber dieser Vorsatz ist geschmolzen wie die Butter in der Sonne. Läuse hin oder her, dreckige Hände ebenso, diese Kinder sind so liebesbedürftig … und gleichzeitig schenken sie so viel Liebe. Wenn ich um die Ecke biege, sehe ich sie auf dem Bürgersteig knien. Da geht mir das Herz auf. Jedes Mal gibt es ein riesiges „Hallo", jede Hand wird geschüttelt, manche auch zwei- oder dreimal!

Heute spreche ich mit ihnen über das Rauchen. Diese Kinder fangen schon sehr früh damit an. Hier kauen bereits manche 6-Jährigen Tabak. Bei etlichen sind schon jetzt Schäden an den Zähnen zu erkennen. Ich genieße es, mit ihnen gemeinsam auf dem Bürgersteig zu sitzen und dieses offene

Gespräch zu haben. Nach meinem „Vortrag“ frage ich, ob mir jemand sein Tabakdöschen oder die Zigaretten geben möchte. Ich möchte sie motivieren, mindestens zwei Wochen lang ohne Tabak auszukommen. Wenn sie es schaffen, bekommen sie eine Überraschung. Ihre Reaktion war sehr freudig, sie haben versprochen, es zu versuchen. Die Tabakdöschen und Streichholzschachteln, die hier bei mir liegen, sind so wertvoll für mich. Ich hoffe und bete darum, dass die Kinder frei davon werden.

Später haben mein Helfer und ich allen Kindern unserer Straßenschule die Füße ausgemessen. Wir fahren los, um noch heute über 65 Paar Flip Flops zu kaufen. Zu Hause wäre das in einer Stunde erledigt: Rein ins Geschäft, die Schuhe kaufen und ab ins Auto. Hier braucht das alles sehr viel Zeit. Doch nach langen anstrengenden Stunden im Verkehr und verschiedenen Schuhgeschäften halten wir endlich, aber glücklich acht vollgepackte Tüten in den Händen. Freudig dürfen wir die Schuhe an unsere Kinder verteilen. Unsere Mühe hat sich bei weitem gelohnt, denke ich, als ich in ihre strahlenden und glücklichen Gesichter schaue. Am Schluss schärfe ich ihnen noch ein, die Schuhe nicht zu verkaufen, sondern wirklich selber zu benutzen. Und wenn sie sie doch verkaufen, könnte man es ihnen verübeln? Wohl kaum.

Wie viele Schuhe stehen in deinem Schrank? Bist du glücklich darüber?

VH

12.8.

Wieder einmal Ich

2. KORINTHER 9,7

Ein jeder, wie er's sich im Herzen vorgenommen hat, nicht mit Unwillen oder aus Zwang; denn einen fröhlichen Geber hat Gott lieb.

Heute tue ich mir etwas Gutes! Der Tag war sehr anstrengend. Dann noch die Schuhverteilaktion für die 70 Straßenkinder! Ich laufe Richtung Kleidermarkt. Vielleicht finde ich ja auch noch etwas Schönes für mich.

Auf dem Weg begegnen mir endlos viele Bettler und Kranke. In meinen Gedanken rede ich mir ein: „Nein, diesmal soll es mein Gewissen nicht belasten. Schließlich bin ich freiwillig hier! Ich verzichte auf so viele Dinge und habe schon eine Menge Geld dafür investiert. Jetzt darf ich mir auch einmal etwas gönnen!" An die bereits vorhandenen fünf Kleider denke ich nicht.

Ich dränge mich durch die Menschenmassen, vorne sehe ich den Kleidermarkt. Ein Straßenjunge kommt auf mich zu. Nein! Nicht jetzt! Über seiner nackten Schulter trägt er einen Müllsack. Er lächelt mich an und redet auf mich ein. Ich lächle zurück und schüttle den Kopf. Nein, was immer er möchte, jetzt nicht! Ich fühle mich hilflos und genervt. Hier kann man wirklich nicht mit gutem Gewissen einkaufen gehen!

Er möchte, dass ich mitkomme. Zögernd folge ich ihm. Irgendwie gefällt mir der Junge. In seinen Augen lese ich Hoffnung und Vertrauen, aber auch Verletzlichkeit. Er führt mich in ein Spielzeuggeschäft. An der Wand sind Spielzeugautos und Plastiktiere aufgestapelt. Natürlich weiß ich, was er will. Dafür muss ich kein Bangla können. Ich schüttle meinen Kopf. Oder soll ich ihm doch etwas kaufen? Aber was macht er damit? Vermutlich weiterverkaufen. Und wenn er es seinen Freunden zeigt, habe ich bis zu meinem Abflug keine Ruhe mehr.

Die Eisenbahn scheint es ihm besonders angetan zu haben. Ich nehme sie und frage den Ladenbesitzer, wie viel sie kostet. 280 Taka. Das sind 2,80 Euro. Nicht gerade viel. Ich schaue den Jungen an. Sein ganzes Gesicht lacht. In seinen Augen liegt so ein starkes Verlangen: Er will diese Eisenbahn besitzen. Dieses Funkeln. Ich weiß, ich würde ihm die größte Freude machen.

Auf einmal verliere ich allen Respekt vor mir selbst. Alles, woran ich gedacht hatte, war wieder einmal ICH. Mein Kleid. Meine Zufriedenheit. Es trifft mich.

Ich nehme die Eisenbahn und bezahle sie. Als ich sie dem Jungen in die Hände drücke und in seine leuchtenden Augen schaue, ohrfeige ich mich gedanklich. Wie konnte ich nur so lange zögern!

Um das zu erleben, brauchen wir nicht nach Bangladesch zu reisen. Arme gibt es auch vor unserer Tür. Wenn du demnächst in die Stadt fährst und dich dort zwei sehnsüchtige Augen anschauen, dann denke an diesen kleinen Jungen mit der Eisenbahn.

VH

13.8.

Im Vier-Sterne-Restaurant

1. THESSALONICHER 5,18

Seid dankbar in allen Dingen; denn das ist der Wille Gottes in Christus Jesus an euch.

Meine Zeit hier in Bangladesch geht langsam zu Ende. Ich plane zum Abschied noch eine besondere Überraschung für meine Schüler. So nehme ich mir vor, sie in ein Vier-Sterne Restaurant „All you can eat" auszuführen. Als ich den Kindern erkläre, was sie erwartet, laufen sie voller Freude und Aufregung nach Hause, um sich dort noch schön zu machen.

Auf den ersten Blick sehen sie jetzt wie vornehme kleine Kinder aus. Ein „zweiter Blick" verrät jedoch, dass ihre Kleidung durchaus noch schmutzig und teilweise löchrig ist. Aber das ist in diesem Moment so unwichtig! Auf der staubigen Straße unterwegs zum Restaurant müssen wir alle fünf Minuten anhalten, weil wieder einmal irgendein Schuh auseinandergefallen ist. Im Restaurant setzen wir uns an einen langen gedeckten Tisch. Über die große Fensterfront können wir über Dhaka schauen. Aufregung und

Staunen lese ich in den Kinderaugen. Bevor ich mit den Kindern ans Buffet gehe, setzen wir das Gelernte aus dem Fach Hygiene gleich in die Tat um und waschen uns die Hände. Nach dem gemeinsamen Gebet werden die Kinder bedient – so wie jeder andere in diesem Restaurant. Danach erkläre ich, wie wir Messer und Gabel benutzen. Diese Kinder sind daran gewöhnt, ohne Besteck mit den Händen zu essen. Das geht in einem Vier-Sterne Restaurant natürlich nicht. Manchem Kind fällt es sichtlich schwer, etwas mit der Gabel in den Mund zu befördern, aber nach ein wenig Übung klappt es ganz gut. Ich wünschte, ihr hättet dabei sein können! Wie sich die Kinder freuten und gar nicht fassen konnten, was sie da gerade erlebten. Wie sie gefuttert haben! Ich fürchtete beinahe, ihnen könnte schlecht werden. Doch außer einem Schüler waren am nächsten Tag alle in der Schule. Zugegeben, zuerst machte ich mir Sorgen, wie wohl die anderen Restaurant-Gäste reagieren würden. Aber als wir gehen wollten, kamen einige Leute auf mich zu und sagten, sie fänden es gut, dass diese Straßen-Kinder so etwas erleben können. Sogar die Besitzerin des Restaurants äußerte sich positiv.

Wenn wir uns an den Tisch setzen, vergessen wir allzu oft, dass wir täglich das Vorrecht von „all you can eat“ haben. Wenn du heute satt werden darfst, dann freue dich von Herzen darüber und sei dankbar. Sieh es nicht als selbstverständlich an, denn glaube mir: Viele Menschen würden gerne mit dir tauschen.

VH

14.8.

Ermutigung gibt Kraft

SPRÜCHE 25,11 EB

Goldene Äpfel in silbernen Prunkschalen, [so ist] ein Wort, geredet zu seiner Zeit.

Wäre es nicht schön, wenn sich das Leben unserer Mitmenschen zum Positiven verändern würde, weil wir es ihnen wünschen? Es klingt unwahrscheinlich, doch unsere Worte haben tatsächlich einen starken Einfluss auf das Leben anderer.

Unsere Kultur ist stark von der Kritik und dem Negativblick geprägt. Viele werden dadurch entmutigt, und es fehlt ihnen die Kraft zur Veränderung. Da Gefühle die treibende Kraft hinter jeder Handlung sind, können wir mit Ermutigung einen Menschen bewusst aufbauen. Mangelndes Selbstvertrauen, übermäßige Strenge zu sich selbst oder schädliche Verhaltensmuster können durch Ermutigung überwunden werden. Tatsächlich sehen Psychologen in der Ermutigung das beste Mittel, um das natürliche Potenzial des Menschen zur Entfaltung zu bringen. Manche behaupten sogar, der Mensch sei ohne Ermutigung grundsätzlich gar nicht entwicklungs- und lebensfähig.

Was hat nun die Ermutigung mit dem Glauben zu tun? In der Bibel lesen wir an vielen Stellen über den Einfluss der Worte, z. B. in Sprüche 16,24 „Freundliche Worte sind Honig, Süßes für die Seele und Heilung für das Gebein" (EB). Indem ich die Menschen in meiner Umgebung ermutige, wird mein Glaube im Alltag wirksam.

Was aber ist Ermutigung genau? Im Unterschied zum Lob ist bei der Ermutigung die Begründung sehr wichtig, also der Weg, auf dem ich zu meinem Urteil komme. Durch die Begründung zeige ich, dass mein Urteil nicht auf persönlichen Maßstäben beruht, sondern objektiv nachvollziehbar ist. Außerdem erkenne ich durch die Ermutigung in erster Linie nicht den Erfolg an, sondern die Bemühung des anderen. Deshalb kann ich durch meine Ermutigung einem Menschen auch in einer Niederlage Mut und Kraft schenken.

Auch wenn Ermutigung weder Aufwand noch Kosten verursacht, haben wir im Alltag oft Mühe, einander Mut zu machen. Es fällt uns schwer, den Blick vom Negativen abzuwenden und auf das Positive zu richten. Dies gelingt nur, wenn wir es uns täglich mit Gottes Hilfe bewusst vornehmen. Es lohnt sich, ermutigende Worte zu einem festen Bestandteil unseres Lebens zu machen. Das wird sowohl meine Mitmenschen verändern als auch mich selbst, denn ich bekomme damit einen anderen Blick auf die anderen: Ich suche das Gute in ihnen!

MB

15.8.

Jesus ist bei uns

MATTHÄUS 28,20B NL

Und ich versichere euch: Ich bin immer bei euch bis ans Ende der Zeit.

Vor einem Jahr und fünfzehn Tagen war Noah mit seiner Familie und vielen Tieren in die Arche gestiegen. Gott hatte die Tür hinter ihnen verschlossen. Dann setzte der Regen ein. So etwas hatten sie nie zuvor erlebt: Wasser vom Himmel! Würde das nie mehr aufhören? Dazu drängten unvorstellbare Wassermassen aus der Erde nach oben. Viele Wochen lang wurde der schwimmende Zoo von den Fluten und Wogen hin- und hergeworfen. Eines Tages saß die Arche dann endlich am Bergmassiv des Ararat fest. Und dann dauerte es noch Wochen, bis der Boden so fest war, dass sie aussteigen konnten.

Aber wie sah es draußen aus! Die Spuren der Verwüstung waren überall zu sehen. Und wer beschreibt ihr Entsetzen, als sich plötzlich wieder Wolken auftürmten und die ersten Tropfen fielen … noch einmal eine solche Katastrophe?

Nein. Gott versprach: „Nie wieder will ich durch eine Flut alles Leben auf der Erde vernichten." Der Regenbogen soll daran erinnern. Mag sich die Wolkenwand vor uns noch so bedrohlich auftürmen, die Farben des Regenbogens sagen uns: „Du bist nicht allein. Hinter dir scheint die Sonne!"

Das ist nicht nur eine physikalische Realität. Jesus hat uns seine ständige Gegenwart zugesagt. Er ist uns nahe, er ist da. Wir dürfen uns darauf verlassen, auch wenn wir seine Nähe oft nicht spüren.

Gott ist bei uns, weil er uns erlöst hat.

Gott ist bei uns, wenn und weil wir im Gebet mit ihm sprechen.

Gott ist bei uns, wenn und weil wir ihn anbeten.

Gott ist bei uns, wenn und weil wir durch sein Wort mit ihm Kontakt pflegen.

Gott ist bei uns, wenn und weil wir mit anderen Gläubigen Gemeinschaft pflegen.

Gott ist bei uns, wenn und weil wir bezeugen: Er lebt!

Und er liebt die Menschen. Er würde am liebsten jeden Menschen an sein liebevolles Herz ziehen. Wovor also sollen wir uns fürchten?

SR

16.8.

TÜV für Menschen

PSALM 139,23

Erforsche mich, Gott, und erkenne mein Herz; prüfe mich und erkenne, wie ich's meine.

Herr Altmann fährt ein Auto, das schon 16 Jahre und über 300.000 km auf dem Buckel hat. Er fährt damit zur Arbeit, zum Einkaufen, in den Urlaub. Und jetzt gibt es wieder eine TÜV-Überprüfung (in Österreich heißt das Pickerl). Was wird beanstandet werden? Bremsen? Stoßdämpfer? Rost? Lenkung? Reifen? Wird er die Betriebserlaubnis bekommen oder muss er einiges reparieren? Vielleicht droht sogar der Schrottplatz?

König David – der hatte damals noch kein Auto – wusste schon vor mehr als 2500 Jahren, dass wir Menschen so etwas wie einen TÜV brauchen, und zwar für unseren Charakter und für unser Glaubensleben.

Selber kann man das schlecht machen, denn unser Herz (unser Denken) täuscht uns immer wieder (Jeremia 17,9). Und eine „Werkstatt"? Die wollte David nicht, denn da wird oftmals ordentlich getrickst und die Betriebserlaubnis trotz gefährlicher Mängel erteilt. Daher brauchen wir jemanden, der den vollen Durchblick hat und unbestechlich ist.

16.8.

David ließ sich von dem überprüfen, der uns Menschen gebaut hat und uns durch und durch kennt.

Das hat ihn aber nicht mit Angst erfüllt (weil Gott wirklich alles weiß), denn er muss wohl gewusst haben, dass Gott dieses Wissen nicht missbraucht, sondern es nutzt, um uns positiv zu verändern. Und er wusste sicherlich, dass Gott es sehr genau nimmt und nicht etwa ein paar Augen zudrückt. Das wäre auch fatal. Denn kein Mensch wird Gott jemals sehen, wenn er sich durch den TÜV geschummelt hat. Aber es gibt eine tröstende Tatsache. Alles, was an mir falsch ist (und „repariert" werden muss), ist für Gott kein Problem, er kann und will es ändern.

Bitten wir ihn doch darum, damit wir die Betriebserlaubnis für die Ewigkeit bekommen! Nicht vergessen: Gott ist unser Konstrukteur und der Meistermechaniker – und er macht seine Arbeit mit Liebe und Hingabe.

KR

17.8.

Hören und glauben

JOSUA 2,9.10 NL

Ich habe erkannt, dass der Herr euch dieses Land und diese Stadt gegeben hat. Denn wir haben gehört …

Es war einer dieser friedlichen Abende. Die dunkelrote Sonne tauchte mit ihren letzten Strahlen die Stadt in goldenes Licht. Feierabendruhe lag über der Stadt. Man hörte nur die Räder der Marktwagen, die von ihren Besitzern zurück nach Hause geschoben wurden. Doch am Ende der Straße ein heftiges Klopfen an der Haustür.

Es war nicht irgendein Haus, es gehörte zur Stadtmauer. Verwundert machte Rahab die Tür auf und sah zwei Männer davor stehen. „Frau, wir brauchen deine Hilfe", flüsterten sie. Ohne langes Zögern ließ sie die zwei Fremden in ihr Haus. Als sie hörte, dass diese Männer zum Volk Israel gehörten, versteckte sie die beiden auf dem Flachdach. Der König war nämlich bereits auf der Suche nach den „Spionen". Bevor sie sich schlafen legten, stieg Rahab zu ihnen auf das Dach hinauf und sagte: „Ich habe erkannt, dass der Herr euch dieses Land und diese Stadt übergeben hat. Denn wir haben gehört, welche Wunder euer Gott getan hat."

17.8.

Wow! Was für eine spannende Geschichte! Ich finde genau diesen Moment so faszinierend, in dem der Glaube Rahabs deutlich wird. Sie bekennt sich zum Schöpfer dieser Welt. Moment mal … Wie kam Rahab zu dieser Überzeugung? Woher wusste sie das alles? Ich bin so froh, dass die Bibel uns selbst eine Erklärung gibt. Lies mal nach! Findest du den Vers?

Da heißt es: „Ich habe erkannt […] denn wir haben gehört." Rahab hat nie ein Wunder von Gott gesehen. Sie hatte keinen Gottesdienst mit Bibelgespräch oder Kindersabbatschule. Sie hatte keine Bibel, aus der sie etwas von Gott erfahren hätte. Rahab begann an Gott zu glauben, weil ihr jemand von ihm erzählt hatte. Weil ihr jemand von den großen Wundern berichtete, die Gott getan hatte.

Was bedeutet das für mich und mein Leben? Vielleicht gibt es ja Freunde, die noch nichts von Gott gehört haben. Vielleicht gibt es Klassenkameraden, die nichts von Gott und seinen großen Wundern wissen. Was mich diese Geschichte lehrt, ist ganz einfach. Ich kann von Gott erzählen, und vielleicht hört dann jemand meine Geschichte und beginnt, sich mehr für Gott zu interessieren. Was meinst du? Willst du das heute einmal versuchen?

AnW

18.8.

Glauben und sehen

JOSUA 2,15 NL

Darauf ließ Rahab die beiden an einem Seil durch das Fenster hinab. Ihr Haus war nämlich in die Stadtmauer gebaut.

Der nächste Morgen war angebrochen, und die Sonne weckte die beiden Männer. Sie hatten in der letzten Nacht noch lange geredet – spannende Gespräche! Rahab hatte ihnen erzählt, dass sie auch an den Gott des Himmels glaube. Das war für Leute aus Jericho ungewöhnlich. Sie hatte gesagt: „Schwört mir bei dem Herrn, dass ihr mich und meine Familie verschonen werdet, weil ich euch geholfen habe." Dankbar legten die Männer dieses Versprechen ab. „Lass das rote Seil, an dem du uns hinablässt, aus dem Fenster hängen, wenn wir zur Stadt kommen und sie erobern. Hole außerdem deinen Vater, deine Mutter, deine Brüder und Schwestern und alle deine Verwandten in dein Haus." Die Männer kletterten und rutschten am Seil hinunter und flohen ins Gebirge. Dort suchte man nicht nach ihnen.

Aber dann geschah etwas Überraschendes: Nachdem Rahab die Männer an diesem roten Seil hinuntergelassen hatte, band sie es ins Fenster. „Und bitte, was ist daran so besonders?", magst du dich fragen. Ich staune, dass Rahab dieses Seil sofort in ihr Fenster hängte. Die Männer hatten gemahnt: „Wenn wir vor der Stadt stehen". Was für einen Glauben Rahab hatte! Sie war fest davon überzeugt, dass die beiden ihr Versprechen auch halten würden. Ich stelle mir vor, wie dieses rote Seil wochenlang an ihrem Fenster hing und die Nachbarn fragten: „Was machst du? Was bedeutet das?" Sie hat vielleicht gelächelt und gesagt: „Ach, das ist ein Zeichen meines Glaubens."

Was das mit Wundern zu tun hat? Rahab hatte nie ein Wunder von Gott erlebt. Alles, was sie von Gott wusste, hatte sie gehört. Wie oft beten wir: „Gott, zeig mir ein Wunder, damit ich an dich glauben kann!" Rahab lehrt mich etwas anderes. Sie glaubte, ohne gesehen zu haben. Sie glaubte, nur weil sie gehört hatte. Aber weil sie glaubte, hat sie ein Wunder gesehen. Erinnerst du dich, wo Rahab wohnte? Richtig. An der Stadtmauer. Erinnerst du dich, wie Jericho eingenommen wurde? Richtig. Die Stadtmauer brach in sich zusammen. Was für ein Bild! Die ganze Stadtmauer stürzte ein, nur das eine Stück blieb stehen, weil dort Rahabs Haus stand. Warum? Wegen des roten Seils, des Zeichens ihres Glaubens. Rahab hat erst gehört, dann geglaubt und dann über ein Wunder gestaunt.

Sollen wir das nicht auch so machen? Lasst uns Gott vertrauen, auch wenn wir nichts sehen. Lasst uns an Gott glauben, auch wenn wir ihn nicht sehen. Dann werden wir Gottes Wunder mit eigenen Augen erleben.

AnW

19.8.

Gott antwortet kreativ

PSALM 34,18 SLT

Wenn jene rufen, so hört der Herr und rettet sie aus all ihrer Bedrängnis.

Während des Zweiten Weltkriegs, so erzählt man, wurde ein Soldat auf einer Insel von seiner Einheit getrennt. Mitten im Kampf, in den Rauchschwaden und im Kriegsgetümmel verlor er plötzlich seine Kameraden aus den Augen. Weg waren sie.

Völlig hilflos und allein im Dschungel hört er den Feind kommen. Wohin jetzt? Die bleiernen Füße tragen ihn kaum noch – er blickt rasch um sich. Da sieht er auf der Anhöhe einige Felsblöcke. Nichts wie hin!

Beim Näherkommen bemerkt er mehrere Höhleneingänge und kriecht auf allen Vieren hinein. Dreckverschmiert kauert er angsterfüllt im hintersten Teil der Höhle. Der Gedanke, dass dem Feind die Höhlen bekannt sein könnten, bringt ihn fast um den Verstand. Was jetzt?

Er faltet die schwieligen Hände, schließt krampfhaft die Augen und flüstert: „Vater, bitte, bewahre mein Leben. Was auch immer geschehen mag, ich vertraue dir. Amen."

Der Feind rückt näher, und er hört ihre rohen Stimmen. Es liegt auf der Hand – sie sind auf der Suche nach Zurückgebliebenen und würden

ihn nicht verschonen. Vorsichtig robbt er um die Ecke, will sehen, was passiert. Da bemerkt er ein Spinnennetz direkt beim Eingang in die Höhle.

„Wie soll mich so ein zartes Netz schützen? Es müsste etwas Hartes sein, ein großer Stein …", seufzt er innerlich und kriecht entmutigt zurück. „Jetzt haben sie mich gleich!"

Eine Höhle nach der anderen wird untersucht. Doch an seiner Höhle gehen die Soldaten vorüber. „Da wird keiner drin sein. Sonst wäre das große Netz zerrissen", müssen die Feinde gedacht haben. Sie setzen die Suchaktion woanders fort.

Der Soldat betet: „Herr, bitte, vergib mir meinen Kleinglauben. Ich wollte, dass du meinen Wunsch erfüllst und mir einen sicheren Unterschlupf zeigst. Du aber hast mein Problem anders gelöst, als ich es erwartet hatte. Du hast mir eine Spinne geschickt – ihr filigranes Netz hat mich vor dem Tod bewahrt."

Auch heute will der Schöpfer unsere Fragen beantworten: mit Fantasie und Kreativität! Vertrauen wir ihm!

CP

20.8.

Wenn Träume wahr werden

PREDIGER 3,11 EB

Alles hat er schön gemacht zu seiner Zeit, auch hat er die Ewigkeit in ihr Herz gelegt, nur dass der Mensch das Werk nicht ergründet, das Gott getan hat, vom Anfang bis zum Ende.

Mit vier Jahren wollte ich unbedingt Geige spielen. Etwas später kam ich meinem Traum ein Stück näher, denn meine Eltern schickten mich zur musikalischen Früherziehung. Gespannt ging ich in die erste Unterrichtsstunde. Doch da bekam ich zwei Holzstäbe in die Hand gedrückt - statt einer Geige! Ich war bitter enttäuscht. Schließlich wollte ich nicht ein bisschen herumtrommeln, sondern Geige spielen lernen! Doch die Lehrerin erklärte mir: „Mit diesen Holzstäben übst du die richtige Körperhaltung." Meine Vorfreude auf die Geige stieg von Tag zu Tag, während ich voller Hingabe mit den Stäben so tat, als ob ich auf einer echten Geige spielte. Nach wochenlangem Training war es so weit. Was für ein unvergesslicher Moment: Ich durfte tatsächlich auf einer echten Geige spielen!

Ich habe noch einen anderen Traum, der mir viel mehr bedeutet. Ich wünsche mir nämlich sehnlich, ewig mit Gott zu leben, so wie er es versprochen hat. Ich finde es tröstlich, dass ich mich nicht mit diesem Leben hier zufrieden geben muss. Das Beste kommt erst noch.

Die Ewigkeit ist auch Gottes Traum für dein Leben. Jeder Platz, der im Himmel leer bleiben wird, bedeutet für ihn eine schmerzliche Lücke. Du bist ihm wichtig, er will dich dabei haben! Er hat dir eine Sehnsucht nach ihm ins Herz gelegt. Nichts auf dieser Welt kann dein Verlangen nach der Ewigkeit auf Dauer stillen. Was du jetzt erlebst, ist nichts im Vergleich zur Herrlichkeit Gottes, die dich erwartet!

Gott hat aber auch schon auf dieser Erde einen Plan für dich persönlich. Mit deinen Gaben und deiner einzigartigen Art hast du eine Aufgabe, die niemand sonst für dich erledigen kann. Vielleicht würdest du wie ich am liebsten jetzt schon mit Gott im Himmel sein. Doch ich weiß: Vorher ist auf dieser Welt noch viel zu tun!

So wie ich mich mit den Holzstäben auf die echte Geige vorbereiten musste, werden wir durch schwierige Lebensumstände hier und jetzt auf das ewige Leben mit Gott vorbereitet. Gott möchte unseren Charakter für die Ewigkeit „fit" machen. Schließlich ist unser Charakter das Einzige, was wir in die Ewigkeit mitnehmen können. Also, halten wir fest an unserem Traum!

AD

21.8.

Diese eine Sache

PHILIPPER 4,13

Ich vermag alles durch den, der mich mächtig macht.

Ich wurde einmal von jemandem gefragt, welche EINE Sache ich in meinem Leben ändern würde, wenn ich die Möglichkeit dazu hätte. Ich überlegte nicht lange und hatte sofort etwas im Kopf. Und jetzt du! Fällt dir beim Lesen der ersten Zeilen auch schon etwas ein?

Jeder von uns erlebt, dass uns diese „eine Sache" immer wieder einen Strich durch die Rechnung macht. Das kann eine Sünde sein, die wir sehr gerne tun. Oder eine schmerzhafte Erinnerung. Enttäuschte Gefühle. So mancher fragt sich, was er nur dafür geben könnte, wenn es diese EINE Sache nicht gäbe. Tatsache ist: Wir können an der Vergangenheit nichts ändern. Sie hat uns verändert und geprägt. Aber muss ich auch so bleiben, wie ich bin?

Ich habe manchmal so gedacht. Das ist leicht, das ist bequem. Aber ich möchte dir heute Mut machen. Gib nicht auf! Du bist nie allein mit den Problemen, die dir – so sieht es jedenfalls aus – über den Kopf wachsen wollen.

Wir sind uns selbst und unserer Vergangenheit nur dann ausgeliefert, wenn wir es uns erlauben, zu viel darüber nachzudenken. Manchmal müssen wir alteingesessenen Gedanken den Kampf ansagen. Das ist hart, aber Gott will uns helfen. In Philipper 2,13 heißt es: „Gott schenkt uns das Wollen und das Vollbringen zu seinem Wohlgefallen."

Das ist eine Verheißung! Gott wünscht sich ausdrücklich, dass wir seine Hilfe annehmen – das gefällt ihm! Nimm diese Verheißung deshalb heute in Anspruch und bitte ihn um Hilfe, damit er deinen Tag gelingen lässt. Bitte ihn darum, dass du nicht zu viel über diese EINE Sache nachdenken musst. Und dass du sie nicht mehr tust. Und wenn dein gestriger Tag daneben geriet und du vielleicht wieder darüber nachgrübelst: „Was hätte sein können?", dann lass dir sagen: Du kannst heute mit Jesus überwinden! Du kannst ihn jetzt direkt darum bitten, wenn du gerade in einer kniffligen Situation bist. Er wird dir das Wollen und Vollbringen schenken. Ich wünsche dir Gottes Segen und Kraft für den neuen Tag!

BO

22.8.

Anti-Virus

PSALM 23,1

Der Herr ist mein Hirte; mir wird nichts mangeln.

Am 5. Dezember hatte es auch meinen Rechner erwischt. E-Mails mit dem Virus „W32.BadTrans.B@mm“ landeten in meiner Mailbox. Das hatte ich zu diesem Zeitpunkt noch nicht gewusst. Die Voransicht war bei meinem E-Mail-Programm eingeschaltet, so begann bereits durch einen Klick auf infizierte E-Mail das Chaos. Der Wurm verbreitete sich an alle Kontakte in meinem Adressbuch und während ich im Internet surfte. Am nächsten Tag erreichten mich -zig infizierte E-Mails. Bei einigen war ich sogar selbst der Absender. Was sollte ich nun machen?

Ganz klar: Ein aktuelles Anti-Viren-Programm muss her. Gesucht, gefunden, installiert, Virendateien gelöscht – Rechner wieder sauber. Ein sauberer Rechner, das ist ein gutes Gefühl. Jetzt ist das Anti-Viren-Programm ständig aktiv und bereit, mich bei einem Angriff zu warnen, den Kampf zu übernehmen und zu siegen.

Ist so ein Programm nicht faszinierend? Allerdings fühlen sich manche dadurch belastet, denn die Überprüfung auf Viren verlangsamt angeblich das System, und jeder möchte doch einen schnellen Rechner haben. Mein

Rechner ist auch nicht mehr der „jüngste", aber das Anti-Viren-Programm bleibt aktiv. Wer weiß – vielleicht kommt der nächste Angriff schon heute!

Bei einem so nützlichen Programm dachte ich an meinen Freund Jesus. David hat als gelernter Hirte in einem Lied ausgedrückt, was er für seinen Freund empfindet (Psalm 23). Für ihn war der Herr sein Hirte. Für mich vielleicht wie ein Anti-Viren-Programm.

Der Herr ist mein Anti-Viren-Programm, mit ihm habe ich alles.
Er beschützt mich, er macht mich sauber und rein.
Er baut mich wieder auf, gibt mir Kraft und Stärke.
Mit ihm gehe ich einen sicheren Weg.
Ich fürchte mich nicht vor feindlichen Angriffen,
denn du, Herr, bist bei mir.
Dein Schutz ist mein ständiger Begleiter.

Was ist der Herr für dich?

TE

23.8.

Freeeeiheit!

JESAJA 40,1.2

Tröstet, tröstet mein Volk!, spricht euer Gott. Redet mit Jerusalem freundlich und predigt ihr, dass ihre Knechtschaft ein Ende hat, dass ihre Schuld vergeben ist; denn sie hat doppelte Strafe empfangen von der Hand des HERRN für alle ihre Sünden.

Freiheit ist ein Thema, das die Gemüter der Menschen schon immer tief bewegt hat. Der Schotte William Wallace opferte sein Leben unter der englischen Krone, als er für die Freiheit seines Volkes kämpfte. Martin Luther antwortete auf den päpstlichen Bann mit der Denkschrift „Von der Freiheit eines Christenmenschen", die die Gesellschaft Deutschlands nachhaltig beeinflusste. Über die Jahrhunderte hinweg kämpften Frauen und Männer an unterschiedlichen Fronten für die Freiheit.

Verglichen mit früher leben wir heute in einer freien Gesellschaft. Was können wir heute damit anfangen, dass unsere „Knechtschaft ein Ende hat“ und Jesus gesandt wurde, „zu predigen den Gefangenen, dass sie frei sein sollen“ (Lukas 4,18)?

Ich bin der Meinung, dass wir nach wie vor ein großes Bedürfnis nach Freiheit haben. Dabei sehnen wir uns weniger nach politischer oder religiöser Freiheit, sondern nach der Freiheit, das tun zu können, was wir wirklich wollen. Wer von uns kämpft nicht mit schlechten Gewohnheiten, die wir nicht loswerden! Stolz, Neid auf Geschwister, aber auch unmoralische Gedanken oder Pornographie kleben an uns wie Kletten. Und wir leiden an den unterschiedlichsten Folgen. Aber Gott hat unsere Schuld vergeben und unsere Knechtschaft beendet. Wir sind frei!

Manch einer mag nun sagen, dass wir uns damit abfinden müssen, diese schlechten Gewohnheiten zu haben, wir müssten damit leben. Allerdings denke ich, dass Gott uns in Jesus die Freiheit davon geschenkt hat. Lass dir deine Freiheit nicht nehmen! Gottes Trost gilt auch für dich. Deine Knechtschaft hat ein Ende! Jesus ist dafür gestorben. Nimm dieses Versprechen im Glauben an, und du wirst mit diesen Gewohnheiten brechen können. Lass dich nicht von Rückschlägen entmutigen! „Tröstet, tröstet mein Volk!, spricht euer Gott. Redet mit Jerusalem freundlich und predigt ihr, dass ihre Knechtschaft ein Ende hat, dass ihre Schuld vergeben ist.“

JaW

24.8.

Arbeit = Fluch?

1. MOSE 3,17-19

Und zum Mann sprach er: Weil du gehorcht hast der Stimme deiner Frau und gegessen von dem Baum, von dem ich dir gebot und sprach: Du sollst nicht davon essen -, verflucht sei der Acker um deinetwillen! Mit Mühsal sollst du dich von ihm nähren dein Leben lang. Dornen und Disteln soll er dir tragen, und du sollst das Kraut auf dem Felde essen. Im Schweiße deines Angesichts sollst du dein Brot essen, bis du wieder zu Erde werdest, davon du genommen bist. Denn du bist Erde und sollst zu Erde werden.

Diese Geschichte werde ich nicht so leicht vergessen. Ein guter Freund aus der Ukraine erzählte mir eine Begebenheit aus seiner Kindheit. Er hatte einen sehr liebevollen Vater gehabt, der aber – wie damals dort so üblich - Ungehorsam von Zeit zu Zeit auch mit Schlägen beantwortete. Allerdings war er dabei nicht von Wut getrieben, wie man annehmen könnte. Nein, jedes Mal, wenn der Vater seinen Sohn bestrafte, musste er selbst dabei weinen!

Nachdem Adam und Eva dem eindeutigen Gebot Gottes nicht gehorcht hatten und sich zudem die Schuld noch gegenseitig hatten unterschieben wollen, sprach Gott den oben erwähnten Fluch über Adam aus. Die Arbeit sollte ihn von nun an lebenslang begleiten. Dabei sollte sie nicht nur Spaß machen, nein, mit Mühsal sollte Adam das Feld bearbeiten, und Probleme und Hindernisse würden seine Arbeit erschweren. Aber schauen wir uns den „Fluch" einmal genauer an! Überwiegen hier tatsächlich die negativen Auswirkungen?

Wie würde es um die Menschheit stehen, wenn die meisten von ihnen ihre Wünsche und Leidenschaften nicht ständig zurückstellen müssten, weil sie den Großteil ihres Tages mit Arbeit zubringen müssen? Wie sehr könnten wir einen Urlaub genießen, wenn es keine Arbeit gäbe? Wäre ein Feierabend genauso erholsam, wenn man sich nicht den ganzen Tag über abgearbeitet hätte? Wäre eine gut bestandene Prüfung im Studium genauso aufbauend, wenn man nicht monatelang dafür gelernt hätte? Wenn Gott flucht, so ist es eigentlich, wenn man genauer hinsieht, ein riesiger Segen. So ist Gott! Selbst wenn er etwas Negatives ankündigt, kommt im Endeffekt etwas Positives dabei heraus! Ein Grund mehr, dass wir ihm – der nur das Beste für uns will – unser Leben anvertrauen.

JaW

25.8.

In der Klemme

SPRÜCHE 12,15

Den Toren dünkt sein Weg recht; aber wer auf Rat hört, der ist weise.

Ein Auto nach dem anderen fährt an mir vorbei. Werde ich heute per Anhalter weiterkommen? Endlich, nach einer gefühlten Ewigkeit, fährt ein Kleinbus langsamer und bleibt stehen. Erleichtert steige ich in den Bus ein. Doch die Freude hält nicht lange an. In diesem Bus sitzen nur Männer, gut gelaunte Männer, die mich verbal anmachen. Und ich sitze fest. Der Bus ist losgefahren, ich kann nicht mehr aussteigen.

Doch es kommt noch schlimmer, denn an der nächsten Kreuzung stelle ich fest, dass der Bus nicht, wie ursprünglich versprochen, in meine gewünschte Richtung fährt, sondern genau in die entgegengesetzte. Kannst du dir vorstellen, wie ich mich fühlte? Ängstlich frage ich: „Fahren Sie nicht nach …?“ Doch ihre Antwort war nur ein gehässiges Lachen.

Dabei habe ich mich selbst in diese Klemme gebracht. Obwohl ich sehr oft davor gewarnt wurde, fuhr ich immer wieder per Anhalter! Bisher war alles gut gegangen. Doch an jenem Tag begriff ich, was dabei herauskommt, wenn man Warnungen ignoriert.

„Vergib, Herr Jesus!“, betete ich zu Gott. „Vergib und rette mich!“ Zwischendurch bat ich immer wieder: „Bitte, lassen Sie mich doch raus!“ Und unser guter Gott erhörte mich! Endlich stoppte der Fahrer auf einer Landstraße zwischen zwei Ortschaften, und ich kletterte aus dem Bus. Kannst du dir meine Freude vorstellen, als ich wieder frische Luft in Freiheit einatmen durfte? Ich hätte den lieben Gott umarmen können, dankte für die Vergebung und auch für seine Rettung. Damals wurde mir klar, dass wir Warnungen ernst nehmen sollten, ob sie von Gott kommen oder von gläubigen und vernünftigen Menschen.

Wenn Gott dir zeigt, dass du seine Warnungen ignorierst, dann rate ich dir: Kehre heute um, damit du nicht erst durch bittere Erfahrungen gehen musst. Gott schenkt dir die Kraft, seine Warnungen zu beachten und echte Freiheit in IHM zu genießen.

MoG

26.8.

Nur eine Schwäche

PSALM 139,13.14

Denn du hast meine Nieren bereitet und hast mich gebildet im Mutterleib. Ich danke dir dafür, dass ich wunderbar gemacht bin; wunderbar sind deine Werke; das erkennt meine Seele.

Ich war sechs und freute mich riesig auf die Schule. Endlich war ich alt genug. Ich nahm mir fest vor, eine gute Schülerin zu sein. Alles lief gut, bis meiner Mutter auffiel, dass ich die Geschichten im Lesebuch nur auswendig vorlas, denn neue Texte entzifferte ich nur mit sehr viel Mühe.

In der 3. Klasse bekam ich eine neue Lehrerin. Sie war eine sehr liebevolle und erfahrene Frau. In einer Schulstunde bat sie mich, das Alphabet aufzusagen. Zögernd stand ich auf, nahm alle Kraft zusammen und versuchte, die Buchstaben in die richtige Reihenfolge zu bringen. Es gelang mir aber nicht. Ich fühlte mich als Versagerin.

Meine neue Lehrerin erkannte meine Not. Sie sprach mit meiner Mutter, und von nun an gab es extra Übungsstunden. Ich kann mich noch gut daran erinnern, wie wir komplizierte Wörter lernten, die mir nur schwer über die Lippen kamen. Meine Mutter unterstützte mich mit einer Engelsgeduld. Oft gab ich siegessicher mein Diktat ab und war sicher: Diesmal keine Fehler! Niedergeschlagen sah ich dann wieder die 5 darunter prangen.

Eines Tages fuhren meine Mutter und ich zu einem Spezialisten. Dieser Arzt wollte herausfinden, wie intelligent ich bin. Spielerisch musste ich die gestellten Aufgaben erledigen. Ich kam zurecht, auch wenn ganz tief in mir das Gefühl war, dass irgendetwas mit mir nicht stimmte. Dieser Arzt sagte: „Ihre Tochter ist überdurchschnittlich intelligent, doch sie hat eine Lese-Rechtschreib-Schwäche.“ Wie froh war ich damals, als in meinem Zeugnis keine Fünf mehr im Fach Deutsch zu sehen war, sondern nur noch der Vermerk LRS.

Vielleicht hast auch du eine „Schwäche“, unter der du leidest. Ständig hast du vor Augen, was du nicht kannst. Die anderen können und schaffen alles im Handumdrehen, und du selbst spürst, wie du ganz schnell an deine Grenzen stößt. Du fühlst dich nicht wertvoll und vielleicht auch nicht geliebt. Lass dich nicht entmutigen. Trotz unserer Schwächen sind wir „wunderbar gemacht“!

MaK

27.8.

Emotionale Schieflage

1. KORINTHER 15,10

Durch Gottes Gnade bin ich, was ich bin.

Gestern habe ich erzählt, wie schwer es mir fiel, im Deutschunterricht eine gute Schülerin zu sein. Diese Tatsache hat mich am Anfang nicht so bekümmert. Schlimmer war es, dass mir mein Umfeld hin und wieder signalisierte: „Du hast ein Brett vor dem Kopf." Die vielen Augenblicke der Ablehnungen auch in anderen Bereichen habe ich fleißig in meinem Herzen gesammelt. Für mich stand fest: „Ich kann nichts, außerdem mache ich alles falsch." Hatte man mich überhaupt lieb?

Auf einmal wurde ich auch in vielen anderen Bereichen unsicher. Diese Selbsttäuschung, „nichts" zu können und alles falsch zu machen, stellte wort-wörtlich alles andere in den Schatten. Bekam ich ein ernst gemeintes Lob, konnte ich es nur schwer annehmen.

Immer wieder treffen wir Menschen, die sich minderwertig fühlen. Sie zweifeln an sich selbst und an ihren eigenen Fähigkeiten. Selten begegnen wir Menschen mit einem gesunden Selbstwertgefühl. Viele sind mit sich und ihrem Leben ziemlich unzufrieden. Etliche Untersuchungen bestätigen, dass ein gesunder Selbstwert für die sozialen Beziehungen wichtig ist, ebenso wie für die seelische Gesundheit.

Als ich Christ wurde, durfte ich meine emotionale „Schieflage“ erkennen. Ich habe Jesus gebeten: „Bitte, hilf mir, dass ich mich selbst so sehe, wie du mich siehst.“

Betroffen las ich, dass es Jesus sehr traurig macht, wenn seine Kinder gering von sich denken und reden. Denn Gottes liebende Augen sehen uns anders.

Was sind schon unsere Schwächen gegenüber seiner unendlichen Stärke! Er ist unser Schöpfer! Er liebt uns mit unseren angeborenen „Unebenheiten.“ In ihm bekommen wir einen neuen Wert. Er möchte uns einen neuen Blick für unsere „Schwäche“ geben. Und glaube mir, du und ich, wir sind über die Maßen reich beschenkt mit vielen Fähigkeiten und Gaben. Lass sie dir zeigen! Du wirst staunen! Jesus freut sich, wenn wir sie erkennen und für ihn einsetzen.

MaK

28.8.

Er hat es mir versprochen!

JEREMIA 33,3

Rufe mich an, so will ich dir antworten und will dir kundtun große und unfassbare Dinge, von denen du nichts weißt.

Nehme ich Gott beim Wort, wenn er mir diese Verheißung schenkt? „Rufe mich, so will ich dir antworten"? Das ist sein persönliches Versprechen an mich.

Kleine Kinder haben es oftmals noch nicht verlernt, Gott zu vertrauen. Wenn der Glaube an Gott früh gesät wird, wächst und gedeiht er. Die erste Erfahrung mit Gott durfte ich mit zwei Jahren machen. Mein Haustier „Peterle", eine Ente, war plötzlich aus ihrem Gehege verschwunden. Rundherum um unser Einfamilienhaus wurden weitere Häuser gebaut. Dementsprechend waren wir umgeben von tiefen Baugruben und Baggern, die die Erde umgruben und verschoben. Meine Mutter vermutete, dass die Ente in eine solche Grube geplumpst war, doch ich war überzeugt, dass Gott meine Ente wieder zurückbringen würde. So bat ich Mama, mit mir zu beten. Ihr war ein solches Gebet nicht geheuer – was wäre, wenn mein gesamtes Gottesbild ins Wanken geriete, wenn nämlich die Ente nicht zurückkäme? Was würde aus meinem Glauben werden?

Ich kannte aber keinen Zweifel! Ich bat Gott sehr: „Bitte, bring mir meine Ente zurück!" Beim „Amen" quakte sie bereits fröhlich auf der Terrasse. Gott hatte sie mir wieder geschenkt. Für mich war von Anfang an klar gewesen, dass die Ente zurückkommen würde – für die Erwachsenen um mich herum nicht. Warum vertrauen wir in späteren Jahren Gott nicht mehr genauso wie als Kind?

Menschen enttäuschen uns, und wir übertragen unsere Bitterkeit und unser Misstrauen auf unseren Vater im Himmel. Dabei will er uns alles schenken! Er weiß, wie viel Überwindung es uns manchmal kostet, uns ihm völlig anzuvertrauen. Sich fallen zu lassen in Arme, die man nicht sieht, fällt uns nicht leicht. Deshalb gibt er uns viele liebevolle Versprechen, die uns an seine beständige und tiefe Liebe erinnern sollen.

Seit einigen Jahren habe ich es mir zur Gewohnheit gemacht, nach diesen Verheißungen Jesu zu suchen und sie mir in einem Büchlein zu notieren. Im Gebet sage ich ihm diese Verse, die er selbst gegeben hat, und bitte ihn, seine Worte wahrzumachen. Er wird dir viel mehr geben, als du jemals bitten wirst, wenn er auch nicht jeden deiner Wünsche genauso erfüllt, wie du es dir vorstellst.

CP

29.8.

Angstfrei leben

JOHANNES 16,33 EB

In der Welt habt ihr Angst, aber lasst euch nicht entmutigen: Ich habe die Welt besiegt.

Ängste – sie begleiten uns von Kindheit an. Kannst du dich noch an die Angst vor dem Krokodil unter dem Bett erinnern? Vor dem Versagen in der Schule, vor der finsteren Nacht, vor der Möglichkeit, verlassen oder aus deiner Clique ausgeschlossen zu werden?

Angst hatte ursprünglich eine wichtige Schutzfunktion in unserem Leben. Stell dir vor, du hättest keine Angst vor dem Feuer, vor einem Abgrund, vor Schmerz und Gefahr – du würdest ständig tödliche Risiken eingehen und dein Leben aufs Spiel setzen! Doch Ängste können auch zum Problem werden. Tja, und weil uns Ängste unsere Lebensfreude so sehr vermiesen, lassen wir nichts unversucht, sie wieder loszuwerden. Geld, Macht, Sex, Genuss, Zerstreuung – vielfältig sind die Mittel, wie Menschen gegen das Gespenst Angst vorgehen. Bloß: So leicht lässt es sich nicht vertreiben. Heißt das also, wir sind den Ängsten unseres Lebens hilflos ausgeliefert? Nicht, wenn man jemanden kennt, der größer ist als die Angst. So wie Caroline:

29.8.

Es war ein Urlaub am Meer. Caroline saß mit ihren Eltern im Boot, als Wind aufkam und die Wellen höher schlugen. Das kleine Mädchen bekam Angst. Caroline streckte die Hand aus – und ihre Mutter ergriff sie, hielt die kleine zitternde Hand ganz fest. Augenblicklich beruhigte sich das Kind. Caroline hatte keine Angst mehr. Sie wusste sich sicher und geborgen. Ihre Mutter war ja bei ihr. Alles würde gut werden.

DAS ist das Rezept gegen Angst. Sich sicher zu wissen, weil jemand da ist, der auch mit meiner Lebenssituation umgehen kann, dem mein Problem nicht zu groß ist. Wenn du Gott kennst, weißt du, wen ich meine! Wenn du ihn noch nicht kennst, dann denk an Caroline. Gott ist da und hat die Lage im Griff – auch die deines Lebens. Oder wie Dietrich Bonhoeffer es ausdrückte: „Wer das Morgen ganz in die Hand Gottes legt und heute ganz empfängt, was er zum Leben braucht, der allein ist wahrhaft gesichert."

CF

30.8.

Vielleicht liegt's an mir?

RÖMER 2,1

Darum, o Mensch, kannst du dich nicht entschuldigen, wer du auch bist, der du richtest. Denn worin du den anderen richtest, verdammst du dich selbst, weil du ebendasselbe tust, was du richtest.

Ich ärgerte mich. „Gott muss sich selbst darum kümmern. Gott sollte diese Leute motivieren können, damit sie sein Werk unterstützen." Mit meinem Freund José zusammen hatte ich vor kurzem ein missionarisches Projekt in einer Kleinstadt in Honduras begonnen. Wir investierten unsere ganze Zeit und Kraft. Der Herr segnete das Projekt, es wuchs und damit auch das Team. Wir waren jetzt neun Mitarbeiter, und alle brauchten etwas zu essen.

Zum Glück konnte man mit 200 Dollar einen Missionar finanzieren. Ich war sicher, dass ich in meiner Heimat, der Schweiz, genügend Spender finden könne. Begeistert sprach ich mit einigen großzügigen Leuten und bekam auch viele positive Rückmeldungen. Sie wollten alle helfen, doch zu meiner Enttäuschung gab es da jedes Mal ein Aber: „Ich würde so gern helfen, aber ich habe gerade ein neues Auto gekauft und muss die Raten abzahlen." Egal, wie stark sie innerlich angerührt waren und wie logisch ich argumentierte: Kein Geld kam herein, und ich wurde ungeduldig. Dieser Egoismus und der Mangel an echter Frömmigkeit enttäuschten mich.

Ich betete intensiv für diese Leute, als es mir plötzlich durch den Kopf schoss: „Wie kann ich andere zum Spenden aufrufen, wenn ich selbst immer noch Geld auf meinem Konto habe?" Ich wollte den Gedanken schnell beiseiteschieben. „Dieses Geld hast du mir für mein Studium gegeben, Herr", argumentierte ich. „Das kann ich nicht für diesen Zweck entfremden." Und die ruhige Antwort lautete: „Ich werde für deine Studiengebühren sorgen, wenn es so weit ist, doch jetzt wird das Geld für die Missionare gebraucht." Zögernd plünderte ich meine Konten und überwies alles Geld für das Projekt in Honduras. Da kam ein Freund auf mich zu und übernahm die monatlichen Kosten für einen der Missionare. Am gleichen Tag übernahm ein anderer die Kosten für eine ganze Missionarsfamilie. Innerhalb einer Woche hatte ich genügend Sponsoren beisammen, und mir wurde klar, dass Gott nur auf mich gewartet hatte. Ich hatte die anderen als egoistisch eingeschätzt, dabei spiegelten sie mir nur meine eigene Selbstsucht wider. Also Achtung: Wenn du andere kritisierst, könntest du dich damit selbst verurteilen.

JZ

31.8.

Zeitströmung

HEBRÄER 2,1 BRUNS

Darum müssen wir umso mehr auf das Wort achtgeben, das wir gehört haben. Sonst reißt uns eines Tages die Zeitströmung mit sich fort.

Wir sind mit dem Kanu unterwegs. Die Lahn hat in diesem Sommer einen niedrigen Wasserstand, wir müssen darauf achten, in der Fahrrinne zu bleiben, damit wir nicht über die Steine schrammen, die am Rand aus dem Wasser ragen. Die Sonne brennt uns auf den Kopf, wir werden träge, tauchen ab und zu ein faules Paddel ein, machen halbherzig ein, zwei Ruderschläge. Die Lahn trägt uns sachte weiter, an Schrebergärten vorüber, durch Wiesen, über denen die Hitze flimmert. Ab und zu scheuchen wir ein Schwanenpaar auf oder drei Enten, Libellen flirren vorbei.

Dann eine Kurve, und plötzlich hat sich der Fluss verengt. Die Strömung zieht uns scharf nach links, und ehe wir reagieren können, hat uns ein Strudel gepackt und reißt unser Kanu herum. Wir schießen aufs Ufer zu. Dort stehen Weidensträucher, deren Stachelzweige bis ins Wasser ragen. Wir werfen uns zur Seite, wollen den vorwurfsvollen Fingern ausweichen, damit sie uns nicht das Gesicht zerkratzen. Dabei kentert das Kanu und wir landen mit allem Gepäck im Wasser. Wir spüren, wie viel Gewalt die Strömung an dieser Stelle hat, sie reißt uns schier von den Füßen, wir können ihr kaum widerstehen.

Solange wir friedlich in der Mitte herumdümpeln und uns nicht an die Ufer kontroverser Themen ziehen lassen, bleibt unser Weltanschauungsboot unbehelligt. Aber was, wenn der Zeitgeist dem Wort Gottes eindeutig widerspricht? Nehmen wir die gefährlichen Strudel und Stromschnellen überhaupt noch wahr, an denen unser Wertesystem zu zerschellen droht? Oder haben wir uns an die soziale Ungerechtigkeit in unserer Gesellschaft gewöhnt, an die freizügige Darstellung von Verbrechen und Unmoral in den Medien, die Gewaltbereitschaft im Alltag? Was hält unser Lebensboot auf richtigem Kurs?

Es ist die Gute Nachricht, dass uns Jesus Christus aus der Flut der Sünde herausgezogen hat und uns ganz und gar von der Gewalt des Bösen befreien möchte. Diese „Information" soll uns nicht nur flüchtig streifen, keine blasse Theorie bleiben; sie soll uns prägen und formen, „in-Form" bringen und bis ans Ziel tragen. Aber welches konkrete Ziel ist das? Und wie könntest du diesem Ziel heute ein Stückchen näher kommen?

SR

1.9.

Immer und überall

PSALM 95,7

Wenn ihr doch heute auf seine Stimme hören wolltet …

Fröhlich fahre ich mit dem Staubsauger durch die Wohnung. Endlich habe ich ein paar Minuten, um meinen kleinen Haushalt in Ordnung zu bringen. Mein Vater ist gekommen und repariert meine Klospülung. Mein kleiner Sohn Samuel trippelt mit seinen 1 1/2 Jahren munter hinter ihm her, damit er ja nichts von dem verpasst, was sein Opa da zurechtbastelt.

Als ich im Wohnzimmer angelangt bin, höre ich eine innerliche Stimme, die mich drängt: „Geh und schau, wo dein Sohn ist." „Ach was", beruhige ich mich, „er ist doch mit meinem Vater im Badezimmer, der passt schon auf ihn auf." Immer intensiver drängt es mich, bis ich keine Ruhe mehr habe und den Staubsauger ausschalte. Sofort laufe ich durch alle Zimmer und suche nach meinem kleinen Schatz.

Dann stehe ich im Bad und schreie auf – mein Herz rast: Der kleine Knirps hängt mit seinem Bäuchlein mitten im offenen Fenster, Kopf voraus, die Beine baumeln hoch oben in der Luft ohne festen Halt. Und es geht drei Stockwerke nach unten!

Hektisch stürze ich auf ihn zu, packe ihn in letzter Minute und drücke ihn fest an mich. Schaudernd sehe ich nach unten – 10 Meter unter uns steht mein Vater mit kreidebleichem Gesicht. Er hat damit gerechnet, dass sein Enkel jeden Moment aus dem Fenster fallen könnte – und wollte ihn auffangen. Atemlos stürzt er die Treppe hinauf und stöhnt: „Ich wollte doch nur kurz ein Werkzeug aus dem Auto holen!"

Dann fallen wir auf die Knie und danken Gott von ganzem Herzen für seinen Schutz und sein Eingreifen. Nie werde ich vergessen, wie er zu mir gesprochen hat, wie er mich drängte, bis ich ihm gehorsam war. Ist es nicht wunderbar, wie er an unserem Leben Anteil nimmt? Wie wichtig wir ihm sind?

Es liegt allein an uns, auf Gottes Stimme zu hören. Er spricht auf vielfältige Weise zu uns. Durch Gedanken, im Gebet, durch unsere gläubigen Eltern und ganz besonders durch sein Wort – die Bibel. Manchmal benutzt Gott auch Engel oder Träume, wenn er mit uns kommunizieren möchte. Gott ist wirklich phantasievoll!

Er will mit dir Kontakt haben! Bitte ihn darum, sensibel für seine Stimme zu werden. Nimm dir Zeit, ruhig zu werden, damit du ihn in deinem Leben hören kannst. Nimm ihn mit in deinen Tag. Frage ihn in allen Dingen um Rat.

Du wirst erkennen, wie gerne er zu dir spricht! Er will dir im richtigen Augenblick den Weg zeigen, den du gehen sollst.

CR

2.9.

Kannst du die Sterne zählen?

PSALM 37,23

Von dem HERRN kommt es, wenn eines Mannes Schritte fest werden, und er hat Gefallen an seinem Wege.

Wien, Februar 2004. Im blassen Lichtkegel einer Straßenlaterne stand ich da. Es war etwa 22.15 Uhr und kalt, aber das war mir in dem Moment egal. Ich redete mit Gott. „Herr, was willst du von mir? Ich dachte, du hättest mich gerufen, aber jetzt – ich kenne mich nicht mehr aus!" Hatte ich mich verrannt? Vielleicht war das alles ein großes Missverständnis zwischen Gott und mir. Vielleicht war es gar nicht sein Plan, dass ich meine Stelle kündige, um Theologie zu studieren? Ein paar Leute hatten mich entmutigt, und ich beschloss, in dieser Sache nichts mehr zu unternehmen. Dabei hätte ich eigentlich meinen Ortsprediger und den Vorsteher um eine Empfehlung für das Studium bitten sollen. „Gott, du musst den nächsten Schritt gehen!" Ich hatte zwar keine Ahnung, wie das funktionieren sollte, aber ich wollte mit Sicherheit ausschließen, dass all das bloß mein eigener Wunsch gewesen war. Gott musste seinen Ruf bestätigen, andernfalls würde ich nicht gehen.

„Bitte rede mit mir!“ Ich blickte zum Himmel auf und sah die Sterne, zehn Stück konnte ich zählen. Nur zehn. Unwillkürlich musste ich an Abram und an Gottes Frage denken: „Sieh gen Himmel und zähle die Sterne; kannst du sie zählen?“ (1. Mose 15,5) Ich zählte zehn. Mehr konnte ich nicht sehen. Die Lichter der Stadt machten es unmöglich. Und doch waren die Sterne da. Ich ahnte, dass ich nur ganz wenig von dem sehen konnte, was wirklich war, einen Bruchteil von dem, was Gott sah und was er vorhatte.

Ich marschierte weiter, setzte mich in die U-Bahn, und fuhr von einer Endstation zur anderen und wieder zurück. Dabei las ich in meiner kleinen roten Taschenbibel. Ich wollte Gott hören. An diesem Abend stieg ich in der Mitte des Zuges ein, was ich sonst nie tat. Als der Zug in der nächsten Station hielt, blieb mir der Atem weg und meine Knie wurden weich. Mein Ortsprediger war zugestiegen und hatte sich mir gegenüber hingesetzt. In einer Metropole mit über 1,6 Mio. Einwohnern, um 22.30 Uhr, am anderen Ende der Stadt – denn er war hier keineswegs zu Hause – war er exakt in meinen Waggon eingestiegen! Gott hatte gesprochen. Ich wusste nun ganz sicher, dass es sein Ruf gewesen war und ich mich von nichts und niemandem abbringen lassen sollte, diesen Weg zu gehen. Ich wünsche auch dir, dass Gott dir für deinen Weg Klarheit schenkt und dein Herz fest macht.

MC

3.9.

Geben heißt Leben

LUKAS 6,38 EB

Gebt, und es wird euch gegeben werden …

Christian Gellert saß an seinem Schreibtisch und fror. Der Gedanke an seinen fast aufgebrauchten Holzvorrat und seinen angeschlagenen Gesundheitszustand bereitete ihm Sorgen, denn einen Tag zuvor hatte er all seine Ersparnisse einer bedürftigen Familie geschenkt, die ums Überleben kämpfte. Er rechnete damit, nicht mehr lange zu leben, und schrieb gerade den Text des Liedes: „Ich hab in guten Stunden" (WLG 334).

Plötzlich klopfte es an der Tür, und der Arzt trat herein. Er entdeckte den Liedtext und war so berührt, dass er ihn sofort einsteckte: „Ich kopiere den Text für meine Frau, dann bringe ich ihn gleich wieder zurück." Der Arzt verließ das Haus und traf vor der Tür die Hausmagd. Sie erzählte ihm, dass Gellert sein letztes Geld einer armen Familie geschenkt hatte und deshalb nichts mehr hatte, um sein Zimmer zu heizen.

Bevor der Arzt jedoch nach Hause gehen konnte, wurde er wegen eines medizinischen Notfalls zu einer reichen Familie gerufen. Er ritt eilends dorthin, konnte die Not der Hausdame lindern und wurde daraufhin zum Essen eingeladen. Während des Essens sprach ihn der Hausherr plötzlich auf

Gellert an, der ja wohl in einer schwierigen Lage wäre? Daraufhin schilderte der Arzt die Notsituation, in die Gellert geraten war, weil er so freigiebig sein letztes Geld verschenkt hatte. Dann zog er den Liedtext aus der Tasche und las den Text vor. Die ganze Tischgesellschaft war zu Tränen gerührt.

Auch Prinz Heinrich von Preußen saß bei den Gästen. Nun ließ sich der Hausherr schnell eine Abschrift des Liedes anfertigen und befahl seinem Knecht, eine große Wagenladung Holz zum Hause von Gellert zu bringen. Als Gellert am Abend von einem ärztlich verordneten Spaziergang wieder heimkehrte, entdeckte er das fein aufgestapelte Holz und war zunächst völlig verwirrt: „Wer hat mir das gebracht?"

Am nächsten Tag begegnete der Arzt einem geldgierigen Gläubiger. Durch seine Geldforderung hatte der die arme Familie, die Gellert unterstützt hatte, fast zugrunde gerichtet. Der Arzt schilderte diesem Mann, wie großzügig Gellert gewesen war. Der Reiche schämte sich und sandte durch einen Boten das ganze Geld zurück an Gellert. Kurz danach stand ein Offizier des Heinrich von Preußen vor Gellerts Tür und übergab ihm ein Pferd. „Das ist ein Geschenk für das Lied, das Sie gedichtet haben." Gellert war überwältigt! Als Dank schrieb er das Lied „Wie groß ist des Allmächt'gen Güte" (WLG 30, SUG 11).

Möchtest du auch den Segen Gottes erleben? Dann fang an zu geben, denn Geben heißt Leben!

HK

4.9.

Wohin mit dem Müll?

1. JOHANNES 1,9

… und reinigt uns …

Jeden Dienstag zwischen 7 und 8 Uhr bleibt der große LKW vor unserer Türe stehen, zwei Männer springen vom Trittbrett, schnappen sich routinemäßig unsere Mülltonnen, hängen sie an die Kippvorrichtung und „schwupp" landet der ganze Abfall im „Bauch" des Müllwagens. Abfahrt zur nächsten Haltestelle.

Nach einigen derartigen Besuchen ist der Bauch voll und der Inhalt muss zur Müllhalde gebracht werden. Dort wird das Problem endgültig gelöst oder beseitigt. So meine ich jedenfalls, ich zumindest bin den Müll los.

Im Norden von München erhebt sich ein 75 Meter hoher Hügel, der Fröttmaninger Berg. Er besteht zum Großteil aus Müll, der seit 1954 dort angehäuft wurde. Von einer Problemlösung kann hier aber nicht die Rede sein. Giftige Gase, Chemieabfälle und Grundwasserbeeinträchtigung erforderten die Einstellung der Deponie in den 1980er Jahren und aufwändige Schutz- und Renaturierungsmaßnahmen. Ergebnis: heute sieht der Berg aus wie die friedlichste Naturidylle, Schafe fressen das Gras an den Hängen. Alles scheint wieder in Ordnung zu sein. Ein Nachbau der Kirche von Fröttmaning erinnert noch an die Siedlung, die schrittweise von Müll und Autobahn „aufgefressen" wurde.

4.9.

Müll hinterlässt Spuren, und davon finden wir auf diesem Planeten zahlreiche Beispiele. Im Atlantischen, Pazifischen und Indischen Ozean schwimmen mittlerweile riesige Inseln aus Müll, eine davon größer als Indien. Von den „Gebirgszügen" in manchen Großstädten ganz zu schweigen.

Aber mich bewegt noch eine ganz andere Art von Müll. Es ist der Müll in meinem Gehirn. Manchmal habe ich den Eindruck, dieser Müllberg wächst über mich hinaus. Ich wünschte, ich hätte ihn gar nicht erst angesammelt. Zahlreiche Erlebnisse, Filme, Literatur usw. haben ihre Spuren hinterlassen und vergiften meine Gedanken. Wie soll ich das bewältigen?

Jesus hat sozusagen ein einzigartiges Müllentsorgungssystem entworfen: Bekenne deine Sünden, Gott vergibt und reinigt dich von aller Ungerechtigkeit. Er kann und darf das, denn er hat schließlich am Kreuz das Müllproblem „nachhaltig" gelöst. Dieser Müll wird am Ende in der größten Müllverbrennungsaktion des Universums ohne Rückstände und ohne schädliche „Umweltfolgen" verbrannt.

Also: Vermeide die Anhäufung von Müll in jeder Form. Und das, was schon da ist, wirf raus. Jesus freut sich darauf, den Müll zu ent-„sorgen".

KR

5.9.

Wegbegleiter

APOSTELGESCHICHTE 15,39B.40 SLT

… und Barnabas nahm Markus zu sich und fuhr mit dem Schiff nach Zypern. Paulus aber wählte sich Silas und zog aus, von den Brüdern der Gnade Gottes anbefohlen.

„Den nehme ich sicher nicht noch mal mit!", ruft Paulus. Die Luft im Raum ist zum Schneiden. Barnabas legt Paulus die Hand auf den Arm: „Mein Freund, versetz dich doch mal in seine Lage. Er ist noch sehr jung. Und er ist ganz anders als du. Vielleicht war ihm der Druck bei unserer ersten Reise einfach zu stark. Diesmal weiß er, worauf er sich einlässt. Und schließlich will er ja wieder mitfahren."

Doch Paulus bleibt hartnäckig. Wenn er sich nicht auf einen Menschen verlassen kann, dann will er ihn nicht dabei haben, wenn sie wochenlang unterwegs sind. Aber auch Barnabas bleibt bei seiner Meinung. Er sieht in dem jungen Mann Potenzial, das gefördert werden muss. Man muss junge Leute auf die Härten des Lebens vorbereiten. Und sie brauchen die Chance, sich weiterzuentwickeln und zu wachsen.

Vielleicht würde man in unserem heutigen Sprachgebrauch sagen: Barnabas konnte „out of the box“ denken. Ich muss ehrlich gestehen, dass ich auch Paulus ein wenig verstehen kann. Auch ich arbeite lieber mit Leuten zusammen, auf die ich mich 100% verlassen kann. Und in gefährlichen Grenzsituationen ist ein gut eingespieltes Team viel wert, wenn alle aufeinander zählen können. So gehen sie getrennte Wege. Beide nehmen andere Reisegefährten mit, denen sie die Strapazen dieser Reise zutrauen.

Ist es nicht auch manchmal in der Gemeinde so? Oft werden junge Erwachsene nicht so ernst genommen, weil ihnen in der Pubertät das eine oder andere Malheur passiert ist. Oder weil ihre Ideen naiv und unrealistisch waren.

Doch um ein gutes Team zu bilden, braucht es Zeit. Alle Mitglieder müssen gefördert, ermutigt und motiviert werden. Schließlich können wir alle voneinander lernen, sonst hätte Gott uns nicht so individuell und verschieden begabt erschaffen. Da kann der junge Träumer den Weisen aus der Reserve locken, der aus Furcht vor Risiko lieber auf der Bremse steht. Und der erfahrene Alte holt den jungen Helden von seinem hohen Ross herunter und bewahrt ihn dadurch vor Hindernissen, Tiefschlägen oder Niederlagen.

Ein guter Tipp: Suche dir in deiner Gemeinde, in deiner Jugendgruppe oder deinem familiären Umfeld einen Coach, der dich fördert. Barnabas war für Johannes Markus ein Mentor, genauso wie Paulus für Silas. Jeder braucht einen guten Wegbegleiter. Hast du schon einen? Gott kann dir einen zeigen!

LiK

6.9.

Der Schatz

PSALM 116,15 HFA

Der HERR bewahrt alle, die ihn lieben, denn in seinen Augen ist ihr Leben wertvoll.

Während einer Waldübung mit unserer Pfadfindergruppe kam Nathalija aufgeregt auf mich zugerannt. „Schau mal, ich habe einen Schatz gefunden!“, rief die Kleinste in unserer Gruppe begeistert. Sorgfältig trug sie eine Holzlatte in den Armen, die offenbar im Wald als Rest von Holzarbeiten liegen geblieben war. Ich musterte das Holzstück um herauszufinden, was daran so furchtbar faszinierend sein sollte. Aber meine Erkenntnis blieb beschränkt. Mir fiel bloß auf, dass dieser „Schatz“ schon ein bisschen vermodert und verdreckt war, irgendwelches Ungeziefer beherbergte und weder schön noch brauchbar aussah. Doch darüber schien Nathalija hinwegzusehen. Sie zeigte mir die Spuren, die die Säge hinterlassen hatte – in ihren Augen war das Muster wunderschön. Etwas später tauchte sie mit einer kleinen schmutzigen Marmorplatte auf. „Schau mal, ich habe noch etwas gefunden! Das muss ich nur noch ein bisschen putzen, und dann kann ich die Schätze in meinem Garten aufstellen!“

Durch Nathalija sah ich das Holzstück und die Marmorplatte mit anderen Augen. Weil ich ihre Wertschätzung für diese „Schätze" sah, fand auch ich sie interessanter als zuvor. An diesem Tag lernte ich wieder einmal, auch die kleinen, scheinbar belanglosen Dinge wahrzunehmen. Gott machte mich bei diesem Erlebnis aber noch auf etwas anderes aufmerksam. Durch Nathalija wurde ich daran erinnert, wie Gott mit uns Menschen umgeht: Er sieht nicht einfach nur unseren momentanen Zustand. Eigentlich bin ich hilflos und unbedeutend wie ein Sandkörnchen im Universum. Aber er ist nicht an mir vorbeigegangen. Er ist stehengeblieben, hat sich gebückt, um mich aufzunehmen und auf seinen Armen zu tragen. Weil er mich nämlich liebt. Und weil er einen Plan für mein Leben hat. Er sieht nicht meine momentane Unvollkommenheit, sondern erkennt mein Potential. Schaut auf das, was aus mir werden kann. Er glaubt an mich. Freilich muss ich – wie die verdreckte Marmorplatte – noch ein bisschen „geputzt" und „bearbeitet" werden. Aber ich weiß schließlich, dass Gott in uns viel Mühe investiert, weil wir für ihn wertvoll sind. Paulus schreibt: „Ich bin ganz sicher, dass Gott, der sein gutes Werk in euch angefangen hat, damit weitermachen und es vollenden wird bis zu dem Tag, an dem Christus Jesus wiederkommt." (Philipper 1,6 NL)

AD

7.9.

Wunder im 21. Jahrhundert

2. MOSE 14,22

Und die Israeliten gingen hinein mitten ins Meer auf dem Trockenen, und das Wasser war ihnen eine Mauer zur Rechten und zur Linken.

„Wunder gibt es nicht! Es gibt für alles eine natürliche Erklärung!" So höre ich immer wieder. Aber was, wenn ich plötzlich selbst ein Wunder erlebe? Wie soll ich es den anderen sagen? Man wird mich für einen Spinner halten! Vielleicht habe ich nur geträumt?

Vor Jahren fuhr ich mit dem Auto bereits seit einiger Zeit einer kleinen Kolonne nach, die von einem großen Traktor ausgebremst wurde. Immer wieder hielt ich vergeblich Ausschau nach einer Überholmöglichkeit. Meine Ungeduld wurde immer größer. Und dann packte es mich plötzlich. Vor mir eine Gerade, aber danach eine unübersichtliche Linkskurve. Ich kannte die Strecke sehr genau. Ich kämpfte mich an drei Autos vorbei und näherte mich immer mehr der Kurve. Innerlich wuchs die Befürchtung, es könnte ein Auto aus dieser Kurve herausflitzen.

Gerade als ich genau neben dem Traktor war, Kopf an Kopf, da passierte es tatsächlich. Mein gedankliches Drehbuch wurde zur Wirklichkeit: Ein Auto kam auf der Gegenfahrbahn angesaust!

Ich habe heute keine Erinnerung mehr daran, was ich dachte, aber die Situation war definitiv aussichtslos, das weiß ich noch sehr genau. Das sind die Momente im Leben, wo nicht einmal Zeit für ein Stoßgebet bleibt.

Damals sind zwei Dinge geschehen, die ich nicht erklären kann: Erstens befand ich mich plötzlich vor dem Traktor, obwohl ich gerade noch neben ihm gewesen war. Zweitens fuhr mein „Gegner" nicht in den Straßengraben, sondern setzte seine Fahrt unbehelligt fort – das sah ich zumindest im Rückspiegel. Niemandem war etwas passiert, niemand hatte das Lenkrad verrissen. Auch die nachfolgenden Fahrzeuge fuhren einfach weiter.

Ich betrachte das als ein Wunder. Ich wüsste auch nicht, wie man so etwas physikalisch erklären sollte. Aber ich habe eine ganz andere Erklärung, die mir bis heute immer wieder Kraft schenkt: Gott hat mir damals das Leben neu geschenkt, weil er mich liebt und weil er möchte, dass mein Leben noch eine weitere Zeit lang ein Zeugnis für andere sein soll. Und er hat mir meine Dummheit und Verantwortungslosigkeit vergeben, noch bevor ich ein „Bitte, verzeih mir!" überhaupt denken konnte.

KR

8.9.

Alles Gute kommt von Gott

JAKOBUS 1,17

Alle gute Gabe und alle vollkommene Gabe kommt von oben herab, von dem Vater des Lichts, bei welchem ist keine Veränderung noch Wechsel des Lichts und der Finsternis.

Dass unser Herz schlägt, dass unsere Lungen Luft pumpen, dass der Lebensstrom und die Lymphflüssigkeit durch die tausend verschiedenen Kanäle unseres Körpers zirkulieren, das alles macht Gottes Kraft. Wir dürfen ihm danken für jeden Augenblick unseres Daseins, und für alles, was uns Freude macht. Die geistigen Kräfte, der Reichtum an Gefühlen, die den Menschen über die einfacheren Geschöpfe erheben, das sind Geschenke des Schöpfers. Er überhäuft uns mit seinen Wohltaten.

Wir dürfen ihm danken für das Essen, das wir verzehren, für das Wasser, das wir trinken, auch für die Kleidung, die wir tragen und für die Luft, die wir atmen. Ohne seine besondere Fürsorge wäre die Luft längst überall mit Gift und Schadstoffen verpestet. Gott ist großzügig, er tut uns so gerne etwas Gutes, und er gibt auf uns acht. Die Sonne, die auf die Erde strahlt und das Land zum Leuchten bringt, der geheimnisvolle Schimmer des Mondes, der prachtvolle Sternenhimmel, die Regenschauer, die das Land erfrischen und die Pflanzen erblühen lassen, ja alle Vorgänge der Natur in ihrer Komplexität, die prächtigen Bäume, die Büsche und Sträucher, das wehende Korn im Sommerwind, der blaue Himmel, die grüne Erde, der Wechsel von Tag und Nacht, Frühling, Sommer, Herbst und Winter – all das erzählt dem Menschen von der Liebe seines Schöpfers. Er hat uns durch all diese Zeichen im Himmel und auf Erden an sich selbst gebunden.

Wir dürfen ihm all unsere täglichen Sorgen sagen. Wir dürfen ihn um Brot und Kleidung bitten, aber auch um das „Brot des Lebens" und die „Kleider der Gerechtigkeit", das ist die ständige Nähe unseres Erlösers Jesus. Kinder Gottes dürfen erwarten, dass er, der alle Macht im Himmel und auf Erden hat, sie mit kostbaren Geschenken überschüttet. Ein Anrecht auf diese Geschenke bekommen wir, weil Jesus durch seinen Tod den Preis dafür bezahlt hat. Diese Geschenke werden unsere tiefste Sehnsucht stillen. Und sie sind nicht vergänglich, sie bleiben bis in Ewigkeit bei und in uns. Jeder darf diese Geschenke empfangen und sie genießen, wenn er wie ein kleines Kind zu Gott kommt. Nimm Gottes Verheißungen für dich persönlich in Anspruch. Halte ihm vor: Das hast du mir versprochen! Und du wirst vollkommene Freude empfangen.

Frei übertragen aus Sons and Daughters of God, (11. Januar) Seite 17.

MP

9.9.

Verdauungsprobleme

JEREMIA 15,16 SLT

Als ich deine Worte fand, da verschlang ich sie.

Takeru Kobayashi aus Japan gehört zu den Weltmeistern im Wettessen. Jedes Jahr werden in den USA und anderen Ländern solche Wettkämpfe durchgeführt. Hamburger, Hot-Dogs, Pasta und Kuchen werden in Rekordzeit regelrecht „vernichtet". Außerdem geben in jedem Jahr hunderttausende inoffizielle Rekordhalter buchstäblich „den Löffel ab", indem sie durch Überessen oder falsche Ernährung tatsächlich am Essen sterben!

Sodbrennen, Magengeschwüre, Darmverschluss, Darmkrebs gehören zu den häufigen Störungen des Verdauungsapparates. Sie warnen als Alarmzeichen vor einem falschen Lebensstil und verkünden die klare Botschaft: Es ist NICHT egal, was, wann, wie und wie viel du isst und trinkst!

Ohne Nahrung und Flüssigkeit können wir nicht leben. „Du bist, was du isst", heißt es, und das stimmt. Obwohl es im Leben nicht NUR ums Essen und Trinken geht, haben diese Dinge doch einen ganz wesentlichen Einfluss auf unsere Lebensqualität, unsere Leistungsfähigkeit. Ich finde es daher sehr spannend, dass Jesus gerade in diesem Bereich versucht wurde und eine sehr tiefgreifende Antwort gab: „Der Mensch lebt nicht vom Brot allein, sondern von einem jeden Wort, das aus dem Mund Gottes hervorgeht!“ (Matthäus 4,4 SLT)

Ja, es ist auch nicht egal, womit ich meine Gedanken „füttere“. „Du bist, was du isst“ gilt auch – und vor allem – für mein Denken. Und mein Denken wird ganz wesentlich davon bestimmt, was ich lese, welche Filme und welche Musik ich auf mich wirken lasse, und welche Gespräche ich führe. Vieles davon führt zu erheblichen Störungen des „geistlichen und geistigen Verdauungsapparates“. So mancher ist bereits an solch falscher Speise zugrunde gegangen.

Dabei bietet Gott uns so viele wunderbare Dinge an, die zwar nicht immer leicht verdaulich sind, aber am Ende zu guten Gedanken und einer gesunden Gedankenwelt führen. Jeremia sagt, „Deine Worte sind mir zur Freude und Wonne meines Herzens geworden.“ (Jeremia 15,16 SLT)

Ich wünsche mir für dich und mich einen guten Appetit, gründliches Kauen, eine gute Gesundheit und vor allem viel Freude beim Essen und Trinken des Wortes Gottes! Mahlzeit!

KR

10.9.

Fremde in deiner Stadt

5. MOSE 10,19

Darum sollt ihr auch die Fremdlinge lieben; denn ihr seid auch Fremdlinge gewesen.

Vor einiger Zeit plante ich mit Freunden spontan eine Amerikareise. Wir waren zu fünft, hatten kaum Geld und wollten mit dem Auto quer über den Kontinent fahren, also in fünf Wochen 25 amerikanische Staaten durchqueren.

Bald nach Beginn unserer Reise hatten wir eine Reifenpanne. Ein Polizist empfahl eine Werkstatt ganz in der Nähe. Weit und breit kein Haus, nur eine schäbige Werkstatt. Als wir ausstiegen, kamen uns Biker entgegen, wie man sie aus den Filmen kennt: Lange Haare, noch längere Bärte, schwarze Lederklamotten mit Fransen und Nieten überall. Mulmiges Gefühl … Zwei Amerikanerinnen aus unserer Gruppe erklärten, wo unser Problem lag. Die Männer redeten nicht viel, gingen in die Werkstatt, telefonierten und fuhren mit dem Auto weg. Sie ließen uns einfach ohne Erklärung stehen, dort in der Pampa! In Gedanken stempelten wir sie als wilde Typen ab, unheimlich und unzivilisiert.

Nach etwa einer Stunde kamen sie wieder. Sie hatten bei einem Kumpel einen Reifen geholt, genau die richtige Größe! Schweigend montierten sie ihn ans Auto. Als wir zahlen wollten, meinten sie nur: „Ach, das ist doch nicht der Rede wert, wir haben euch gern geholfen. Wir wünschen euch eine gute Weiterreise." Uns blieb der Mund offen. Wir hatten diese Typen nach ihrem Aussehen beurteilt und abgestempelt, und jetzt mussten wir feststellen, wie falsch wir lagen.

Wir wohnen an der Grenze zu Deutschland. Dort begegneten wir eine Zeitlang täglich unzähligen Flüchtlingen oder „Fremdlingen", wie die Bibel sie nennt. Wie behandeln wir sie? Was denken wir über sie? Wie wäre Jesus ihnen begegnet? Mit Misstrauen, Vorurteilen oder mit Warmherzigkeit und Freundlichkeit? Es kostet uns keinen Cent, sie zu grüßen, anzulächeln, ihnen eine gute Reise zu wünschen. In dem Bibelvers oben erinnert Gott sein Volk daran, dass auch sie einmal Fremdlinge waren.

Sind wir nicht auch manchmal Fremdlinge in dieser Welt? Fremd, weil wir Jesus nachfolgen? Weil wir uns anders kleiden, weil Gott nicht möchte, dass wir jeden Mode-Gag mitmachen? Weil wir anders essen, weil wir unseren Körper pflegen und bewahren, der ja ein Tempel des heiligen Geistes ist?

Wir sind alle Gottes Kinder. Manche wissen das nur noch nicht. Es wäre doch schön, wenn wir es ihnen sagen? Franz von Assisi sagte einmal „Predigt das Evangelium, und wenn nötig, verwendet dazu auch Worte."

CE

11.9.

Ein Wunderwerk

PSALM 139,14 SLT

Ich danke dir dafür, dass ich erstaunlich und wunderbar gemacht bin; wunderbar sind deine Werke, und meine Seele erkennt das wohl!

Vor kurzem saß ich vor einem geheimnisvollen Heft. Es war bezeichnet mit dem Titel: „Der Mensch; Anatomie und Physiologie". Ich finde es sehr spannend, wie Gott uns Menschen geschaffen hat: Die Sinnesorgane, um unsere Umwelt wahrzunehmen, der ganze Körperbau aus Skelett und Muskeln, die Versorgung jedes noch so kleinen Winkels des Körpers durch Blut- und Lymphbahnen, die Fortpflanzungsfähigkeit und die „Reparaturmethoden" unseres Körpers. Wenn man sich dann die Zusammenarbeit zwischen den verschiedenen Verdauungsorganen ansieht, und noch komplexer, die Kommunikation zwischen den verschiedenen Teilen des Nerven- und Hormonsystems, dann kann man einfach nicht verstehen, warum der Mensch auf die Idee kommen kann, das alles wäre aus dem Nichts entstanden.

11.9.

Durch moderne Forschungstechniken können wir heute viele kleine Details unserer Körperfunktionen besser nachvollziehen. Doch noch lange bevor die Menschen diesen tiefen Geheimnissen unseres Körpers auf die Spur kamen, konnte König David erkennen, dass er ein Wunderwerk Gottes war.

Im 139. Psalm dankt er Gott dafür, dass er so einzigartig geschaffen wurde. Ihm ist aber auch klar: Gottes Gedanken und seine Weisheit, mit der er ihn gemacht hat, können wir niemals begreifen! David sagt: „Für mich aber – wie schwer sind deine Gedanken, Gott! Wie gewaltig sind ihre Summen!“ (Psalm 139,17 EB)

Genau das empfinde ich auch, wenn ich die Schöpfung Gottes anschaue! Wir alle sind einzigartig und erstaunlich gemacht, von einem Gott, der nicht nur einfach kreativ sein wollte, als er dich machte, sondern der dich schuf, weil er dich persönlich liebt und einen wunderbaren Plan mit dir hat!

Damit du diesen Plan ausführen kannst, hat er dich nicht nur als einen funktionierenden Körper geschaffen, sondern er hat dich mit der Fähigkeit zu denken und zu fühlen ausgestattet – ganz einmalig und individuell! Das macht dich zu der einzigartigen Persönlichkeit, die du bist: Ein Wunderwerk aus Gottes Meisterhand!

AF

12.9.

Es reicht!

RÖMER 12,18

Wenn möglich, soviel an euch ist, lebt mit allen Menschen in Frieden.

„Nicht so laut!", brüllt der Pastor im Religionsunterricht. „Ach, lasst mich doch mal in Ruhe!", krächzt der Jugendleiter bei einer Jugendstunde. „Ihr habt doch keine Ahnung von meinem Job!", schreit der Papa, als die Kinder mit klugen Ratschlägen kommen. „Es reicht!"

Ja, wir sind alle „nur" Menschen! Da geht es nicht immer so, wie wir uns das denken. Meistens kommt es anders. Wir haben unsere Erwartungen – an die anderen natürlich. Die könnten unsere Wünsche erfüllen, machen das aber nur selten. Dann sind wir enttäuscht, getäuscht, „disappointed" – das tut weh!

Und dann soll man noch ruhig bleiben, Frieden bewahren? Vergiss es! Da will ich ausrasten, da muss ich schreien, da werde ich wild. Da ist mir alles egal: das Wetter, der Mensch da, das Leben, Gott – alles egal. Jetzt flippe ich aus! Jetzt muss es raus! „Lasst mich in Ruhe! Es reicht!"

Danach? Tut es Leid? Mir schon. Ich bin und bleibe immer verantwortlich für mein Verhalten. Als Adam im Garten Eden meinte, er könnte sein

Verhalten damit rechtfertigen, dass er ja auf die Frau gehört hatte, die Gott ihm gab, lag er ganz klar falsch.

Paulus spricht von Frieden mit allen Menschen – aber nicht um jeden Preis. Da geht es nicht um „Unterdrückung“ oder „um des lieben Friedens willen“, sondern um Verantwortung. Wenn ich möchte, wenn es an mir liegt, „so viel an euch ist“. Ich kann dazu beitragen, dass ich mit Gott und meinem Nächsten Frieden habe. Dafür hat mir der Herr einen freien Willen gegeben. Wenn mein Nächster nicht will, kann ich nichts machen, aber Gott will immer. Auf seine Zusagen ist Verlass. Seine Freundschaft ist eine echte Freundschaft – von ihm aus gesehen. Jetzt liegt es an mir: Friede mit Gott? Ja, „so viel an mir ist“.

TE

13.9.

Gottes Handeln in der Vergangenheit erkennen

1. SAMUEL 7,12

Da nahm Samuel einen Stein und stellte ihn auf zwischen Mizpa und Schen und nannte ihn „Eben-Eser" und sprach: Bis hierher hat uns der HERR geholfen.

Es war in einem überfüllten Raum irgendwo in Deutschland, Anfang des zwanzigsten Jahrhunderts. Die Luft, von hunderten qualmenden Zigarren getrübt, hing schwer über der Versammlung. Seit zwei Stunden ergießt sich ein Redner hochemotional zu dem Thema, wieso es keinen Gott gäbe und keinen geben könnte. Schließlich fragt er: „Hat jemand einen Einwand gegen das, was ich Ihnen hier erklärt habe?" In der hintersten Reihe meldet sich eine alte Dame und erzählt, was sie erlebt hat: „Als vor vielen Jahren mein Mann im Krieg gefallen ist, wusste ich nicht, wie ich mich und meine kleinen Kinder durchbringen sollte. In meiner

Verzweiflung bat ich Gott um Hilfe. Und ich kann heute bezeugen, dass er mich bisher kein einziges Mal im Stich gelassen hat!"

Auch bei den Israeliten ist nicht alles reibungslos verlaufen. Immer wieder erlebten sie Rückschläge und mussten sich fragen: „Ist der Herr überhaupt noch mit uns?" Aber dann hielt Samuel in seiner Rede inne und schaute auf die Erfahrungen der Vergangenheit zurück. Und er fasste alles, was damals geschah, mit dem kurzen Satz zusammen: „Bis hierher hat uns der Herr geholfen!"

Ist es nicht bei uns ebenso? Was haben wir bisher erlebt, seit wir uns auf ein Leben mit Gott eingelassen haben? War es nicht alles zu unserem Besten? Sicherlich mussten wir Ängste, verzweifeltes Warten, Tränen und Leid durchleben. Aber müssen wir nicht bekennen, dass „der Herr, [unser] Gott, uns lieb hat" (5. Mose 23,6) und uns wunderbar geholfen hat?

Die Frage nach der Existenz Gottes ist damit beantwortet. Wir glauben ihm, weil wir immer wieder in Situationen geraten, in denen wir rückblickend feststellen können: Bis hierher hat mir Gott geholfen. Was mir passiert ist, war kein Zufall, sondern Gottes Plan. Er will mir deutlich machen, was ihm überaus wichtig ist: dass ich sein Geschenk der Erlösung annehme.

JaW

14.9.

Der Schlangenbeschwörer

1. MOSE 4,7

Ist es nicht also? Wenn du fromm bist, so kannst du frei den Blick erheben. Bist du aber nicht fromm, so lauert die Sünde vor der Tür, und nach dir hat sie Verlangen, du aber herrsche über sie.

Es war eine jener großen Schlangen, die nicht beißen, die aber eine ungeheure Kraft in ihrem Körper haben und ganze Ziegen erdrücken und verschlingen können. Ein Schlangenbeschwörer fing sie, als sie noch klein war. Er zähmte sie, richtete sie ab und brachte ihr zuerst bei, sich um seine Hand zu winden. Er blies ihr auf einer Pfeife seltsame Töne vor, und sie schwenkte ihren Kopf im Takt dazu hin und her.

Die Schlange wurde größer und bald brachte er ihr bei, sich um seinen ganzen Arm zu winden, später auch um sein Bein. Immer noch ließ sie sich durch die Flötentöne beruhigen. Dann war sie groß geworden und er ließ sie sich um seinen Körper wickeln, den sie schon zur Hälfte bedeckte, aber sie war gehorsam und zahm! Als sie ausgewachsen war, umwand sie den Inder ganz und gar, und andere mussten die Flöte spielen, die sie in Bann hielt.

Viele Leute kamen herbei und staunten. Der Inder meinte nur: „Das ist doch gar nichts; die Schlange ist doch zahm. Ich hatte sie schon, als sie noch klein war.“ Um den Zuschauern noch mehr Sensation zu bieten, schrie und kreischte er, wenn die Schlange ihn so umwunden hatte, als ob sie ihn erdrücken würde. Alle waren begeistert. Immer noch lächelte der Mann im Stillen und fand nichts dabei. Die Schlange hörte ja auf ihn und wenn er leise pfiff, kroch sie zurück in ihren Korb.

Eines Tages ertönte die Flöte wieder, und die Schlange kam aus ihrem Korb heraus. Sachte ringelte sie sich um den Mann, bis er ganz bedeckt war. Dann fing er an zu schreien, und die Leute klatschten Beifall. Aber der Mann schrie immer mehr. Die Leute bekamen Angst, weil sie merkten, dass die Schlange dem Mann nicht mehr gehorchte. Er war tot. Er, der die Schlange für sein Spielzeug, für seine Sklavin gehalten hatte. Sie hatte ihn durch ihre Kraft getötet, die er ganz in seiner Gewalt glaubte.

Dieser wahren Geschichte ist nicht mehr viel hinzuzufügen. Sünde ist gefährlich! Für mich ist jedoch das Tröstende im Text zu finden: „Du aber herrsche über sie.“ Mit Gott sind wir in der Lage, JEDE Sünde zu besiegen! Gott ist es, der uns befähigt, über sie zu „herrschen“ – wir von unserer menschlichen Natur aus, sind dazu nicht in der Lage.

Willst du Gottes Hilfe heute in Anspruch nehmen?

LB

15.9.

Gott vertrauen – Risiko oder Chance?

PSALM 62,6.7 EB

Nur auf Gott vertraue still, meine Seele, denn von ihm kommt meine Hoffnung. Nur er ist mein Fels und meine Hilfe, meine Festung; ich werde nicht wanken.

Wenn ich die Schlagzeilen lese, dann verfliegt mein (fast) grenzenloser Optimismus: Terror, Krieg, Hunger, Gewalt, Leid … Wie geht es dir mit den Gefahren dieser Welt? Kannst du noch gut schlafen? Wie sicher leben wir noch, hier und heute? Versteh mich bitte nicht falsch, ich will dir keine Angst einjagen, sondern ich will mit dir über etwas sprechen, das uns wirklich weiterhilft: über Gottvertrauen. Können wir heute noch Gott vertrauen? Ist das ein Risiko – oder eine Chance? Eine Legende aus dem fernen Süden zeigt uns, was Gottvertrauen praktisch bedeutet:

Im fernen Süden hatten einmal zwei Mönche je einen Ölbaum gepflanzt.

„Herr“, bat der eine, „sende einen erquickenden Regen, dass mein Bäumchen Wurzeln fassen kann!“ Und der Herr erfüllte die Bitte. „Nun darf die Sonne scheinen", sagte der fromme Mönch. „O Herr, lass den Himmel sich klären!" Da kam die Sonne und erwärmte die feuchte Erde. „Wenn jetzt doch der Frost kommen möchte", dachte der Mönch eines Tages, als es ihm gut dünkte, „damit die Rinde erstarke!" Und siehe, bald hatte sich ein silberner Reif auf das Bäumchen gelegt. Da ging das Bäumchen ein.

Traurig trat der Klosterbruder in die Zelle des anderen Mönches. „Dein Baum steht frisch und blühend, und meiner ist eingegangen, trotz allem!", sagte er zu diesem und erzählte ihm, was er alles getan hatte.

„Ich habe mein Bäumchen ganz in Gottes Hand gestellt", sagte der zweite Mönch, „denn ich dachte mir, Er, der die Bäume erschaffen hat, muss am besten wissen, was sie brauchen. So habe ich Gott keinen Rat erteilt und keine Bedingungen gestellt, sondern nur gebetet: Tu deine milde Hand auf, nimm dich seiner an!"

In dieser Geschichte wird ein Zubehör erwähnt, das wir für unseren Glauben, unser Leben, unbedingt brauchen. Es ist lebensnotwendig. Vertrauen lässt uns ruhig und sicher werden. Gott lenkt unser Leben – das ist fix! Wir haben nicht alles in der Hand, aber er hilft uns, ein „Baum" zu werden, den er bewahrt. Also, wenn du das nächste Mal die Schlagzeilen liest, dann denk an die zwei Mönche …!

CF

16.9.

Herr der Umstände

PHILIPPER 4,11

Ich habe gelernt, mir genügen zu lassen, wie's mir auch geht.

Eigentlich wollte ich predigen und Bibelstunden geben! Stattdessen fühlte ich mich schmutzig, mit dunkel verfärbten Händen vom Tomaten-Pflücken! Die Reihen waren endlos. Vor kurzem hatte ich mich bekehrt, und ich konnte es kaum erwarten, hinaus zu gehen und den großen Missionsauftrag zu erfüllen. Deshalb hatte ich ja meine Karriere als Musiker aufgegeben und besuchte nun diese Missionsschule in Norwegen. Ich wollte mich zum Missionar ausbilden lassen.

Tag Eins beim Tomatenpflücken war nicht besonders aufregend, doch am zweiten Tag wuchs mein Frust. „Eigentlich sollten wir hier Missionseinsätze machen. Doch ich bin in einer Landwirtschaftsschule gelandet und nicht auf einem Missionsseminar!" Ich sagte zu meinem Arbeitskollegen: „Bist du etwa hier her gekommen, um Tomaten zu pflücken? Also ich nicht!" Ich mäkelte an allem herum, und das war offenbar ansteckend. Schon bald äußerten sich die anderen ähnlich wie ich. Meine Arbeitsmoral sank gegen Null.

Beim Abendessen saß ich José gegenüber, einem Mitarbeiter der Schule. Das war meine Chance, mich zu beschweren. „Tomatenpflücken bereitet mich nicht auf meinen Missionsdienst vor", versicherte ich. Er antwortete: „Meinst du, du weißt, was ein Missionar ist? Ein Missionar ist Herr seiner Umstände. Du klingst als wärst du ein Sklave der Umstände, und obendrein ein schlechter Arbeiter." Anstatt einzusehen, wie recht ich doch hatte, ließ er mich darüber nachdenken, in welchem Zustand ich wirklich war. Ich hatte zugelassen, dass ich von meinen Umständen versklavt wurde. Ich hatte mich von der Situation verbittern lassen. Ich beeinflusste andere zum Negativen und arbeitete außerdem nur mittelmäßig.

Nachdenklich ging ich in mein Zimmer und bat Gott: „Ändere meine Einstellung." Am nächsten Tag war schon wieder „Tomatenpflücken" angesagt. Aber nun war ich bereit. Bei der Arbeit hatte ich ein paar Bibelstellen dabei, die ich auswendig lernen wollte. Ich pfiff ein Lied. Und dann entdeckte ich sogar eine Methode, wie ich die Tomaten schneller und einfacher pflücken konnte. Ich ermutigte meine Klassenkameraden und gab mein Bestes. Ich war nun nicht länger ein Sklave der Pflichten, die man mir zugeteilt hatte. Stattdessen packte ich sie zuversichtlich an und machte das Beste daraus.

JZ

17.9.

Schwächen überwinden

RÖMER 12,21

Lass dich nicht vom Bösen überwinden …

Jung, dynamisch, fähig und beliebt, so war er wohl, dieser Mann aus der Bibel. Begeistert von Jesus bat er um einen Platz im engeren Jüngerkreis, und natürlich waren die Jünger angetan von einem solc klugen Kopf! Doch Jesus kannte ihn besser. Und obwohl er wusste, welche Verschlagenheit in diesem jungen Mann steckte, wies er ihn nicht zurück. Ja, Jesus liebte diesen Mann und gab ihm die Chance, verändert zu werden. Jeden Tag konnte Judas Jesus beobachten und von ihm lernen, demütig und selbstlos zu sein. Jesus vertraute ihm sogar die Kasse der Jünger an. Er sollte lernen, nicht nur an sich zu denken, sondern mit diesem Geld für die Bedürfnisse der Jünger sorgen und die Not der Armen lindern.

Als Jesus über 5.000 Menschen zu essen gab, half Judas, Brot und Fisch an die hungrige Menge zu verteilen. Auch brachte er Kranke zu Jesus und erlebte, wie froh die Menschen wurden, wenn Jesus sie geheilt hatte. Doch leider ließ sich Judas selbst an diesem Tag von seinen eigenen Wünschen leiten. Von ihm kam nämlich die Idee, Christus mit Gewalt zum König zu machen. Außerdem war Judas ein Dieb. Er liebte das Geld so sehr, dass er sich oft, wenn er für den Herrn einen Dienst getan hatte, selbst seinen Lohn aus der bescheidenen Kasse herausnahm. Wie traurig – er bestahl nicht nur seine Freunde, sondern auch Jesus!

Empört kritisierte er Maria, die einen ganzen Jahreslohn für Salböl ausgegeben hatte um Jesus zu salben: „Man hätte dieses Geld den Armen geben können!" Oh Judas, wie blind warst du durch deine Habsucht doch geworden. An diesem Abend ging er zu den Priestern und verkaufte Jesus um einen Monatslohn. Und dann verriet er Jesus mit einem Kuss!

Wie konnte es soweit kommen? Jahrelang hatte Judas die Habsucht in seinem Herzen wachsen lassen, bis sie den guten Einfluss von Jesus überwucherte und erstickte. Leider hat Judas seine Schuld nie aufrichtig bereut. Wie schade, dass er sich für klüger hielt als Jesus, anstatt von ihm zu lernen.

Vielleicht sind dir deine Schwächen nicht bewusst. Bitte Jesus, dass er sie dir zeigt. Er möchte dir helfen, sie zu überwinden! Wenn du es zulässt, wird er deine Schwächen sogar in Stärken umwandeln! Gib ihm die Chance und du wirst gesegnet!

(Die Gedanken aus dieser Andacht basieren auf dem Buch „Das Leben Jesu" von Ellen G. White, Kapitel 76 „Judas")

MoG

18.9.

Das kann ich nicht annehmen!

JEREMIA 31,3

Ich habe dich je und je geliebt, darum habe ich dich zu mir gezogen aus lauter Güte.

Glaubst du das wirklich? Du bist wertvoll, weil Jesus dich liebt! Das ist nicht einfach so ein Satz, den man hört und wieder vergisst, oder der einfach nur so gesagt wird. Nur wenige haben diese Wahrheit wirklich erlebt und glauben daran. Was machen wir nicht alles, um wertvoll zu sein? Schminke, Schmuck, Piercing, Kleidung, Mopeds, Autos und Tattoos helfen nicht wirklich, aber die Liebe Jesu.

Angenommen du wärst blind und könntest nur dann wieder sehen, wenn du eine Hornhauttransplantation bekämst. Kennst du jemanden in deinem Bekannten- oder Freundeskreis, der dich so lieb hätte, dass er dir seine beiden Hornhäute spenden würde? Er selbst würde dadurch blind, aber du könntest wieder sehen. Nein, nicht nur ein Auge, beide – das wäre doch Liebe, oder? Würdest du aus Liebe dieses große Opfer für einen Bekannten oder Freund auf dich nehmen?

18.9.

Stell dir vor, du hättest einen Herzfehler und müsstest bald sterben. Wenn du eine Herztransplantation bekommen könntest, dann wäre dein Leben sicher. Kennst du irgendjemanden, der dich so lieb hätte, dass er dir sein Herz spenden würde und selbst stirbt, damit du leben kannst? Ich denke, da hört bei jedem von uns die Liebe auf. Und du würdest in einem solchen Fall dieses Spenderherz gar nicht annehmen.

Zurück zu den blinden Augen. Angenommen, ich hätte dich so lieb und wollte unbedingt, dass du sehen kannst. Ich gehe also ins Krankenhaus, lasse mir beide Hornhäute entnehmen und spende sie dir. Die Klinik ruft dich an: „Bitte kommen Sie sofort, die Spenderhornhäute sind da!"

Du antwortest: „Was? Wer hat denn das getan? … Mein Prediger? Nein, danke, diese Augen will ich nicht, die sind blau, ich will aber braune!" Nein, so wirst du sicher nicht reagieren, du wirst vielleicht sagen: „Wer bin ich, dass er seine Augen für mich gegeben hat?" Oder du meinst: „Nein, dieses Opfer ist mir zu groß, ich kann es nicht annehmen!"

Egal wie du reagierst, beides wäre falsch! Was hat mir mehr wehgetan: mein unwiederbringliches Opfer für dich oder deine Weigerung, es anzunehmen? Du siehst, es ist egal, aus welchem Grund auch immer du mein Opfer ausschlägst, ich hätte es in jedem Fall vergebens gebracht.

Jesus hat nicht nur seine Augen, sondern sein Leben für dich gegeben. Er tat es aus Liebe zu dir, freiwillig. Keiner auf dieser Welt kann dich so lieben wie er. Nimm seine Liebe einfach an, sag Dank und freue dich daran, dann freut er sich auch, weil sein Opfer dann nicht vergeblich war.

RF

19.9.

The Point of No Return

JESAJA 40,31

Die auf den HERRN harren, kriegen neue Kraft, dass sie auffahren mit Flügeln wie Adler.

Singapur Airport. Mit ohrenbetäubendem Dröhnen heulen die vier Triebwerke des Airbus A-380 auf. 570 Tonnen und 850 Passagiere bewegen sich immer schneller auf den „point of no return“ zu. Bis dahin kann der Start noch abgebrochen werden, danach hebt das Flugzeug ab oder es gibt eine Katastrophe – oder ein Wunder, denn am Ende der Startbahn wartet das offene Meer.

Im Jahre 711 landeten muslimische Streitkräfte auf der Iberischen Halbinsel. Ihr Anführer, Tariq ibn Ziyad, ordnete sogleich die Zerstörung aller Schiffe an. Somit war der „point of no return“ erreicht, die Soldaten konnten nur noch kämpfen oder – sterben. Es gab kein Zurück mehr.

Hast du in deinem Leben einem solchen „point of no return“ schon in die glühenden Augen gesehen – als du feststellen musstest: Der Punkt ist überschritten, es gibt kein Zurück mehr, aber der Weg nach vorn endet in der Sackgasse? Hast du das „offene Meer“ gesehen? Mit der Katastrophe gerechnet? Dem unüberwindlichen Feind oder dem Problem ins Angesicht gesehen und gewusst: Das ist das Ende?

In einer solchen Situation wünsche ich mir die rettende Stimme des Regisseurs: „Schnitt!“ Puh, ist ja nur ein Film, ein Traum. Aber oft bleibt diese Stimme aus, und dann erklingt meine eigene, verzweifelte Stimme: „Herr, jetzt kannst nur du noch helfen. Dein Wille geschehe!“

Leider vergesse ich als Mensch immer wieder, dass mein persönlicher „point of no return“ genau der Punkt in meinem Leben ist, wo Gott ruhig und gelassen seine Kiste mit Ideen und Möglichkeiten öffnet, die meine Vorstellungskraft bei weitem übertreffen. Wir nennen das oft ein Wunder, aber für Gott ist es eine Kleinigkeit. Seltsam ist, dass ich nicht selten vergesse, dass Gott ununterbrochen darauf wartet, seine Ideen in meinem Leben zu verwirklichen – und das nicht erst, wenn bei mir sämtliche Sicherungen durchbrennen.

Lass uns doch einfach gleich von Anfang an den Tag in seine Hände legen, denn er ist der beste Pilot, den es gibt! Er kann fliegen wie kein anderer!

KR

20.9.

Lass dir Freude schenken!

PSALM 4,8 EB

Du hast Freude in mein Herz gegeben …

Pah! Nicht schon wieder Mathe! Draußen scheint die Sonne, der blaue Himmel leuchtet, und ich sitze hier drinnen und soll lernen! Morgen ist Prüfung, und ich habe noch nicht viel dafür gelernt, aber ich habe überhaupt keine Lust darauf!

Du kennst diese Situationen sicher auch: Du weißt genau was du tun solltest, aber es reizt dich kein bisschen. So ging es mir an diesem Nachmittag. Alles war mir angenehmer als mich mit Zahlen zu quälen.

Während ich so mit mir kämpfte, erinnerte ich mich an ein Gespräch in der Mensa. Wir erzählten einander von Aufgaben, die anstrengend sind und keinen Spaß machen. Dann sagte einer etwas, das mich stutzig machte: „Manches möchte ich überhaupt nicht machen. Dann bitte ich Gott darum, dass er mir Freude an diesen Aufgaben schenkt, die mir lästig sind, und dann … dann ist es ganz anders! Gott erhört das! Da macht es mir auf einmal Freude, genau das zu tun – sowas hätte ich mir nie vorstellen können!“

Nun saß ich da, und die Lösung war zum Greifen nah: „Lieber Gott, du hast anderen Leuten auch schon Freude an Pflichten gegeben, die sie nicht erledigen wollten. Bitte schenke mir jetzt Freude beim Mathe lernen. Amen."

Kaum zu glauben, was dann passiert ist: Ich habe den ganzen Nachmittag gelernt, es hat mir tatsächlich Freude bereitet, und ich habe die Prüfung bestanden. Das war aber noch nicht alles: Innerhalb der nächsten zwei Jahre wurde Mathematik zu meinem Lieblingsfach!

Gott wartet manchmal darauf, dass wir ihn ganz konkret um etwas bitten. Wenn wir dann im Nachhinein darauf zurückschauen, erkennen wir, wie genial er uns erhört hat. Ich habe das inzwischen öfters probiert: beim Unkraut jäten, ja sogar schon beim Predigt ausarbeiten, und Gott hat mich nie enttäuscht. Er möchte uns Freude schenken.

Zwei Gedanken noch: Diese Freude ist manchmal etwas ganz anderes als Spaß. Viel tiefer, andauernder, erfüllender und vor allem unabhängig von den äußeren Umständen. Denk nur mal an Paulus und Silas. Sie wurden ausgepeitscht und konnten trotzdem im Gefängnis freudig Lieder singen. Zweitens: Echte Freude ist eine Frucht des Heiligen Geistes. Also bitten wir Gott nicht nur um Freude, sondern gleich auch um den Heiligen Geist.

NZ

21.9.

Wie klingt unser Lebenslied?

1. SAMUEL 12,24 HFA

Ehrt den Herrn, und dient ihm treu von ganzem Herzen! Vergesst nie, wie viel er schon für euch getan hat!

Hast du schon einmal im Alten Testament gelesen und dir gedacht „Oh Mann, was ist denn bitte mit dem Volk Israel los!?"

Die Israeliten erlebten einige der größten Wunder Gottes. Vor ihnen hatte sich das Meer geteilt, sodass sie hindurchgehen konnten. An jedem Tag der Wüstenwanderung fiel Manna als ihre Nahrung. Sie konnten mit Gottes Hilfe einen großen Teil des Landes Kanaan erobern. Außerdem sprach Gott direkt zu ihnen und offenbarte sich sichtbar in der Wolken- und Feuersäule. Und trotzdem waren sie ihm nie lange treu.

Ein Liederschreiber aus dem Volk Israel beschreibt in Psalm 106 genau diese Situation. Was haben die Israeliten falsch gemacht? Sie übertraten seine Gebote, sie rebellierten innerlich gegen ihn, sie vergaßen Gott und seine Werke, sie waren habgierig, sie verehrten geschaffene Gegenstände und Götzen, sie ignorierten Gottes Versprechen und glaubten ihm nicht, sie meckerten und klagten und wollten nicht auf Gott hören, sie führten Gottes Plan nicht sorgfältig aus und beteten sogar den Teufel an! Heftige Liste!

Vergleichen wir das mit den Taten Gottes, die im gleichen Lied geschildert werden: Er vergab ihnen, rettete sie immer wieder, befreite sie aus Notlagen, brachte als Richter die Situation wieder ins Lot und war barmherzig.

Gott ist gut! Wenn immer ich die Geschichten des Volkes Israel lese, bin ich erstaunt über seine Liebe und Geduld mit seinem Volk, das meist total undankbar war. Aber genau da ertappe ich mich auch immer wieder selbst. Ich bin gar nicht viel besser als sie! Wie oft habe ich schon Gott mit meinen Worten, Taten und Gedanken ignoriert und bin meinen eigenen Weg gegangen? Und wie oft hat er mich in seiner Gnade wieder aus dem Sündensumpf herausgeholt?

Jeden Tag haben wir die Wahl. Wiederhole ich die Fehler der Vergangenheit, oder bin ich Gott treu? So wie Israel an der Grenze zum Land Kanaan stand, so stehen wir heute an der Schwelle zum „himmlischen Kanaan“. Jesus kommt bald wieder! Glauben wir das? Leben wir danach? Folgen wir Gottes Plan oder unserem eigenen? Wenn der Psalmist ein Lied über unser Leben schreiben würde, wäre das ein Lied der Treue? Jeden Tag haben wir die Chance, uns Gott völlig zu weihen. Treue ist ein Lebenswerk und braucht diese tägliche Hingabe an unseren guten Gott. Gott gibt uns die Kraft, treu zu sein! Ich wünsche mir, dass wir eines Tages im Himmel gemeinsam unser Lebenslied der Treue singen werden!

JoW

22.9.

Schlotternde Knie

JOEL 3,1

Und nach diesem wird es geschehen, dass ich meinen Geist ausgieße über alles Fleisch; und eure Söhne und eure Töchter werden weissagen, eure Ältesten werden Träume haben, eure jungen Männer werden Gesichte sehen.

Immer wieder hören wir Berichte von wunderbaren Heilungen oder von der Bekehrung Hunderter nur durch eine einzige Predigt. Und oft denken wir, dass so etwas vielleicht in Afrika oder Südamerika geschieht, aber bestimmt nicht hier bei uns!

Ich kam frisch von der Missionsschule und hatte mich entschlossen, als Bibelarbeiterin bei missionarischen Einsätzen meiner Gemeinde mitzuhelfen. Insgesamt waren wir eine Gruppe von drei motivierten jungen Erwachsenen, die dafür brannten, Gottes Botschaft weiterzugeben. Wir hatten vor, die Menschen zu einem neu geplanten Bibelkreis einzuladen, indem wir von Haus zu Haus gingen, persönliche Kontakte suchten und

Flyer verteilten. Damals war ich ziemlich entmutigt. Immerhin waren wir schon wochenlang unterwegs gewesen und hatten noch keine positive Erfahrung gemacht. Doch dies sollte sich mit dem folgenden Tag ändern:

An jenem Tag kamen einer der Bibelarbeiter und ein 13-jähriges Mädchen aus der Gemeinde zu Frau N. an die Türe, die großes Interesse zeigte. Sie luden die Frau zum Bibelkreis ein. Sie meinte aber, sie wolle noch mit ihrem Mann darüber sprechen. Wir sollten demnächst wiederkommen und ihre Antwort einholen. Eine Woche später schloss ich mich dem Kollegen an, der damals dieser Frau begegnet war. Sie öffnete die Tür und begrüßte uns herzlich. Ihr Ehemann kam auch dazu. Sie erzählten, dass sie auf der Suche nach der „wahren" Religion wären.

Wir kamen in ein intensives Gespräch und versuchten all ihre Fragen zu beantworten. Plötzlich sagte sie: „Jeanine, ich verstehe nicht, was das alles mit dem Himmel und Gottes Reich auf sich hat? Kannst du mir das erklären?" Zu dem Zeitpunkt unterhielt sich mein Kollege sehr angeregt mit dem Ehemann über ein anderes Thema. So war ich „gezwungen" zu antworten. Obwohl ich etwas zu dem Thema wusste, war ich innerlich nervös. Schnell richtete ich ein Stoßgebet an Gott, dass er mir Weisheit geben würde und die richtigen Worte.

Kennst du so etwas auch? Eigentlich möchtest du gerne deinen Glauben bezeugen, aber wenn Gott dir dann eine Chance gibt, schlottern dir die Knie! Gut, dass uns Gott dann nicht im Stich lässt.

JeW

23.9.

Jesus annehmen

JOEL 3,1

Und nach diesem wird es geschehen, dass ich meinen Geist ausgieße über alles Fleisch; und eure Söhne und eure Töchter werden weissagen, eure Ältesten werden Träume haben, eure jungen Männer werden Gesichte sehen.

Ich sprach mit Frau N. über die Wiederkunft Jesu. In diesem Augenblick werden ja zuerst die Toten auferstehen, die Jesus als ihren persönlichen Retter angenommen hatten. Es gehören diejenigen dazu, die daran glauben, dass Jesus für sie gestorben ist. „Du musst ihn nur annehmen."

Schlagartig veränderte sich ihr Gesichtsausdruck. Geschockt wich sie einen Schritt zurück und starrte mich an. Ich fragte, was passiert sei, und auch ihr Mann wunderte sich. Vorsichtig antwortete sie: „Ich habe gerade eine Gänsehaut! Jeanine, das mag jetzt sehr mysteriös und eigenartig klingen, aber letzte Nacht habe ich geträumt, dass dein Begleiter uns wieder besuchen würde, dieses Mal aber mit einem anderen Mädchen. Und dieses Mädchen bist du.

Das Mädchen in meinem Traum sagte genau die Sätze, die du gerade gesprochen hast: „Du musst nur Jesus annehmen." Wir waren alle überrascht und etwas irritiert von der Situation. Herr N. fragte mich: „Wo steht das von der Auferstehung eigentlich in der Bibel?" Gemeinsam lasen wir 1.Thessalonischer 4,13-17. Zuerst schien der Ehemann noch skeptisch, aber als er unsere mit seiner Bibelübersetzung verglich, hatte Gott seine ganze Aufmerksamkeit.

Wir müssen nicht unbedingt nach Afrika reisen, wenn wir außerordentliche Dinge erleben wollen. Gott wirkt auch dort, wo wir wohnen! Wenn wir bereit sind, uns als Werkzeug von ihm gebrauchen zu lassen, dann wird er sich uns in einer Art und Weise offenbaren, wie wir es nie für möglich gehalten hätten. Manchmal verwendet er sogar Träume als Beweis für seine Existenz und Liebe zu uns. Und wir brauchen nicht zu befürchten, dass uns die richtigen Worte fehlen! Ich war zwar anfangs nervös, aber als ich begonnen hatte zu reden, fühlte es sich an, als hätte mir jemand anderes die Worte in den Mund gelegt. Ganz praktisch: Fordere Gott heraus. Bitte ihn täglich, dass er dich mit seinem heiligen Geist erfüllt und dass er dir die Möglichkeit gibt, mit anderen über ihn zu sprechen. Lass dich von ihm als ein Instrument verwenden, um die Herzen deiner Schulkollegen oder der Leute in deiner Umgebung zu gewinnen. Ich lege meine Hand dafür ins Feuer, dass du Erstaunliches erleben wirst.

JeW

24.9.

Individuell statt Mainstream

RÖMER 12,2 SLT

Und passt euch nicht diesem Weltlauf an, sondern lasst euch [in eurem Wesen] verwandeln durch die Erneuerung eures Sinnes, damit ihr prüfen könnt, was der gute und wohlgefällige und vollkommene Wille Gottes ist.

Wenn wir das Wort „Mainstream" hören, denken wir meist an etwas, was alle machen. Oft benutzen wir es ablehnend und wollen damit ausdrücken: „Ich schwimme nicht im Strom der Masse. Ich höre Musik, die nicht jeder hört. Ich trage besondere Kleidung. Und mein Sport ist nichts für jedermann."

In diesem Zusammenhang kennt man auch das Wort „Hype". Da kommt etwas Neues auf, z. B. eine bestimmte Mode, der alle hinterherlaufen und die nach einigen Wochen schon wieder out ist. Daran merken wir, wie schnell wir heute leben. Was heute „in" ist, wird morgen schon überholt von etwas, das noch besser, noch schneller oder noch schöner sein soll. Eines Tages wollte ich die Anerkennung der Leute nicht mehr durch das suchen, was ich besitze, wie ich aussehe oder was ich kann; sie sollten mich als den Menschen sehen, der ich bin und nach dem einschätzen, was ich glaube.

Die Bibel fordert uns auf, Individualisten zu sein. Wir sollen uns diesem Weltlauf nicht anpassen. Das bedeutet für uns ganz praktisch: Lauf nicht jeder Mode hinterher! Du musst nicht jeden Film sehen. Wir brauchen nicht jeden Song zu hören, nur weil er gerade „angesagt" ist. Und wir müssen schon lange nicht alles mitmachen, bloß weil alle anderen es tun.

Jesus hat sich nie der Mehrheit angepasst, als er auf dieser Erde lebte. Er hatte oft eine andere Meinung und andere Prinzipien als die Leute um ihn herum. Er stand für das gerade, was er glaubte. Dafür wurde er gehasst und am Ende sogar gekreuzigt. Hat es sich für ihn gelohnt? Allemal! Er hat durch seinen Tod und seine Auferstehung dich und mich erlöst. Er hat uns vorgelebt, wie man sich selbst aufopfert, wie man liebt, wie man eine lebendige Beziehung mit Gott führt.

Ich möchte mir Jesus zum Beispiel nehmen! Ich möchte gern in sein Bild verwandelt werden. Ich will lernen, ein guter „Individualist" zu sein, der vor allem Gottes Maßstäben folgt. Er weiß am besten was das Beste für uns ist. Er hat uns schließlich geschaffen und es uns vorgelebt.

Die Frage, die sich nun dir und mir stellt, ist: Wem willst du gleich werden?

Ich lade dich heute ein: Nimm dir Jesus zum Vorbild. Trends sind vergänglich. Ruhm und Anerkennung bei Menschen sind Eintagsfliegen. Jesus bleibt ewig derselbe, und sein Lifestyle ist der beste für jeden von uns. Probier es aus!

FS

25.9.

Das Bim-Bam-Prinzip

HEBRÄER 8,12 EB

Denn ich werde gegenüber ihren Ungerechtigkeiten gnädig sein, und ihrer Sünden werde ich nie mehr gedenken.

In Österreich gibt es in jedem kleinen Dorf eine Kirche mit einer Kirchenglocke. Weithin sind die regelmäßigen Schläge hörbar, die uns daran erinnern, wie die Zeit vergeht. Heute werden diese Glocken oft elektronisch gesteuert. Früher jedoch besaß jede dieser Glocken einen langen Strick, das Glockenseil, das vom Glockenturm der Kirche herunterhing. Dort zogen es die Läutejungen oder der Messner bzw. der Küster. Einmal in Gang gesetzt, schwingt der massige Körper der schweren Metallglocken und schlägt dabei gegen den Schlegel. Die Glocke klingt.

Mich erinnert das an unsere Entscheidungen. Was wir einmal in Gang gesetzt haben, wird in unserer Umgebung wahrgenommen, sei es gut oder böse. Manchmal haben wir mit einer schlechten Gewohnheit gebrochen, doch wir spüren immer noch das Verlangen danach. Oder Jesus hat uns von einer Sünde befreit und trotzdem belasten uns schlechte Träume oder

Gedanken. Auch die Glocke braucht eine Weile, bis sie zur Ruhe kommt, obwohl sie gar nicht mehr angetrieben wird. Was wir einmal in Gang gesetzt haben, schwingt nach.

Genauso läuft es auch, wenn wir jemandem vergeben: Wir nehmen die Hand vom Seil. Aber wenn wir uns mit unserem Kummer zu lange beschäftigen, dürfen wir uns nicht wundern, wenn der alte Ärger zurückkommt wie das „Bim-Bam" der alten Glocken. Wenn wir diesen „Nachklang" hören, erinnern wir uns am besten an das, was Jesus für uns getan hat. Dann kann Satan das Seil, das unser Leben bewegt, nicht mehr packen. Wir werden versucht, in die alten sündigen Gewohnheiten zurückzufallen. Und manchmal unterliegen wir auch. Aber trotzdem sind wir frei von der Bindung an die Sünde. Selbst wenn wir das Vibrieren noch spüren, wird es schwächer werden und eines Tages ganz aufhören.

Wenn du eines dieser alten Echos in deinem Leben hörst, dann wende dich an Jesus und sage: „Ich danke dir, Jesus. Du hast mich erkauft mit deinem Blut, und die Sünde hat kein Recht mehr, sich in mein Leben zu mischen."

MW

Der Sinn des Lebens

JOHANNES 17,3 SLT

Das ist aber das ewige Leben, dass sie dich, den allein wahren Gott, und den du gesandt hast, Jesus Christus, erkennen.

Was ist deiner Meinung nach der Sinn des Lebens? Als ich danach gefragt wurde, verwies ich auf Apostelgeschichte 17,26.27. Wir dürfen den Herrn suchen und finden und wenn wir ihn gefunden haben, dann helfen wir anderen auf ihrer Suche.

Bei William Miller (1782-1849) hat diese Suche einige Jahre gedauert. Er arbeitete als Farmer, Sheriff, Friedensrichter und im Krieg 1812-14 auch als Hauptmann. Seiner Meinung nach hatte Gott das Universum wie ein Uhrmacher aufgezogen, sich selber aber dann zurückgezogen und die Welt sich selbst überlassen – diese Ansicht nennt man Deismus. Für Miller war Gott passiv, er glaubte nicht an Wunder und sah keinen Sinn im Beten.

Einen gewissen Wohlstand hatte er bereits erreicht. Während andere noch mit Ochsen ihr Feld bestellten, besaß er schon mehrere Pferdegespanne.

Nach dem Krieg 1814 erbte er mit 32 Jahren das Vaterhaus und kaufte sich daneben ein großes Grundstück.

Nun dachte er wohl an ein ruhigeres Leben, aber dann kam die Sinn-Frage: Was passiert nach dem Tod? Ewigkeit – was war das? Auf der Suche nach Antworten fand er schließlich zur Bibel. Hier lernte er Jesus Christus kennen. Später schrieb er: „Die Bibel wurde meine Freude und in Jesus fand ich einen Freund." (Ellen White, Der Große Kampf, S. 322)

Bei seinem Bibelstudium entdeckte er in Daniel 8,14, dass ein Heiligtum nach 2.300 Tagen gereinigt werden sollte. Nach seiner Rechnung sollte dies um das Jahr 1843 geschehen (später korrigierte er sich auf 1844). Miller dachte, diese Reinigung wäre die Wiederkunft Jesu. Er fühlte zwar den Drang, anderen davon zu erzählen, aber er schob diesen Gedanken beiseite. Er erbat sich von Gott ein Zeichen: „Ich werde nur dann über dieses Thema predigen, wenn mich jemand dazu auffordert."

Erst 13 Jahre später bekam er 1831 seine erste Einladung und hielt sein Versprechen. Miller begründete eine große Erweckungsbewegung in Nordamerika, die nach ihm benannt wurde. Den Rest seines Lebens verbrachte er damit, anderen zu helfen, seinen Freund Jesus kennenzulernen und sich auf die Wiederkunft vorzubereiten.

TE

27.9.

Mangel ausgefüllt

PHILIPPER 4,19 SLT

Mein Gott aber wird allen euren Mangel ausfüllen nach seinem Reichtum in Herrlichkeit in Christus Jesus.

Joseph Bates (1792-1872) hat das erlebt! Als erfahrener Seekapitän hatte er sich mit 35 Jahren zur Ruhe gesetzt (1827) und sich in den 1840er Jahren der Miller-Bewegung angeschlossen. Er war ein mutiger Prediger geworden, der die Botschaft der baldigen Wiederkunft Jesu sogar den Sklaven in den Südstaaten brachte. Gefährlich für ihn, denn er war als aktiver Gegner der Sklaverei bekannt.

Doch Jesus war im Oktober 1844 nicht wiedergekommen. Bates und seine Freunde wurden bitter enttäuscht. Trotzdem forschten sie weiter in der Bibel und wollten Gott und seinen Willen besser kennenlernen. Bald darauf bekam Bates eine Broschüre von einem Autor namens Preble in die Hand, aus der er erfuhr, dass Gottes Ruhetag nicht der Sonntag ist, sondern der Samstag. Die biblischen Argumente überzeugten ihn und er begann, diese neue Erkenntnis zu verbreiten.

Als er sich an den Schreibtisch setzte, um ein Buch über den Sabbat zu schreiben, unterbrach ihn seine Frau Prudence, die kein Mehl mehr im

Haus hatte. Er legte die Schreibfeder weg und ging in die Stadt zum Einkaufen. Mit einer kleinen Menge Mehl kam er nach Hause. „Ich habe mein letztes Geld für das Mehl ausgegeben", gestand er. Prudence wollte wissen: „Wie soll es jetzt weitergehen?" Da teilte ihr Joseph seine Pläne über das Sabbat-Buch mit. „Und wovon sollen wir leben?", zweifelte sie. Sie konnte sich nicht vorstellen, wie das gutgehen sollte.

Während Joseph schrieb, bekam er die Idee, dass beim Postamt vielleicht ein Brief für ihn angekommen sein könnte. Vielleicht läge sogar Geld darin! Gleich ging er los und lag genau richtig! Ein Brief mit 10 Dollar war für ihn hinterlegt. Damit kaufte er weitere Lebensmittel und vereinbarte bei der Druckerei alle Details für den Druck seiner Broschüre. Immer mehr Spenden kamen herein und so konnte die Sabbat-Botschaft verbreitet werden – und Familie Bates konnte davon leben. Prudence staunte nicht schlecht!

Wenn wir Mangel haben oder etwas brauchen, verspricht uns Jesus, unsere Bedürfnisse auf seine Art und zu seiner Zeit mit seinem Reichtum auszufüllen! Du darfst ihm heute vertrauen!

TE

28.9.

James war zufrieden

PHILIPPER 4,11 SLT

… ich habe nämlich gelernt, mit der Lage zufrieden zu sein, in der ich mich befinde.

Ist Unzufriedenheit Sünde? Wir können schnell in schwierige Umstände geraten. Sollte es bei dir so sein, möchte ich dich ermutigen: Gib nicht so schnell auf!

James White (1821-1881) hatte mit 3 Jahren ein schweres Fieber, woran er fast gestorben wäre. Wie durch ein Wunder erholte er sich, jedoch blieben seine Pupillen in einer Schiel-Stellung. Damals konnte man diese Störung noch nicht behandeln. Als James in die Schule kam, konnte er nicht erkennen, was der Lehrer an die Tafel schrieb. Er musste die Schule abbrechen – darüber war er nicht erfreut! Wenn man ihn fragte, was er einmal werden wollte, wusste er es schon: Lehrer! Doch nun war ihm eine Schulbildung nicht möglich. Wie sollte es weitergehen?

Ein Sprichwort sagt: „Was man nicht ändern kann, das nehme man dankbar an!" Was bleibt einem sonst anderes übrig? Trübsal blasen? Murren und klagen? Verbitterung? Natürlich erlebte James auch einen Trauerprozess, wo er sich schrittweise von seinem Traumberuf verabschieden musste. Er lernte das Handwerk seines Vaters und half auf der Farm mit. James wurde ein sehr guter Bauer, und das half ihm später. So konnte er durch Landwirtschaft und Beerenanbau etwas Geld verdienen.

Gott hatte aber für James einen anderen Dienst vorgesehen: Er sollte Prediger werden! James vertraute Gott und ließ sich mit 15 Jahren taufen. Er war nicht verbittert. Nun erlebte er das Wunder, dass sich seine Augen erholten. Mit 18 Jahren saß James auf der Schulbank und holte den Unterricht nach. Zwei Jahre später, 1841, konnte er in seinem Traumberuf als Lehrer arbeiten. Als er die Botschaft hörte, dass Jesus bald kommt, schloss er sich der Miller-Bewegung an und wurde ein sehr erfolgreicher Prediger. Nach 1844 lernte er Ellen Harmon kennen und arbeitete bis zu seinem Tod 1881 an ihrer Seite. Gemeinsam mit anderen Freunden bauten sie die Kirche der Siebenten-Tags-Adventisten auf.

Es gibt Situationen, da muss sich etwas ändern. So wie es ist, kann es nicht bleiben. Da denken wir, wenn sich bloß die Umstände ändern würden! Dann hätten wir ein besseres oder einfacheres Leben. Aber wenn sich die Umstände nicht ändern lassen, vielleicht können wir unsere Einstellung gegenüber diesen Umständen ändern?

TE

29.9.

Visionen von Gott

4. MOSE 12,6 SLT

Gott spricht: Wenn jemand unter euch ein Prophet des HERRN ist, dem will ich mich in einem Gesicht offenbaren, oder ich will in einem Traum zu ihm reden.

Seit dem Sündenfall ist Gott für uns Menschen unsichtbar. Aber ausgewählten Menschen offenbarte er sich durch Träume und Visionen. Diesen Propheten (gr. pro-phetes = „Für-Sprecher") gab er Botschaften. Manche Nachrichten wurden aufgeschrieben. In der Bibel können wir sie lesen. Hätte Gott sich nicht offenbart, dann hätten wir keine Möglichkeit zu erfahren, wie Gott wirklich ist.

Weil Jesus noch mehr zu sagen hat, kündigt er für die letzten Tage an, dass „Söhne und Töchter weissagen" werden (Joel 3,1). Im Dezember 1844 hatte Ellen White ihre erste Vision. Sie war gerade 17 geworden. Sie sah plötzlich etwas, was die anderen nicht wahrnehmen konnten – wie einen Traum, den man mit offenen Augen träumt. Dabei atmete sie nicht, war aber nicht bewusstlos, obwohl sie von dem, was um sie herum geschah, nichts mitbekam, als wäre sie in eine „andere Welt gebeamt" worden.

In den folgenden Jahren hatte sie viele solcher „Wachträume", in denen Gott ihr wichtige Informationen gab. Dabei hat sie sich das Ganze nicht etwa eingebildet, wie manche Kritiker meinten. Während einer Vision am Sonntag, den 21. Juni 1857, konnte sich Daniel Bourdou persönlich davon überzeugen, dass Gott hier am Werk war. Er berichtet:

„Ich glaubte nicht an die Visionen, aber ..., um meinen Verstand zu befrieden, ob sie nun atmete oder nicht, legte ich meine Hand auf ihren Oberkörper und zwar lang genug, um genau zu wissen, dass die Lungen sich nicht bewegten ... Dann nahm ich meine Hand und legte sie über ihren Mund, indem ich ihre Nasenlöcher zwischen meinen Daumen und Zeigefinger zudrückte, so dass sie unmöglich Luft aus- oder einatmen konnte, selbst wenn sie es gewollt hätte. So hielt ich meine Hand ungefähr 10 Minuten lang, lange genug für sie, um unter normalen Umständen zu ersticken. ... Seit ich Zeuge dieses wunderbaren Phänomens war, hatte ich nie mehr die Neigung dazu, den göttlichen Ursprung ihrer Visionen zu bezweifeln." (EGW Biographie 1, S. 358)

Gott hat Ellen White während dieser Visionen direkt mit allem versorgt, was sie zum Leben brauchte. So hat er damals auch Mose am Leben erhalten, als der 40 Tage lang auf dem Berg Sinai blieb und weder aß noch trank. Für unseren Schöpfer ist es eine leichte Übung, uns alles zu geben, was wir nötig haben. Wir müssen ihn nur darum bitten!

TE

30.9.

Die Bibel hochhalten

2. CHRONIK 20,20 SLT

Vertraut auf den HERRN, euren Gott, so könnt ihr getrost sein, und glaubt seinen Propheten, so werdet ihr Gelingen haben!

Es war im Herbst 1845. Die gläubigen Christen, die an die baldige Wiederkunft Jesu glaubten, wollten sich eigentlich an diesem Sonntag in Boston treffen. Sie wollten gemeinsam über Gottes Wort reden und beten. Aber dann erfuhren sie, dass man zu dieser Andacht auch Ellen Harmon eingeladen hatte. (So hieß sie vor ihrer Hochzeit mit James White). Einige zweifelten daran, dass Ellen eine echte Botin Gottes sei. Sie hielten ihre Visionen für gefälscht oder sogar satanisch und verlegten deshalb das Treffen auf einen anderen Ort, nämlich nach Randolph in Massachusetts. Sie wollten verhindern, dass Ellen dazukäme, weil sie sie für eine Betrügerin hielten.

Aber sie erlebten eine Überraschung: Die Tür ging auf, und herein kam Ellen! Der allwissende Gott hatte ihr gesagt, dass sie nicht nach Boston, sondern nach Randolph fahren sollte. Und sie hatte sofort auf ihn gehört. Bei dieser Versammlung gab Gott seiner Botin Ellen eine Vision. Wie immer atmete sie nicht. Sie nahm ihre Umgebung nicht bewusst wahr. Aber sie ging manchmal im Raum umher und sagte hier und da ein Wort.

Die Zweifler meinten, dass Ellen unter Satans Einfluss stünde. Sie wollten sie davon befreien. Deshalb sangen sie viele Lieder und lasen in der Bibel. Aber das änderte nichts an der Vision. Dann hatte einer eine Idee: „Wir legen die große Familienbibel auf Ellen!" Sofort nahm Ellen die schwere Bibel in eine Hand und hob sie mit gestrecktem Arm hoch über ihren Kopf. Sie rief: „Dies ist das inspirierte Zeugnis von Gott." Während sie das 8,5 kg schwere Buch mit einer Hand hoch über ihren Kopf hielt, blätterte sie mit der anderen Hand darin, zeigte auf Bibeltexte, ohne sie zu sehen, und zitierte sie auswendig. Einer der Anwesenden kletterte auf einen Stuhl und wollte nachprüfen, ob der Bibeltext, den Ellen zitierte, mit dem übereinstimmte, auf den ihr Finger zeigte. Und tatsächlich, es war so!

Diese Vision war die längste, die Ellen in der Öffentlichkeit hatte. Sie dauerte ca. vier Stunden. Das überzeugte viele Zweifler, dazu kam noch der Inhalt der Vision, der voll mit der Bibel übereinstimmte.

Hast du schon mal versucht, 8,5 kg mit einer Hand hochzuheben? Wie lange schaffst du es?

Aber vielleicht hast du heute die Chance, Gottes Wort auf andere Weise hochzuhalten? Der Herr wird dir die Kraft dafür geben!

TE

1.10.

Erntedank – oder Jahwe Jireh

1. MOSE 22,8 NL

Gott wird für ein Lamm sorgen, mein Sohn, antwortete Abraham. So gingen sie zusammen weiter.

Nachts wurde er plötzlich wach und lauschte in diese Stille hinein. Da hörte er jemanden seinen Namen rufen. Ein Kribbeln durchfuhr ihn. Nicht aus Angst – aus Aufregung! Denn er liebte diese Stimme. Sie war ihm wohlbekannt. Vor langer Zeit hatte diese Stimme ihn schon einmal gerufen, und das hatte sein Leben völlig verändert. Er ahnte: Dieser Ruf bringt wieder etwas ganz Neues.

Gespannt antwortete er: „Hier bin ich." Doch Gottes Auftrag ließ ihm den Atem stocken: „Nimm deinen Sohn, deinen einzigen, den du lieb hast, den Isaak, und ziehe hin in das Land Morija, und opfere ihn dort als Brandopfer auf einem Berg, den ich dir nennen werde." (1. Mose 22,2).

Abraham trat aus seinem Zelt und schaute auf zu der stillen Sternenpracht des wolkenlosen Himmels. Wie könnte er seinen geliebten Sohn und Erben mit eigener Hand töten? Von ihm sollte doch ein großes Volk abstammen! Von Zweifel und Angst überwältigt, beugte er sich zur Erde nieder und betete wie nie zuvor in seinem Leben. Als er ins Zelt zurückkehrte, trat er an Isaaks Bett und weckte ihn. Sie packten und gingen los.

Schweigend wanderten Vater und Sohn Seite an Seite. Am Berg angekommen, legte Abraham seinem Sohn das Brennholz auf die Schultern. Er selbst nahm das Opfermesser und den Feuertopf, und sie stiegen miteinander zum Berggipfel hinauf. Isaak fragte: „Wo nehmen wir das Opfertier her?" Und Abraham sagte: „Gott wird sich ersehen ein Schaf zum Brandopfer."

Moment mal! Hat Abraham seinen Sohn damit etwa angelogen? Nein. Abraham vertraute Gott. Er wusste: Gott wird auch in einer ausweglosen Situation eine Lösung finden. Abraham lehrt mich hier etwas Entscheidendes: Gott wird ein Brandopfer sehen. Gott kümmert sich um uns! Gott wird alles gut machen!

Hmm … und was hat das mit Erntedank zu tun? Wir danken Gott für alles, was er uns gegeben hat. Wir danken Gott dafür, dass er uns sieht und sich um uns kümmert. Um unsere irdischen Probleme, aber auch um unsere geistlichen Probleme. Gott sorgt nicht nur für Essen, sondern auch für unsere Erlösung! Er persönlich kümmert sich um das Problem der Sünde. Genau das hat Abraham seinem Sohn gesagt! Deshalb sollten wir Erntedank feiern. Deshalb sollten wir uns freuen. Deshalb sollten wir danken! Weil Gott „Jahwe Jireh" ist: ein Gott, der sieht.

AnW

2.10.

Ein Kleid, das jedem steht

RÖMER 13,14 NL

Haltet euch an Jesus Christus, den Herrn, und lasst euer Leben von ihm bestimmen. Gebt euren Wünschen nicht so weit nach, dass ihr von euren Leidenschaften beherrscht werdet.

Das mit der Mode ist so eine Sache. Kaum hat man sich das neuste Kleidungsstück besorgt und ein paarmal getragen, ist es beinahe schon wieder altmodisch. Die Medien fordern: „Du musst dich mit der aktuellen Kollektion in der besten Marke eindecken." Warum? Nur so gehörst du dazu.

Ich persönlich lasse mich von den Modewechseln nicht allzu sehr beeindrucken. Aber ich kenne genug Leute, die das tun – manchmal regelrecht zwanghaft. Ganz ehrlich: Ist es nicht anstrengend, dem ständig wechselnden Trend zu folgen? Und dann die Fragen, die zugegebenermaßen nicht nur den Modefreaks im Nacken sitzen: „Ist das, was ich trage, gut genug? Passt dies und jenes zum Anlass? Steht es mir? Gefalle ich den anderen?“

Über Jahrtausende hinweg bis heute definieren sich Menschen über die Sachen, die sie tragen. Kleidung ist nicht nur nützlich und schützt, sondern sie symbolisiert etwas. Kleidung sagt etwas darüber aus, wer du bist oder auch zu wem du gehörst.

Beim Bibellesen stieß ich auf einen Vers, der mir noch nie zuvor aufgefallen war: „Zieht den Herrn Jesus Christus an!“ (Römer 13,14 EB) Ja, richtig – hier werden wir nicht, wie bei anderen Bibelstellen, aufgefordert, symbolisch den biblischen Mantel der Gerechtigkeit, die Waffenrüstung oder die Liebe zu tragen. Paulus ruft uns auf, Jesus persönlich als Kleid zu tragen!

Stell dir einmal vor, Jesus wäre eine angesehene Kleidermarke. Trägst du solch ein Kleidungsstück, wirst du bewundert und hochgeachtet. Du bekommst eine Menge Komplimente. Einige Leute sind sogar so beeindruckt, dass sie unbedingt das gleiche Kleidungsstück haben wollen. Sie fragen dich, woher du es hast. Und du sagst voller Stolz: „Ich trage Jesus. Dieses Kleid ist für alle zu haben! Es ist aus feinster Qualität und deshalb sehr teuer und kostbar. Ich habe es umsonst bekommen, weil der Preis dafür bereits bezahlt ist.“

Ich möchte Jesus heute so in meinen Tag einbeziehen, als würde ich ihn anziehen wie morgens meine Kleidung. Ich darf stolz sein, Jesus tragen zu dürfen, auch wenn das manche nicht schätzen und mich vielleicht sogar deswegen verspotten. Aber ich möchte nach außen zeigen, zu wem ich gehöre. Eines ist sicher: Jesus ist ein Kleid, das jedem steht!

AD

3.10.

Besser vorbereitet!

MATTHÄUS 24,25

Ich habe es euch vorausgesagt.

Ein paar Kanus, wasserdichte Säcke, Schwimmwesten, Proviant, Angeln. Die Abenteurer setzen ihre Kanus am Norseman Lake im Westen Kanadas ins Wasser. Die Sonne scheint, Spannung und Erwartungen sind groß. Gemeinsam mit ihrem Führer haben sie die 320 Kilometer lange Strecke bis zum Mackenzie River ausführlich besprochen. Die Strecke birgt einige Gefahren im Bereich der Wildwasserkategorien 3 und 4. Der größte Feind heißt wohl Kentern. Wer diese Notsituation nicht beherrscht, kann leicht ertrinken. Ende des Abenteuers.

Gut, dass die Abenteurer vorbereitet sind. Es käme ja wohl auch kaum jemand auf die verrückte Idee, sich leichtsinnig in ein Kanu zu setzen und sich auf einem völlig unbekannten Fluss einfach treiben zu lassen. Stromschnellen sind eine Sache, Wasserfälle eine andere. Das wäre ein lebensgefährliches Roulette, alles oder nichts.

Gut, dass die Abenteurer in dieser Wildnis nicht alleine sind. In dieser Umgebung ist man aufeinander angewiesen. Es gibt keine Tankstelle, kein Hotel, keinen Supermarkt und kein Krankenhaus. Und jede Menge wilder und durchaus gefährlicher Tiere. Natur pur.

3.10.

Manchmal fragen wir uns, wieso Jesus in seiner Endzeitpredigt und an vielen anderen Stellen der Bibel von „Stromschnellen“ und „Wasserfällen“ spricht, von Schwierigkeiten der höchsten „Wildwasserkategorie“, allerdings ohne Möglichkeit, dass wir diese Problemstellen einfach zu Fuß umgehen könnten. Wir müssen da durch!

Wie würden wir uns fühlen, wenn Jesus einfach nur von der wunderbaren neuen Welt gesprochen hätte, von Liebe, Anerkennung, Würde, Selbstwert, Vergebung, Wiederherstellung – und dann kämen die Stromschnellen ganz plötzlich? Ich bin überzeugt, dass Jesus niemandem unnötig Angst machen wollte! Doch wer den „Fluss des Lebens“ kennt, weiß, wie er sich vorbereiten muss.

Und ja, es ist gut, wenn wir einander unterstützen, füreinander beten, einander ermutigen und aufrichten, Erfahrungen austauschen und gemeinsam die Route studieren.

Danke, Herr Jesus, für die Warnungen! Danke, für die Menschen, die mich stärken und denen ich eine Stütze sein darf!

KR

4.10.

Das Ende ist mein Anfang

OFFENBARUNG 21,4

Und Gott wird abwischen alle Tränen von ihren Augen, und der Tod wird nicht mehr sein, noch Leid noch Geschrei noch Schmerz wird mehr sein ...

„Was?", schreie ich fassungslos. „Wie und wo ist das passiert?" Mein Gehirn fühlt sich leer an und ich kann keinen klaren Gedanken mehr fassen. Bruchstücke dringen an mein Ohr: Auf dem Weg zur Schule – sein Schulfreund hat ihn mit dem Auto abgeholt – die Straße war glatt – der BMW kam ins Schleudern – genau mit der Beifahrerseite an einen Betonpfosten – sofort tot – sofort tot – sofort tot...

Ich kann es nicht glauben! Mein Lieblingscousin, genauso alt wie ich, 17 Jahre! Wir haben unser Leben noch vor uns – oder doch nicht – seines wurde abrupt beendet.

Wie geht man mit einer solchen Nachricht um? Trauer, Verzweiflung, Unverständnis und Sinnlosigkeit machen sich in mir breit. So jung, so unschuldig! Das hätte mir genauso passieren können! Wie sah es in seinem Leben aus? War er bereit zu sterben? Und was wäre wenn … wenn ich an seiner Stelle gewesen wäre? Bin ich bereit zu gehen?

Es gibt so viele Dinge, die ich noch erleben möchte: Meine Ausbildung, den Führerschein, die erste Liebe, Reisen, andere Länder erforschen, heiraten, Kinder bekommen – einfach leben …

Was gibt meinem Leben auf Dauer Sinn? Was bleibt übrig, wenn ich vor dem Ende stehe?

Ich knie mich vor mein Bett, weine und schluchze – aber dann finde ich Frieden. Es gibt da Einen, der sich um mich kümmert, der mich liebt, dem ich wichtig bin, und der alles in seiner Hand hält! Ihm kann ich vertrauen! Er schaut in mein Herz, er versteht meine Gefühle und Wünsche. Er allein weiß, wann sich meine Brust zum letzten Atemzug heben und senken wird.

Und das ist auch gut so, denn dieses Ende ist eigentlich ein Anfang. Der Anfang einer wunderbaren Zeit ohne Tränen, Trauer, Leid, Streitereien, Hausaufgaben oder Liebeskummer... Wenn Jesus mich bei seiner Wiederkunft auferweckt, dann mache ich eine Reise in das genialste Urlaubsparadies, in dem ich meinen Cousin, aber vor allem meinen liebevollen Tröster treffen werde!

Ja, ich will IHN sehen! Ich will meine Lebenszeit nutzen solange ich sie noch habe!

Nutzen, um zu lernen. Meinen Eltern zu helfen. Für meine Freunde da zu sein. Ein offenes Ohr für meinen Nächsten zu haben. Und vor allem: Ich will meinen besten Freund Jesus richtig gut kennen lernen!

CR

5.10.

All for ceremony

RÖMER 5,8 EB

Gott aber erweist seine Liebe gegen uns darin, dass Christus, da wir noch Sünder waren, für uns gestorben ist.

„All for ceremony" sagt der Mann mit dem weißen Kopftuch und dem weißen Sarong, der durch einen goldgelben Gürtel an seiner Hüfte gehalten ist. Neben ihm steht seine Frau, die einen wunderschön geflochtenen Korb auf ihrem Kopf balanciert. Der Duft von Räucherstäbchen und gekochtem Reis steigt mir in die Nase.

In Bali hört man den Ausspruch „all for ceremony" sehr oft. Tatsächlich gewinnt man hier den Eindruck, dass sich das Leben der Leute hauptsächlich um ihre Religion, den Hinduismus, dreht. Überall stehen Altäre und Götterfiguren am Wegrand. Wer zu Fuß unterwegs ist, muss aufpassen, dass er nicht in eine der geflochtenen Opferschalen tritt. Manche Götterfiguren werden mit Opfern geradezu überhäuft. Es beeindruckt mich, wie viel Zeit und Geld diese Menschen investieren, damit ihre „Götter" zufrieden sind. Nach ihrem Glauben können die guten und bösen Geister nur mit teuren Opfergaben besänftigt werden. Die Opfer werden mit Blumen dekoriert und sehen prächtig aus, und doch verbirgt sich dahinter eine große Angst. Denn was passiert, wenn die Geister durch die reichen Opfergaben nicht gnädig gestimmt sind? Unglück, Krankheit und Tod?

Wie ist das beim Gott der Bibel? Was fordert er als Gegenleistung für seine Treue? – Nichts!

In Hebräer 10,4-10 heißt es (Hfa): „Dabei können wir durch das Blut von Stieren und Böcken unmöglich von unserer Schuld befreit werden. Deshalb sprach Christus zu Gott, als er in die Welt kam: ‚Schlachtopfer und andere Gaben wolltest du nicht. Aber du hast mir einen Leib gegeben; er soll das Opfer sein. Dir gefällt nicht, dass man dir Tiere schlachtet und zur Sühne auf dem Altar verbrennt. Deshalb habe ich gesagt: Ich komme, um deinen Willen, mein Gott, zu erfüllen. So heißt es von mir bereits in der Heiligen Schrift.‘ “

Obwohl das Gesetz diese Opfer verlangte, erklärt Jesus, dass sie Gott eigentlich nicht gefallen. Er sagte außerdem: „Ich komme, mein Gott, um deinen Willen zu erfüllen.“ So hebt Christus die alte Ordnung auf und setzt eine neue in Kraft. Er hat mit seinem Tod am Kreuz diesen Willen Gottes erfüllt; und deshalb gehören wir durch sein Opfer ein für alle Mal zu Gott.

Gottes Liebe wurde durch Jesu Tod bereits sichtbar bevor ich irgendetwas für ihn tun konnte. Gott verlässt uns nie, er bleibt treu, selbst wenn wir ihn für einige Zeit verlassen. Ich muss nur seine ausgestreckte Hand ergreifen und das Geschenk der Erlösung annehmen. Mein Erlöser hat bereits alles für mich getan!

PG

6.10.

Raubüberfall

PSALM 91,4 HFA

Er wird dich behüten wie eine Henne, die ihre Küken unter die Flügel nimmt. Seine Treue schützt dich wie ein starker Schild.

„Oft kam ein afrikanischer Späher laut schreiend ins Dorf gerannt“, erinnerte sich mein Vater, der als Sohn eines Missionars in Afrika aufwuchs. „Achtung, achtung, die Wanderameisen kommen!“, schrie er laut. Er hatte in weiter Entfernung ein riesiges Ameisenvolk gesichtet. Auf diesen „Alarm“ hin ließen alle Dorfbewohner ihre Sachen stehen und rannten so schnell sie konnten. Sie hatten schon böse Erfahrungen mit der afrikanischen Treiberameise gemacht. Diese Gattung Dorylus umfasst mehr als 20 Millionen Individuen, eine Kolonne kann sich dabei bis zu 20 m in der Breite auffächern.

„Soweit das Auge reichte sah man einen einzigen schwarzen Teppich, Ameisen über Ameisen bedeckten den Boden“, schauderte mein Vater. „Und die Eingeborenen wussten: Gegen diese Raubüberfälle konnten sie nichts ausrichten. Das ganze Dorf wurde innerhalb kürzester Zeit von den kleinen, wilden Räubern erobert."

„An ein Ereignis kann ich mich noch besonders erinnern", erzählte mein Vater. „Dein Opa wachte vom lauten Geschrei der Affen auf. Als er die Gefahr erkannte, stürzte er in das Kinderzimmer und erstarrte vor Schreck. Unter dem Moskitonetz lag seine kleine Tochter. Ihr Körper war bereits von tausend Ameisen übersät. So weit wie möglich befreite er das Kind von den lästigen Insekten, warf es über seine Schulter und lief mit seiner Familie den anderen Eingeborenen hinterher. Alle schrien und rannten und stolperten immer weiter vorwärts, bis sie sich endlich sicher fühlten.

Nach ihrer Rückkehr bot sich ihnen ein trauriger Anblick: Alles war kahl gefressen. Holzmöbel, Essensvorräte, angebundene Haustiere, die nicht mehr fliehen konnten – nichts war verschont worden." „Mit hängenden Schultern ging ich in den Hühnerstall und erwartete das Schlimmste", flüsterte mein Vater. „Und wirklich, meine braune Lieblingshenne lag tot am Boden, alles abgefressen bis aufs Skelett. Schon wollte ich mich umdrehen und meiner Mutter ihr Schicksal berichten, als ich kleine Bewegungen unter ihren Flügeln bemerkte. Neugierig lief ich näher, und was sah ich? Fünf kleine gelbe Küken hatten sich unter den Flügeln der Henne verborgen und – welch ein Wunder – überlebt."

Wenn dich Sorgen quälen und du trostlos bist – komm zu Jesus, bei ihm findest du Schutz und Sicherheit. Unter seinen Flügeln darfst du geborgen sein! Er will dich trösten und gibt dir Mut! Er hat sein Leben gegeben, damit du leben kannst!

CR

7.10.

Blind

PSALM 32,8

Ich will dich mit meinen Augen leiten.

Herr Schleiermann steht an einer stark befahrenen Kreuzung. Er ist blind, schon seit seiner Geburt, aber seine Ohren funktionieren besser als manches Auge. Er hört, wie sich ein junger Mann von hinten nähert: „Darf ich Sie über die Straße begleiten?", fragt der gerade so, als wollte er ihm ein Glas Wasser anbieten. „Gerne", kommt die kurze Antwort. Herr Schleiermann hält dem jungen Mann seinen Arm hin. Drüben angekommen bedankt sich Herr Schleiermann, der junge Mann antwortet kurz und freundlich: „Keine Ursache, jeder macht das, was er am besten kann."

Herr Schleiermann trägt eine Armbinde mit schwarzen Punkten. Daran kann jeder erkennen, dass er blind ist. Ja, und natürlich trägt er einen weißen Stock, mit dem er sich vorantastet. Für Herrn Schleiermann „sieht" die Welt völlig anders aus als für mich. Ich kann ja sehen.

Hmm. Tatsächlich? In Gesprächen mit Blinden ist mir aufgefallen, dass Blinde Dinge sehen, die ich trotz funktionierender Augen nicht wahrnehme. Sie konzentrieren sich sehr stark auf die anderen Sinne und bemerken auf diese Weise Details, an denen ich gewissermaßen „vorbei-sehe".

7.10.

Seltsam, meine Augen funktionieren, aber ich „sehe“ etwas nicht. Eigentlich ist das keine große Erkenntnis, denn was genau nehme ich von dieser Welt, von meiner engsten Umgebung, denn überhaupt wahr? Es ist ein winziger Bruchteil. Darüber hinaus gibt es so viel. Und etliches in meinem Leben entscheidet sogar über mein ewiges Schicksal. Sehe ich das? Natürlich, ich persönlich oute mich nicht gerne als jemand, der blind ist und Hilfe braucht. Oft vermittle ich vor Menschen und sogar vor Gott den Eindruck: Ich weiß alles, ich sehe alles. Aber Gott ist da anderer Meinung.

„Mein liebes Kind, ich weiß es und du weißt es: Du bist blind. Aber ich helfe dir gerne. Ich gebe dir Augensalbe und ich werde dich mit meinen Augen leiten. Die sehen absolut alles.“

Wow. Er sieht alles. Ich glaube, es ist das Beste, ich nehme seine Hand und lasse mich führen. Was soll mir dann noch passieren?

KR

Gott hat schon längst eine Lösung

JESAJA 65,24

Und es soll geschehen: Ehe sie rufen, will ich antworten; wenn sie noch reden, will ich hören.

Es war Freitag, um die Mittagszeit. Eine erlebnisreiche, mehrtägige Bergtour lag hinter uns, und wir wollten uns auf den Heimweg machen. Da der Auspuff meines geliebten, aber betagten Autos nicht mehr so recht wollte, wurde er mit Draht und gutem Zureden heimfahrttauglich befestigt, und los ging es. Bis Salzburg kamen wir gut durch.

Nach dem Tanken allerdings hörten wir ein Geräusch in Höhe des Fahrersitzes, als ob etwas über den Boden schrappte. Wir hielten an und alle drei Mädels steckten ihre Köpfe unter das Auto. Da hing – wie wir später erfuhren – ein Teil des Auspuffs herunter.

Ratlos schauten wir uns an. Und jetzt? Wir waren im Ausland, kannten in der Region niemanden, Smartphones gab es noch nicht, und mittlerweile war es bereits später Nachmittag. Das war noch die Zeit, in der Werkstätten um 18 Uhr schlossen. Bevor uns all das überhaupt bewusst werden konnte, kam ein Mann auf uns zu, der hinter uns auf den Firmenparkplatz gefahren war. Wir mussten ziemlich hilflos ausgesehen haben, denn er fragte gleich, ob er uns helfen könne. Ein kurzer Blick seinerseits auf das Auto und er meinte, dass wir so keine großen Distanzen mehr fahren könnten.

Wir erfuhren dann von seiner Notlage: Eigentlich wollte ihn ein Freund dort am Firmenparkplatz abholen und zu einer Werkstatt fahren, wo sein Auto abholbereit war. Da er aber im Stau gestanden hatte, hatten sie sich verpasst. Und nun kam er zeitgleich mit uns an. Wir nahmen ihn kurzerhand mit unserem Wagen zu seiner Werkstatt mit. Das war ihm eine große Hilfe. Netterweise haben die Mechaniker mein Auto sofort repariert, obwohl es bereits Feierabend war.

Als Studentin war ich finanziell eingeschränkt und meinte zu meiner Freundin: „Ach, wenn das nur 10 Euro kosten würde …“ Und tatsächlich: Auch dieses unausgesprochene Gebet erhörte Gott. Die Rechnung betrug exakt 10 Euro. Zufall? Zu viele Zufälle! Ich weiß: Gott sorgt für mich.

AsW

9.10.

Drei Engel mit wichtigen Infos

OFFENBARUNG 14,6.7 HFA

Jetzt sah ich einen Engel hoch am Himmel fliegen. Er hatte die Aufgabe, allen Menschen auf der Erde, allen Stämmen und Völkern, den Menschen aller Sprachen und Nationen eine ewig gültige rettende Botschaft zu verkünden. Laut rief er: „Fürchtet Gott und gebt ihm die Ehre! Denn jetzt wird er Gericht halten. Betet den an, der alles geschaffen hat: den Himmel und die Erde, das Meer und die Wasserquellen."

Im Jahr 1831 war es endlich soweit. Jahrelang hatte sich William Miller vor der Verantwortung gedrückt, aber nun ließ sich sein Gewissen nicht mehr länger beruhigen. Er wagte den Schritt auf die Kanzeln der protestantischen Kirchen Amerikas und verkündete, was er in den prophetischen Büchern der Bibel entdeckt hatte: Dass Jesu Wiederkunft – und damit das Ende der Welt – quasi vor der Tür stand.

Diese Nachricht verbreitete sich wie ein Lauffeuer. Eine große Erweckung durchzog das Land von Osten nach Westen. Auf dem Höhepunkt der

Bewegung glaubten Millionen von Amerikanern, dass die Weltgeschichte 1844 zu Ende ginge. Als das erwartete Ereignis ausblieb und Jesus nicht zurückkehrte, waren diese „Adventisten" bitter enttäuscht. Die „Adventbewegung" war gestorben, die meisten Anhänger hatten ihr den Rücken gekehrt – bis auf ein paar Dutzend Übriggebliebener.

In dieser kritischen Situation bekommt ein junges Mädchen aus der Gruppe plötzlich Botschaften von Gott, die sie den „Adventgläubigen" weitergeben soll. Ein junger Mann startet eine Zeitschrift mit dem Namen „Advent Review and Sabbath Herald", was frei übersetzt „Rückblick auf die Enttäuschung und Verkündigung des Sabbats" bedeutet. Durch ihre gemeinsamen Bemühungen wird die Kirche der „Siebenten-Tags-Adventisten" gegründet, (die unter anderem das Andachtsbuch herausgibt, das du gerade in den Händen hältst).

Das Motto, das Adventisten begeistert, wird mit den obigen Versen in der Offenbarung beschrieben. Es handelt von einem Gott, der eine „rettende Botschaft", ein „ewiges Evangelium" (Luther) zu verkündigen hat. Eine Botschaft, die so wichtig ist, dass sie ausnahmslos allen Stämmen, Völkern, Sprachen und Nationen verkündet wird. Auch wir, die wir arbeiten, studieren oder noch zur Schule gehen, können unsere Mitmenschen aufmerksam machen: Es g i b t einen Gott, der Himmel und Erde, das Meer und die Wasserquellen geschaffen hat. Und er wird jeden Menschen zur Verantwortung ziehen. Er ist ein gerechter Richter. Aber er ist auch liebevoll und möchte nicht, dass Menschen ohne seine vergebende Gnade verloren gehen.

JaW

10.10.

Sonne und Mond

MATTHÄUS 5,16 EB

So soll euer Licht leuchten vor den Menschen, dass sie eure guten Werke sehen und euren Vater, der in den Himmeln ist, preisen.

Ein kühler Oktoberabend. Ich stehe an meinem Dachfenster und schaue in die Dunkelheit. Aber kann man das Dunkelheit nennen? Es ist auch keine Dämmerung, denn die Sonne ist schon lange weg – und doch ist es nicht dunkel.

Die ganze Landschaft ist in das silbrige Licht des Mondes getaucht. Ich sehe ihn an: Er ist nicht rund und voll, auch nicht halb, nein, er hat keine typische „Bilderbuchform“, und doch komme ich, als ich den Mond an jenem Abend betrachte, zum Nachdenken.

Der Mond kann nicht von sich selbst leuchten. Schon Kinder wissen, dass die Sonne dem Mond seinen Schein gibt. Aber hast du schon einmal überlegt, wie seltsam das ist: Wir sehen die Sonne mit ihren Strahlen nicht, und doch sehen wir ihr Licht, das der Mond reflektiert? Erst dadurch wird er sichtbar.

So ähnlich ist es auch mit Gott und seinen Kindern hier auf der Erde: Wir dürfen mit Gott eine Beziehung pflegen und dadurch in direkter Verbindung mit ihm sein. Diese Verbindung zu Gott, der sich selbst als Licht bezeichnet, verändert uns. Wir selbst beginnen zu leuchten.

Wir geben weiter, was wir von Gott bekommen und werden dabei der Welt um uns herum zum Segen.

Der obige Text sagt, dass es unsere Aufgabe ist, zu leuchten! Doch er sagt noch mehr.

Die Menschen sollen unseren Vater preisen, wenn sie unsere guten Werke sehen!

Kann man diesen Text vielleicht mit dem Licht von Sonne und Mond vergleichen?

Wenn die Menschen unsere guten Werke sehen, dann sollen sie darin den sehen, den wir reflektieren – den, durch den es überhaupt möglich ist, anderen zum Segen zu sein.

Ich wünsche mir, dass du und ich heute ein solcher Mond sind, der, von der wahren Sonne, unserem himmlischen Vater, bestrahlt wird und ganz hell scheint, ein Licht in der Dunkelheit dieser Welt!

AF

11.10.

Ich bin wertvoll!

JESAJA 61,10 EB

Freuen, ja freuen will ich mich in dem HERRN! Jubeln soll meine Seele in meinem Gott! Denn er hat mich bekleidet mit Kleidern des Heils, den Mantel der Gerechtigkeit mir umgetan, wie der Bräutigam sich nach Priesterart mit dem Kopfschmuck und wie die Braut sich mit ihrem Geschmeide schmückt.

Meine Nichte ist Goldschmiedin. Gold, Silber, Perlen und Edelsteine sind ihr „Arbeitsmaterial". Dabei sind ihre Hände rau geworden, ihre Fingerkuppen dunkel. Es kostet Schweiß und Arbeit, diese Kleinode in eine Fassung zu bringen, sodass ihre Schönheit richtig zur Geltung kommt.

In Gottes Augen ist jeder Mensch kostbar wie eine Perle. Am Anfang wurde der Mensch zum Ebenbild Gottes geschaffen. Er sollte sein liebevolles Wesen widerspiegeln. Leider sind wir aus der ursprünglichen „Fassung" herausgebrochen und in den Staub gefallen. Die Perle glänzt nicht mehr. Unser Denken und Fühlen reflektiert nicht mehr das Gute, das Schöne und Gerechte. Von Geburt an kreisen wir um uns selbst, hungern nach Liebe, dürsten nach Geltung, und weil wir davon nie genug bekommen, werden wir gierig und neidisch. Wir werden von Ängsten gebeutelt und suchen Halt in materiellen Dingen oder wollen unser Leben und unsere Mitmenschen kontrollieren. In unserem Kampf um unseren Platz stoßen wir andere beiseite.

Doch wenn wir Jesus in unser Leben aufnehmen, hebt er uns aus dem Staub der Sünde. Er reinigt uns und setzt uns wieder in die „Goldfassung“ ein. Wir sind nun Kinder des Königs, Prinzen und Prinzessinnen. Unser Vater ist der allmächtige Herrscher des Universums, der geniale Designer des Alls! Das schenkt uns ein tiefes Gefühl der Geborgenheit, denn unser Vater hat für unsere Adoption den Höchstpreis bezahlt. Gott legt Wert auf uns und wir dürfen es auch.

Und wir sind nicht allein. Wir sind eingefügt in ein Kunstwerk, zwischen andere Juwelen und Perlen und Edelsteine: unsere Schwestern und Brüder. Gott baut seine Gemeinde aus überaus kostbarem Material. Das „neue Jerusalem“, ein Bild für die Gemeinschaft Gottes mit den erlösten Menschen, hat Perlen-Tore, und die Grundsteine seiner Mauern sind Edelsteine. Das ist Gottes Ziel mit jedem von uns, und er wird es garantiert erreichen, wenn wir bereit sind, uns ein wenig schleifen zu lassen. In seinen Händen sind wir gut aufgehoben. Wir können ihn „machen lassen“, denn er ist der Meister.

SR

12.10.

Unglaublich einfach

MATTHÄUS 22,36

Meister, welches ist das höchste Gebot im Gesetz?

In Österreich soll es angeblich etwa 25.000 gesetzliche Vorschriften geben, nimmt man die EU-Gesetze dazu, kommt man auf satte 110.000! Aber wie viele solcher Paragraphen es genau gibt, das weiß nicht einmal unser Justizministerium. Seltsam.

Die Torah, also die fünf Bücher Mose, wirken im Vergleich dazu regelrecht winzig. Dabei befassen sich nicht einmal alle Teile davon mit Gesetzen. Aber dieses vergleichsweise kleine Handbuch reichte aus, damit das Leben im Volk Israel funktionieren konnte, zumindest aus Gottes Sicht. Leider meinen immer wieder schlaue Leute, sie müssten diesen Regelkatalog noch ein wenig aufblasen. Und das (vorläufige) Ende vom Lied sind die heutigen Berge von Gesetzesbüchern, die kein einzelner Mensch mehr beherrschen kann. Für jeden Rechtsbereich gibt es spezialisierte Juristen. Das einfache Volk ist mit dieser Fülle von Paragraphen hoffnungslos überfordert. Deshalb braucht man im Streitfall einen ausgebildeten Rechtsbeistand. Und ob man damit „sein Recht" bekommt, ist noch lange nicht gesagt.

Wie einfach hat Gott damals doch alles organisiert. Es begann im Paradies mit einem einzigen Gebot. Aber weil die Menschen dieses Gebot übertraten, brauchten sie weitere Regeln. Neben den 10 Geboten gab es noch etliche Vorschriften für den Opferdienst und für das tägliche Leben miteinander. Jesus erklärte später, wie diese Gesetze eigentlich zu verstehen wären. Und am Ende brachte er alles zusammen auf den Punkt. Zwei Sätze konnten deutlich und klar beschreiben, auf welches Gesetz Gottes Reich aufbaut: Liebe Gott von ganzem Herzen, mit allem, was du hast. Liebe deinen Nächsten wie dich selbst.

Jesus musste aber offensichtlich auch erklären, was Liebe wirklich ist. Niemand hatte wohl erwartet, dass diese Liebe auch die Unbeliebten und Fremden einschließt. Und das eine große Ziel dieser Liebe ist die Rettung von Menschen. Am Kreuz konnte das jeder sehen.

Fange heute an, diese Liebe zu erforschen und zu erlernen – vom Meister der Liebe.

KR

13.10.

Was hat Demut mit Sorgen zu tun?

1. PETRUS 5,6.7 EB

Demütigt euch nun unter die mächtige Hand Gottes, damit er euch erhöhe zur rechten Zeit, indem ihr alle eure Sorge auf ihn werft! Denn er ist besorgt für euch.

Ich kannte diese Verse aus der Lutherbibel, wo es in Vers 7 heißt: „Alle eure Sorgen werft auf ihn; denn er sorgt für euch." Meistens las ich eben nur diesen Vers, weil er, so dachte ich, ganz gut alleine stehen kann. Als ich in der Elberfelder-Bibel auf die gleiche Textstelle stieß, ging mir aber ein Licht auf: Dort werden die beiden Verse nämlich mit dem Wort „indem" verbunden. („Demütigt euch … indem ihr alle eure Sorge auf ihn werft.")

„Warum dieses Wort?", fragte ich mich, „Heißt das, dass wir uns dadurch demütigen sollen, dass wir alle Sorgen auf Gott werfen? Wie funktioniert das?"

Um das zu verstehen, müssen wir zuerst darüber nachdenken, was es bedeutet, seine Sorgen auf Gott zu werfen: Wenn ich einen Ball werfe, muss ich ihn komplett loslassen. Genauso ist es mit den Sorgen. Doch was hat das mit „demütigen“ zu tun?

Stolz ist ja das Gegenteil von Demut. Wird ein stolzer Mensch seine Sorgen, alle seine Zukunftsfragen und Wünsche an Gott abgeben? Wird er sein Schicksal ganz in Gottes Hände legen? – Wenn er das tut, fängt er an, sich unter Gottes mächtige Hand zu demütigen. Diese zwei Dinge haben also wirklich etwas miteinander zu tun.

Leider ist Demut heutzutage eine vergessene, vielleicht sogar belächelte Charaktereigenschaft. Aber wir sollten eins bedenken: Stolz war die Sünde, die Satan zu Fall brachte! Da frage ich mich, ob Demut wirklich so unwichtig ist, wie sie oft dargestellt wird!

Gott verspricht den Demütigen außerdem: „Wer sich selbst erniedrigen wird, wird erhöht werden.“ (Matthäus 23,12b EB)

Wenn du also Gott dein Leben anvertraust und IHM demütig die Führung überlässt, wird er dich nicht enttäuschen! Er sorgt für dich!

AF

14.10.

Prüfung des Herzens

1. CHRONIK 29,17A EB

Ich habe erkannt, mein Gott, dass du das Herz prüfst, und an Aufrichtigkeit hast du Gefallen.

Ich brauchte ein Sprachzertifikat auf einem bestimmten Niveau, damit ich das Modul Englisch in meinem Studium besuchen durfte. Leider fehlten mir bei der aufwändigen Prüfung genau drei Punkte, was mich total frustrierte. Schließlich war die Prüfungsgebühr sehr hoch gewesen, die Vorbereitung intensiv, und der Prüfungsort weit entfernt. Außerdem konnte ich nur schwer einen Termin finden, der nicht auf einen Sabbat fiel. Doch es blieb mir nichts anderes übrig, als einen zweiten Anlauf zu starten.

Diesmal wurde die Prüfung online am Computer durchgeführt, und ich war allein in einem Raum. Während der ersten Aufgaben fand ich heraus, dass es in diesem Test um ein einziges spezifisches Themengebiet ging – und in diesem Thema kannte ich mich auf Englisch überhaupt nicht gut aus. Dann kam mir der Gedanke, dass ich ja einige Wörter im Internet übersetzen lassen könnte. Nur einige Wörter, um die Aufgaben besser zu verstehen. Das wäre bestimmt nicht so schlimm … Schließlich war ich unbeobachtet, niemand würde es merken.

Aber ich wusste auch, dass ich mit dem Zertifikat eine Selbstständigkeitserklärung beilegen musste. In dieser sollte ich bestätigen, dass ich während der Prüfung keine unerlaubten Hilfsmittel gebraucht hatte. Würde ich jetzt schummeln, wäre meine Selbstständigkeitserklärung alles andere als ehrlich. Aber würde Gott in meiner verzweifelten Lage nicht auch ein Auge zudrücken? Ich war hin und hergerissen. Die Versuchung war da, aber schlussendlich siegte die Ehrlichkeit.

Okay, Gott, betete ich in Gedanken, ich werde nicht schummeln. Aber dann musst du unbedingt dafür sorgen, dass ich diese schwierige Prüfung bestehe! Und entgegen aller Befürchtungen, die durchaus begründet waren, wurde mein Gebet erhört.

Später erinnerte ich mich an den genannten Bibelvers, in dem David am Ende seiner Regierungszeit auf sein Leben zurückschaute. Dankbar erinnerte er sich an Gottes Führung und hielt die wichtigsten Lehren aus seinen Erfahrungen fest. David wusste, dass Aufrichtigkeit bei Gott zählt. Auch wenn es andere Menschen vielleicht nicht kümmert oder wir nicht dafür belohnt werden, legt Gott Wert auf Ehrlichkeit. Und diese Ehrlichkeit beginnt gerade in solchen scheinbar belanglosen Situationen.

Was kommt dabei heraus, wenn du dein Herz heute von Gott prüfen lässt?

AD

15.10.

Anruf genügt

PSALM 50,15

Rufe mich an in der Not, ich will dich erhören, und du sollst mich preisen.

Ich saß im Wartezimmer meines Hausarztes. Die Leute schwiegen und sahen aneinander vorbei. Plötzlich begann ein Mann zu weinen. Er konnte sich kaum beruhigen. Ich fragte: „Was ist los?“

Er schluchzte: „Meine Mutter liegt im Koma. Ich habe Angst, dass sie stirbt!“

„Was ist passiert?“, erkundigte ich mich.

„Vor fünf Tagen ist sie schwer gestürzt und hat sich böse am Kopf verletzt. Seither ist sie nicht ansprechbar.“

„Oh! Das ist schlimm! Darf ich für Ihre Mutter beten?“

Die anderen Patienten starrten mich entgeistert an. Ich schluckte, weil mir gerade klar wurde, dass ich mit diesem verzweifelten Mann nicht alleine war. Vielleicht störte sich jemand an einem öffentlichen Gebet? Beten gehört bei vielen Menschen in die Intimsphäre, also fragte ich die anderen Patienten: „Sind Sie damit einverstanden?“ Die Leute guckten verlegen, dann nickten sie.

Ich betete kurz für diese verletzte Mutter. Der Mann schluchzte inzwischen nicht mehr. Er hob den Kopf und murmelte: „Seltsam, was gerade mit mir geschehen ist. Auf einmal kann ich wieder richtig atmen... Es ist mir leichter … Dabei habe ich bisher nicht an Gott geglaubt. Ich habe auch noch nie gebetet."

Er wurde ins Sprechzimmer gerufen und stand auf. An der Tür drehte er sich noch einmal um und sagte so laut, dass es alle hören konnten: „Ich glaube, ich bin heute bekehrt worden. Es muss diesen Gott geben, denn ich habe ihn erlebt." Ich steckte ihm rasch noch eine Karte mit meiner Telefonnummer zu.

Am Abend rief er mich an. „In dem Moment, als Sie für meine Mutter gebetet haben, ist sie aus dem Koma erwacht. Es geht ihr gut. Sie ist schon wieder aus der Klinik entlassen worden."

Ich staunte über diese Erhörung, ich hatte doch nur gebetet: „Mein Gott, es gibt eine ONLINE-Verbindung zwischen dir und allen Menschen. Auch zu dieser Mutter, die im Koma liegt. Bitte lass sie spüren, dass wir jetzt für sie beten und halte deine Hand über sie. Danke, dass du unser Gebet erhört hast."

Gott hört jedes Gebet, und er antwortet, wie er es für richtig hält. In diesem Fall sind mehrere Menschen dadurch gesegnet worden und es ist noch nicht abzusehen, was daraus wird.

Der telefonische und persönliche Kontakt zu Herrn G. besteht und wird weiter gepflegt.

WR

16.10.

Schneller als ...

PSALM 139,5 SLT

Von allen Seiten umgibst du mich und hältst deine Hand über mir.

Mit rasender Geschwindigkeit nähert sich der Rettungswagen der Unfallstelle. Die Sanitäter sind auf alles gefasst und bereit für den Kampf ums Überleben. Sie springen geradezu aus dem Wagen und rasen hinüber zum Unfallopfer. Aber vergeblich. Zu spät. Auch die Feuerwehr kommt oft zu spät, der Brand ist in vollem Gang und hat bereits das wertvolle Gut zerstört. Und wenn die Polizei kommt, sind die Verbrecher oft schon über alle Berge.

Es dauert eben, bis jemand einen Notfall bemerkt, bis die ersten lebensnotwendigen Maßnahmen getroffen sind, ein Telefonat geführt und die Einsatzkräfte auf den Weg geschickt werden. Und dann die Fahrt. Obwohl sich diese hingebungsvollen Menschen immer sehr bemühen, kommen sie häufig einfach zu spät.

In den letzten Jahren hat man daher ein Notfallsystem für Autos entwickelt: Sobald das Fahrzeug in einen Unfall verwickelt ist, sendet es vollautomatisch eine Hilfe-SMS. Das kennen wir auch von Brandmeldezentralen, die direkt mit der Feuerwehr verbunden sind oder Alarmanlagen, die die Polizei verständigen. Aber auch diese genialen Erfindungen können den Faktor Zeit nicht ausschalten.

Wie schnell ist eigentlich Gott? Seine Engel? Lichtgeschwindigkeit oder noch schneller?

Die Bibel gibt dazu keine genauen Angaben, ABER: Sie sagt, dass Gott nicht den Dingen hinterher rennt oder vorauseilt, sodass man ihn erst „informieren" und „aktivieren" müsste. David stellt fest: Ob ich liege, sitze, stehe oder gehe, Gott weiß es bereits, er kennt meine Gedanken, meine Pläne, er ist immer und überall um mich herum. Es gibt keinen Ort, an dem Gott mich nicht sieht, selbst wenn es noch so finster ist. Das begreife ich einfach nicht. (Nach Psalm 139,1-12)

Bist du in Not und fragst dich, wo Gott denn endlich bleibt? Sei ganz beruhigt, er IST bereits da, weil er keine Nanosekunde von deiner Seite weicht. Ein einfaches und vertrauensvolles „Bitte, hilf mir!" reicht bereits, um ihm die notwendige Einsatz-Genehmigung zu erteilen. Er ist auf ALLES vorbereitet. Er steht immer und überall in den Startlöchern.

KR

17.10.

Unheilvolle Einladung

JAKOBUS 1,5

Wenn es aber jemanden unter euch an Weisheit mangelt, so bitte er Gott, der jedermann gern gibt und niemanden schilt; so wird sie ihm gegeben werden.

Es war im Herbst 1941. Der Leiter, die Schriftführerin und die Schatzmeisterin der Adventgemeinde Halle/Saale im Osten Deutschlands wurden zu einem „Rendezvous" eingeladen. Die Einladung für dieses „Date" wurde von der GESTAPO ausgesprochen. Als GESTAPO („geheime Staatspolizei") wurde die politische Polizei zur Zeit des Nationalsozialismus bezeichnet. Diese hatte vor allem die Aufgabe, den nationalsozialistischen Staat vor „Feinden" zu schützen, indem sie die Bevölkerung kontrollierte und bespitzelte, verdächtige Menschen verhaftete, folterte, tötete oder in ein Konzentrationslager schickte.

Die Gründe für die Vorladung lagen von Seiten der GESTAPO auf der Hand. Ein Informant hatte verraten, dass die Gemeindeglieder Zehnten und Gaben an die Gemeindeleitung zahlten. Dieser Geldfluss war den Behörden bisher unbekannt gewesen. Die GESTAPO wollte daher genaue Informationen über die finanziellen Verhältnisse der Gemeinde bekommen.

Die Schatzmeisterin hatte aus Sicht der GESTAPO ein weiteres „Problem“: Sie arbeitete in einem „kriegswichtigen“ Betrieb, war aber bisher an keinem Sabbat dort zur Arbeit erschienen! Auch das war an die Behörden gemeldet worden. Eine brenzlige Situation für alle Beteiligten! Und wie man sich vorstellen kann, hatten die Drei große Angst vor dieser Vorladung!

Was hättest du an ihrer Stelle gedacht? „Ich habe mich in der Gemeinde engagiert. Ich opfere meine Freizeit für Gott – und das ist der Dank?“ Oder: „Hoffentlich fällt mir eine gute Ausrede ein!“ Oder: „Am liebsten wäre ich morgen krank, dann müsste ich nicht hingehen!“ Kann man verstehen, nicht wahr?

Doch die Drei gaben solchen bitteren Gedanken keinen Raum. Sie überlegten sich auch keine Ausflüchte. Stattdessen knieten sie nieder und flehten die ganze Nacht zu Gott, dass er ihnen Weisheit schenken und aus dieser gefährlichen Lage heraushelfen sollte. Das ist besser als nutzloses Grübeln oder Bitterkeit! Gott hat versprochen, dass er uns Weisheit gibt, wenn wir ihn darum bitten, und der darauffolgende Vers 6 ermutigt uns, daran nicht zu zweifeln!

MiK

18.10.

Unter Druck

PSALM 118,6

Der HERR ist mit mir, darum fürchte ich mich nicht; was können mir Menschen tun?

Dann kam das Verhör. Zuerst wurden der Gemeindeleiter und die Schriftführerin in die Mangel genommen. Danach führte man die Schatzmeisterin Lucie vor den Gestapobeamten. Er ließ sie zuerst einmal aus dem Fenster schauen. Unten sah sie mehrere Frauen, die in Gefangenenkleidung den Hof fegten. Es waren Insassinnen des benachbarten Konzentrationslagers Buchenwald.

„Möchten Sie auch dort unten sein und mit den anderen Frauen den Hof fegen?", fragte er. Lucie war 22, und nun drohte er ihr mit dem KZ! Aber er hatte noch andere Methoden auf Lager, um sie weich zu machen. Er kündete an, ihren Verlobten an die sowjetische Kriegsfront zu schicken. Diese Versetzung war praktisch ein Todesurteil. Doch Lucie gab tapfer zurück:„Erstens sind wir noch nicht verheiratet, zweitens ist er noch nicht getauft!" Nun versuchte es der Beamte mit Schmeichelei. „Ach, wir können das doch alles am Abend bei einem Glas Wein bereden. Sie sind doch so ein hübsches Mädchen!" Doch die Antwort kam wie aus der Pistole geschossen: „Nein! Ein deutsches Mädchen ist treu, das hat der Führer gesagt!" Der Beamte wurde zornig: „Raus!", schrie er erbost.

Daraufhin verbot die GESTAPO die Gottesdienste der Adventgemeinde Halle. Die Gemeinde blieb geschlossen. Und Lucie erhielt den ausdrücklichen Befehl, am Sabbat zur Arbeit zu erscheinen. Ihre Anwesenheit im Betrieb würde überprüft! Doch Gott hatte schon längst vorausgeplant. Lucie – meine Oma – ging am kommenden Sabbat zwar in den Betrieb, doch ihr Chef kannte die Adventisten gut und schätzte sie sehr! Auch Lucie mochte er. So ordnete er an, dass sie an ihrem Arbeitsplatz ihre Bibel und das Sabbatschulheft studieren durfte, statt zu arbeiten. Der Gestapo-Beamte kam und schaute nach, ob sie auch wirklich erschienen war. Als er verschwunden war, wurde Lucie vom Chef nach Hause geschickt. Sie brauchte am Sabbat nicht mehr im Betrieb aufzutauchen.

Im Mai 1942 wurde die Gemeinde zur Freude aller Gemeindeglieder noch einmal für einen Gottesdienst geöffnet: Für die Taufe meines Großvaters und die Hochzeit meiner Großeltern! Darüber freute sich auch der Gemeindeleiter sehr – das war mein Urgroßvater!

Als Oma noch lebte, habe ich mir diese Geschichte sehr oft erzählen lassen. Sie hat mir oft Mut gemacht, auch in schwierigen Situationen meines Lebens Entscheidungen zu treffen, die nach dem Willen Gottes waren. Gott half mir, und er führt auch dich!

MiK

19.10.

Verrückt, sinnlos, katastrophal

JESAJA 43,11

Ich, ich bin der HERR, und außer mir ist kein Heiland.

Es ist schon eine Weile her. Da oben, auf dem Berg, kein DJ, keine Soundanlage, aber dennoch „ging so richtig die Post ab". Party time? Wer nicht wusste, was da geschah, konnte sicherlich so etwas denken. Es sah aus wie Tanzen, und es ging recht laut zu. Und dann eskalierte die Situation: Diese hüpfenden und schreienden „Partyfreaks" fingen an, sich zu ritzen, so heftig, dass man das Blut fließen sah. Es waren Hunderte und sie mussten wohl „verrückt" sein.

Aber wieso das alles? In 1. Könige 18 lesen wir von einem seltsamen Wettbewerb. Ja, heute würde man es wahrscheinlich als eine Wette bezeichnen. Elia „wettete" mit den Priestern des Gottes Baal, dass ihr Gott eine „echte Nullnummer" sei. Und sie ließen sich auf die Wette ein! Das war offensichtlich völlig sinnlos, (weil es nach Elias Überzeugung gar keine anderen Götter gab) und endete in einer Katastrophe, denn der Wetteinsatz war in der Tat ihr eigenes Leben!

Ja, das war verrückt. Sie hatten einen virtuellen, scheinbaren Gott an die Stelle des lebendigen Gottes gestellt und Jahwe damit von seiner souveränen Position ver-rückt, wie man ein Möbelstück an einen anderen Platz stellt. Die Folgen waren fatal und man mag sich fragen: Warum um alles in der Welt tun Menschen so etwas?

Wie ist das heute? Vielleicht sind wir versucht zu denken, das sei Geschichte, Götzendienst ist längst gestorben, heute sind wir modern und brauchen diese lächerlichen Götter nicht mehr.

Kann es sein, dass ich meine ganze Hoffnung (oder vielleicht auch nur einen Teil) auf mein tolles Auto setze? … mein Aussehen, meine Designerklamotten, mein Geld, meine einzigartigen Fähigkeiten, die alle bewundern, mein „cooles" Verhalten und Reden, oder meinen Partner, meinen Star unter den Sängern, Schauspielern, Tänzern, Sportlern, mein Amulett, die Sterne oder die vermeintlich alles wissende Wissenschaft?

Das wäre fatal, tödlich, katastrophal. Gott warnt uns nicht umsonst mit liebevollem Unterton: Du sollst keine anderen Götter neben mir haben. (2. Mose 20,3) Denn das sind keine lebendigen Götter, allmächtig, allwissend, allgegenwärtig, gut und barmherzig. Sie können nicht wirklich helfen und v. a. mein Grundproblem nicht lösen: meine tödliche Krankheit, genannt Sünde.

Aber Jahwe kann das. Er ist der lebendige Gott, der Retter, der Arzt, der Heiland. Ihm will ich folgen, und er soll in meinem Leben der Einzige sein, der diese höchste Position ausfüllt.

KR

Ihre Identitätskarte, bitte!

PSALM 135,15-17 NEÜ

Die Götzen der Völker sind ja nur Silber und Gold, Werke von Menschen gemacht. Sie haben Münder, die nicht reden, Augen, die nicht sehen, und Ohren, die nicht hören. Kein Atem ist in ihrem Mund.

Klaus Mertens hat ein ganz besonderes Zimmer. Wände und Zimmerdecke sind lückenlos beklebt mit Bildern und Texten seines Stars. Dazu kommen Kleidungsstücke, CDs und andere Gegenstände, die alle mit diesem Idol zu tun haben. Jedes Konzert macht aus ihm einen Träumenden: Er redet und bewegt sich wie sein Vorbild, und es gibt kaum ein anderes Thema, über das er sprechen kann.

Wer ist Klaus Mertens? Die ID-Karte zeigt zwar sein Foto und listet einige Daten, aber sie sagt nichts über seine Persönlichkeit. Da steht nichts von seiner persönlichen Gangart, seiner Stimme, seiner Art zu reden, zu weinen und zu lachen, seinen Bewegungen, seinen Reaktionen, seinem Mienenspiel und seinen Überzeugungen.

Manche sind allerdings nicht mit diesen Merkmalen zufrieden, sie wollen so sein wie ein anderer. Dabei übersehen sie eine wichtige Tatsache: Niemand kann jemals total so sein wie ein anderer, jeder ist ein Einzelstück. Nicht einmal Zwillinge sind wirklich gleich. Und Einzelstücke sind gerade bei Auktionen immer heiß begehrt und werden teuer bezahlt!

Gott, der jeden von uns als Einzelstück geschaffen hat, möchte gerne, dass dieses einmalige Schöpfungswunder zu seiner vollen Entfaltung kommt. Daher warnt er uns davor, anderen „Göttern" nachzulaufen, uns Bilder zu machen und sie zu verehren. Denn was wir intensiv betrachten und verehren, wird uns verändern. Wer aber Gott betrachtet und verehrt, muss sich keine Sorgen machen, er ist in guten Händen. Er entfaltet jene positiven Eigenschaften, die Gott für ihn geplant hat. Wer andere Dinge zum Zentrum seines Lebens macht, der entwickelt sich höchstens zu einer billigen Kopie und verliert an Wert. Dadurch entfernt er sich immer mehr von dem wunderbar geplanten Design Gottes, von seiner unvergleichlichen Einzigartigkeit.

Finde doch gemeinsam mit Gott heraus, wer du wirklich bist und mit welchen „Features" du ausgestattet wurdest. Das ist der Weg, auf dem du zufrieden, glücklich und sinnerfüllt gehen kannst. Und das steckt auch andere positiv an.

KR

21.10.

Das Leid der Blondinen

2. MOSE 20,7

Du sollst den Namen des HERRN, deines Gottes, nicht missbrauchen.

Wahrscheinlich gibt es in jedem Land auf diesem Planeten Witze über bestimmte Bevölkerungsgruppen: Ostfriesen, Burgenländer, Blondinen, Frauen, Beamte, Pfarrer usw. Deren (angebliche) Merkmale werden in zahlreichen Witzen verrissen. Als Betroffener braucht man schon eine recht dicke Haut und eine ordentliche Portion Selbstironie, um das zu ertragen. Bei Shows und im Fernsehen treten Comedy-Profis auf, die Politiker, Sportler, Rentner und alle möglichen Personen im wahrsten Sinne des Wortes durch den Dreck ziehen – und am Ende sogar Gott, Kirche und Religion. Freilich, es gibt zahlreiche harmlose, humorvolle Geschichten, aber das sind selten solche, über die eine große Zuhörerschaft lacht. Je derber und böser ein Witz ist, desto mehr scheinen sie sich darüber zu amüsieren.

Ich weiß nicht, wie es dir ganz tief drinnen ergeht, wenn man über dich Witze macht. Aber ich gewinne mehr und mehr den Eindruck, dass vieles nicht wirklich lustig ist – vor allem nicht für die Betroffenen. Aber vielleicht hat man ja gelernt, dass man „nicht so empfindlich" sein darf und Verletzungen durch „witzige“ Worte einfach schlucken muss. Wer will schon ein Spaßverderber sein?

Wo ist aber die Grenze zwischen Humor und Respektlosigkeit? Wie nahe stehen sich Witz und Frevel?

Gott ist heilig und alle, die zu ihm gehören, werden Heilige genannt. Das ist sehr bedeutungsvoll. Paulus fordert uns auf, der Heiligung nachzujagen – weil ohne Heiligung niemand jemals Gott sehen wird. Mir ist es wichtig, dass wir uns nicht über Gott und seine Schöpfung lustig machen, ganz einfach weil Gott erstens mein bester Freund ist, und weil er obendrein ein verzehrendes Feuer ist. Es freut nur unseren Feind, wenn wir in den Spottchor über Gott einstimmen. Aber auch ihm wird eines Tages das Lachen vergehen, während das Herz der Erlösten „voll Lachens” sein wird, und zwar in der reinsten Form, weil sie sich über ihre Erlösung unglaublich freuen! (Psalm 126,2)

Wie viel besser ist es doch, wenn wir einander ermutigen, trösten, respektieren und achten, Gutes übereinander reden, echtes Lob aussprechen und Gott und unseren Mitmenschen jene Ehre geben, die jedem gebührt – denn auch die „Würde des Menschen ist unantastbar“.

KR

22.10.

Der größte Feind der Menschheit

JESAJA 49,15 NEÜ

Kann eine Frau denn ihren Säugling vergessen, eine Mutter ihren leiblichen Sohn? Und selbst wenn sie ihn vergessen könnte, ich vergesse euch nie!

1989 gab es in Armenien ein Erdbeben, das vier Minuten andauerte und bei dem 30.000 Menschen ums Leben kamen. Auch eine Grundschule wurde dabei zerstört. Unter den Trümmern befand sich ein Junge, der mit einigen anderen Schülern überlebt hatte. Er ermutigte seine Freunde immer wieder mit den Worten: „Mein Vater hat versprochen, dass er immer für mich da sein wird. Er wird uns hier herausholen."

Und tatsächlich, nach 38 Stunden harter Arbeit hatte der Vater den Weg zu seinem Jungen freigemacht. Auch der Vater hatte sich an sein Versprechen erinnert und unermüdlich nach seinem Sohn gegraben.

Unser größter Feind ist das Vergessen. Und zwar das Vergessen all jener Trostworte und Versprechen, die Gott uns schriftlich überlassen hat. Wer diese Worte aus der Bibel ernst nimmt, der kann auch im größten Trümmerhaufen überleben, denn er weiß: „Mein Vater holt mich hier heraus."

Viele Menschen verstehen offensichtlich nicht, dass dieses Versprechen ganz eng mit dem Sabbat verbunden ist. Das Sabbatgebot beginnt mit einem „Gedenke", mit einem „Vergiss nicht!" Der Sabbat erinnert uns jede Woche daran, dass wir Gottes Eigentum sind. ER ist unser Vater, und er hat uns versprochen, immer bei uns zu sein und für uns zu sorgen. Und darüber hinaus hat ER unser größtes Problem, die Sünde, gelöst. Auch daran erinnert uns der Sabbat. „Ich will Dich erretten, so wie ich Israel aus Ägypten errettet habe." (Nach 5. Mose 5,15)

Glücklich sind all jene, die sich jede Woche daran erinnern, dass man sich bei Gott ausruhen kann, weil er als Schöpfer alles in der Hand hält, für uns sorgt und uns mit dem Sabbat auch einen „Trainingstag" für die neue Erde zur Verfügung stellt. Ich jedenfalls finde es sehr spannend, in aller Ruhe über die Wunder Gottes nachzudenken. Dabei freue ich mich auf eine noch bessere Zukunft mit Gott– und die dauert eine ganze Ewigkeit lang!

KR

23.10.

Lass meine Eltern aus dem Spiel!

5. MOSE 5,16 SLT

Du sollst deinen Vater und deine Mutter ehren, wie es dir der Herr, dein Gott, geboten hat, damit du lange lebst und es dir gut geht in dem Land, das der Herr, dein Gott, dir gibt!

Frank hörte, wie einer seiner Klassenkameraden etwas über Franks Eltern erzählte und dann zum Abschluss mit abwertendem Unterton zischte: „Die beiden sind total verrückt". Der Redende grinste, seine Zuhörer auch, nur einer nicht: Frank! Er schob die anderen zur Seite, und mit glühenden Augen und geballten Fäusten brüllte er: „Lass meine Eltern aus dem Spiel, oder du bekommst meine Fäuste zu spüren!" Frank war an diesem Nachmittag zu allem bereit, auch wenn sein zierlicher Körper nicht gerade furchteinflößend wirkte. Dennoch vermittelte er dem Lästermaul eine klare Botschaft: Du hast die Grenze überschritten, keinen Schritt weiter!

23.10.

In den ersten Jahren sind wir von unseren Eltern abhängig. Sie sind für uns da. Nahrung, Wohnung, Kleidung, Wärme, Erziehung, Geborgenheit, Liebe, Kommunikation und vieles andere mehr. Sie versorgen uns jahrelang unter Einsatz all ihrer Kräfte und oft unter Verzicht auf manches, was sie sich sonst gewünscht hätten. Oft verstehen wir ihren Weitblick und ihre Erfahrungen nicht und beschweren uns über ihre Verbote und Reaktionen. Viele junge Leute verachten ihre Eltern, gehorchen ihnen nicht, machen sie sogar lächerlich oder laufen davon. Sie streben nach Freiheit. Sie denken nicht daran, dass auch sie einmal Eltern werden könnten, die sich danach sehnen, dass ihre Kinder sie lieben und achten.

Frank liebte seine Eltern sehr. Er half ihnen, wo er konnte. Er verbrachte Stunden im Gespräch mit ihnen, oft bis spät in die Nacht. Und das blieb so, viele Jahre lang. Frank war stolz auf seine Eltern und sorgte auch dafür, dass seine Kinder viel Zeit mit den Großeltern verbrachten. Und als seine Eltern eines Tages nicht mehr für sich selber sorgen konnten, übernahm Frank mit seiner Familie diese Fürsorge. Obwohl sie dabei auf so manches verzichten mussten, waren sie eine glückliche Familie.

Als Frank eines Tages seinem verstorbenen Vater die Augen zustreichelte, flüsterte er: „Danke, Papa. Ich liebe Dich. Bis bald!“

KR

24.10.

Gottes Lebensretterclub

JOHANNES 10,10 SLT

Ich bin gekommen, damit sie das Leben haben und es im Überfluss haben.

Das ist kein Witz, keine lustige Geschichte, keine Komödie oder Vergnügungsveranstaltung. Darüber denkt man nicht so gerne nach und spricht nicht darüber. Wir sehen es nicht gern, und oft spielen die Leute es herunter oder leugnen es sogar. Die Rede ist von Lebensdiebstahl, auch Mord genannt. Wir kommen in der Bibel nicht einmal über die ersten Seiten hinaus, ohne von Mord zu lesen. Mord zieht sich durch die ganze Bibel hindurch bis zu den letzten Seiten. Die Geschichte der Menschheit wurde mit Blut geschrieben. Darüber zu schweigen, macht keinen Sinn.

Der Tod war nie der Plan Gottes, schon gar nicht der gewaltsame! Gott hat eine perfekte Welt mit perfekten LEBEwesen erschaffen, die dazu bestimmt sind, zu LEBEN! Ihre LEBENsqualität war ausgezeichnet, und niemand nahm einem anderen dieses LEBEN. Wozu auch? Warum sollte man jemandem etwas nehmen, das man ohnehin selbst in Fülle besitzt?

Mord hat immer mit Neid, Lüge, Betrug und im Grunde mit einem gestörten Selbstwert zu tun. Der Mörder meint, er würde durch seine Tat (oder seine Worte) seine Situation verbessern. Dabei tötet er zweifach: den anderen UND sich selbst, was er aber oft nicht begreift.

Gottes Ziel ist, LEBEN zu erschaffen und zu erhalten. Ich kann mich auf viele Arten an diesem LEBENsrettungsprojekt beteiligen. Gott fordert mich dazu auf, andere zu heilen, zu verbinden, zu verarzten, anderen zu essen und zu trinken zu geben, und etwas anzuziehen, oder ihnen einen warmen Schlafplatz zu gewähren. Darüber hinaus sind es aber auch Worte, die ermutigen, aufbauen, trösten, stärken, motivieren und mit Hoffnung erfüllen. Es gibt viel zu tun, wenn ich LEBEN erhalten und retten will. Gott tut genau das auch mit mir, jeden Tag! Es ist spannend, interessant und erfüllend, Mitglied in Gottes LEBENsretterclub zu werden. Du bist herzlich eingeladen! Gott wird dich segnen!

KR

Eins plus eins ist eins

1. MOSE 2,24 SLT

Darum wird ein Mann seinen Vater und seine Mutter verlassen und seiner Frau anhängen, und sie werden ein Fleisch sein.

Mit atemberaubender Geschwindigkeit wird die winzige Samenzelle wie eine Rakete auf die Reise geschickt. Mit ungeteiltem Herzen kämpft sie sich voran und erreicht endlich eine Eizelle! Die beiden verschmelzen sofort zu einem einzigen Lebewesen, aus zwei wird eins. Dann beginnt ein sagenhaftes Wachstum: Aus der einen Zelle werden explosionsartig Tausende und Millionen, und nach wenigen Monaten verlässt ein kleiner Mensch die Geborgenheit des Mutterleibes. Und irgendwo auf der Welt geschieht genau das Gleiche mit einem anderen Menschen, nach Jahren begegnen sich die beiden, sie verlieben sich, verloben sich, heiraten und werden „ein Fleisch".

Gott beschreibt mit dem obigen Vers etwas, das sehr tief ist und große Tragweite hat. Zwei Menschen gehen eine Verbindung ein, die nie wieder getrennt werden soll. Sie wachsen quasi zusammen, wie damals Ei und

Samenzelle miteinander verschmolzen sind. Manchmal sprechen wir dann von „unzertrennlichen" Freunden.

Ist es möglich, einen Menschen so auseinander zu schneiden, dass die beiden Teile getrennt voneinander lebensfähig sind? Mit Sicherheit nicht! Und wenn es auch scheint, als würden liebende Menschen eine Trennung vom Partner schon irgendwie überleben, gewinne ich den Eindruck, dass Gott uns genau das vermitteln möchte, wenn er von „einem Fleisch" spricht. Eine solche Trennung funktioniert nicht schmerzlos. Sie ist mit tiefen Wunden und einem zerbrochenen Herzen verbunden. Und die Kinder leiden dabei am meisten, weil sie sehr stark mit beiden Eltern „verwachsen" sind.

Gott weiß, welches Leid ein Ehebruch mit sich bringt, daher ermutigt er uns, einander treu zu bleiben – so wie er uns treu bleibt, selbst dann, wenn wir manchmal diese Beziehung schwer belasten. Er möchte, dass wir keinen einzigen Gedanken mit der Überlegung verschwenden: „Ich könnte vielleicht mit einem anderen Partner glücklicher sein." Nur wenn der Partner die Treue bricht oder seelische und körperliche Gewalt anwendet, ist eine Trennung denkbar. Aber auch dann hinterlässt sie tiefe Narben.

Gott kennt unsere Kämpfe um die Treue, er weiß, wie stark die Versuchung sein kann. Deshalb bietet er auch seine Hilfe an: „Rufe mich an in der Not, so will ich dich erretten, und du sollst mich preisen." (Psalm 50,15). Gott kann aus zwei Teilen eins machen und sie fest verbinden. Das ist ein echtes Wunder. Möchtest du das auch erleben?

KR

26.10.

Schwergewicht auf den Schultern

SPRÜCHE 25,21.22 SLT

Hat dein Feind Hunger, so speise ihn mit Brot; hat er Durst, so gib ihm Wasser zu trinken! Denn damit sammelst du feurige Kohlen auf sein Haupt, und der Herr wird es dir vergelten.

Ich kann mich noch dunkel daran erinnern, wie ich eines Tages als Grundschüler einen Laden betrat, in dem es Schreibwaren zu kaufen gab. Ich sollte dort eine Mutprobe bestehen. Jawohl, ich schaffte es tatsächlich, einen Radiergummi zu stehlen, ohne dass ich dabei erwischt wurde. Dabei schlug mein Herz so schnell, als liefe ich einen Marathonlauf.

Doch dann lag dieser Stein auf meinem Herzen. Die Last war schwer, die auf meinen Schultern unruhig hin und her pendelte. Etwas später ging ich reumütig in das Geschäft, gab den Radiergummi zurück und entschuldigte mich.

26.10.

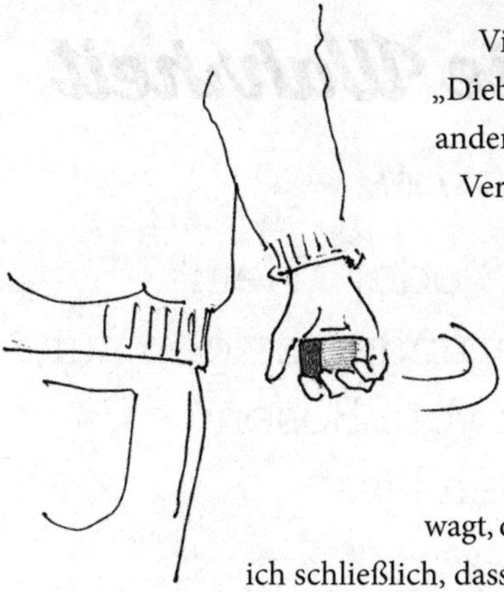

Viele würden sich nie und nimmer als „Dieb" bezeichnen. Und doch stehlen sie anderen an jedem Tag Zeit, Geld, Waren, Vertrauen, Würde und vieles mehr. Meist werden sie dafür nicht einmal vor Gericht zitiert, vielleicht weil es niemand mitbekommen hat, oder weil das allgemein üblich ist und daher als „Kavaliersdelikt" angesehen wird, oder ganz einfach weil es niemand wagt, dieses Problem anzusprechen. Wer bin ich schließlich, dass ich den anderen verurteile?

Klauen, das kann zur Gewohnheit werden. Ich verliere Schritt für Schritt das Gefühl für meine Verantwortung, für mich selbst und andere, das Gefühl für Respekt und Achtung. Gott ist anders. Er beschenkt grenzenlos, sogar Menschen, die wir oft nicht beschenken würden. Geben oder Schenken hat oft eine ganz besondere Wirkung. Je größer, unerwarteter, unangemessener das Geschenk oder die Gabe ist, desto mehr fragen sich die Empfänger: Wieso macht er/sie das eigentlich? Ich hätte doch etwas anderes verdient!

Und genau das macht uns zu Repräsentanten des Reiches Gottes. Geben ist seliger als nehmen, weil es das Herz des Beschenkten öffnen kann. Es erzeugt ein positives Klima zwischen Menschen, da können gute und liebevolle Beziehungen wachsen. Ganz klar: wer bestohlen wird, ärgert sich. Wer beschenkt wird …?

KR

27.10.

Nichts als die Wahrheit

MATTHÄUS 5,37 HFA

Sag einfach „Ja" oder „Nein". Alle anderen Beteuerungen zeigen nur, dass du dich vom Bösen bestimmen lässt.

Vor Gericht wird Herr Henkel aufgefordert, seine Aussage mit einem Eid zu belegen. Der Richter gibt ihm zu verstehen, dass jede falsche Aussage rechtliche Folgen hat. Schließlich legt Herr Henkel den Eid ab, verzieht dabei sein Gesicht auch nicht um einen Millimeter und beginnt mit seiner Aussage, von der nicht ein einziges Wort tatsächlich stimmt. In seinem Beruf hat er gelernt, dass Lügen ihm bisher immer einen großen Dienst erwiesen haben. Doch diesmal geht die Sache schief. Nach Abschluss seiner Aussage öffnet sich plötzlich die Tür des Gerichtssaales. Drei Personen betreten den Raum. Herr Henkel wird kreidebleich. Herein spazieren sogenannte Kronzeugen. Ihre Aussagen widerlegen jede Behauptung von Herrn Henkel und bringen ihn für lange Zeit ins Gefängnis.

Wie geht es dir eigentlich, wenn du erfährst, dass du angelogen wurdest? Interessanterweise haben Menschen oft kein Problem damit, die Unwahrheit zu sagen, aber wehe, wenn sie entdecken, dass sie selbst belogen wurden! Notlügen? Hm, meines Wissens vergrößern sie die Not nur, die man damit abwenden oder lindern wollte.

Jesus ermutigte seine Zuhörer einmal mit der Aussage: „Alles nun, was ihr wollt, dass euch die Leute tun sollen, das tut ihnen auch!" (Matthäus 7,12) Stell dir vor, jeder würde das beherzigen. Die Version im Volksmund heißt: „Was du nicht willst, dass man dir tu, das füg auch keinem andern zu!" Mit anderen Worten: Lass die Leute in Ruhe, dann lassen sie dich auch in Ruhe.

Aber Jesus ruft zu Aktivität auf. Tu etwas! Sag die Wahrheit, kämpfe dafür, stehe dazu, mache sie zu deiner Gewohnheit. Es ist sehr wahrscheinlich, dass du damit häufig „eine gute Ernte einfahren" wirst, weil Menschen tief im Herzen Ehrlichkeit schätzen und oft sogar bewundern. Manche werden sich dann auch fragen: Wieso macht er/sie das? Schön, wenn du ihnen dann erzählen kannst, warum du die Wahrheit so sehr liebst. Hoffentlich nicht nur aus Angst, erwischt zu werden, sondern aus Liebe zu deinem Vater im Himmel.

KR

28.10.

Willhaben

PSALM 119,36 NL

Lass mich deine Weisungen lieben und mach mich frei von Habgier!

Die Internetseite *willhaben.at* ist in etwa vergleichbar mit eBay-Kleinanzeigen. Nicht selten finde ich dort Schnäppchen, die ich mir sonst nicht leisten könnte, aber eben „haben will“. Freilich, manches brauche ich tatsächlich, aber vieles müsste ich nicht unbedingt haben, ich will es einfach. Warum? Es sieht gut aus, erfüllt einen lange gehegten Wunsch – oder der Freund oder Nachbar hat es auch.

Dieses „Willhaben” kann ziemlich dramatische Blüten treiben. An manchen Orten übernachten Kunden vor einem großen Geschäft, damit sie am nächsten Morgen unter den Ersten sind, die gerade noch das Sonderangebot oder die Neuerscheinung bekommen. Andere sparen jahrelang und raffen jeden Cent zusammen …

Etwas zu besitzen, verleiht vielen Menschen das Gefühl, wichtig zu sein. Der Neid derer, die etwas nicht haben, veranlasst Menschen zu lügen, zu betrügen, zu stehlen, ihre „gute Kinderstube” zu vergessen und leider auch zu morden! Kain tötete seinen Bruder aus Neid und Eifersucht! Das ist sicher ein Extrembeispiel, aber nicht das einzige in der Geschichte.

Auch David wollte etwas haben und schreckte dabei nicht vor einem hinterhältigen Mord zurück.

Gott will dich und mich dazu ermutigen, dass wir für alles dankbar sind. Wir sollen uns keine Sorgen machen, sondern mit dem zufrieden sein, was Gott uns in seiner Weisheit schenkt. Gott möchte mich verändern, auch in diesem Punkt. Dann kann ich mich zum Beispiel sogar darüber freuen, dass mein Nachbar, mein Bruder oder mein Freund etwas besitzt, was ich nicht habe – und ich kann diese Freude auch aussprechen. Ich gönne es ihm, ohne dass ich die Sache unbedingt selbst haben muss. Diese Zufriedenheit und Geborgenheit machen mich innerlich ganz ruhig, und ich kann mich auf die wesentlichen Dinge des Lebens konzentrieren.

KR

29.10.

1 kg Gummibärchen

MATTHÄUS 7,7

Bittet, so wird euch gegeben ...

Wenn es immer so einfach wäre: Ich habe ein Problem, ich bete, und das Problem löst sich in Luft auf. Ich wünsche mir das neue iPad, ich bete, und am nächsten Tag liegt es vor meiner Haustür. Ich brauche eine geniale Idee für meine Abschlussarbeit, ich bete, und schon schießt mir der entsprechende Gedanke durch den Kopf. Jesus hat doch gesagt: „Bittet, so wird euch gegeben ...“, also sollten wir ihn beim Wort nehmen, oder?

Ohne Frage darf und soll ich Jesus beim Wort nehmen. Ihn freut es, wenn ich ihm vertraue und ihm zutraue, dass er das, was er sagt, auch tun kann und tun wird. Ihn beim Wort zu nehmen, heißt aber auch, seine Worte nicht aus dem Zusammenhang zu reißen, sonst setze ich meine Hoffnung auf etwas, was Jesus so gar nicht gesagt hat. Das ist auch bei dem oben zitierten Jesuswort der Fall. In der Bergpredigt sind das nicht die einzigen Aussagen, die Jesus über das Gebet macht. Einige Verse vorher, unmittelbar bevor er seine Jünger das sogenannte „Vater unser“ lehrt, sagt er: „Euer Vater im Himmel weiß, was ihr benötigt, ehe ihr ihn bittet.“ (Matthäus 6,8). Das, was ich mir wünsche und das, was ich wirklich benötige, sind nicht immer deckungsgleich. Gott sei Dank gibt er mir nicht immer das, was ich in meiner begrenzten Sicht erbitte, sondern das, was mir hilft, ihm näher zu kommen.

So verstehe ich auch die Aussage, die sich in Matthäus 7,11 an das Wort vom Bitten anschließt: „… wie viel mehr wird euer Vater im Himmel denen Gutes geben, die ihn bitten!" Mein himmlischer Vater hat immer das Gute für mich im Blick. Wie ein irdischer Vater seinem kleinen Kind nicht das Kilogramm Gummibärchen geben würde, nur weil es ihn darum gebeten hat, so hat auch mein himmlischer Vater im Blick, was mir wirklich gut tut. Ellen White hat es so ausgedrückt: „Gott erhört unsere Gebete nicht immer so, wie wir es erwarten; denn wir bitten vielleicht nicht um das, was zu unserem Besten ist. In seiner unendlichen Liebe und Weisheit wird er uns die Dinge geben, die wir am nötigsten brauchen." (Gemeinschaft mit Gott, S. 42).

Ja, ich darf und soll mit meinen Bitten zu meinem himmlischen Vater kommen, aber nicht wie ein trotziges Kind, das unbedingt seinen Willen durchboxen will. Ich darf ihm vertrauen. Er wird meine Bitten erhören, und zwar so, dass es mir zum Besten dient. Dieser Gedanke macht mir das Beten unheimlich leicht.

TK

30.10.

Nur ein harmloser Spaß?!

2. KORINTHER 6,14 SLT

Zieht nicht in einem fremden Joch mit Ungläubigen! Denn was haben Gerechtigkeit und Gesetzlosigkeit miteinander zu schaffen? Und was hat das Licht für Gemeinschaft mit der Finsternis?

Schon ein paar Tage vorher begannen die Probleme. Die anderen Kinder in der Schule wollten eine Halloween-Party feiern. Sie würden sich als Gespenster und Hexen verkleiden und schließlich am Abend des 31. Oktobers lachend von Haus zu Haus ziehen und Süßigkeiten erbetteln. Ich dagegen würde zuhören, wie meine Mama viele Gespräche mit Lehrern führte und ihnen erklärte, warum ich nicht an der Halloween-Party teilnehmen würde. Und dann, am 31. Oktober, würde ich gelangweilt zuhause sitzen und mich fragen, was an diesem harmlosen Spaß eigentlich so schlimm sein soll.

Aber war es das wirklich? Nur ein harmloser Spaß? Als meine Mama mich schmollen sah, setzte sie sich zu mir und erklärte, worum es bei Halloween wirklich geht. Halloween ist keineswegs eine Erfindung aus Amerika, die schließlich nach Europa überschwappte. Halloween geht auf das keltische Fest Samhain zurück. Nach keltischer Vorstellung war die Nacht vom 31. Oktober auf den 1. November der Jahreswechsel. Und in dieser Nacht, so glaubten die Kelten, durchzogen böse und gute Geister mit den Seelen der Verstorbenen die Welt. Um sich vor den bösen Geistern zu schützen, entzündeten die Menschen große Feuer oder stellten Laternen aus Rüben bzw. Kürbissen vor ihre Häuser, die die Geister abwehren sollten.

Im 8. Jahrhundert n. Chr. verschwand dieses okkulte Totenfest hinter einer christlichen Fassade. Anstatt weiter der Toten und Geister zu gedenken, sollte man sich nun nur noch an die „Heiligen" erinnern. Heidnisch-keltische Bräuche wurden christlich umgeformt. Es entstand Allerheiligen. Trotzdem lebte das eigentliche Totenfest weiter – durch Lehren wie die Unsterblichkeit der Seele und bestimmte Bestattungsriten, wenn jemand verstorben war. Nach und nach wurde Halloween in ein schaurig-schönes Gruselfest verwandelt. Aber das ist es nicht, es ist vielmehr ein Fest der Dunkelheit, der Angst und des Grauens.

Jeder weiß, dass am 31. Oktober Halloween gefeiert wird, doch wie viele Menschen erinnern sich noch daran, dass vor 500 Jahren, am 31. Oktober ein Mann all seinen Mut zusammennahm, die Stufen einer Kirchentreppe emporschritt und einen Text an die Kirchentür schlug? Dieser Text sollte einem Land – gefangen in Dunkel und Angst – das Licht der Hoffnung und des Glaubens bringen!

YG

31.10.

Ein Licht neu entzündet

HABAKUK 2,4

Der Gerechte aber wird durch seinen Glauben leben.

In allen Jahrhunderten gab es Männer und Frauen, die die Wahrheit hochhielten. Die für sie einstanden, was auch kommen mochte. Die Licht in die Finsternis ihrer Zeit brachten. Und schließlich fiel diese Aufgabe einem Mann zu, der nun entschlossen die Stufen der Stadtkirche von Wittenberg emporstieg, um dort 95 Thesen an die Kirchentür zu schlagen.

Martin Luther wuchs in bescheidenen Verhältnissen auf. Trotzdem konnte er studieren. Auf der Universität kam er zum ersten Mal in Kontakt mit einer Bibel. Beeindruckt von dem, was er las, und überzeugt von seiner eigenen Sündhaftigkeit, trat er in ein Kloster ein. Doch auch dort fand er nicht den Frieden, den er sich wünschte. Von einer Reise nach Rom kam er entsetzt über das Treiben der Geistlichen zurück. Immer deutlicher sah er die Falschheit und Doppelmoral der Kirche, und immer stärker sehnte er sich als junger Priester nach der Reinheit und Wahrheit Gottes.

Besonders das Geschäft mit der Vergebung Gottes, die man durch Geld kaufen konnte, war ihm ein Dorn im Auge. Deshalb verfasste er die 95 Thesen gegen den Ablasshandel. Seine Thesen lösten beim Volk große

Begeisterung aus, doch bei der Kirche Zorn und Wut. Es folgten weitere Schriften, mit denen sich Luther immer deutlicher von dem Papsttum distanzierte und die Menschen dazu aufforderte, Gott persönlich zu suchen. Dabei benannte er fünf theologische Grundprinzipien für den christlichen Glauben: sola fide (allein der Glaube), sola scriptura (allein die Schrift), solus christus (allein Christus), sola gratia (allein die Gnade), soli deo gloria (Gott allein gehört die Ehre).

Der Papst hatte Luther bereits mit dem Ausschluss aus der katholischen Kirche gedroht. Da Luther sich weigerte, seine Schriften zu widerrufen, wurde er schließlich vier Jahre nach dem Thesenanschlag ausgeschlossen. Doch damit begann der Kampf zwischen Irrtum und Wahrheit erst richtig. Immer mehr Menschen waren begeistert von dem liebenden und vergebenden Gott, den Luther predigte, von einem Gott, der ihre Herzen und nicht ihren Geldbeutel wollte. Luther wurde mit dem Bann belegt und als „vogelfrei" erklärt. Um sein Leben zu retten, ließ ihn ein befreundeter Fürst entführen und auf einer Burg verstecken. Dort übersetzte Luther die Bibel ins Deutsche. In allen Jahrhunderten gab es Männer und Frauen, die die Wahrheit hochhielten. Gott berief damals Menschen, und er tut es noch heute. Er hat für jeden Menschen eine Aufgabe, auch für dich!

YG

1.11.

Steh dazu!

GALATER 5,1 SLT

So steht nun fest in der Freiheit, zu der uns Christus befreit hat, und lasst euch nicht wieder in ein Joch der Knechtschaft spannen!

Anders zu sein, das ist nicht immer einfach. Wenn du, wie ich, auf eine öffentliche Schule gegangen bist, dann wird ziemlich schnell klar, dass du „anders" bist. Vielleicht hast du deshalb nicht richtig dazugehört oder du konntest nicht immer mitreden. Ich habe eine Zeit lang meinen Glauben versteckt. Wenn ich am Sabbat nicht auf eine Geburtstagsparty gehen durfte, dann begründete ich das nicht etwa mit dem Gottesdienstbesuch. Ich erklärte: „Der Samstag ist bei uns ein Familientag, da kann ich nicht fehlen." Und warum trug ich keinen Mini-Rock? Ganz einfach: Meine Mama stammt aus einem muslimisch geprägten Land, da gehört sich das nicht. Meine Ausreden waren kreativ. Aber durch dieses Verstecken verlor ich die Freude an meinem Glauben, und schließlich betrachtete ich ihn eher als Last.

1.11.

Eines Tages las ich Galater 5,1: „So steht nun fest in der Freiheit, zu der uns Christus befreit hat, und lasst euch nicht wieder in ein Joch der Knechtschaft spannen!“ Wie bitte? Freiheit? Für mich sah das Leben mit Jesus eher nach Verboten aus. Aber dann entdeckte ich nach und nach, was er uns alles schenkt: Liebe, Frieden und Freude, wir haben immer jemanden, der uns zuhört, der für uns da ist. Jesus hat uns in eine weltweite Familie eingepflanzt. Er gibt uns Antworten auf die wichtigsten Fragen des Lebens: Warum sind wir hier? Wohin gehen wir? Woher kommen wir? Und er sehnt sich nach uns. Wenn es mir schwer fällt, zu meinem Glauben zu stehen, erinnere ich mich an das, was ich an Jesus habe. „Denn ich schäme mich des Evangeliums nicht; denn es ist eine Kraft Gottes, die selig macht alle, die daran glauben.“ (Römer 1,16)

Was wäre, wenn du dich in deinem Freundeskreis, in der Schule oder im Studium offen zu deiner Überzeugung bekennst? Wenn Menschen dich ansehen und erkennen, dass du anders bist – aber anders auf eine Art, die plötzlich auch in ihnen die Lust auf Veränderung weckt? Wenn sie Gottes Liebe aus dir herausleuchten sehen? Wenn deine Augen voller Freude über die Erlösung wären? Lass uns heute versuchen, es nicht bei einem Was-wäre-wenn zu belassen. Lass uns miteinander Menschen für Gott begeistern!

YG

2.11.

Gruselige Geschichten

PREDIGER 9,5A EB

Denn die Lebenden wissen, dass sie sterben werden, aber die Toten wissen gar nichts.

Jeder weiß, dass Mädchen gerne reden, vor allem Teenager! Über Gott und die Welt! Und weil sie sich gut einfühlen können, interessieren sie sich meist auch sehr für die Geschichten ihrer Freundinnen. Diese Geschichten stammen aus Büchern, aus eigenen Erfahrungen, aber auch von dem, was andere gehört und weitererzählt haben, Gerüchte und Tratsch eben.

Mit 13 erzählte ich auch gerne etwas weiter und hörte auch begeistert zu, ob es nun ein Sach-Thema war oder einfach nur „Tratsch“. An jenem Abend im Februar, als wir müde vom Schikurs in den Stockbetten der Jugendherberge lagen, erzählte ein Mädchen vom Tod ihrer Großmutter und den sensationellen Begleitumständen: „Alle Uhren blieben stehen, das Fenster flog auf und ein starker Wind pustete durchs Zimmer.“ Ein anderes Mädchen bestätigte diese „Tatsachen“ und erklärte: „In diesem Moment hat die Seele den Körper verlassen. Das passiert in den ersten drei Tagen nach dem Tod. Bei uns auf dem Land weiß das jeder!“

Ich hatte noch nie davon gehört und bekam eine Gänsehaut. Das Mädchen erzählte weiter: „Manchmal kommt die entwichene Seele auch zurück." Auch das war mir neu. Eine andere ergänzte: „Besonders zu Allerseelen haben viele Leute Kontakt zu ihren verstorbenen Verwandten. Manchmal erscheinen die sogar, und sie sind immer freundlich – so als ginge es ihnen in ihrem jetzigen Zustand sehr viel besser als hier auf der Erde. Man merkt gleich, wer es ist, am Aussehen und an der Stimme und der ganzen Art."

Meine Kameradinnen bestärkten sich mehr und mehr in ihrem „Wissen". Jede kannte noch eine weitere Geschichte, die der Nachbar oder Verwandte Soundso erlebt hatte und die man sich eben erzählt. Sollte nur ein Bruchteil davon wahr sein, wäre es wert, darüber genauer nachzudenken. Ich erinnerte mich aber an einen Text, den wir bei der Familienandacht gelesen hatten:

„Ich sah, dass die Heiligen ein gründliches Verständnis der gegenwärtigen Wahrheit brauchen, um sie von der Schrift her zu belegen. Sie müssen die Lehre vom Zustand der Toten verstehen, denn die Geister der Teufel werden auch ihnen erscheinen und behaupten, geliebte Freunde und Verwandte zu sein." (E. G. White, *Frühe Schriften,* S. 77, 1854)

Erstaunlich, wie diese Täuschung doch verbreitet ist. Wie kann man etwas darauf entgegnen? Weißt du Bescheid, was die Bibel zu diesem Thema sagt?

MW

3.11.

Wie tot ist tot?

JESAJA 26,19B EB

Deine Toten werden lebendig, meine Leichen wieder auferstehen. Wachet auf und jubelt, Bewohner des Staubes!

Bis zu diesem Tag hatte ich noch nie gehört, dass Tote „aktiv“ werden können. Der Text, den wir in der Familienandacht gelesen hatten, (siehe gestern), hatte bis jetzt noch nichts mit meinem Leben zu tun. Das hatte sich nun geändert.

Es machte für mich schon einen Unterschied, ob die Seele eines Toten „wegwallt“ und dann bei Gelegenheit wieder „anwallt“ und im Zuge dieser Seelenbewegung Uhren stehen bleiben, Fenster aufspringen usw. – oder ob hier ein Dämon sein Unwesen treibt.

An jenem Abend schlief ich erst sehr spät ein. Erinnerungsfetzen an Predigten und Andachten kamen mir in den Sinn. Ich versuchte, mich zu konzentrieren, um die Zusammenhänge besser verstehen zu können. Was sagte die Bibel über Tote? Was sagte Jesus? Die Hoffnung auf eine Auferstehung ist eindeutig im Alten und im Neuen Testament enthalten.

Zum Zustand der Toten wusste ich nicht so viel, außer dass es eben keine unabhängige Seele gibt. Gott schuf den Menschen als Gesamtpaket und blies ihm den Lebensodem ein. Die Texte von Ellen White waren auch eindeutig. Sie sprach über verführerische Geister und Dämonen, die den Glauben an eine unsterbliche Seele nützten, um Irrlehren zu verbreiten.

Was haben die Dämonen davon, wenn sie den Menschen einreden, die Seelen würden herumwandern? Wozu sollten die gefallenen Engel in den Sterbezimmern Uhren anhalten oder Fenster aufreißen, wenn jemand den letzten Atemzug getan hat?

Damals gab ich mir diese Antwort: „Dämonen tun das, damit sich in den Köpfen der Menschen der Gedanke festsetzt, die Seele wäre tatsächlich unsterblich. Wenn dann jemand eine Totenerscheinung erlebt, kann dieser Tote ihm alles Mögliche sagen, auch falsche Lehren, die der Bibel widersprechen. Viele Menschen kennen die Bibel nicht und interessieren sich auch nicht dafür. Doch einem verstorbenen Verwandten, der ihnen erscheint, würden sie schnell ihr Vertrauen schenken. Damit hätte Satan „gläubige Zuhörer" für seine Lügen gefunden!

Ich bin dankbar, dass Gott uns vor solchen raffinierten Verführungen gewarnt hat!

MW

4.11.

Achtung: Täuschung!

1. THESSALONICHER 3,5 EB

Darum, da auch ich es nicht länger aushalten konnte, sandte ich ihn, um euren Glauben zu erfahren, ob nicht etwa der Versucher euch versucht habe und unsere Arbeit vergeblich gewesen sei.

Satan, der ehemalige Lichtengel, kämpft um jeden einzelnen Menschen. Er möchte besonders die gläubigen Christen auf seine Seite ziehen. Auch Paulus hat das erleben müssen. Wenn er uns zum Irrtum verleiten oder unsere Aufmerksamkeit vom Wort Gottes ablenken kann, dann hat er ein leichtes Spiel: Er kann seine Lügen und Halbwahrheiten in unser Denken einpflanzen. Unsere einzige Kraft und Stärke liegt im Wort Gottes und im engen Kontakt mit Jesus Christus. In seiner Nähe sind wir sicher.

E. G. White schreibt: „Die Geister der Teufel werden alles tun, was in ihrer Macht steht, um Mitleid zu erwecken. Zur Bestätigung ihrer Aussagen werden sie Wunder vor den Heiligen wirken. Das Volk Gottes muss darauf vorbereitet sein, diesen Geistern mit der Bibelwahrheit zu widerstehen, dass die Toten nichts wissen, und dass die, die als solche erscheinen, Geister der Teufel sind." (Aus: *Erfahrungen und Gesichte,* S. 254.2)

Ich bin damals erschrocken, als mir klar wurde: Satan wird seine Zeichen und Wunder auch vor gläubigen Menschen tun! Auch wir müssen damit rechnen, dass Satan versucht, uns durch „Totenkontakte" zu täuschen.

Übrigens starb meine gläubige Großmutter mit 72 Jahren. Damals war ich 17 Jahre alt, meine Taufe lag einige Monate zurück. Großmutter hatte die letzten Jahre bei uns gelebt. Ihr Vertrauen zum Wort Gottes war bis zum Schluss ungebrochen. Sie schlief am Abend ruhig ein und wachte am nächsten Morgen einfach nicht mehr auf. Ich fand sie, als ich sie zum Frühstück holen wollte. Sie lag friedlich in ihrem Bett, war kalt und atmete nicht mehr. Da war nichts gruselig oder unheimlich. Der Prediger wurde gerufen. Meine Eltern regelten alles, was für das Begräbnis organisiert werden musste. Bei der Beerdigung betonte der Prediger, dass Großmutter auferstehen würde. Bei Jesu Wiederkunft würden wir sie wiedersehen. Diese Hoffnung hat uns sehr getröstet.

MW

5.11.

Gott arbeitet auch mit unseren Schwächen

JEREMIA 33,6–8 EB

Siehe, ich will ihr Genesung und Heilung bringen und sie heilen, und ich will ihnen eine Fülle von Frieden und Treue offenbaren. Und ich werde das Geschick Judas und das Geschick Israels wenden und werde sie bauen wie im Anfang. Und ich werde sie reinigen von all ihrer Schuld, mit der sie gegen mich gesündigt haben. Und ich werde alle ihre Verschuldungen vergeben, mit denen sie gegen mich gesündigt und durch die sie mit mir gebrochen haben.

Dieser Bibeltext zeigt mir eindeutig, wie wichtig Vergebung für Gott ist. Er ist ein Gott der Heilung. Er möchte unser Geschick aus seiner Gnade heraus wenden, obwohl wir gegen ihn gesündigt haben.

Jeder Mensch hat Schwächen und Mängel. Zu meinen Schwächen gehört die Vergesslichkeit. Immer wieder lasse ich Kleidungsstücke, Schlüssel, Geldbeutel etc. irgendwo liegen. Gegen diese Schwäche kämpfe ich schon mein Leben lang an. Zwar ist das etwas besser geworden, aber doch passiert es mir immer wieder, dass ich etwas verliere.

Gott sieht allerdings viel weiter und tiefer als ich. Er hat dieses „Ungeschick" oft schon in etwas Gutes verwandelt, ich konnte dadurch schon viele Erfahrungen mit ihm machen. Er half mir nicht nur, meine Sachen wieder zu finden, sondern kam mir dadurch näher und stärkte meinen Charakter.

An einem Wochenende besuchte ich wieder einmal meine Familie. Es war eine lustige und schöne Zeit, doch bevor ich wieder fahren wollte, kamen Missverständnisse auf, und meine Mutter und ich gingen im Streit auseinander. Ich hatte mich nicht einmal richtig verabschiedet. Auf dem Rückweg kämpfte es in meinem Herzen. Ich war so wütend und gleichzeitig enttäuscht.

Nachdem ich mich einigermaßen beruhigt hatte, suchte ich meine Tasche. Da merkte ich, dass ich sie zu Hause vergessen hatte. Ich wendete und fuhr die 10 Kilometer wieder zurück. Als ich an meinem Elternhaus angekommen war und die Haustür öffnete, kam mir meine Mutter entgegen. Wir umarmten uns und vergaben uns. Wir klärten die Missverständnisse und konnten danach wieder miteinander lachen. Ich pries Gott in meinem Herzen. Er möchte, dass wir einander vergeben und unsere Eltern ehren. Das war eine gute Lehre für mich.

Er hat diese Schwäche genutzt, um die Beziehung zu meiner Mutter aufzubauen. Dafür möchte ich ihn loben und preisen. Gott möchte auch in deinem Leben eine Wendung herbeiführen. Gib ihm alles, was du hast. Auch deine Schwächen. Und du wirst sehen, dass er etwas Wunderbares daraus macht.

AK

6.11.

Metamorphose

2. KORINTHER 5,17, SLT

Ist jemand in Christus, so ist er eine neue Schöpfung; das Alte ist vergangen; siehe, es ist alles neu geworden!

An den Blättern der Seidenpflanze hängt ein winziges Ei, kaum länger als einen Millimeter. Plötzlich regt sich etwas. Wir beobachten, wie ein kleines Etwas ein Loch in die Hülle knabbert und dann durch dieses Loch heraus krabbelt. Eine kleine Raupe ist geboren – und beginnt nun pausenlos zu fressen.

Innerhalb von ca. 16 Tagen nimmt ihr Gewicht um das 3000-fache zu! Dann sucht sie sich einen ruhigen Platz und hängt sich an einen Seidenfaden – und „schläft". Innerhalb von 9–12 Tagen wird die Raupe sozusagen in ihre chemischen Einzelteile zerlegt (wie ein Legohaus), und es bilden sich völlig neue Teile. Von der Raupe ist am Ende praktisch nichts mehr übrig! Das haben Wissenschaftler in jahrelanger Forschungsarbeit herausgefunden.

Schließlich bricht die Puppenhülle auf. Innerhalb weniger Minuten befreit sich der Schmetterling, ein Monarchfalter, aus seinem Schlafsack, pumpt seine Flügel auf und macht sich an die Arbeit: Blüten bestäuben, tausende an einem Tag.

Das Unglaubliche ist diese Verwandlung der Raupe. Aus ihr wird ein Tierchen, das absolut nichts mehr mit der Raupe zu tun hat. Von der Fressmaschine zum wunderschönen Flug- und Bestäubungsapparat.

Wenn du manchmal daran zweifelst, was aus dir werden soll, dann sieh dir ruhig mal etwas genauer die „Metamorphose" der Raupe an. Sie geschieht nicht zufällig. Gott hat dieses Programm geschrieben und will uns damit sagen: Aus dir will ich einen ganz neuen Menschen, eine neue Schöpfung machen, auch wenn andere meinen (oder vielleicht sogar du selbst?), du wärst ein hoffnungsloser Fall.

Nimm dir Zeit, jeden Tag, verkriech dich in deine Puppenhülle, sprich mit Gott in der Stille und lass dich von ihm verändern. Davon wirst du selbst profitieren und andere ebenso. Das ist letztlich das Grundprinzip der Schöpfung Gottes.

KR

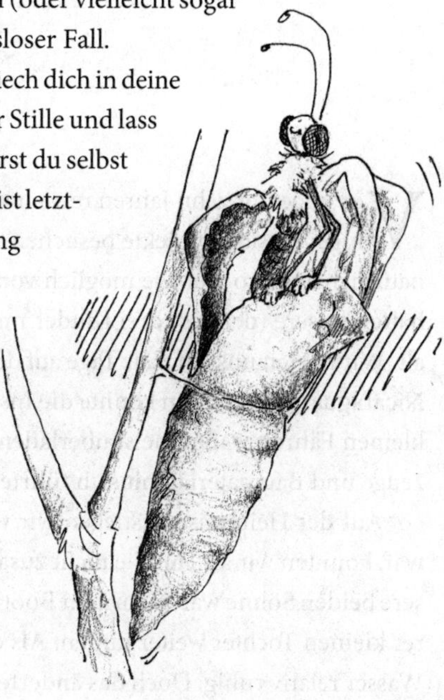

7.11.

„Herr, hilf, wir kommen um!"

1. MOSE 26,24

Fürchte dich nicht, denn ich bin mit dir …

Vor ungefähr zehn Jahren reisten wir nach Nicaragua. Wir wollten einige Missionsprojekte besuchen. Bei dieser Gelegenheit wollten wir natürlich auch so viel wie möglich von diesem schönen Land sehen. Wir hatten unsere (damals) drei Kinder mit, die Jüngste war keine zwei Jahre alt. Wir ruhten uns ein paar Tage auf der Insel Ometepe aus, die mitten im Nicaraguasee liegt. Man konnte die Insel nur mit dem Boot erreichen. Die kleinen Fähren waren meist überladen, weil sie zu viele Menschen, Fahrzeuge und Baumaterial mit sich führten.

Auf der Heimreise bestiegen wir wieder so ein Boot. Da es überfüllt war, konnten wir als Familie nicht zusammen sitzen. Mein Mann und unsere beiden Söhne waren vorn im Boot untergekommen, ich saß mit unserer kleinen Tochter weiter hinten. Als das Boot vom Ufer ablegte, war das Wasser relativ ruhig. Doch das änderte sich schlagartig. Plötzlich türmten sich derart hohe Wellen auf, wie ich sie zuvor noch nie gesehen hatte. Das Boot stieg in die Höhe und fiel herab wie in ein tiefes Loch. Die Leute um mich herum fingen an zu schreien. Ich saß da mit meiner schluchzenden Tochter, die sich durch nichts beruhigen ließ. Das Wasser kam bedenklich nahe, wenn das Boot wieder nach unten in ein Wellental rauschte. Angst um meine Familie … was, wenn das Boot untergeht? Keines unserer Kinder konnte schwimmen. Wie sollten wir bei diesen Wellen das andere Ufer erreichen? In all diesem Chaos fing ich an zu beten.

Ich erinnerte mich an eine Geschichte aus der Bibel: den plötzlichen Sturm auf dem See Genezareth. Die Jünger hatten Todesangst. Sie schrien: „HERR hilf, wir kommen um!!! Doch wie reagierte Jesus in dieser Situation? Er sagte: „ihr Kleingläubigen …" Er stand auf und bedrohte den Sturm „und sofort wurde es ganz still".

Jesus lag nicht in unserem Boot, aber auf einmal wusste ich: „Er ist da, seine Engel sind da." Ich spürte plötzlich eine tiefe innere Ruhe und alle Angst war wie weggeblasen. Wenn Gott einen Plan für mein Leben hat, dann kommen wir sicher ans andere Ufer. Und wenn nicht? Dann war ich nicht allein, denn mein Erlöser war ganz nah bei mir. Der Sturm hörte nicht auf wie bei den Jüngern damals, aber meine Furcht war weg.

Gott selbst sagte: „Fürchte dich nicht, ich bin bei dir!" Wir brauchen Glauben und Vertrauen, dass Gott zu seinem Wort steht. Er ist immer und überall da.

CE

8.11.

Steh ich im Weg?

MATTHÄUS 16,24

Da sprach Jesus zu seinen Jüngern: „Will mir jemand nachfolgen, der verleugne sich selbst und nehme sein Kreuz auf sich und folge mir nach."

„Das Geld wird schon noch reinkommen", versicherte ich und hoffte, dass das auch stimmte. Mein Kollege wollte gerade 25 Tickets für eine Jugendgruppe kaufen, die demnächst nach Honduras kommen sollte. Sie wollten beim Bau des neuen Studentenheims mithelfen. Verständlich, dass der Organisator dieser Reise eine Garantie brauchte, dass die jungen Leute dann auch genügend Baumaterial hätten.

Der Herr hatte bisher zuverlässig für die Bauarbeiten gesorgt, und ich war zuversichtlich, dass er sich auch um das restliche Material kümmern würde. In der Woche vor der Ankunft der jungen Leute waren aber immer noch viele Gebete nicht erhört worden. Die Tickets waren zwar gekauft und wir hatten auch gute Baupläne erstellt, damit das Haus vor Beginn des Schuljahres fertig werden konnte. Doch es fehlte noch Geld für die Ziegel.

Am Rande der Verzweiflung rief ich das Team zusammen. Wir wollten gemeinsam beten und fasten. Ich konnte nicht glauben, dass Gott unsere

Gebete nicht erhören würde. Als ich gerade darum betete, dass doch das Herz eines Spenders bewegt werden sollte, schoss mir ein Gedanke durch den Kopf: „Jesse, du hast doch ein Schlagzeug, das man für viel Geld verkaufen könnte!"

Mein Schlagzeug? Auf keinen Fall! Das waren Studiogeräte, die mich mehr als 12.000 Dollar gekostet hatten! Ich versuchte Gott klarzumachen, dass dieses Geld uns niemals rechtzeitig erreichen würde. Selbst wenn ich meine Mutter anrufen und sie das Schlagzeug sofort zum Kauf anbieten würde, es sofort verkauft würde und sie das Geld am gleichen Tag nach Honduras überweisen würde, wäre das immer noch viel zu langsam und würde unserer Missionsreise nichts helfen, die doch schon am Sonntag beginnen sollte. Was sollte ich tun?

Manchmal spricht Gott zu uns durch unser Gewissen. Mich ließ der Gedanke nicht los und ich wusste, dass ich handeln muss. Hast du das auch schon einmal erlebt?

JZ

9.11.

Prioritäten

MATTHÄUS 6,33

Trachtet zuerst nach dem Reich Gottes und nach seiner Gerechtigkeit, so wird euch das alles zufallen.

Es fiel mir schwer, mich innerlich von meinem Schlagzeug zu verabschieden. Aber der Herr drängte mich zum nächsten Schritt, von dem ich spürte, dass er richtig war.

Zögernd fuhr ich in die Hauptstadt und ging ins Internet, um meiner Mutter zu mailen. Als ich mein Postfach öffnete, sprang mir der Betreff einer neuen E-Mail entgegen: „Dein Schlagzeug"! Die kurze Mail lautete: „Mein Lieber, ich dachte, dass du als Missionar dein Schlagzeug wohl nicht mehr benutzen wirst. Deshalb habe ich es verkauft und das ganze Geld auf dein Missionskonto überwiesen, damit du es für dein Projekt einsetzen kannst. In Liebe, Mutter."

Diese Botschaft musste ich erst mal verdauen. Ich war überwältigt von Gottes Zeitplan! Dann fuhr ich zurück und rief die anderen vom Team zusammen. Ich sagte ihnen, dass wir jetzt genügend Geld für das Baumaterial beisammen hätten. Da entdeckte ich, dass eine Gemeinde in den USA gerade 5.000 Dollar für den Bau geschickt hatte! Einige Stunden später kam ein Anruf: Ein Lastwagenzug mit ausreichend Ziegelsteinen für das ganze Gebäude war bereits zu uns unterwegs – eine Spende von einem Geschäftsmann am Ort. Ein dritter Anruf bestätigte, dass ein Bauarbeiter mit seinem Bulldozer am Sonntagmorgen eintreffen und das Grundstück für den Bau vorbereiten würde. Ich war überwältigt! Gott hatte so schnell und wunderbar gewirkt!

Hast du dich auch schon mal gefragt, warum Gott sein Werk nicht so voranbringt, wie er es deiner Ansicht nach tun könnte? In diesem Fall war ich das Hindernis gewesen, und er hatte einfach nur auf mich gewartet. Sorge dafür, dass du heute Gott nicht im Weg stehst: Er möchte dich segnen!

JZ

10.11.

Wenn ich es nicht mehr wert bin

1. JOHANNES 1,9

Wenn wir aber unsere Sünde bekennen, so ist er treu und gerecht, dass er uns die Sünde vergibt und reinigt uns von aller Ungerechtigkeit.

Hast du schon mal einen richtig blöden Fehler gemacht? Einen Fehler, den du zutiefst bereust und sehnlichst wieder rückgängig machen würdest?

Vor einigen Jahren hatte ich einen Mann kennengelernt. Ich hatte nicht gedachte, dass wir zusammenkommen würden, schließlich war er kein Adventist. Aber er war Christ und hatte durch die Begegnung mit meinen Freunden und mir sein Leben Jesus wieder neu übergeben. Auf einer Reise kamen wir uns näher. Nach einiger Zeit war ich so weit gegangen, dass die einzig natürliche Konsequenz für mich war, ihn zu heiraten.

Durch die verschiedenen Werte, die wir hatten, war unsere Beziehung aber ein einziger Kampf. Ich versuchte immer wieder, sie zu retten, aber es funktionierte nicht. Ein viel größerer Kampf für mich war es aber, mit meinen Schuldgefühlen klar zu kommen. Ich hatte es vermasselt. Ich wollte immer eine Frau sein, die Gott mit ihrer Beziehung Ehre bereitet. Die sich aufhebt und die für andere ein Beispiel ist. Jetzt war das alles weg. Das Gefühl der Wertlosigkeit nahm stetig zu. Ich wollte dagegen ankämpfen, hörte mir zig Predigten an und versuchte, mich an Gott und seine Versprechen zu klammern. Trotzdem überkam mich Satan oft und flüsterte mir zu: „Warum versuchst du es eigentlich? Gott hat dich aufgegeben. Du hast seine Gebote gebrochen. Du kannst nicht mehr zurück."

Wie die Ehebrecherin aus Johannes 8 fühlte ich mich von Satan angeklagt. Zu Recht! Umringt, nicht von Schaulustigen, aber von meinen Schuldgefühlen. Aber was sagt Jesus? „Wer unter euch ohne Sünde ist, der werfe den ersten Stein!" Daraufhin muss Satan mit seiner Anklage weichen und ich bleibe alleine mit Jesus zurück. Er fragte die Frau, wie er auch mich gefragt hat: „Wo sind sie geblieben? Hat dich keiner verurteilt? Sie antwortete: Keiner, Herr." (Joh 8,10).

Ich weiß nicht, welche Sünde dich niederdrückt oder welche Fehlentscheidungen du getroffen hast. Was immer es sein mag, Jesus hat dich nicht aufgegeben. Wie die Frau, die beim Ehebruch ertappt wurde, sagt er zu dir: „So verurteile ich dich auch nicht. Geh hin und sündige nicht mehr." (Joh 8,11). Geh weg von dem, was dich zur Sünde führt. Gott hasst die Sünde, aber er liebt den Sünder.

Mit Gottes Hilfe konnte ich diese Beziehung beenden. Noch viel länger dauerte es, bis Gott mich wieder heil gemacht hat. Aber er ist es, der auf Misthaufen Paläste bauen kann. Wenn du denkst, du bist es nicht mehr wert, dann lass dir von Gott deinen Wert zeigen, den er schon immer in dir gesehen hat.

SaR

11.11.

Etwas verpasst!

MATTHÄUS 19,21 NL

Jesus sagte zu ihm:
„Wenn du vollkommen sein willst, dann geh und verkaufe alles, was du hast, und gib das Geld den Armen, und du wirst einen Schatz im Himmel haben. Dann komm und folge mir nach."

Das schlimmste Gefühl für mich als Jugendlichen war es, etwas verpasst zu haben. Vielleicht eine Freizeit, bei der eine geliebte Mitschülerin war. Oder ein Abenteuer, von dem mir Freunde begeistert berichteten und bei dem ich nicht dabei war!

Handelt es sich allerdings um Versäumnisse, die länger zurückliegen, ist der Verlust unter Umständen noch schmerzlicher. Manch einer bereut vielleicht, dass er in der Kindheit kein Instrument gelernt hat. Oder dass er gute Ratschläge ignorierte. Oder vor entscheidenden Prüfungen nicht ausreichend gelernt hat. Wie viel schöner wäre doch das Heute, wenn man damals anders gehandelt hätte!

Der junge Fürst in unserer Geschichte lehnte ein unschlagbares Angebot von Jesus ab. Im entscheidenden Moment war ihm sein Besitz wichtiger als das ewige Leben. Was hat dieser Mann nicht alles verpasst! Statt eines gewöhnlichen Lebens hätte er ein Vorreiter des Evangeliums werden können. Vielleicht fänden wir heute Briefe aus seiner Feder in der Bibel. Stattdessen ging er traurig weg …

Ich bin zwar als Adventist aufgewachsen, habe mich aber erst am Ende meiner Schulzeit dafür entschieden, Jesus nachzufolgen. Ich bereue heute, was ich bis dahin alles verpasst habe. Das Leben ist um einiges schöner als Christ. Bei allen Schwierigkeiten ist jemand da, der dir helfen kann und in allen Glücksmomenten freut sich jemand mit dir.

Jesus sagt zu jedem „Komm und folge mir nach!" Möchtest du nicht auch alles „verkaufen, was du hast", also ihm dein Leben ohne Vorbehalte ausliefern? Oder möchtest du noch etwas damit warten? Pass auf, dass du nicht etwas verpasst!

JaW

12.11.

Zufällige Begegnung?!

RÖMER 11,33.34 NL

Wie wunderbar ist doch Gott! Wie unermesslich sind seine Reichtümer, wie tief seine Weisheit und seine Erkenntnis! Unmöglich ist es uns, seine Entscheidungen und Wege zu begreifen! Denn wer kann wissen, was der Herr denkt? Wer kann sein Ratgeber sein?

Ich staune immer wieder, wie Gott Menschen, die einander brauchen, wunderbar zusammenführt. Dies durfte ich auch während der Zeit an der Josia Missionsschule regelmäßig erleben.

An einem Mittwochnachmittag warteten meine Freundin und ich wie gewohnt auf drei kleine Mädchen, die wir im Sozialprojekt betreuten. Aus unerklärlichen Gründen tauchten die Kinder an diesem Tag jedoch nicht wie abgemacht auf. Wir konnten sie auch telefonisch nicht erreichen. Enttäuscht entschieden wir, stattdessen in die Altstadt zu gehen, um Flyer für unsere Nachbarschaftshilfe zu verteilen. Unsere Motivation sank allerdings schnell Richtung Nullpunkt: Unsicherheit, unbefriedigende Gespräche, Ablehnung …

Ich fühlte mich total unfähig, richtig auf die Leute zuzugehen und die Gespräche auf den Glauben zu lenken. Nach einiger Zeit brachen wir die Aktion ab und machten uns auf den Heimweg. Ich nahm mir vor, den letzten Flyer einem Mann zu geben, der abseits auf einer Bank saß.

Als dieser das Angebot verstanden hatte, strahlte er übers ganze Gesicht. Begeistert erzählte er von seinem Gebet an diesem Morgen: Gott möge ihm heute einen Helfer vorbeischicken. Wir erfuhren, dass der Mann seine Familie, die Arbeit und die Wohnung verloren hatte und nun heimatlos herumzog.

Ich war beeindruckt von seinem tiefen Gottvertrauen. Trotz allen unglücklichen Umständen hielt er am Glauben fest und las täglich in seiner Bibel. Nach dieser Begegnung blieben wir noch monatelang in Kontakt. Unsere Hilfsmöglichkeiten für diesen Mann waren zwar begrenzt, aber Gott hatte mich durch dieses Erlebnis eine Lektion gelehrt, die ich bis heute nicht vergessen habe.

Ich staune, wie Gott uns Studentinnen eingesetzt hat, um seinen Plan auszuführen, obwohl wir unmotiviert und ziemlich unfähig waren. Wären die Mädchen, die wir betreuen sollten, an diesem Mittwochnachmittag wie verabredet gekommen, hätten wir diesen Mann nie getroffen. An jenem Tag habe ich gelernt, dass Gott jeden gebraucht, der sich ihm zur Verfügung stellt. Manchmal erhört er unser Gebet auf eine ganz überraschende Art.

AD

13.11.

Wie ist es im Himmel?

1. KORINTHER 13,11.12 HFA

Als Kind redete, dachte und urteilte ich wie ein Kind. Jetzt bin ich ein Mann und habe das kindliche Wesen abgelegt. … Einmal aber werden wir Gott sehen, wie er ist.

Florian hat zum Geburtstag einen jungen Hund bekommen und ist überglücklich. Er trägt den Welpen den ganzen Tag mit sich herum und lässt ihn in seinem Bett schlafen. Und eines Tages fragt er: „Darf mein Fido auch mit in den Himmel, wenn Jesus wiederkommt?" Die Eltern werfen sich hilflose Blicke zu. Was sollen sie darauf antworten? Vielleicht den Bibeltext aus Offenbarung 21 zitieren, wo es heißt: „Draußen sind die Hunde …?"

Mir persönlich hat dieser Text immer gut gefallen, weil ich mich vor Hunden fürchte. Außerdem ärgere ich mich über die vielen „Würste" auf dem Gehsteig und in den Vorgärten. Aber Florian würde darüber bittere Tränen vergießen. Durch eine solche Antwort würde ihm das Bild eines Gottes gemalt, der uns das Liebste wegnimmt – und was bekommen wir stattdessen? Eine goldene Harfe? Ein weißes Nachthemd, das man nie schmutzig machen darf? Muss Florian im Himmel brav und gesittet mit den kleinen Mädchen Blumen pflücken, statt mit Fido über die Wiese zu tollen?

Florians großer Bruder liebt sein Skateboard heiß und innig und meinte neulich: „Wenn ich mein Skateboard nicht mit in den Himmel nehmen darf, macht es mir dort keinen Spaß." Der Vater sagte: „Und wenn dir Jesus dort eines schenkt, das fliegen kann?" Da hellte sich seine Miene auf und er nickte. „Das wäre schon okay."

Bei aller Freude, die wir hier erleben, ist doch unser Glück immer überschattet. Ein Leben ohne Abschied, ohne Kummer und Schmerz kennen wir nicht. Und doch wartet eine solche Zukunft auf uns. Unser Schöpfer, der für die ersten Menschen einen herrlichen Paradiesgarten angelegt hat und ihre tiefsten Bedürfnisse stillen konnte, wird für die neue Erde nichts Kleineres planen. Johannes beschreibt in der „Offenbarung" die Stadt Gottes: jede Menge Gold und Perlen! Das heißt: Alles, was uns hier wertvoll, kostbar und teuer ist, was uns wohl tut, weil wir es als heilsam und aufbauend erleben, finden wir dort im Überfluss!

Und das Beste: Gott wohnt bei uns. Wir dürfen ihn sehen, wir können ihm zuhören, wir können mit ihm reden. Keiner muss sich einsam fühlen. Da werden wir unser Kinderspielzeug gerne aufgeben – als reife Erwachsene brauchen wir es nicht mehr.

SR

14.11.

Komm noch nicht!?

MARKUS 12,25 HFA

Wenn die Toten auferstehen, werden sie nicht wie hier auf der Erde verheiratet sein, sondern wie die Engel im Himmel leben.

Ein kleiner Junge betet: „Lieber Jesus, bitte komm in den nächsten 20 Jahren noch nicht wieder, denn ich möchte gerne vorher noch erwachsen werden und heiraten und Kinder kriegen." Sein Gebet wurde erhört, Jesus ist bis heute noch nicht wiedergekommen.

Die Angst, wir könnten etwas Großartiges versäumen, wenn Jesus „morgen" wiederkäme, wächst vielleicht aus der Skizze, die wir unseren Kindern und Jugendlichen von dem Leben in der Ewigkeit zeichnen. Dabei ist es nicht weise, eine fix-fertige Theorie auf einen einzigen Bibeltext aufzubauen, der noch dazu von uns nach eigenen Vorstellungen gedeutet wird.

Jesus sagt von den Engeln im Himmel, dass sie nicht „heiraten oder sich heiraten lassen." Welche Schlüsse ziehen wir daraus? Dass wir nach der Auferstehung geschlechtslose Wesen wären? Woher wissen wir das?

14.11.

Als Gott-Vater, der Sohn und der Heilige Geist die Schöpfung unseres Planeten planten, sagten sie: „Lasst uns Menschen machen, ein Bild, das uns gleich sei …", und dann schufen sie den Menschen zum Bild Gottes als Mann und Frau und kamen zu dem Schluss: „Es war sehr gut" (1. Mose 1,26-31). Wir haben keinen biblischen Hinweis darauf, dass wir nach der Auferstehung keine Männer und Frauen sind, sondern plötzlich nebulöse Geister, die frei im All herum schweben und keinerlei Beziehung zu einer Materie haben.

Wahrscheinlich ging es Jesus um die Form des Zusammenlebens, die eine ganz andere sein wird, als wir es hier auf der Erde kennen. Unsere irdische Form der Ehe endet mit dem Tod. Als nächstes erwartet uns „die Hochzeit des Lammes", das heißt: Jesus heiratet seine erlösten Freunde! Wir dürfen gespannt sein auf diese Art der Ehe, auf die himmlische Familie! Dann leben wir in enger Gemeinschaft mit dem, der die Liebe erfunden hat. Und wir alle sind dann endgültig von dem eisernen Klammergriff der Selbstsucht befreit. Dann können wir zuhören und verstehen, können schenken ohne Hintergedanken, werden einander glücklich machen und wahre Seligkeit erleben.

Gute Aussichten? Gute Aussichten!!!

SR

15.11.

Die Traumhochzeit

1. KORINTHER 2,9 HFA

Was kein Auge jemals sah, was kein Ohr jemals hörte und was sich kein Mensch vorstellen kann, das hält Gott für die bereit, die ihn lieben.

Neulich sagte mir eine gläubige Frau: „Wenn mein Mann in den Himmel kommt, dann möchte ich nicht dorthin. Ich habe mich auf dieser Erde 30 Jahre lang über ihn geärgert, soll das in alle Ewigkeit so weitergehen?"

Ganz bestimmt nicht! Ein Gott, der für die Freiheit seiner Geschöpfe mit dem Leben seines geliebten Sohnes bezahlte, würde uns niemals in etwas hineinquetschen, was uns unglücklich macht. Deshalb sollten wir uns über diese Fragen um Ehe und Kinderkriegen im Himmel nicht den Kopf zerbrechen. Dort werden ganz andere Verhältnisse herrschen. Wir wissen, dass unser himmlischer Vater unser Glück will, unseren Frieden und unsere Lebensqualität. Er wird uns nicht zwingen, mit Menschen zusammen zu leben, mit denen keine Harmonie und Einheit möglich ist. Andererseits wird Gott Liebende nicht trennen, denn die Liebe ist das einzige, was bleibt. Die Einzelheiten können wir ihm überlassen, denn er hat die optimale Lösung für unser Leben.

Hier auf dieser Erde finden wir sie nicht immer. Viele gläubige Menschen sehnen sich nach einem Lebenspartner, mit dem sie gut zusammenpassen, und müssen sich doch damit abfinden, eine „schwierige“ Ehe zu führen. Oder sie haben ihren Wunschpartner nie getroffen, obwohl sie lange danach suchten und innig darum beteten. Vielleicht fanden sie tatsächlich einen Menschen, der ihrem Herzen so nahe war, dass sie mit ihm eins werden konnten. Doch der Partner wurde ihnen durch den Tod entrissen. Oder brach die Treue und stieg aus. Nun müssen sie allein zurechtkommen.

Manche Ehen werden auch durch eigenes Verschulden zerrüttet, und in einigen Fällen gelingt eine Versöhnung nicht, weil der andere Partner resigniert hat. Das alles macht traurig, tut bitter weh!

Eines Tages aber wird Jesus seine „Braut“ heiraten. Bei dieser Traumhochzeit nimmt er alle Menschen zu sich, die ihm vertrauen und die sich ihm anvertraut haben. Er ist der „Erfinder“ des Glücks, und wir können sicher sein, dass dieses Glück jeden Spaß, jedes Vergnügen und jede wonnevolle Ekstase um Lichtjahre übersteigt. Dann wird unsere Freude durch nichts getrübt.

Wer das weiß und glauben kann, der kann sich mit leichtem Herzen darauf freuen und rufen: „Jesus, komm lieber schon heute!“

SR

16.11.

Die drei wichtigsten Worte der Bibel

JESAJA 43,1 SLT

Und nun, so spricht der HERR, der dich geschaffen hat, Jakob, und der dich gebildet hat, Israel: Fürchte dich nicht, denn ich habe dich erlöst! Ich habe dich bei deinem Namen gerufen; du bist mein.

Hast du dir schon einmal Gedanken darüber gemacht, was Gott dir ganz persönlich sagen möchte? Wenn er nur einen kurzen Satz für dich hätte, nur ein paar Worte, in denen er seine ganze Liebe ausdrücken würde, wie würde sich das anhören? Manchmal frage ich mich das wirklich! Bei mir läuft nicht immer alles glatt. Die Probleme wachsen mir oft über den Kopf. In solchen Momenten würde ich gern wissen, ob Gott mein kleines Leben anschaut – die vielen Fehler, die ich mache – und einfach nur den Kopf über mich schüttelt.

Ich habe lange gebraucht, bis ich eine Antwort fand. Aber dabei entdeckte ich einen Satz, den Gott mir geschenkt hat. Dieses Versprechen aus Jesaja 43,1 gilt auch dir und jedem, der sich nach Gott sehnt. Gottes Stimme ist nicht immer laut, doch wer sie erkennen möchte, der wird hören, wie Gott drei Worte flüstert, in denen alles steckt, was ich brauche: „DU BIST MEIN!"

Vielleicht meinst du, du hättest zu viel gesündigt und könntest so nicht zu Jesus kommen. Aber Jesus sagt: „Du bist mein! Ich bin für deine Sünden gestorben." Vielleicht denkst du, du bist es nicht wert, Gottes Kind zu werden. Doch Jesus sagt: „Du bist mein! Ich habe dich für den Preis meines Blutes erworben, so kostbar bist du mir!" Vielleicht glaubst du, in deinem Leben stünden zu viele Fragen offen – du könntest dich hier und jetzt noch nicht für Jesus entscheiden. Doch Jesus sagt: „Du bist mein! Ich werde dir Frieden geben."

DU BIST MEIN. Egal wo du gerade stehst, egal was gerade in deinem Leben schief läuft, nichts ist zu schwer, als dass Jesus es nicht tragen könnte. Er möchte dein Zufluchtsort sein. Wenn du Zeit mit ihm verbringst, dann ist das deine Zeit zum Aufatmen. Ich habe gehört, wie mir Gott diese drei Worte sehr sanft zugeflüstert hat. Für mich sind sie die wichtigsten Worte der Bibel geworden. Ich weiß jetzt, was Gott mir ganz persönlich sagen möchte: Ich lade dich ein. – Finde es auch heraus. Versuch es noch heute und du wirst sehen, dass Gott dich nicht enttäuscht.

YG

17.11.

Der größte Gerichtsprozess aller Zeiten

OFFENBARUNG 4,11

Herr, unser Gott, du bist würdig, zu nehmen Preis und Ehre und Kraft …

Im Mai 1999 begann in Den Haag der Monsterprozess gegen den damaligen Präsidenten der Bundesrepublik Jugoslawien, Slobodan Milosevic. Im April 2001 wurde er verhaftet und nach Den Haag überstellt. 35.000 Seiten Gerichtsprotokolle, 600.000 Seiten Beweismittel und 400 Zeugen sollten beweisen, dass Milosevic für Völkermord, Kriegsverbrechen, Deportation und vieles andere mehr die Hauptverantwortung trug. Als 2006 das langwierige Verfahren fast zum Ende kam, starb Milosevic an einem Herzinfarkt. Der Fall wurde nie völlig abgeschlossen.

Ein ganz anderes Verfahren läuft seit Jahrtausenden gegen unseren Schöpfer. Ihm wird Ungerechtigkeit, Betrug, Machtmissbrauch und Manipulation vorgeworfen. Luzifer höchst persönlich ist der Ankläger, aber der Prozess erstreckt sich auch auf Menschen. Ihnen wird Untreue, Bosheit, Unehrlichkeit und vieles andere mehr zur Last gelegt. Dieses Gericht ist noch nicht abgeschlossen, immer noch wird Beweismaterial gesammelt. Der Aktenstapel dürfte mittlerweile astronomische Ausmaße angenommen haben, vielleicht auch deshalb, weil die Ereignisprotokolle wirklich alles enthalten, was Menschen tagtäglich reden und tun. Und auch Gottes Handeln wird genau beobachtet.

In Offenbarung 12,10.11 beschreibt Johannes drei gewaltige Aspekte dieses Prozesses.

1. Gott wird vollständig rehabilitiert. Seine Unschuld ist zweifelsfrei bewiesen.
2. Der Ankläger, Luzifer, wird verworfen. Seine Anklagen haben sich allesamt gegen ihn selbst gewendet!
3. Menschen sind die Kronzeugen gegen Luzifer und für Gott. Menschen bezeugen, dass Gott seinen wahren Charakter dadurch bewiesen hat, dass er alles aufgab und bereit war zu sterben. Und sie selbst beweisen dies durch die Veränderung ihres Lebens und dem Gehorsam gegenüber Gottes Gesetz – und zwar aus Liebe zu ihrem Erlöser.

Ich hoffe und bete, dass wir, du und ich, auch zu diesen Kronzeugen gehören. Dann werden wir kräftig einstimmen in den gigantischen Lobpreischor des Universums, bei dem auch die Engel mitsingen: „Du bist zu Recht der König des Universums und dir gebührt alle Ehre und Anbetung!"

KR

18.11.

Wer kommt auf das Siegerpodest?

1. KORINTHER 9,24 NL

Denkt daran, dass alle wie in einem Wettrennen laufen, aber nur einer den Siegespreis bekommt. Lauft so, dass ihr ihn gewinnt!

Völlig durchnässt vom Schweiß, erschöpft und durstig durchbricht Dennis Kipruto Kimetto aus Kenia am 28. September 2014 nach 2 Stunden 2 Minuten und 57 Sekunden das Zielband. 42,195 km liegen hinter ihm, die Zuschauer jubeln und klatschen, er wird umarmt, versorgt, gefeiert: neuer Marathon-Weltrekord, Schauplatz Berlin. Damit hat er seinen Landsmann Wilson Kipsang vom Podest gestoßen, der ein Jahr zuvor um 26 Sekunden langsamer war.

Paulus hat vielleicht auch einmal einen solchen Lauf beobachtet. Zumindest wusste er aber, welche Vorbereitung und welchen Kampfgeist ein solcher Wettbewerb von den Teilnehmern fordert. Getrieben von dem einzigen Gedanken, „Das Ziel erreichen!", laufen sie beim Startsignal los und lassen sich von nichts und niemandem mehr aufhalten – meistens zumindest. 1912 schlief der Japaner Shiso Kanaguri bei Kilometer 30 nach einem Glas Saft ein und kam so nicht rechtzeitig ins Ziel.

Anders als beim üblichen Sport gibt es in der Bibel nur zwei Gruppen von Menschen, Sieger und Verlierer. Alle stehen entweder auf dem Siegerpodest oder nicht. Da oben ist genug Platz für Millionen. Alle bekommen dort den heiß begehrten Siegeskranz – heute ist das der Pokal oder die Goldmedaille. Alle werden da oben in einem gigantischen Freudenfest gefeiert, bei dem es keinerlei Eifersucht, Beleidigtsein oder Enttäuschung gibt. Denn sie alle haben das Ziel erreicht, das sie vor Augen hatten. Sie haben sich durch nichts und niemanden davon abbringen lassen, mit Ausdauer, maximaler Kraftanstrengung und unerschütterlichem Zielbewusstsein diesen Lauf zu vollenden. Und niemand muss Angst haben, von einem anderen, besseren Läufer verdrängt zu werden.

Gott macht keinen Unterschied zwischen den Menschen. Er liebt alle völlig gleich und absolut uneingeschränkt, auch wenn das für uns Menschen schwer vorstellbar ist. Er hat jeden mit besonderen Fähigkeiten ausgestattet und damit jedem einen Platz im Leben gegeben. Keiner ist wichtiger als der andere, keiner ist besser, schöner, netter, schneller usw. Denn wer sich von Gott, dem Schöpfer und Erlöser so geliebt weiß, der braucht keinen Vergleich. Er legt sich ruhig in die Hand Gottes und weiß: „Er hat mich lieb um meiner selbst willen."

KR

19.11.

Brillenträger

PSALM 36,10 EB

Denn bei dir ist der Quell des Lebens; in deinem Licht sehen wir das Licht.

Hast du heute schon nachgedacht? Gegrübelt und studiert? Unsere Gedanken … die sind so eine Sache. Ist ja fein, wenn wir fröhlich durch die Welt spazieren, voller positiver Gedanken. Stichwort: Das ist ja heute das Motto unserer Zeit. Denke positiv! So heißt es an allen Ecken und Enden. Entdecke den Gott in dir! Denke, du schaffst es – dann schaffst du es auch. Klingt gut, nicht wahr? Wäre schön, wenn es auch so leicht funktionieren würde …

Aber mal ganz ehrlich: Krach zuhause, Partner weg, Mobbing am Arbeitsplatz – ist doch überhaupt kein Problem! Denk nur positiv! Es hat doch alles einen Sinn! Und überhaupt: Be happy! Lächle in die Welt – und sie lächelt zurück!

Wie wäre es mit ein bisschen Realitätssinn? Das Leben ist eben manchmal nur noch zum Heulen. Ist ja auch gut, dass wir weinen können – das erleichtert die Seele und schwemmt manchen Schmerz hinaus. Das ist eben echt. Und wer echt ist, verzichtet darauf, sich und anderen etwas vorzuspielen. Der ist authentisch und kann zu sich stehen.

Wie ist das aber jetzt mit den positiven Gedanken? Kann ich meine Gefühlslage nicht doch auch beeinflussen? Bin ich meinen Stimmungen hilflos ausgeliefert?

Eines ist klar: Die Gedanken beeinflussen die Gefühle. Das kennen wir auch umgekehrt. Wenn ich zum Beispiel immer wieder denke: „Das schaffe ich nie. Ich bin ein richtiger Versager" – puh, dann fühle ich mich auch ziemlich mies! Meine „schwarze Brille" nimmt ja nur das wahr, was ich fix erwarte.

Welche Brille trägst du? Die des Zweifels und Pessimismus? Oder siehst du klar, die Welt voller Farben und die Sonne am Himmel? Gott hat uns das Leben geschenkt, damit es uns gut geht. Rede doch mal mit Gott darüber, wie Leben wirklich ist, dass er dir den Durchblick schenken soll. Und du wirst erleben: Stück für Stück kehrt die Sonne zurück und du freust dich an dem, was Gott mit Leben gemeint hat!

CF

20.11.

Satt, glücklich und zufrieden?

JOHANNES 10,10 EB

Ich bin gekommen, damit sie Leben haben und es in Überfluss haben.

Hast du Hunger – oder bist du satt? Vielleicht vollgestopft mit allem Möglichen, zum Platzen voll – und dennoch nicht zufrieden? Dann könnte es sein, dass du dich nicht ganz richtig ernährst.

Hm, ob es da bei der Nahrung für unser „Herz" so ganz anders aussieht? Wir werden ja den ganzen Tag „gefüttert", mit Bildern, Nachrichten, Infos, Werbung, Daten und Eindrücken – und wir konsumieren, was nur irgendwie geht. Gesunde Ernährung für die Seele? Weit gefehlt. Sie ist gerade dabei, an der Menge von Zeug, das wir in uns aufsaugen, zu ersticken – eine totale Belastungsprobe für den inneren Menschen. Scheint eine Diät angesagt zu sein – doch wie funktioniert das bei Herz und Hirn!?

Was wir brauchen, ist nämlich nicht Junk Food für unseren „inneren Menschen", sondern gute Gedanken, eine positive Ausrichtung und eine große Portion Gottvertrauen. Das alles zusammen ergibt eine wunderbare

Mischung, die heilenden Charakter und stärkende Wirkung hat. Probier es aus – du wirst sehen, es wirkt! Doch dazu ist ein entschlossener Schritt notwendig. Wir müssen darauf vertrauen, dass Bibel und Co eine Menge Vitamine für die Seele enthalten, während uns das Billigessen von der Straße langsam, aber sicher vergiftet.

Nun, hast du Appetit bekommen? Greif zu und schlag mal wieder deine Bibel auf. Dort findest du einfache, klare Rezepte gegen die Übelkeit der Seele und die Verdauungsprobleme des Geistes. Und das garantiert ohne schädliche Nebenwirkungen! Wo findet sich denn sonst noch so etwas Heilsames!? Unser körperliches und seelisches Wohlbefinden spielt eine wichtige Rolle in der Lebensgestaltung. Das weiß auch Gott – klar, er hat ja den Bauplan des Lebens entworfen! Wie der Mechaniker die besten Instruktionen für das Auto weiß, so kennt der Schöpfergott die Regeln, nach denen wir Menschen „funktionieren". Grund genug also, ihm zu vertrauen – auch, oder vor allem, was unsere seelische Ernährung betrifft. Eines ist nämlich sicher: Gott will uns satt machen, glücklich und zufrieden!

CF

21.11.

Himmlische Ruhe

MARKUS 4,38

Und er war hinten im Boot und schlief auf einem Kissen. Und sie weckten ihn auf und sprachen zu ihm: Meister, fragst du nichts danach, dass wir umkommen?"

Der Sturm tobt heftig. Die Wellen türmen sich auf und schlagen sogar in das Boot hinein. Die Jünger versuchen, dem Sturm zu trotzen und das eindringende Wasser wieder hinaus zu schöpfen. Aber schließlich müssen sie Jesus wecken und fragen ihn vorwurfsvoll: „Ist es dir denn egal, dass wir alle umkommen?" Doch Jesus musste nur zum Wind und den Wellen sprechen, sofort legten sie sich.

Bedenken wir: Unter den Jüngern waren sehr erfahrene Fischer, die schon so manchen Sturm erlebt hatten. Wenn sie befürchteten, sie könnten ertrinken, war das sicher keine Panikmache, sondern realistisch. Bedenken wir auch, dass Jesus durch das eindringende Wasser und den Wind nass und kalt geworden sein muss. Und doch schläft er in aller Gelassenheit ganz ruhig weiter.

Sehnst du dich auch danach? Trotz aller äußeren Umstände, die dein Leben zu bedrohen scheinen, ganz ruhig schlafen zu können; trotz aller sich aufdrängenden Sorgen gelassen jeden Tag genießen können? Aus der knappen Antwort Jesu auf die vorwurfsvolle Frage der Jünger lässt sich ableiten, dass das für jeden von uns nicht nur möglich ist, sondern von Gott gar erwartet wird: „Was seid ihr so furchtsam? Habt ihr noch keinen Glauben" (Markus 4,40)?

Mit anderen Worten: Der Mangel an Vertrauen zu Gott macht uns so unruhig und sorgenvoll. Das „noch" zeigt, dass wir durchaus vom Kleinglauben zum „Großglauben" gelangen können. Dass wir reifen und wachsen dürfen, bis wir aus Erfahrung sagen können: „Sorgt euch um nichts; sondern in allem lasst durch Gebet und Flehen mit Danksagung eure Anliegen vor Gott kundwerden. Und der Friede Gottes, der allen Verstand übersteigt, wird eure Herzen und eure Gedanken bewahren in Christus Jesus" (Philipper 4,6.7)!

Hier wird uns versprochen: Der Friede Gottes wird alle Sorgen besiegen, wenn wir fest darauf vertrauen, dass Gott auch da noch Auswege kennt, wo wir nur Sackgassen sehen. Der dem Wind und dem Meer gebietet, der auf dem Wasser laufen kann, ist auch groß genug, all unsere Probleme in einem einzigen Moment zu lösen. Vertraue ihm deine Sorgen an, er kann und wird sich um alles kümmern!

RG

22.11.

Segen oder Fluch?

1. MOSE 12,2 EB

… und du sollst ein Segen sein!

Manchmal scheint es wie ein Fluch. Und irgendwo in mir steckt das „Warum?“, auch wenn ich es nie ausgesprochen habe. Ich weiß nicht, was dein persönlicher Fluch ist. Vielleicht ist es die Depression, die wieder zurückgekehrt ist. Vielleicht die Krankheit deiner Schwester, die eurer Familie viel Kraft raubt. Die Alkoholabhängigkeit, die deinen Vater fest im Griff hat. Oder der Schmerz über damals, als sich jemand mit Gewalt deinen Körper genommen hat. Vielleicht ist es der Blick in den Spiegel, in ein Gesicht mit vielen Akne-Narben.

Ich weigere mich, bei diesen Dingen ein „nur“ zu benutzen oder ein „es gibt Schlimmeres“. Was hilft das? Was dir gerade weh tut, schmerzt auch dann, wenn du weißt, dass es noch viel schlimmer sein könnte.

Unsere Teilantworten lösen das Rätsel nicht vollständig, warum ausgerechnet dieser oder jener Fluch auf uns lastet. Aber ich klammere mich weiter daran: Gott IST gut. Er will, dass du und ich eines Tages dieses oft so schmerzerfüllte Leben hinter uns lassen und bei ihm das wahre, vollkommene Leben bekommen. Und inzwischen meine ich zu wissen, dass uns oft gerade die Schmerzen des Lebens in das tiefere Vertrauen zu Gott führen, das wir so dringend brauchen.

Gott wäre nicht der, der er ist, wenn er nicht noch mehr aus all dem Leid machen könnte. Wenn du gelitten hast, weißt du, was Leid bedeutet. Es klingt verrückt, aber es ist eine Gabe. So wie andere Gaben kannst du sie verkümmern lassen. Dann bleibt sie nicht mehr für dich als ein elender Fluch. Aber Gott will Besseres für dich: Dass du diese Gabe dazu gebrauchst, um anderen ein Segen zu werden.

Sei eine Oase für einen Menschen, der sich nach tiefem Mitgefühl sehnt. Sei ein Mensch, der einem anderen ehrlich sagen kann: „Ich weiß, wie das ist." Sei eine Person, die so manche Antwort für den anderen hat, weil du Ähnliches erlebt hast. Erspüre, erdenke und erbete, ob der Moment gekommen ist, etwas von dir preis zu geben. Manchmal kannst du gar nicht ahnen, was für einen gewaltigen Unterschied das für einen anderen macht.

„Und du sollst ein Segen sein!" Das sagte Gott zu Abraham. Du bist nicht Abraham. Ich bin es auch nicht. Aber alle seine Kinder dürfen ein Segen sein. Jeder in seiner einzigartigen Weise. Heute ist ein neuer Tag dafür.

NB

23.11.

Ich bin geliebt

JESAJA 43,4

Weil du in meinen Augen so wert geachtet und auch herrlich bist und weil ich dich lieb habe.

Der Maßstab, mit dem man heute beurteilt, ob jemand wertvoll ist, zieht sehr vergängliche Eigenschaften in Betracht: Schönheit, Intelligenz, Leistung, Reichtum oder Jugend. Aber bin ich wirklich wertvoller, weil ich blond bin? Ich war einmal ein blondgelockter junger Mann – aber ich hatte trotzdem Probleme, denn zu meiner Zeit waren glatte Haare modern. Ich konnte meine Locken nicht ertragen! Was habe ich nicht alles versucht, um meine Haare glatt zu kriegen! Zuckerwasser habe ich in meine Haare geschmiert, nachts trug ich ein Haarnetz. Es nützte nichts! Heute habe ich eine Glatze – vielleicht sind mir die Haare gerade durch die Gewaltkuren ausgegangen? Aber ich habe gelernt, mich anzunehmen, so wie ich bin.

Der Gedanke, „ich wär so gern wie …", ist für die Seele krankmachend. Das, was der andere hat und ist, wird auf uns oft mehr Anziehungskraft ausüben als das, was wir sind und haben. Doch jeder von uns muss lernen, dass es im Leben nicht immer gerecht zugeht. Wir sind stets von Menschen umgeben, die erfolgreicher, schöner, schlanker, größer, intelligenter oder

– auf den ersten Blick zumindest – glücklicher sind. Der Blick auf den Erfolg des anderen bremst uns und unser Neid zerstört Beziehungen.

Unseren Wert bekommen wir allein vom Schöpfer, der uns liebt. Wer seine Wertschätzung annimmt, der wird unabhängiger von Menschen und von Umständen. Einige Sätze haben mir geholfen, mich anzunehmen, wie ich bin. Sie sind wahr und zeitlos:

1. Ich bin wertvoll, *weil* ich bin, nicht – *wie* ich bin! Ich bin geschaffen, gewollt, geplant und das macht mich wertvoll. Alles was geschaffen und nicht zufällig da ist, ist wertvoll!
2. Ich bin geliebt. Die Bibel sagt: „So sehr hat Gott die Welt geliebt, dass er seinen eigenen Sohn gab, damit alle, die an ihn glauben, nicht verloren gehen, sondern das ewige Leben haben.“ (Joh 3,16)
3. Ich bin wertvoll, weil ich Gottes Kind bin – ein Königskind! Prinzen oder Prinzessinnen werden besonders wertgeschätzt. Unser Vater ist der König aller Könige, darin liegt unser Wert.

Du bist wertvoll! Gott ist enttäuscht, wenn sich seine Kinder gering einschätzen. Er wünscht sich, dass sich seine Auserwählten nach dem Preis beurteilen, den er für sie bezahlt hat. Den Herrn verlangt nach ihnen. Andernfalls hätte er seinen Sohn nicht mit einem so teuren Auftrag gesandt: nämlich, sie zu erlösen. (Ellen G. White, *Das Leben Jesu,* S. 665)

RF

24.11.

„Einmal Komplett-wäsche spezial, bitte!"

JESAJA 1,18

Wenn eure Sünde auch blutrot ist, soll sie doch schneeweiß werden.

Schon einmal an einem Fahrrad, Moped, Rasenmäher oder Auto herumgebastelt? Stundenlang werden da Schrauben und Teile entfernt, überprüft, getauscht, gereinigt. Manches macht Probleme und zehrt am Geduldsfaden, manches geht auch ganz leicht von der Hand. Ja, die Hände, … die sehen dann meist fürchterlich aus, manchmal trägt sogar das Gesicht „Dekospuren".

Wasser hilft wenig gegen dieses schmierige Zeug, Seife ist schon besser. Am besten schrubben wir unsere Hände mit Werkstattseife, die sich anfühlt wie eine Mischung aus Seife und Sand. Allerdings bleibt selbst da oft noch ein wenig Schmutz übrig, unter den Fingernägeln, in den Rillen der Finger. Der Schmutz ist hartnäckig und klebt so richtig an der Haut fest.

Geht es dir manchmal auch mit deinem Herzen so? Dieses dumpfe und drückende Gefühl im Bauch, die schwere Last des schlechten Gewissens und der Gedanke, ob das denn nie aufhört mit der Sünde. Sie klebt an dir wie Öl und Schmiere.

Die Bibel spricht von einem ganz eigenartigen Reinigungsmittel: „Das Blut Jesu … macht uns rein von aller Sünde … Wenn wir aber unsre Sünden bekennen, so ist er treu und gerecht, dass er uns die Sünden vergibt und reinigt uns von aller Ungerechtigkeit“ (1. Johannes 1,7.9).

Wie kann denn Blut reinigen? Das ist nicht wörtlich zu verstehen. Das Blut Jesu ist ein Symbol für seinen Tod. Er hat für uns sein Blut vergossen, er ist an unserer Stelle gestorben, damit wir Vergebung bekommen. Und deshalb kann und darf ich zu Gott kommen, und mir wird diese klebende Schuld abgespült!

Aber Blut hat noch eine tiefere, geniale Bedeutung aus dem praktischen Alltagsleben. Unser Blut ist tatsächlich ein Reinigungsmittel! Es enthält winzige Vernichtungsmaschinen, die Krankheitserreger töten und gemeinsam mit anderem „Dreck“ entsorgen! So will mich auch Jesus durch sein Blut von meiner Krankheit der Sünde heilen und jeden Müll aus meinem Leben entfernen. Gott ist einfach genial!

KR

25.11.

Der Adventskalender

SPRÜCHE 3,6

… sondern gedenke an ihn in allen deinen Wegen, so wird er dich recht führen.

Wie jedes Jahr fand ich auch dieses Mal wieder Ende November einige selbst gebastelte Adventskalender in meinem Gemeindefach vor, dieses Mal zum Thema „Danke, für alle guten Freunde …" nach dem bekannten Lied. Ich beschloss, einige dieser kleinen, unscheinbaren Papierkalender meinen Kollegen in der Schule zu schenken.

Als ich am Morgen des 1. Dezember 2014 die Schule betrat, stieß ich ein Stoßgebet zum Himmel: „Lieber Vater, ich habe genau drei Kalender zum Verschenken. Einen für den Direktor, einen für die Schulsekretärin, aber wer soll den dritten bekommen? Du weißt, ich habe 54 KollegInnen. Lass es doch bitte so sein, dass die erste Person, die mir heute Morgen begegnet, die richtige für diese Texte ist!"

Noch bevor ich die Tür zum Konferenzzimmer öffnen konnte, sprang sie auf. Eine Kollegin stand vor mir. Ich zögerte kurz, erinnerte mich jedoch gleich an mein Versprechen. Wenn ich mit Gott etwas im Gebet ausmache, dann ist das wie ein Eid oder ein Bund. Ich bin daran gebunden.

Also entschied ich mich, einfach das zu sagen und zu tun, was ich mir vorgenommen hatte.

Plötzlich bemerkte ich eine Veränderung im Gesicht meiner Kollegin. Hatte ich etwas Falsches gesagt oder getan? „Ach", erwiderte sie mit beschlagener Stimme, „du kannst das ja nicht wissen. Aber erst gestern Abend habe ich zu meinem Mann gesagt: Seit Jahrzehnten bastle ich Weihnachtskalender für andere und noch nie hat mir jemand einen Kalender geschenkt. Du bist die Erste. Ich danke dir!" Sie umarmte mich herzlich.

Einige Tage später kam sie freudestrahlend auf mich zu und erzählte: „Ich nehme mir jeden Morgen einige Minuten Zeit und zünde eine Kerze an. Dann lese ich in deinem Adventskalender und denke darüber nach. Diese Texte sprechen mich besonders an, weil sie ohne viele Worte das Herz berühren." So hatte ich das übrigens auch empfunden.

Ich danke Gott, dass jeder Tag mit ihm ein Abenteuer ist!

MW

26.11.

Zwei Traghilfen

MATTHÄUS 11,29.30

Nehmt auf euch mein Joch und lernt von mir; denn ich bin sanftmütig und von Herzen demütig; so werdet ihr Ruhe finden für eure Seelen. Denn mein Joch ist sanft, und meine Last ist leicht.

„Ein kalter Tag", tschilpte der Spatz. „Heut Nacht gab's Frost. Das werden viele nicht überlebt haben. Dort drüben liegt auch jemand." Er flatterte zu einem dunkelbraunen Bündel hinüber, das reglos am Boden lag: eine Amsel. Sie hielt beide Beine zum grauen Dezemberhimmel empor gestreckt.

Der Spatz seufzte mitleidig. Da fiel ihm auf, dass unter den Brustfedern immer noch das Vogelherz klopfte. „Hey Amsel", rief er und schlug wild mit den Flügeln. „Du bist ja noch am Leben! Schnell, beweg dich, rühr dich, sonst erfrierst du!" Da öffnete die Amseldame pikiert die Augen und murmelte: „Stör mich nicht bei meiner Arbeit! Verschwinde! Ich habe eine wichtige Aufgabe zu erfüllen."

„Hm... Aber warum liegst du so unbeweglich auf dem Rücken und streckst die Beine nach oben? Du bist ja schon ganz verkrampft. Wozu soll das gut sein?" Die Amsel piepste: „Siehst du das denn nicht? Ich trage den Himmel mit meinen Beinen. Sobald ich meine Beine anziehe, stürzt der Himmel auf uns herab."

„Wirklich? Der große Himmel ruht auf deinen schwachen Beinen?" „Von wegen schwach", keuchte die Amsel, „meine Beine sind stark und kräftig. Aber ich darf nicht lockerlassen, ich bin dafür verantwortlich, dass der Himmel da oben bleibt."

In diesem Augenblick löste sich ein welkes Blatt vom Baum und fiel raschelnd zur Erde. Die Amsel zuckte zusammen, ihr Fluchtreflex riss sie herum und im Nu war sie weggeflattert. Der Spatz spähte nach oben, weil er sehen wollte, was nun der Himmel machte, so ganz seiner Stütze beraubt … doch er blieb an seinem Ort, so wie ihn Gott der Herr damals bei der Schöpfung installiert hat.

Wie diese kleine Fabel schon sagt: Nicht wir tragen den Himmel, sondern der Himmel „trägt" uns. Unsere Verantwortung hat Grenzen. So manche Last wurde uns gar nicht von Gott oder vom „Leben" aufgebürdet. Wir haben sie uns selber aufgeladen, weil uns Demut fehlt: wir überschätzen die eigene Kraft, kennen unsere Grenzen nicht. Wir wollen alles selber machen. Mit dem Kopf durch die Wand?

SR

27.11.

Sch.n.e.e.

1. MOSE 8,22

Solange die Erde steht, soll nicht aufhören … Frost und Hitze, Sommer und Winter …

Wenn es im Herbst kälter wird, dann erwarten Kinder und auch Erwachsene mit großer Spannung jenen Tag, an dem der erste Schnee fällt. Dann beginnt in den Köpfen sozusagen der Winter. Ohne Schnee ist er irgendwie langweilig und enttäuschend.

Aber es gibt auch andere Reaktionen: Manche schimpfen über den Schnee, fürchten ihn sogar. Schnee hat auch schlechte Eigenschaften, zumindest wenn man an den Verkehr und an die Lawinen denkt, oder an sein Gewicht, das sogar Häuser zum Einsturz bringen kann.

Und dann gibt es noch eine Seite, die man leicht übersieht: Schnee schützt Tiere und Pflanzen. Schnee besteht aus kleinen Eiskristallen, die sich verklumpen. Dazwischen hat viel Luft Platz. Am Boden entsteht also so etwas wie eine Wärmedämmung aus Eis. Diese Schicht verhindert, dass die kalten Winterstürme Pflanzen und Tiere ausrotten. Diesen Schutzeffekt nutzen auch die Eskimos, die aus Schnee sogar Häuser bauen und darin leben, kochen, schlafen und spielen. Schnee beweist, dass Gott für alle Fälle vorgesorgt hat, und das auf wunderbare und unerklärliche Weise.

Und Schnee ist ein Bote. Wenn er im Frühjahr zu schmelzen beginnt, dann wissen alle: Die Kälte ist gebrochen, das Leben kehrt wieder zurück mit seinen Farben, Düften und Früchten. Der kalte Winter schmerzt und fordert so manches Opfer.

Aber: der **Sch**merz **N**immt **E**in **E**nde.

Das ist die Hoffnungsbotschaft, die wir alljährlich mit all unseren Sinnen wahrnehmen können.

KR

28.11.

Das ist doch nur Essen …

1. KORINTHER 10,31

Ob ihr nun esst oder trinkt oder was ihr auch tut, das tut alles zur Ehre Gottes.

„Muss ich wirklich so gesund essen? Es ist doch auch in Ordnung, wenn ich in Maßen Ungesundes konsumiere. Das ist ja keine Sünde."

So dachte ich auch, bis ich von Ellen White die Bücher *„Auf den Fußspuren des großen Arztes"* und *„Counsels on diet and food"* las. Da begriff ich, warum es wichtig ist, unsere Gesundheitsbotschaft konsequent zu leben. Denn neben der körperlichen Verfassung hat unsere Nahrung auch einen Einfluss auf die geistigen Kräfte und unsere Willenskraft. Sie beeinflusst auch unsere Widerstandsfähigkeit gegen Versuchungen und die Empfänglichkeit für den Heiligen Geist. Ellen White sagt dazu, dass „die Ernährung viel zu tun hat mit der Bereitschaft, sich in Versuchung zu begeben und Sünden zu begehen." Wenn wir uns falsch ernähren, „lassen wir der

Erlösung und dem ewigen Leben nicht die Wertschätzung zukommen, die [uns] begeistert, [unser] Leben Christus anzupassen."

Anfangs dachte ich, dass es nicht so krass sein kann, wie sie es schildert. Dann beschloss ich aber, es einfach einmal auszuprobieren. So folgte ich Ellen Whites Ratschlägen, aß keine Zwischenmalzeiten mehr, aß nur noch so viel, bis ich knapp vor dem vollen Sättigungsgefühl war, aß keine übermäßig süßen Dinge mehr und mied tierische Lebensmittel.

Zu meinem Erstaunen musste ich feststellen, dass sich in meinem geistlichen Leben wirklich etwas änderte. Plötzlich konnte ich mich besser beherrschen. Ich konnte Versuchungen eher widerstehen; sie hatten sogar teilweise keine Macht mehr über mich.

So muss ich sagen: Das ungesunde Essen ist keine Heilsfrage, kann aber doch in seinen Konsequenzen auf unseren Geist dazu führen, dass ich meine Beziehung zu Jesus schwäche. Genauso wird eine gesunde Lebensweise mir mehr Lebensqualität geben und mich auf meinem Glaubensweg unterstützen.

Wäre das nicht einen Versuch wert?

RL

29.11.

Verborgene Schätze

MATTHÄUS 13,44 NL

Das Himmelreich ist wie ein Schatz, den ein Mann in einem Feld verborgen fand. In seiner Aufregung versteckte er ihn wieder und verkaufte alles, was er besaß, um genug Geld zu beschaffen, damit er das Feld kaufen konnte – und mit ihm den Schatz zu erwerben!

Viele junge Leute stellen sich die Frage: Wenn die Schöpfungsgeschichte, die in der Bibel beschrieben ist, wirklich der Wahrheit entspricht, wieso glauben dann so viele große Wissenschaftler daran, dass unser Universum aus dem Nichts entstand?

Ich denke, in dieser Frage haben sich viele von uns, beeinflusst von der Schulbildung und den „Mainstream-Medien", eine etwas undifferenzierte Meinung gebildet. Auch wenn nicht allzu bekannt, waren doch einige der größten Naturwissenschaftler gläubige Christen. Ein paar Beispiele:

29.11.

„Die Erhabenheit Deiner Schöpfung wollte ich den Menschen verkünden, soweit mein beschränkter Verstand Deine Unendlichkeit begreifen konnte." (Johannes Kepler)

„Astronomie treiben heißt, die Gedanken Gottes nachlesen." (Werner Heisenberg, Mitbegründer der Quantenphysik)

„Der erste Trunk aus dem Becher der Naturwissenschaft macht atheistisch; aber auf dem Grund des Bechers wartet Gott." (Albert Einstein)

„Im unbegreiflichen Weltall offenbart sich eine grenzenlos überlegene Vernunft – die gängige Vorstellung, ich sei ein Atheist, beruht auf einem großen Irrtum. Wer sie aus meinen wissenschaftlichen Theorien herausliest, hat diese kaum begriffen." (Albert Einstein)

Heutzutage werden wir als Christen, die an die Schöpfung glauben, schnell lächerlich gemacht. Die Wahrheit ist somit quasi „im Feld" verborgen. Wenn nun aber jemand Antworten auf die großen Fragen des Lebens sucht – Woher komme ich? Wohin gehe ich? Wieso existiere ich überhaupt? –, dann kann er sie nicht bei berühmten, modernen Wissenschaftlern oder komplexen menschliche Philosophien finden. Er kann nicht zu weisen Menschen pilgern oder einen berühmten Guru im Himalaya aufsuchen. Nein, er muss dieses verachtete und verlachte Buch in die Hand nehmen, das aber so überzeugend antwortet.

Verborgen in einem Feld. Ja, heutzutage ist es echt so, dass die Wahrheit in einem Feld verborgen ist. Die meisten Menschen laufen einfach daran vorbei, ohne zu wissen, was für ein gewaltiger Schatz dort vergraben liegt.

Möchtest du ihn ausgraben? Der Mann in diesem Gleichnis hat alles verkaufen müssen. Das ist nicht unbedingt gemeint. Aber es wird dich viel kosten. Und es lohnt sich ungemein, weil du die besten Antworten für dein Leben bekommst.

JaW

30.11.

Wofür lebe ich?

LUKAS 10,27 EB

Du sollst den Herrn, deinen Gott, lieben aus deinem ganzen Herzen und mit deiner ganzen Seele und mit deiner ganzen Kraft und mit deinem ganzen Verstand und deinen Nächsten wie dich selbst.

Was bewegt dich tief im Herzen? Da, wo es plötzlich ganz laut wird, wenn es um dich herum endlich einmal still ist. Wenn wir zur Ruhe kommen, dann werden aus fünf Gedanken auf einmal gefühlte Tausend. So kenne ich es und du kennst das vielleicht auch. Ich verrate dir eine Frage, die mich innen oft bewegt: „Was will ich mit diesem Leben anfangen?"

Große Frage, nicht wahr? Man kann sie kaum mit einem Mal beantworten. Wichtiger als die Fragen: „Was will ich studieren?" und „Wo möchte ich arbeiten?" ist: „Woran hängt mein Herz? Womit will ich mein Dasein füllen? Wofür lebe ich?" Dabei geht es nämlich um mehr als Studium und Arbeit.

Ich höre schon jemanden sagen: „Ach, er ist doch noch viel zu jung, um solche Frage zu beantworten." Und: „Hauptsache, sie gibt ihr Leben Jesus. Der Rest kommt, wenn sie mehr Erfahrung hat." Ja und nein. Natürlich, das IST die Basis von allem im Leben: Jesus haben. Und, ja, meine Sichtweise auf viele Dinge hat sich mit den Jahren verändert. Ich sehe heute manches anders als mit 17. Und das hat ganz sicher nichts damit zu tun, dass ich heute ein besserer Mensch wäre!

Aber den Gedanken, dass man mit 17 oder 15 oder 13 nicht in die Tiefe denken kann, den solltest du trotzdem nicht auf dir sitzen lassen. Die Frage, „Was will ich mit diesem Leben anfangen?", ist nicht erst ab 18 freigegeben. Du denkst für dich selbst, du hast deine Fragen, du hast deine Kämpfe und du hast deine Träume. Und deine Eltern können nicht für dich entscheiden, ob du Jesus hereinlässt oder nicht. Es liegt an dir.

Hier gibt es keine Patentantwort. Auch für einen gläubigen Menschen nicht. Aber Gott hat uns im obigen Vers einen Grundsatz genannt. Der steht fest. Nichts ist weiser, als sich daran zu orientieren. Aber wie wirst du diesen Worten in deinem Leben Gestalt geben? Heute. Nicht erst, wenn du deinen Schulabschluss hast oder einen akademischen Titel. Nicht erst, wenn du finanziell unabhängig oder offiziell erwachsen bist.

Heute.

Gott hat tiefste Sehnsucht nach dir. Er hat dir aus Liebe Freiheit gegeben. Du gestaltest dein eigenes Dasein. Du bist anderen ein Mitmensch. Du entscheidest, ob Gott für dich mehr sein darf als nur ein Gedankenkonstrukt, das irgendwie weit weg ist.

Was will ich mit diesem Leben anfangen?

NB

1.12.

Fragen ohne Antworten

PSALM 119,52 NL

Herr, wenn ich über deine Gesetze nachdenke, die seit ewigen Zeiten gelten, werde ich getröstet.

Stell dir vor, du gehst im Wald spazieren und findest dort ein verrostetes Fahrrad. Könnte das Rad aus natürlichen Vorgängen, quasi zufällig, entstanden sein? Wenn wir darüber nachdenken, wie es entstanden sein könnte, reicht irgendwann auch nicht mehr „unendlich viel Zeit" als Argument: Manche Vorgänge sind physikalisch unmöglich. Beispielsweise müsste für das Fahrrad Eisen bei über 1000 °C geschmolzen werden, was als zufällig entstandener Vorgang ausgeschlossen werden kann. Ein Fahrrad kann man zwar herstellen, doch es kann nicht von sich aus entstehen.

Nun ist eine lebendige Zelle so viel Mal komplexer, dass wir sie bis heute nicht einmal im Labor und unter Anstrengung tausender Wissenschaftler reproduzieren können. Und doch behauptet unsere Umgebung felsenfest, die erste lebende „Zelle" sei durch Zufall entstanden.

Fragen an die Evolution: Wieso sind die Schneeflocken so wunderschön? Wieso wird gerade in der kältesten und dunkelsten Jahreszeit die Landschaft mit weißem, hellem Schnee überdeckt? Wieso benutzen wir nur 10 % unseres Gehirns? Wenn wir uns evolutionistisch nach oben entwickelten, dann müssten wir doch immer am Anschlag unserer Kapazität sein. Dass wir aber die Fähigkeiten des Gehirns bei Weitem nicht ausnutzen, spricht für eine Degeneration von einem besseren Zustand aus. Wieso gibt es echte, selbstlose Liebe für andere Menschen?

Ein Physiker vermag sich die genialen und perfekt abgestimmten Gesetzmäßigkeiten nicht ohne eine steuernde Hand zu erklären. Ein Professor der Mechanik staunt beim Bau von menschenähnlichen Robotern über die enormen Fähigkeiten des Menschen, die doch nicht zufällig entstanden sein können. Ein Sprachwissenschaftler fragt sich, warum die grammatikalische Komplexität der Sprachen stetig abnimmt, was mit keiner Evolutionstheorie erklärbar ist. Ein Informatiker fragt sich beim Blick auf die Welt, wer den „Programmcode" der ganzen physikalischen Gesetze geschrieben hat und welcher „Supercomputer" diese dann für die etwa 5*10 hoch 79 (eine Zahl mit 79 Nullen) Atome umsetzt.

Diese Reihe ließe sich beliebig fortführen mit Zoologen, Finanzexperten, Bausanierern und vielen anderen Fachleuten. Die komplexe Fragestellung nach dem „Woher" können wir nie ganz beantworten. Hier ist für mich die einzige sinnvolle Erklärung die, dass ein Schöpfer dahintersteckt. „Herr, wenn ich über deine Gesetze nachdenke, die seit ewigen Zeiten gelten, werde ich getröstet." (Psalm 119,52)

JaW

2.12.

Physik für Fortgeschrittene – Level 1

2. KÖNIGE 6,6

Da schwamm das Eisen.

Jedes Jahr schließt sich die Beringstraße zwischen Russland und Alaska mit einer dicken Eisschicht. Schon bald wird die Eis-Autobahn von LKWs befahren. Wenn die Temperaturen wieder steigen, wird die Überfahrt zu einem gefährlichen Spiel mit dem Leben. Einige Fahrer haben dabei schon ihren ‚Brummi' oder sogar ihr eigenes Leben versenkt.

Klar, 40 Tonnen Stahl usw. schwimmen nicht, es sei denn, man baut eine Wanne aus Stahl, ein Schiff. Aber das ist eine etwas andere Geschichte.

Allerdings gibt es eine Ausnahme. So geschehen vor etwas mehr als 2500 Jahren. Eine Gruppe von Schülern fällte Bäume, um ihr Schulgebäude zu vergrößern. Einer von ihnen holte aus und wollte mit gewaltigem Schwung einen Baumstamm treffen. Da löste sich das Eisen vom Stiel und flog in hohem Bogen in den angrenzenden Fluss. Glücklicherweise wurde niemand von dem Geschoss getroffen. Dennoch bekam der Schüler Stress. Erstens war eine Axt damals nicht billig und zweitens war es nicht seine eigene gewesen. Er hatte sie ausgeliehen.

Eisen schwimmt nicht. Axt weg. Soweit die Physik.

ABER: Der Schüler war ein Prophetenschüler, sein Lehrer der Prophet Elisa, ein Mann Gottes. Und es gab etwas zu lernen. Elisa ließ sich die Stelle zeigen, wo die Axt untergegangen war, warf ein Stück Holz in den Jordan und siehe da: Das Eisen tauchte wieder auf und schwamm! Die Prophetenschüler wurden Zeugen einer wichtigen Tatsache: Gott steht über den Naturgesetzen. Unter Umständen hebt er sie einfach durch ein anderes Gesetz auf, vor allem, wenn es um seine Sache geht.

Ob und wie er das tut, ist und bleibt seine Entscheidung. Aber es ist ein großer Trost, zu wissen, dass absolut nichts größer und mächtiger ist als unser Gott. No limits!

KR

3.12.

Physik für Fortgeschrittene – Level 2

JOSUA 10,12

Sonne, steh still …

Ich liebe den Blick zum sternenüberfüllten Nachthimmel. Natürlich suche ich mir immer wieder vertraute Sternenbilder: Orion, Großer Wagen, Kassiopeia usw. Dann und wann lässt sich eine Sternschnuppe blicken, dann kommt der Mond aus seinem Versteck und verwandelt die Nacht in eine Art abgedunkelten Tag. Treu und beständig läuft er um die Erde, verlässt sie niemals. Und die Erde macht das ebenso, sie umkreist die Sonne wie ein Küken seine Mutterhenne.

Zumindest meistens. Wie bitte? Ja, es gibt mindestens einen Tag in der Geschichte der Erde, wo dieser Ablauf eine Pause machte. Josua befand sich auf einer Hilfsmission, die Gibeoniter wurden von fünf Königen angegriffen und hatten ihn um Hilfe gebeten. Israel war kein richtiges Kriegsvolk, aber Gott versicherte Josua: „Du wirst diesen Krieg gewinnen!"

Gott unterstützte das Heer Israels zuerst durch einen Hagel, der ziemlich viele Feinde tötete. Viele flohen aber. Josua war ein Mann mit Mut, Gottvertrauen und Zielbewusstsein. Als er sah, dass sich die Schlacht hinzog und fürchtete, dass die Feinde vielleicht im Dunkeln entrinnen könnten, rief er plötzlich: „Sonne und Mond, steht still!"

Unfassbar! Er befahl der Sonne und dem Mond, stehen zu bleiben! Das würden manche als „Größenwahn" bezeichnen.

Eigentlich hieß das, Erde und Mond sollten eine Ruhepause einlegen. Rein physikalisch gesehen hätten jetzt alle Menschen, Tiere, Städte, Bäume, Berge usw. durch den Stopp der Erdumdrehung mit großer Geschwindigkeit durch die Luft fliegen müssen – wegen der Trägheit. Aber nichts dergleichen geschah und Josua konnte tatsächlich alle Feinde einholen und besiegen. Die Sonne und der Mond blieben fast einen ganzen Tag stehen! (Soweit der Bericht.)

Wenn wir Gottes Willen ausführen, dann müssen wir uns nicht um Physik und Logik kümmern. Gott geht unter Umständen sogar so weit, dass er das ganze Universum zum Stillstand bringt, damit wir getreu seine Pläne umsetzen können. Wahnsinn, nicht wahr?

KR

4.12.

Von langer Hand geplant

JOSUA 3,16

Da stand das Wasser, das von oben herniederkam, aufgerichtet wie ein einziger Wall, sehr fern, bei der Stadt Adam …; aber das Wasser, das zum Meer hinunterlief, zum Salzmeer, das nahm ab und floss ganz weg. So ging das Volk hindurch gegenüber von Jericho.

Manchmal sind wir mit unserem „Latein" am Ende – wir sehen keinen Ausweg mehr. Ähnlich ging es Josua und dem Volk Israel, als sie das Land Kanaan einnehmen sollten. Die Völker dort waren groß gewachsen, sehr stark und kriegserfahren. Und als ob das nicht schon furchterregend genug gewesen wäre, zeigte sich nun schon gleich zu Beginn des Projekts „Landnahme" ein weiteres Problem: Der Jordan war über seine Ufer getreten, es war Hochwasserzeit.

4.12.

Wie wir in den Versen vorher lesen, war Josua und dem Volk gesagt worden, dass Gott ein Wunder tun will. Ein ähnliches Wunder war schon vom Auszug aus Ägypten gut bekannt: Die Teilung des Wassers nach beiden Seiten hin, sodass das Volk mitten hindurchgehen konnte. Doch diesmal ging Gott einen Schritt weiter. Das Volk sollte lernen, dass Gott nun mehr Vertrauen erwartet. Die Priester mussten mit ihren Füßen schon ins Wasser treten, während der Fluss noch in seiner vollen Stärke fließt. Dann erst hörte das Wasser auf zu fließen – aber nicht sichtbar in der Nähe, sondern „sehr fern". Das bedeutet, die Auswirkungen des göttlichen Eingreifens wurden erst später sichtbar. Schließlich aber ergab sich eine gigantische Spaltung, durch die das ganze Volk trockenen Fußes hindurch laufen konnte.

Was möchte Gott damit sagen? Überlege einmal, wo du schon Gottes Wirken erlebt hast, besonders wenn es um seine Führung in deinem Leben geht. Wenn man es genau betrachtet, hat Gott schon viel früher zu wirken begonnen, bevor wir die ersten Anzeichen dafür erkennen konnten. Oftmals noch bevor wir ihn um Hilfe gebeten haben (Jesaja 65,24). Es ist ein göttliches Muster: Er wirkt schon lange, bereitet alles vor, um dann zum richtigen Zeitpunkt einen breiten Weg in eine gute Zukunft zu weisen.

Denke an solche Ereignisse, wenn du an einem Punkt bist, an dem du Gottes Hand nicht zu sehen meinst. So wie die Priester damals, musst auch du vielleicht eine Weile im kalten Wasser stehen, ehe es austrocknet. Wie die Israeliten darfst auch du geduldiges Vertrauen zeigen, um schließlich einen großen Schritt in eine gesegnete Zukunft zu wagen. Vertraue ihm – er wirkt schon längst zu deinem Besten!

RG

5.12.

Weitergeben

PSALM 145,15.16

Alle Augen warten auf dich, und du gibst ihnen ihre Speise zur rechten Zeit. Du tust deine Hand auf und sättigst alles, was lebt, nach deinem Wohlgefallen.

Das alles ist nicht selbstverständlich. Es sind Geschenke eines großzügigen Gottes. Er ist freigiebig und sogar verschwenderisch. Wir stecken ein einziges Weizenkorn in die Erde, und Gott vermehrt es so, dass manche Ähre 100 neue Körner trägt. Diesen „Zuwachs" nennt die Bibel „Segen". Da ist der Kirschbaum, der Jahr für Jahr beladen ist mit Hunderten von saftig-süßen Herzkirschen. Oder die Katzenmutter, die wieder drei niedlichen Kätzchen zur Welt gebracht hat. Oder die fleißigen Lieschen, deren Samenkapseln bei einer leichten Berührung explodieren und ihre Ladung in die Gegend schleudern, damit wenigstens ein paar dieser Samen zu neuen Blumen aufgehen können. Weil Gott so großzügig ist, möchte er, dass auch wir das Gute weitergeben, das wir haben.

5.12.

In den ersten Hungerjahren nach dem Zweiten Weltkrieg wurde ein Arzt auf den todkrank. Er hatte sich im Dienst für andere verausgabt. Ein guter Freund schickte ihm ein halbes Brot, damit er wieder zu Kräften käme. Doch der Arzt brachte es nicht über sich, das Brot aufzuessen. Er schenkte es der kleinen Tochter des Nachbarn. Die Nachbarsfamilie wollte das wertvolle Brot aber nicht für sich behalten und gab es weiter an eine arme alte Witwe, die oben im Haus in einer kleinen Dachkammer hauste. Die alte Frau brachte das Brot ihrer Tochter, die mit zwei kleinen Kindern ein paar Häuser weiter wohnte und nichts zu essen hatte. Die Tochter erinnerte sich daran, dass der Arzt ihrem Sohn das Leben gerettet und nicht einmal Geld dafür genommen hatte. Sie ging hinüber zum Arzt und legte ihm den halben Brotlaib in die Hand. Der Arzt war bewegt und sagte: „Solange Menschen unter uns leben, die so handeln, braucht uns um unsere Zukunft nicht bange zu sein. Dies Brot hat viele satt gemacht, obwohl keiner davon gegessen hat."

SR

6.12.

Der blaue Ring

MATTHÄUS 6,21

Denn wo dein Schatz ist, da ist auch dein Herz.

Als 17-Jährige bekam ich von einer Tante, mit der ich bislang keinen Kontakt hatte, einen Ring aus Amethyst-Kristallen geschenkt. Eingefasst war das wertvolle Stück in Gold. Ich habe den Ring nie schätzen lassen, denke aber, dass er wertvoll war. Der Schmuck kam aus Chile, wo diese Verwandte bis dato gelebt hatte. Ihr Geschenk kam völlig unerwartet und berührte mich sehr.

Als getaufte Adventistin war mir das Thema Schmuck nie wichtig gewesen. Ab und zu trug ich Lederarmbänder mit irgendwelchen Botschaften darauf. Einmal hatte ich den Versuch gewagt, eine Kette in der Schule zu tragen, sie jedoch schon bald wieder entfernt, da sie mir unangenehm war. Ohrringe hätte ich nie getragen, da ich meine Ohren nicht so schön fand – da wollte ich sie nicht noch betonen! Aber da war nun dieser Ring. Er passte perfekt, und er hatte meine Lieblingsfarbe: bläulich-violett. Wenn ich ihn trug, hatte ich das Gefühl, dass sich meine Augenfarbe darin spiegelte. Ich liebte ihn von Anfang an.

Schließlich traf ich die mutige Entscheidung, zum Ring und seiner gewinnenden Schönheit zu stehen und ihn einfach zu tragen. Ich bewundere noch heute meine liebenswerte Mutter, die den auffälligen Ring an meiner rechten Hand natürlich bemerkte und etwas schmunzelte, aber nichts weiter dazu sagte. Der Ring wurde also zu einem Teil meiner Hand. Ich trug ihn immer, außer im Gottesdienst. Anfangs war es ungewohnt. Er war schwer, da der Stein groß war, das behinderte manchmal beim Arbeiten. Aber schon bald hatte ich mich an das Gewicht gewöhnt.

An etwas Neues gewöhnen wir uns meist leicht, wenn wir meinen, dadurch besser dazustehen oder wenn wir einen Vorzug darin erkennen. Dabei spielt uns unsere Psyche oft einen Streich. Wir sehen zwar die Vorteile, blenden aber bewusst Probleme und Nachteile aus, die belasten könnten. Wenn sie uns bewusst werden, dann kehren wir sie schnell „unter den Tisch" und verteidigen weiterhin unser Verhalten. Warum eigentlich? Wollen wir nicht aufgeben, was uns – vielleicht – bindet?

MW

7.12.

Dazwischen

KOLOSSER 3,17

Und alles, was ihr tut mit Worten oder mit Werken, das tut alles im Namen des Herrn Jesus und dankt Gott, dem Vater, durch ihn.

Eines Tages sprach mich ein Schulkollege an: „Sag mal, hat der Ring eine religiöse Bedeutung?" Ich erschrak. „Nein! Wieso fragst du?" Er zuckte mit den Schultern. „Du trägst ja sonst nie Schmuck, nur den auffälligen Ring. Ich dachte, vielleicht weil ja auch die Klosterschwestern einen Ring tragen, wenn sie ihr Gelübde ablegen."

Wenn mehrere Leute so dachten wie er, dann würde ich ja ein seltsames Bild abgeben. Ich überlegte mir, wie ich wohl auf die anderen wirkte: Zwar immer modern gekleidet, aber doch ungeschminkt und einfach in meinem Auftreten und ohne Schmuck – nur dieser Ring begleitete mich. Es war durchaus denkbar, dass Leute zu falschen Schlüssen kommen konnten.

Zuhause nahm ich mir die Zeit, etwas genauer über mein Leben nachzudenken. Gut ein Jahr zuvor hatte ich mein Leben Gott in der Taufe übergeben. Ich liebte Jesus nach wie vor und wollte ihn gerne vor den Menschen darstellen. Welche Rolle spielte also dieser Ring in meiner Beziehung zu Jesus und auch zu meinen Mitmenschen? Ich hatte das Gefühl, er stand genau in der Mitte.

Meine Liebe zu dem Ring wurde von meinen Bekannten mit der Liebe zu Gott in Verbindung gebracht, obwohl beides aus meiner Sicht gar nichts miteinander zu tun hatte. Das zeigte sich schon daran, dass ich ihn im Gottesdienst immer abnahm, um die Geschwister in der Gemeinde nicht zu irritieren. Ich hatte mich aber dazu entschieden, diesen Ring zu einem Teil meiner Persönlichkeit zu machen. Ich fühlte mich irgendwie frei dazu, da es ja im Alten Testament mehr als genug „Schmuckgeschichten und -texte" gab, die durchaus für meine Entscheidung sprechen könnten. Andere Argumente blendete ich aus. Für die Freunde außerhalb der Gemeinde sah ich keine Gefahr, weil die ja sowieso alles taten, was sie wollten, und auch gar nicht wissen konnten, wie ich zu Schmuck stand …

Manchmal gibt es in unserem Leben etwas, mit dem wir keinen inneren Frieden finden. Unser Gewissen lässt sich irgendwie nicht beruhigen. Obwohl ich es damals nicht begründen konnte, spürte ich es. Eine scheinbar unbedeutende Sache stand zwischen mir und Gott. Kennst du solche Situationen?

MW

8.12.

Der wahre Schmuck

1. PETRUS 3,3.4

Euer Schmuck soll nicht äußerlich sein wie Haarflechten, goldene Ketten oder prächtige Kleider, sondern der verborgene Mensch des Herzens im unvergänglichen Schmuck des sanften und stillen Geistes: das ist köstlich vor Gott.

Die Frage meines Kollegen hatte mich beunruhigt. Sie machte mir bewusst, dass ich bisher ein stimmiges Bild abgegeben hatte. Die Schulkameraden hatten mich als gläubiges Mädchen mit Prinzipien kennen gelernt, die ich konsequent umsetzte. Ein Bekenntnis zu einem Schmuckstück konnte also nur bedeuten: Der Ring gehört zum Glaubensprogramm. Ich war schockiert.

Ob sich Gott an dem Ring störte? Auf jeden Fall störte er das Gesamtbild, das andere von mir hatten. Der Ring fiel auf, regte zu Fragen an. Ich hätte natürlich sagen können, dass wir einen Gott haben, der uns Freiheit schenkt. Ich hätte sagen können, dass das Tragen von Schmuck überhaupt nichts mit Religion zu tun hätte, dass es im alten Israel viele Schmuckträgerinnen gab, dass Gott die schönen Steine auch erschaffen hätte, dass es auch im Neuen Jerusalem Schmuck und Gold ohne Ende geben werde usw. Das wäre alles wahr gewesen …

Warum hatte ich dann trotzdem das Gefühl, Jesus zu verraten? Ich habe den Gedanken fertig gesponnen: Würde ich weiterhin darauf bestehen, den blauen Ring zu tragen, wie könnte ich dann begründen, dass wir als gläubige Frauen die Aufmerksamkeit nicht durch Äußerlichkeiten auf uns lenken sollen? Vielleicht würde ich mit der Zeit auch andere Schmuckstücke als schön empfinden? Schließlich sollen wir ja gepflegt aussehen!

Ich habe mich dagegen entschieden. Mein Wesen, das Jesus in mir schafft, soll genügen. Ich möchte durch nichts die Aufmerksamkeit der Menschen auf meinen Körper oder mein Auftreten lenken. Ich möchte gerne Jesus darstellen, der in seinem irdischen Leben nichts von Glanz und Glorie gehalten hat. Er hat alle himmlische Herrlichkeit abgelegt, um hier als Mensch ein armes und bescheidenes Leben zu führen. Dafür liebte er Menschen und sie liebten ihn.

Wie gerne würde ich so sein wie er: Menschen helfen, ihre Not verstehen. Mir ist es wichtig geworden, Jesus kennenzulernen und ihm nachzueifern. Der Ring spielt dabei keine Rolle. Ich habe ihn später verschenkt. Was ich in meinem Leben habe, kann kein Ring der Welt auch nur ansatzweise ersetzen. Auf der neuen Erde werde ich von Jesus eine himmlische Krone mit Edelsteinen bekommen – und die werde ich tragen!

MW

9.12.

Unvollkommen menschlich oder vollkommen unmenschlich?

LUKAS 6,36

Seid barmherzig, wie euer Vater im Himmel barmherzig ist!

Ich saß dichtgedrängt in den Bänken einer kleinen Dorfkirche und verfolgte ein Krippenspiel, an dem auch meine kleine Kusine teilnahm. Damals, in ihrem Vorschulalter, hatte sie noch einen Sprachfehler, durch den sie statt der Laute „g" oder „k" immer nur „t" sagte. Das führte manchmal zu lustigen Momenten, z. B. wenn es „Tuchen und Tetse" gab oder wenn sie fragte, ob wir auch zum Spielen „tommen". Doch nun geschah es. An einer entscheidenden Stelle im Stück kam ihr großer Einsatz. Mitten in die Stille der Kirche hörte man „Maria" im Brustton der Überzeugung sagen: „Josef! Ich tlaub, das Tind tommt tleich!"

Alle Zuhörer mussten herzlich lachen und waren begeistert. Liebenswert, süß, niedlich, herzig … Bei einem Kind verwenden wir solche Worte.

Kinder können eben noch nicht alles. Wir sind bereit, sie zu wickeln und herumzutragen, ihnen etwas vorzulesen oder sie zu füttern. Wir lassen sie unsere Wohnungen und Esstische verwüsten und nehmen uns unendlich viel Zeit, um sie zu fördern. Wir gestehen ihnen (hoffentlich!!!) das Recht zu, unvollkommen, schwach und verletzlich zu sein. Wir lieben sie sogar noch mehr dafür.

Aber wie gehen wir mit Menschen um, die als Erwachsene aus der Norm fallen? Die unseren Erwartungen nicht entsprechen? Die etwas nicht können, was wir selbstverständlich finden? Die anders sind? Meist finden wir das nicht mehr süß, sondern lächerlich, blöd und peinlich.

Dabei vergessen wir, dass auch wir eigentlich selbst „große Kinder" sind, die zwar ihre Fehler und Schwächen kaschieren wollen, aber bei denen sie oft umso deutlicher zu Tage treten bzw. nicht weniger werden. Gott nennt uns Kinder. Dabei sind unsere Unvollkommenheiten oft gar nicht mehr „niedlich" und auch nicht mehr von kindlicher Unschuld geprägt.

Dennoch ist Gottes Haltung uns gegenüber gleichgeblieben: Er sieht uns mit Wohlwollen und Barmherzigkeit an, nicht mit Verachtung und Ungeduld. Er sieht unser Bemühen, unsere Erfolge und unser Scheitern.

Unvollkommenheit ist zutiefst menschlich. Aber wir sind oft unmenschlich. Warum fällt es uns so schwer, einander anzunehmen und bedingungslos zu lieben?

LS

10.12.

Steinreicher Bibelbauer

Matthäus 24,35

Himmel und Erde werden vergehen; aber meine Worte werden nicht vergehen.

In der steirischen Ramsau sind alle einheimischen Bewohner evangelisch. Sie hatten Glück, dass sie nie zum Erzbistum Salzburg gehörten, denn sonst wäre es ihnen 1732 so ergangen wie den Nachbarn aus Filzmoos. Diese mussten damals entweder katholisch werden oder auswandern. Rund 25.000 Menschen aus den Gebirgsgauen Salzburgs haben dieses schwere Schicksal geteilt.

Lutherische Prediger waren gleich nach der Reformation fleißig unterwegs, um auch den entlegensten Bauernhöfen das Evangelium zu verkündigen. Die Luther-Bibeln riss man ihnen förmlich aus den Händen. Auf heute nicht mehr nachvollziehbare Weise gelangte ein solches Exemplar auch auf den Wieser-Hof. Dort wohnt dieses Bauerngeschlecht schon seit 600 Jahren. Einen Erbhof nennt man so etwas.

Der heutige Bauer weiß ganz genau, wie unglaublich reich er ist. Er besitzt nämlich eine Bibel aus dem Jahr 1534 (vom Erstdruck). Er wollte sie versichern lassen. „Geht nicht!“, klärte ihn die Versicherungsgesellschaft auf. „Das Buch ist mehr wert als der gesamte Bauernhof samt Wald." Somit wird der Schatz heute in einem einbruchsicheren Schließfach einer Bank verwahrt.

Eine Verwandte von mir ist in der Ramsau verheiratet. Als ich sie kürzlich besuchte, erzählte ich diese Geschichte. „Der Wieser-Bauer ist unser Verwandter!", meinte ihr Ehemann. Gleich griff er zum Telefon, und innerhalb von fünfzehn Minuten lag diese Kostbarkeit auf unserem Tisch. „In einer Stunde komme ich wieder und hole sie", verkündete er uns.

Wir schlugen das Buch Daniel auf. Ich erklärte dem Mann meiner Verwandten das berühmte Standbild aus Nebukadnezars Traum. Ich war ganz verblüfft, dass wir dieses „Lutherdeutsch" ohne viel Mühe verstehen konnten. Am Schluss lasen wir Daniel 2,43: *„Und dass du gesehen hast Eisen mit Ton vermengt, bedeutet: Sie* (die europäischen Nachfolgestaaten des Römischen Reiches) *werden sich zwar durch Heiraten miteinander vermischen, aber sie werden doch nicht aneinander festhalten, so wie sich Eisen mit Ton nicht vermengen lässt."*

Luther legte diesen Vers genauso aus wie wir Adventisten heute. Am Rand steht seine gedruckte Bemerkung, dass auch schon der Papst und Karl der Große eine Einigung versucht hätten. Sie scheiterten bekanntlich. So wird es wohl auch der EU ergehen.

Die Bibel ist zeitlos aktuell und sie ist ein großer Reichtum, nicht nur diese begehre Luther-Erstausgabe, sondern auch die in deinem und meinem Regal. Schlagen wir sie doch heute wieder auf!

HM

11.12.

Gottes Wort in mir

PSALM 119,11

Ich halte dein Wort in meinem Herzen, dass ich nicht wieder dich sündige.

Oft genug hatte ich es gehört und eigentlich auch verstanden, aber an der Umsetzung fehlte es mir bisher. Ich las es in Büchern und hörte es durch die Erfahrungen gläubiger Menschen. Und hier war schon wieder ein Zitat, das davon sprach: „Von frühster Kindheit an wurden die Kinder in der Heiligen Schrift unterwiesen und gelehrt …Da es nur wenige Abschriften in der Bibel gab, wurden ihre köstlichen Worte dem Gedächtnis eingeprägt, und viele Waldenser kannten große Teile des Alten und neuen Testamentes auswendig" (Ellen G. White, *Der große Kampf*, S. 67)

Zusammen mit einem 16-Jährigen Mädchen, deren Eltern jahrelang Missionare in Afrika waren, studierte ich das Thema „Gottes Wort in uns" von Michael Dörnbrack. Ich war nicht wenig überrascht, wie viele Kapitel sie aus der Bibel auswendig aufsagen konnte. Ich war wirklich sprachlos. Ihre Eltern hatten ihr das Beste mitgegeben, was es gibt, und sie hatte sich diese vielen Texte eingeprägt.

Diese Begegnung war für mich ein Wendepunkt. Mir war schon lange klar gewesen, dass ich Gottes Wort nicht nur lesen wollte, sondern ich wollte es auch in meinem Herzen und Denken speichern. Jetzt kam der Augenblick, in dem ich dachte: „So schwer kann es doch nicht sein, was hält mich davon ab?"

Ich wusste ja: Wenn wir Gottes Wort aufnehmen, dann wirkt und verändert es uns. Es ist wie ein Same, der in uns eingepflanzt wird, wächst und Frucht bringt. Gleichermaßen schützen uns Mut machende Bibelworte vor negativen Gedanken und Sorgen.

So suchte ich mir vorerst einen kleinen Abschnitt aus der Bibel heraus, der mir ganz gut gefiel. Ich schrieb die Verse auf Kartei-Karten, und weil ich ein visueller Typ bin, fügte ich noch kleine Bilder dazu. Es war ein tolles Erfolgserlebnis, als ich dann das erste Kapitel auswendig konnte.

Bis heute lerne ich auf diese Art liebgewordene Psalmen und Bibeltexte auswendig. In Abständen wiederhole ich sie, damit ich sie nicht vergesse. Früh am Morgen, beim Joggen oder bei meinem Tagewerk wiederhole ich sie in Gedanken oder sage sie laut vor mich her. Ich bin so dankbar für diesen Schatz, den mir keiner nehmen kann.

Und wenn ich die Bibel mal nicht in meiner Nähe habe, kann ich Kranken oder Traurigen dennoch ein Trostwort sagen. Ich möchte dir Mut machen, fang doch auch damit an! Du wirst gesegnet werden!

MaK

12.12.

So ein Gestank!

OFFENBARUNG 3,18 EÜ

Kaufe Salbe für deine Augen, damit du sehen kannst!

Vor einigen Jahren erzählte mir ein Chemiker – ich bitte um Nachsicht, aber so hat er es allen Ernstes gesagt und auch gemeint –, es sei mit heutiger Technologie möglich, alles das, was wir auf der Toilette hinterlassen, so zu reinigen und mit chemischen Zusätzen zu verändern, dass wir es genussvoll verspeisen könnten und wir absolut nicht bemerken würden, was wir da wirklich essen.

Diese Vorstellung erfüllte mich mit Ekel, dich sicherlich auch. Aber ist es nicht genau das, was mit Eva passierte? Geistlich gesprochen bedeutete die Frucht des Baumes Gift, Dreck, Tod – aber die Schlange konnte Eva einreden – und damals ohne Chemie! – diese Frucht würde ihr Leben, Weisheit und Erfüllung bringen. Eva glaubte der Schlange mehr als Gott. So hat sich Eva mit der Sünde angefreundet, und Adam folgte ihr auf diesem Weg.

Daher verstehe ich auch, weshalb Gott dann sagt: „Ich will Feindschaft setzen zwischen [der Sünde] und der Frau" (1. Mose 3,15). Wow, was für ein Segen! Gott will mir helfen, die Sünde als Feind zu sehen und nicht als Freund!

Oft sind wir Gott ungehorsam, weil wir der Anziehungskraft, dem Reiz des Verbotenen, nicht widerstehen können. Satan verpackt seine Angebote so schmackhaft und attraktiv und verbindet sie mit wilden Versprechen, spricht damit unsere Grundbedürfnisse und heimlichen Wünsche an, sodass es fast unmöglich erscheint, darauf zu verzichten. Welche Chancen habe ich denn da noch?

Jesus hat uns eingeladen: „Lernt von mir" (Matthäus 11,29). Jesus ist ein guter Lehrer, ein kraftvoller Pädagoge, sein Unterricht ist spannend und so interessant, da könnte ich Tag und Nacht zuhören und mitmachen. Von ihm kann ich lernen, mit Hilfe des Heiligen Geistes das wahre Gesicht der Sünde zu erkennen. Jesus versucht uns immer zu zeigen, wie übel Sünde stinkt, wie giftig und schmutzig sie ist – und wie wunderbar der Duft der Liebe Gottes ist, lebenspendend und rein.

Ich bete darum, dass Gott dir und mir hilft, bei jeder Versuchung an den ekeligen Gestank der Sünde zu denken und Gottes Hilfe zu suchen. Paulus hat das auch erlebt: „Gegenüber dem unvergleichlichen Gewinn, dass Jesus Christus mein Herr ist, hat alles andere seinen Wert verloren. Ja, alles andere ist für mich nur noch Dreck, wenn ich bloß Christus habe" (Philipper 3,8, Hfa).

KR

13.12.

Wie schön, dass es mich gibt!

2. SAMUEL 9,13

Mefi-Boschet aber wohnte hinfort in Jerusalem, denn er aß täglich an des Königs Tisch. Und er war lahm an seinen beiden Füßen.

Auf der anderen Straßenseite geht eine Gruppe von Mitschülern. Sie sind alles Klassenkameraden von Sascha. Sie schauen zu ihm rüber und lachen. Typisch, dachte Sascha. Sie können mich nicht leiden. Sie lachen mich aus, weil ich nicht die Kleidung trage, die alle haben. Sascha hat große Probleme. Er denkt, dass ihn keiner mag. Er fühlt sich oft so wertlos und einsam.

Susi hat vom Vater immer gehört: „Schade, dass du ein Mädchen bist! Mit einem Sohn könnte ich mehr anfangen!". Sie überlegt, was sie tun kann, damit sie vom Vater wenigstens ein wenig Wertschätzung erhält. Sie lernt wie verrückt, damit sie die besten Noten bekommt. Es gelingt ihr wirklich, und der Vater meint: „Na, so schlecht sind Mädchen gar nicht!" Ah, wie wohl das tut.

Jeder Mensch braucht Wertschätzung und Anerkennung, doch woher bekommen wir sie? Wer sie allein von Menschen erwartet, wird enttäuscht.

Kannst du den folgenden Satz von ganzem Herzen aussprechen? Versuch es einmal: „Ich bin froh, dass es mich gibt!" Wie geht es dir dabei? Gut? Okay. Wenn nicht, dann gebe ich dir einige Tipps, damit du dich selber lieben kannst und deinen wahren Wert erkennst.

Schau nicht auf dich selbst, denn dann könntest du verzweifeln. Jeder hat irgendetwas, was ihn an sich selbst oder andere an ihm stört. Und vergleiche dich nicht mit anderen!

Mefi-Boschet, der Sohn Jonathans hatte eine sehr starke Behinderung, er war lahm an beiden Füßen. Sein Kindermädchen hatte ihn als Baby bei der Flucht fallen lassen. Dabei brachen ihm beide Beine und wuchsen schief zusammen. König David nahm ihn nach dem Tod seines Vaters Jonatan an den Königshof. Mefi-Boschet sah sich selbst als wertlos an, er nannte sich einen „toten Hund". Doch König David sah in ihm seinen geliebten Freund Jonathan und ehrte ihn.

Wir tragen alle das Bild des geliebten Sohnes Gottes in uns, denn wir sind nach seinem Bild gemacht (1. Mose 1,27). Darum sind wir in des Königs Auge wertvoll, auch wenn wir persönlich es anders sehen.

Vergiss es nie: Kein Mensch kann für den anderen der Maßstab sein. Mache dich nicht abhängig von Menschen oder Modetrends, sondern allein von Gott, dem Schöpfer!

RF

14.12.

Wenn ich nur Gottes Willen wüsste!

5. MOSE 30,11-14

Denn das Gebot, das ich dir heute gebiete, ist dir nicht zu hoch und nicht zu fern. Es ist nicht im Himmel, dass du sagen müsstest: Wer will für uns in den Himmel fahren und es uns holen, dass wir's hören und tun? … Denn es ist das Wort ganz nahe bei dir, in deinem Munde und in deinem Herzen, dass du es tust.

Hast du auch schon einmal gedacht: „Es wäre so schön, wenn ich Gottes Willen für mich wüsste!" Vielleicht stehst du vor einer wichtigen Entscheidung und weißt nicht, wie du dich entscheiden sollst. Wie würdest du reagieren, wenn ein Prophet Gottes mit einer Botschaft zu dir käme?

So ging es Zedekia. Er ließ Jeremia aus dem Gefängnis zu sich bringen, weil der eine Botschaft hatte: „So spricht der Herr, der Gott der Heerscharen, der Gott Israels: Wenn du freiwillig zu den Fürsten der Könige von Babel hinausgehst, so sollst du am Leben bleiben, dann soll auch diese Stadt nicht mir Feuer verbrannt werden, und du sollst samt deinem ganzen Haus am Leben bleiben. Wenn du aber nicht zu den Fürsten des Königs von Babel hinausgehst, so wird diese Stadt in die Hand der Chaldäer gegeben werden, und sie werden sie mit Feuer verbrennen; und du wirst ihren Händen nicht entkommen!"

Zedekia hatte Angst vor den Judäern, die schon zum König von Babel übergelaufen waren, denn er meinte sie würden ihn misshandeln. Aber auch in Bezug auf diese Angst hatte Gott ermutigende Worte für ihn: „Man wird dich ihnen nicht ausliefern!" Dazu hat der Prophet ihn noch ermahnt und gesagt: „Höre doch auf die Stimme des HERRN in dem, was ich dir sage, so wird es dir wohl ergehen und du wirst am Leben bleiben."

Du denkst vielleicht: Zedekia hatte es schon gut, so eine klare Botschaft zu bekommen. Jetzt wusste er, was er tun sollte und hat es bestimmt getan. – Weit gefehlt!!! Er hat nicht danach gehandelt (Jeremia 38). Warum? Zedekia hatte es sich angewöhnt, nicht auf Gott zu hören. Deshalb konnte er es auch in diesem entscheiden Moment nicht, wo sein Leben und das Wohlergehen so vieler Menschen davon abhing.

Auch wir wissen in vielen Bereichen, was Gottes Wille ist. Aber wie Zedekia handeln wir nicht danach. Es könnte auch uns einmal wie ihm gehen, wenn wir nicht jetzt schon lernen, auf Gott zu hören und ihm zu gehorchen. ER hilft uns dabei. Wenn Gott uns dann einmal eine klare persönliche Weisung geben wird, dann werden wir in seiner Kraft seinen Weg gehen können. DW

15.12.

Eine Begegnung, die verändert

LUKAS 10,23.24 GNB

Dann wandte sich Jesus zu seinen Jüngern, den Männern und Frauen, und sagte: „Ihr dürft euch freuen, dass Gott euch die Augen gab, zu sehen und zu verstehen, was hier geschieht. Ich sage euch: Viele Propheten und Könige wollten sehen, was ihr jetzt seht, aber sie haben es nicht gesehen. Sie wollten hören, was ihr jetzt hört, aber sie haben es nicht gehört."

Hast du schon einmal den Wunsch gehabt, Jesus zu sehen? Ihm unmittelbar ins Gesicht zu schauen und ihm für einen Moment lang nahe zu sein? Die Jünger Jesu hatten das Privileg, Jesus direkt zu begegnen. Und auch du kannst diese Erfahrung machen.

15.12.

An einem von mehreren Vorträgen der Evangelisationsreihe „Nimm Jesus“ erlebte ich etwas Besonderes. Ich durfte an diesem Abend die Technik oben auf der Empore alleine bedienen. Als Adventistenkind hatte ich schon viele solche Evangelisationen miterlebt, doch noch nie hatte mich ein Vortrag so berührt wie dieser. Es ging um das Thema „Jesus Christus begegnen“. Mein Herz brannte und ich fühlte solch einen Schmerz, als der Redner zum Ende hin sagte, dass Jesus mir heute begegnen möchte und dass er mir die Hand entgegenstrecken würde. Für mich war dieser Gedanke unvorstellbar, denn ich sah ihn nicht und hatte nicht das Gefühl, dass er bei mir wäre. Deswegen betete ich: „Gott, wenn das stimmt, was der Pastor sagt, so zeig es mir!“

Plötzlich erschien auf der großen Leinwand ein Bild mit einem azurblauen Himmel, wunderschön geschmückten Blumen in vielen Farben und in der Mitte ein helles Licht. Es war Jesus. Ich sah dieses herrliche Bild vor mir, und es war, als wäre ich in diesem Moment mit ihm allein. Ich blickte gebannt in sein liebevolles Gesicht und verstand, dass er mich in diesem Augenblick mit seiner offenen Hand einlud. Tief berührt und von seinem Blick gefesselt, streckte auch ich Jesus meine Hand entgegen. Auch wenn es nur ein Bild einer Präsentation war, sah es für mich aus, als wäre mir Jesus direkt begegnet.

Ich entschied mich daraufhin Bibelstunden zu nehmen und mein Leben Jesus in der Taufe zu übergeben. Heute bin ich ihm dankbar für diese Begegnung und freue mich, wenn auch du eine ähnliche Erfahrung machen kannst.

BL

16.12.

Überall zu Hause

APOSTELGESCHICHTE 4,32A

Die Menge der Gläubigen aber war ein Herz und eine Seele.

Kennst du das Gefühl, ohne Internet am Handy in einer total fremden Stadt völlig ohne Orientierung zu sein?

Es war ein kalter Wintermorgen. Meine Finger waren eiskalt, und meine Nase spürte ich schon gar nicht mehr. Als Österreicherin irrte ich bereits eine gefühlte Ewigkeit in der Innenstadt von Bern herum, alleine, ohne auch nur einen Schimmer davon zu haben, wo ich mich gerade befand. Natürlich konnte ich ohne Internet auch Google-Maps nicht über meinen Standort befragen. Mir blieb nichts anderes übrig, als in der Kälte ziellos umherzustapfen. Nach einer weiteren Ewigkeit fand ich endlich meine Rettung: Ein McDonalds. Erleichterung. Endlich taute meine Nase wieder auf. Ich konnte das WLAN nutzen und mich endlich orientieren.

Zurzeit gibt es weltweit rund 37.250 McDonalds-Filialen. Und jede sieht gleich aus. In jedem McDonalds riecht es nach Burger und frittierten Pommes. Das Essen kann ich zwar nicht weiterempfehlen, das freie WLAN aber schon. Ich war überglücklich, dass ich in einer unbekannten Umgebung endlich etwas Vertrautes fand.

16.12.

Etwas Ähnliches passierte mir vor zwei Wochen, als ich zu Besuch bei einer Freundin war. Schon wieder eine fremde Stadt. Diesmal habe ich mich nicht verlaufen. Aber ich wollte unbedingt den Gottesdienst am Sabbat besuchen. Ich googelte und fand eine Gemeinde. Um 10:30 Uhr stand ich vor dem fremden Gebäude. Ich hatte ein mulmiges Gefühl, weil ich nicht wusste, wer und was mich erwartete. Doch drinnen fand ich Menschen, die Lieder zu dem Gott sangen, den ich kenne. Sie beteten zu dem Gott, den ich liebe und ich konnte mit ihnen über Gott sprechen. Mir wurde bewusst, dass es auf der ganzen Welt Menschen gibt, die denselben Gott anbeten und lieben. Hier können wir uns zu Hause fühlen, „ein Herz und eine Seele". Ich kann dich nur ermutigen: Probier es aus. Wenn du im Urlaub bist, eine neue Stadt bereist oder eine Freundin besuchst, dann suche dort eine Gemeinde.

McDonalds gibt es überall auf der Welt, genauso wie Menschen, die deinen Glauben teilen und dir eine geistliche Zuflucht bieten wollen. Du musst dich nur trauen, sie zu suchen und zu finden!

VW

17.12.

Heidenangst

JOHANNES 16,33

In der Welt habt ihr Angst, aber seid getrost, ich habe die Welt überwunden.

„Ich habe eine Heidenangst!" Hast du das schon einmal gehört oder vielleicht sogar selbst gesagt? Da hast du unbewusst eine Wahrheit ausgesprochen. Heiden sind Menschen ohne Gott oder mit einem falschen, selbstgemachten Gott. Sie glauben auch irgendetwas, aber ihre Einstellung ist ein Aber-Glaube und der bringt Angst. Angst vor den unsichtbaren Mächten, vor dem unbekannten Gott, der böse ist und ein Opfer braucht, das ihn besänftigt. Angst vor dem Nichts und der Sinnlosigkeit. Solche Ängste lassen uns den ganzen Tag in Unruhe erleben, und auch die Nächte sind mit Furcht erfüllt. Die Zukunftsangst wird von vielen durch Astrologie, Kartenlesen, Bleigießen, Pendeln und Wahrsagerei bekämpft, aber das fördert sie in Wirklichkeit nur noch mehr. Stell dir vor, da fragt ein Junge – er ist 16 Jahre alt – seinen Geist beim „Gläserrücken": „Wie alt werde ich denn?" Das Glas rückt auf die zwei und dann auf die fünf, also 25! Jetzt weiß er nicht, lebt er noch 25 Jahre, oder wird er mit 25 Jahren sterben? Da kommt eine furchtbare Angst in ihm auf: „Werde ich in neun Jahren sterben?" Ab diesem Tag hat er eine Heidenangst, die sein Herz beklemmt.

Bitte macht bei solchen Dingen nie mit, auch nicht im Spaß. Mache kommen auf Klassenfahrten damit in Berührung und müssen mitmachen, weil es alle tun. Wer aber mitmacht, lebt danach in großer Angst!

Einmal fragte eine Frau einen Pastor: „Sagen Sie mir bitte ehrlich, wie ist das mit der schwarzen Katze, die meinen Weg von rechts nach links kreuzt? Muss ich davor Angst haben?" „Das kommt ganz darauf an", erwiderte der Pastor. „Worauf?", fragte die Frau. Er meinte: „Es kommt darauf an, ob Sie ein Mensch sind oder eine Maus!"

Viele Ängste machen wir uns einfach selbst, weil wir unseren Gedanken freien Lauf lassen. Würden wir uns an die Tatsachen und die Wahrheit halten, dann würden viele Ängste verschwinden. Wir sind keine Heiden, die ohne Gott leben. Wir vertrauen der Wahrheit. Die Wahrheit ist eine Person. Jesus sagte zu seinen Jüngern: „Ich bin der Weg, die Wahrheit und das Leben" (Johannes 14,6). Wer ihm und seinem Wort vertraut, der wird erleben, dass die Angst vergeht wie die Finsternis, die weichen muss, wenn jemand ein Licht anzündet. Denn die Finsternis ist nur Mangel an Licht, die Angst ist nur Mangel an Liebe!

RF

18.12.

„Das ist ungerecht!"

PSALM 31,2 NL

Herr, bei dir suche ich Schutz, lass mich nicht zugrunde gehen. Hilf mir durch deine Gerechtigkeit!

Am Mittagstisch geht es heiß her. Die große Schlacht um die Nachspeise erregt die Gemüter der Kinder. „Das ist ungerecht! Timmy hat ein größeres Stück bekommen als ich!" Sylvia hat eine bessere Note im Zeugnis bekommen als Paul, obwohl ihre Leistungen völlig identisch sind…

Und im Leben der Erwachsenen sieht es auch nicht besser aus. Frauen bekommen häufig weniger Lohn als Männer, bei gleicher Leistung und gleicher Qualifikation. Der Mörder kommt für 10 Jahre ins Gefängnis, in der Zelle nebenan sitzt ein Betrüger – ebenfalls 10 Jahre!

Solche und viele andere Ungerechtigkeiten auf dieser Welt treiben mich oft zur Wut. Dich auch? Was ist denn nun wirklich gerecht? Auge um Auge, Zahn um Zahn? Gleiches mit Gleichem vergelten? Im Prinzip denken wir sicherlich alle so. „Wie du mir, so ich dir!" Allerdings vermittelt uns der himmlische Vater eine wesentlich tiefere Sicht. Die macht mich demütig, dankbar und hoffnungsvoll. Warum?

Erstens behauptet Gott, dass keiner von uns Menschen ohne Sünde ist. Hm, das ist hart, aber tief drin im Herzen weiß wohl jeder, dass es auch wirklich stimmt. Wir machen zwar Unterschiede zwischen den einzelnen „Vergehen“, aber Sünde ist Sünde, und das Ergebnis davon ist IMMER der Tod! Denn Sünde ist Unrecht, schädigt andere, zeigt, dass wir nicht auf Gott hören, weil wir meinen, wir wüssten es besser – damit stelle ich mich gegen Gott. Und Gott ist die Quelle des Lebens. Wer könnte mir denn nun Leben geben, wenn ich mich gegen Gott stelle? Somit hat jeder von uns die „gerechte Strafe“ wirklich verdient, und die heißt in jedem Fall: Tod.

Zweitens beschreibt Gott in seinem Wort, wie seine Gerechtigkeit wirklich aussieht. Sie gibt sich nicht damit zufrieden, einfach nur ein Gleichgewicht herzustellen. Sie möchte Beziehungen heilen und stärken. Deshalb schrieb Johannes einen der besten Sätze der Welt: „Wenn wir aber unsre Sünden bekennen, so ist er treu und gerecht, dass er uns die Sünden vergibt und reinigt uns von aller Ungerechtigkeit“ (1. Johannes 1,9).

Das ist zwar nach menschlichem Ermessen alles andere als gerecht, aber es ist unsere Rettung! Das ist Liebe, für die ein hoher Preis bezahlt wurde – ein höchst ungerechter Preis!

KR

19.12.

Viele kleine Schritte

SPRÜCHE 16,32

Ein Geduldiger ist besser als ein Starker und wer sich selbst beherrscht, besser als einer, der Städte gewinnt.

Hast du heute Nacht gut geträumt? Was hat dich denn da so bewegt? War es vielleicht ein Traum, der dich auch untertags begleitet – ein Lebenstraum? Träume sind Schäume, sagt der Volksmund. Tatsächlich? Sicher, manche Träume verfliegen wie der Nebel im Sonnenlicht, wenn man wieder wach und munter ist. Die Realität holt einen ein – ausgeträumt. Aber manche Träume, die sind wirklich hartnäckig. Vielleicht der Traum von der großen Liebe. Oder von einem erfüllenden Job. Von einer glücklichen Familie. Von einer Berufung zu besonderen Aufgaben. Von einem ganz bestimmten Lebensweg. Solche Träume motivieren, sie stellen uns ein Ziel vor Augen, spornen uns an. Und wenn wir daran denken, macht es uns Freude. Dumm nur, dass das Ziel in so weiter Entfernung liegt. Da der Wunsch – und hier bin ich, mit meinem ganz realen, kleinen Leben, mit den Stolpersteinen am Weg und den Schwächen und Defiziten, die ich eben auch mitbringe. Ob der Traum wohl immer ein solcher bleibt?

Anders gefragt: Hast du Mut, einen Traum zu verwirklichen, einen Weg zu gehen – auch wenn er lang erscheint? Ein chinesische Sprichwort sagt: „Ein Weg von tausend Meilen beginnt mit einem kleinen Schritt." Du kennst ja vielleicht den amerikanischen Slogan "Think big!" Eigentlich müsste man ihn ergänzen: „Denke groß, aber fang klein an." Diese Eigenschaft nennt man Geduld. Nicht gerade das, was in unserer heutigen Gesellschaft gefördert wird. Alles muss schnell gehen und sofort passieren, auf Knopfdruck oder Mausklick sozusagen. Doch so funktioniert Leben nicht. Leben will wachsen, reifen – in seiner Zeit. Hab den Mut zum ersten Schritt! Und wenn dir Geduld fehlt, dann bitte Gott darum. Schon die Bibel weiß: „Geduld zu haben ist besser als ein Held zu sein." Gott will, dass unser Leben gelingt – und er ist bereit, den Weg mit uns zu gehen, egal, wie lang er dauert!

CF

20.12.

Ehrgeiz

GALATER 5,26 EB

Lasst uns nicht nach eitler Ehre trachten, indem wir einander herausfordern, einander beneiden.

Wir Menschen vergleichen uns gern mit anderen – entweder mit denen, die besser sind als wir oder aber mit solchen, die etwas weniger gut können. Jedenfalls trifft beides auf mich zu. Schon als Kind war ich sehr ehrgeizig und versuchte immer, überall die Beste zu sein. Ich nahm an vielen Wettbewerben teil und Preise, Urkunden und Zeitungsartikel spielten in meinem Leben eine große Rolle. Alles war für mich eine Art Sport, und so richtig wohl fühlte ich mich nur dann, wenn ich auf einem Gebiet zu den Besten gehörte.

Mit 12 Jahren traf ich eine bewusste Entscheidung für Gott, doch es dauerte noch einige Jahre, bis ich erkannte, dass mein übertriebener Ehrgeiz ein Problem war. Mit 14 wurde ich in ein deutsches Elite-Jugendorchester aufgenommen. Dass ich die Aufnahmeprüfung geschafft hatte, war ein Wunder. Ich war mir dessen bewusst, dass Gott mir geholfen hatte, damit ich dort anderen von ihm erzähle. Bald gab ich auf jeder Tournee Bibelstunden und betete mit meinen neuen Freunden. Doch mit der Zeit verlor ich diese Mission aus den Augen. Ich wurde stolz, dass ich in diesem Orchester mitspielen durfte, und wollte dort eine besondere Stellung erlangen. So verglich ich mich mit anderen. Allmählich verstand ich mich mit einigen dort nicht mehr so gut. (Vermutlich weil sie besser waren als ich!)

Eines Tages las ich in der Bibel den oben abgedruckten Vers. Mir wurde bewusst, wie sehr mein bisheriger Lebensstil dem Wesen Gottes widersprach. Anstatt dass ich meine Freunde zu Jesus führte, machte ich sie zu Rivalen, und das nur, um mein Ego zu bestätigen! Dabei hatte ich das alles nur Gott zu verdanken! Da dieses Konkurrenzdenken so tief in mir verwurzelt war, beschloss ich, künftig an keinen Wettbewerben teilzunehmen. Ich wählte auch bewusst ein anderes Studienfach als Musik. So konnte ich lernen, meinen Selbstwert auf eine bessere Grundlage zu gründen als auf Talent und Leistung. Ich denke heute noch, dass das eine gute Idee war. Mein Leben ist entspannter und mein Ehrgeiz richtet sich jetzt auf positive Dinge, nicht mehr gegen andere.

Seit dieser Zeit habe ich auch einen neuen Lieblingsbibelvers: „Es sei aber fern von mir, mich zu rühmen als allein des Kreuzes unseres Herrn Jesus Christus, durch den mir die Welt gekreuzigt ist und ich der Welt" (Galater 6,14).

LS

21.12.

Gottes Gesicht

PSALM 32,8B

Ich will dich mit meinen Augen leiten.

Hast du schon mal ein kleines Kind beobachtet, das in einer neuen Situation nicht weiß, was es tun soll? Es sucht dann mit den Augen das Gesicht seiner Mutter. Es schaut genau hin und liest darin. Es schaut die Augen an und sie „sagen" ihm, was es tun oder lieber lassen soll. Das Spiel wiederholt sich viele Male am Tag, natürlich auch bei Vätern. Erst nachdem ich selbst erlebt habe, wie meine Kinder in meinem Gesicht Antworten gesucht haben, ist mir ein Licht aufgegangen. Der Bibeltext: „Ich will dich mit meinen Augen leiten", hat auf einmal mehr Sinn gemacht.

Gott ist unser Vater und wir seine Kinder. Auch wir sind oft in Situationen, in denen wir nicht wissen, was wir tun sollen. Wie das kleine Kind dürfen wir auch Gottes Gesicht suchen und von seinen Augen geleitet werden.

Aber wie soll das aussehen? Wir sehen Gott ja nicht direkt. Jesus hat einmal gesagt: „Wer mich sieht, der sieht den Vater" (Joh 14,9b). So wie Jesus ist, ist auch der Vater. Sie haben beide denselben Charakter und dieselbe Liebe zu uns. Dasselbe gilt auch für den Heiligen Geist. Jesus hat seinen

Jüngern versprochen, ihnen den Heiligen Geist zu schicken. Er sagte: „Ich will euch nicht als Waisen zurücklassen; ich komme zu euch" (Joh 14,18).

Wenn der Heilige Geist in uns wohnt, dann ist es so, als wenn Jesus bei uns wäre. Und er ist es auch, denn auch der Heilige Geist ist im Wesen wie Jesus und Gott Vater. Wenn wir Jesus kennen, kennen wir auch Vater und Geist. Aber wie können wir Jesus kennen lernen?

Johannes 5,39 bringt uns der Sache einen Schritt näher: Die Schrift zeugt von Jesus. Damit war das Alte Testament gemeint, aber das Neue Testament zeugt natürlich erst recht von ihm. Im Wort Gottes sehen wir Jesus. Dort erfahren wir Gottes Gedanken, erkennen, was ihm wichtig ist, und sehen, wie er handelt. So können wir in eine Beziehung mit ihm kommen.

Gottes Wort wird für uns zum „Gesicht Gottes", in dem wir seinen Charakter erkennen. Lesen wir das Alte wie das Neue Testament so werden sie zu den Augen Gottes, in denen wir ablesen können, was wir tun oder lassen sollen, was wir anstreben oder nicht anstreben sollen usw. Lesen wir nochmals die ganze Verheißung: „Ich will dich unterweisen und dir den Weg zeigen, den du gehen sollst; ich will dich mit meinen Augen leiten" (Psalm 32,8). Ich wünsche dir, dass du das erlebst.

DW

22.12.

Engel

HEBRÄER 1,14 GNB

Die Engel sind doch alle nur Geister, die Gott geschaffen hat zum Dienst an den Seinen. Er schickt sie denen zu Hilfe, die Anteil an der endgültigen Rettung haben sollen.

Seit einigen Jahren sind Engel „in"; sie begegnen uns auf Postern, Stickern, Tassen, auf Shirts und in vielen Fernsehserien und Filmen. Manche werden als fette Babys mit Flügeln dargestellt, andere in Menschengestalt: Schwarze, Weiße, Junge wie Alte, Männer oder Frauen. Wie sind Engel denn wirklich?

Der Prophet Daniel beschreibt den Engel Gabriel als einen „Mann", aber gleichzeitig als majestätisches Wesen, das fliegen konnte. Abraham und Lot trafen Engel, die nicht einmal als Gottesboten erkannt wurden. Und dann schildert die Bibel Engel, die ganz anders aussehen: manche haben zwei Flügel, manche sogar sechs. Die vier Gestalten am Thron Gottes haben nicht nur Menschengesichter, sondern ähneln auch Tieren. Wir wissen so wenig über Gottes Engel! Manchmal sind sie sichtbar, manchmal senden sie Feuer und Tod, dann wieder sind sie unsere Helfer und Beschützer.

Andere Engel führen einen unsichtbaren Kampf um Herrscher, Könige und Politiker und wollen sie zum Guten beeinflussen. Engel verhindern Katastrophen oder führen sie herbei. Sie „dienen“ Gott und sind Schöffen, die juristische Aufgaben erfüllen – zum Beispiel schreiben sie Berichte über uns und die Weltgeschichte und nehmen regen Anteil an allem, was hier geschieht.

Der mächtigste Engel war sich nicht zu „fein“, immer wieder unseren geschundenen Planeten zu besuchen. Mehrmals kam er zum Propheten Daniel und gab ihm Unterricht in Weltgeschichte. Er traf den alten Zacharias und bereitete ihn auf die Geburt des Johannes vor. Und er kündete einem bescheidenen Mädchen namens Maria an: „Du wirst die Mutter des Weltretters!“

Doch niemals ließ sich ein von Gott geschickter Engel anbeten oder spielte sich in den Mittelpunkt wie damals Luzifer, der Fürst aller himmlischen Engel. Ein Drittel aller Engel hörte auf seine Lügen und folgte ihm auf den Weg der Rebellion. Doch zwei Drittel der Engel blieben Gott treu und leben nach seinen Prinzipien und Werten. Sie freuen sich über jeden, der sich zu Gott wendet! Sie werden uns in der himmlischen Heimat herzlich willkommen heißen. Vielleicht treffe ich dann auch meinen Schutzengel, der still und unerkannt wie ein „großer Bruder“ über mir wacht? Gott sei Dank für diese Helfer!

SR

23.12.

Vorfreude

LUKAS 2,10.11

Ich verkünde euch große Freude, die allem Volk widerfahren wird; denn euch ist heute der Heiland geboren, welcher ist Christus, der Herr, in der Stadt Davids.

Der Tag vor Weihnachten ist für die meisten Leute vollgepackt mit Arbeit. Die Hausfrauen schleppen bergeweise Lebensmittel, die Männer stöhnen unter der Last von Paketen, nur die Kinder haben glänzende Augen und können in dieser Nacht kaum schlafen, weil sie sich so sehr auf „morgen" freuen. Wie war das damals bei Maria? Sie klammert sich an den Esel, der über die steinigen Wege trabt. Bei jedem Schritt wird sie durchgeschüttelt und spürt, wie sich ihr Bauch zusammenzieht. „Ist es noch weit, Josef?" Der schaut besorgt nach dem Stand der Sonne. „Hoffentlich finden wir in Bethlehem schnell ein Zimmer", mag er gedacht haben. Dort wohnten viele Verwandte. Aber er war ja nicht der einzige mit diesem Ziel. Salomo mit seinen 1000 Frauen hatte dafür gesorgt, dass viele Menschen in Judäa und Galiläa von Davids Königshaus abstammten. Die Herbergen würden überfüllt sein. Ob er sich auf das Baby freute? Oder auf der Unterlippe kaute vor lauter Sorgen? „Hoffentlich geht bei der Geburt alles glatt! Wenn nur das Kind nicht krank wird! Diese große Verantwortung – wie kann ich sie tragen?“ Vielleicht hatte Josef im Laufe seines Lebens genügend Gottvertrauen trainiert, um seine Ängste bei Gott zu parken und sich immer wieder eine Portion Frieden abzuholen. Immerhin war ihm der Engel Gabriel erschienen und hatte ihn auf diese Aufgabe vorbereitet. Das zeigt, dass Josef ein offenes Ohr für den Rat Gottes hatte. Und dass er bereit war, seine eigenen Pläne und Wünsche stets zurückzustellen.

Wie denken wohl die Engel, die dem Sohn Gottes viele Jahrtausende aus Liebe und Einsicht gedient haben, als seine Geburt immer näher rückt? Sie kennen viele Gefahren, von denen Josef und Maria nichts ahnen. Sie wissen, wie gefährlich Tetanus ist, und wie brutal Satan und seine Engel handeln. Und trotzdem lassen sie sich nicht von ihrer Sorge terrorisieren. Sie freuen sich. Denn sie nehmen Anteil an uns kleinen Menschen und möchten, dass wir eine Chance auf Rettung haben. Sie wünschen, dass die Diktatur des Bösen endlich zu Ende geht. Und dieses Baby, das sich mit den Fäusten gegen Marias Bauchwand stemmt, wird Satan besiegen. Das ist für sie Grund genug zur Freude. Auch für dich?

SR

24.12.

König in Windeln

LUKAS 2,12

Und das habt zum Zeichen: Ihr werdet finden das Kind in Windeln gewickelt und in einer Krippe liegen.

Wer schon öfter mal bei Babys Windeln gewechselt hat, weiß frische Luft zu schätzen! Und einen Eimer mit luftdichtem Deckel. Die Schäfer, die auf den Weiden rund um Bethlehem ihre Herden bewachten, waren gewiss nicht zimperlich. Schafe und Ziegen stinken auch. Doch dass der Retter der Welt in einem Stall liegen sollte, noch dazu in einer primitiven Futterkrippe, das verblüffte sie sehr! Vielleicht hätten sie ihren König eher in einem Palast gesucht, als tatkräftigen Mann voller Macht und Einfluss. Andererseits stünde ein solcher Erlöser dann haushoch über ihnen. Sie hätten ihn bewundert, das ja, aber dürften sie ihn besuchen? So wie sie waren, verschwitzt von der Arbeit mit rauen, schwieligen Händen, die Haare rauchig vom Feuer, an dem sie sich gewärmt hatten – was konnten sie ihm bieten? Doch sie kamen und sahen: Gewärmt vom Atem des Esels, lag das Kind auf einer Lage Stroh, und sie staunten. Ob sie die ungeheure Herablassung des Gottessohnes damals begriffen haben? Vom Thron des

Universums herab in die Krippe, ausgeliefert der Fürsorge einer jungen, unsicheren Frau aus Galiläa und einem Handwerker?

Die weisen Männer aus dem Osten kamen ein paar Monate später, als die kleine Familie ein schlichtes Haus bezogen hatte. Sie erkannten in ihm den prophezeiten Messias, und ihre Geschenke zeigten, dass sie seinen Leidensweg vorausahnten: Gold, Weihrauch, Myrrhe – eine willkommene Hilfe auf der bevorstehenden Flucht nach Ägypten.

Jesus durchlebte seine ersten Jahre als Flüchtling, als Asylantenkind, später half er dem Vater in der Werkstatt und schlug sich wie jeder Lehrling mehr als einmal auf den Daumen. Ob er den schweren Wasserkrug für die Mutter schleppte? Den Hof fegte? Jesus lebte hier ohne „VIP-Bonus", er hatte keinen Vorteil. Deshalb kennt er Stress und Prüfungsangst aus eigener Erfahrung. Er hat unter dem Stachel der Zurückweisung gelitten, sehnte sich nach Verständnis und Freundschaft und hatte Heimweh nach seinem himmlischen Vater. Das nahm er auf sich, weil er unser Vertrauen sucht. Er möchte unser bester Freund sein, unser Coach, unser Ratgeber und Helfer. Aber auch unser Herr, der uns sagt, wo's lang geht. Glauben wir ihm, hören wir auf ihn! Dann leben wir gesegnet.

SR

25.12.

Gottes Liebe feiern

JOHANNES 1,14 EB

Und das Wort wurde Fleisch und wohnte unter uns, und wir haben seine Herrlichkeit angeschaut, eine Herrlichkeit als eines Eingeborenen vom Vater, voller Gnade und Wahrheit.

Weihnachten heißt das „Fest der Liebe", wie es schon Anfang November auf Plakaten zu lesen war. Doch wen oder was feiern wir eigentlich? Uns selbst? Unsere Errungenschaften? Wird das Leben morgen besser, glücklicher, hoffnungsvoller sein? Tatsächlich hat Weihnachten eine Botschaft für uns, aber eine ganz andere, als in den Einkaufszentren und Fernsehfilmen transportiert wird. Die Botschaft von Weihnachten ist ganz schlicht, aber umso berührender und sie richtet sich gerade an jene, die vom Glitzerglanz des Feierns genug haben, die Sehnsucht haben nach etwas, was tiefer geht. Dazu eine Geschichte …

25.12.

Es war einmal ein König, der Gott sehen wollte. Doch nicht einmal die weisesten Ratgeber konnten ihm diesen Wunsch erfüllen. Da kam ein einfacher Hirte vor den König. „Ich möchte Gott sehen", sagte der König. „Ihre Majestät, schaut doch bitte in die Sonne", antwortete der Hirte. „Das kann ich nicht", meinte der König, „sie ist zu hell." „So könnt ihr auch nicht Gott schauen", sagte der Hirte. „Er ist zu herrlich". Der König dachte nach und meinte dann: „Aber dann sag mir doch, was Gott TUT?" Der Hirte antwortete nichts, aber er legte seinen einfachen Hirtenmantel ab und gab ihm dem König. Dafür zog er dessen prachtvolle Kleider an. „Seht, das tut Gott", meinte der Hirte. „Er war König und wurde wie einer von uns. Er verließ seine Herrlichkeit, um bei uns zu wohnen. Und dafür gibt er uns seinen Reichtum und macht uns zu Königen." „Und warum tut Gott das?", wollte der König wissen. Der Hirte lächelte und antwortete: „Er liebt uns, darum ist er zu uns gekommen. Er liebt dich und mich …"

Gottes Liebe gilt dir und mir. Daran hat sich seit Bethlehem nichts geändert. Eigentlich sollten wir Weihnachten jeden Tag feiern. Gott kam, um uns seine Liebe zu zeigen!

CF

26.12.

Barmherzigkeit

MATTHÄUS 5,7

Selig sind die Barmherzigen . . .

An einer Schule wurden Seelsorger ausgebildet, damit sie sich später gut um das geistliche Wohlergehen von Menschen kümmern konnten. Dazu brauchten sie geübte Augen, um Menschen in Not zu erkennen. An dieser Schule unterrichtete ein Lehrer mit sehr realistischen Ansichten von den Aufgaben, die auf seine Schüler in Zukunft zukommen würden. Er wollte sie testen, um zu sehen, ob sie überhaupt für so eine Aufgabe geeignet wären. Hier seine Idee: Jeder Student sollte eine vorher bestimmte Person der Stadt besuchen und mit ihr über den Barmherzigen Samariter sprechen. Die dazu nötige Zeit war vorgeschrieben und knapp bemessen. Die Schüler mussten zu einer bestimmten Uhrzeit wieder zurück sein.

Alle waren theologisch gut vorbereitet und hatten gute Argumente und Gedanken im Kopf. Eines wussten die Studenten allerdings nicht: Auf jedem ihrer Wege wartete eine Person als „Bettler" verkleidet. Diese „Bettler" hockten in dunklen Hauseingängen, an denen die Studenten unbedingt vorbei kommen mussten.

Am Prüfungstag gingen alle Schüler begeistert los und hofften, sie würden eine gute Note bekommen. Alle waren pünktlich zurück. Nun fragte der Lehrer jeden Einzelnen ob er auf dem Wege etwas Besonderes gesehen oder erlebt hätte. Zu seinem Erstaunen sagten alle „Nein". Keiner von ihnen hatte den „Bettler" bemerkt. „Wie kommt das?", fragte der Lehrer. „Wie konntet ihr diese Bettler übersehen?" Sie gaben zur Antwort: „Wir hatten es eilig, wir mussten doch pünktlich zurück sein."

Hast du schon Menschen gesehen, die bei schlechtem Wetter draußen auf einer Bank sitzen, in Fetzen eingewickelt, mit zerrissenen Schuhen an den Füssen? Was geht dabei in deinem Herzen vor? Kannst du da einfach weg schauen? Und wenn du dem Armen etwas gibst, wieviel Gramm Brot kann er damit kaufen? Wenn du das Pech hättest, an seiner Stelle zu sein, was würdest du fühlen? Übrigens, das Wort barmherzig bedeutet: mit-fühlend. Das ist kein leeres Wort, Jesus hat es in seiner Bergpredigt erwähnt und die Barmherzigen „selig" gepriesen. Das geht uns alle an!

AdK

27.12.

Irgendetwas fehlte mir!

MARKUS 16,15

Und er sprach zu ihnen: Gehet hin in alle Welt und predigt das Evangelium aller Kreatur.

Ich war ein Teenager, als mir an einem Sabbatmorgen plötzlich etwas erschreckend klar wurde: Wenn ich anderen nicht von Jesus erzähle, dann wird mein eigenes Leben mit Gott nach und nach verkümmern! Der Prediger hatte das Thema auf den Punkt gebracht. Ich wollte auf keinen Fall von Gott abdriften. Deshalb betete ich sehr intensiv um eine Lösung: „Herr, ich fühle mich unbegabt und nutzlos. Zeig mir, was ich für dich tun kann."

Gott hat mein Gebet beantwortet und mich wunderbar gesegnet. Mit 31 war ich in verschiedenen Bereichen meiner Gemeinde aktiv. Dazu gehörte auch die Leitung eines Orchesters, das ich Jahre vorher zusammengestellt hatte. In meinem Privatleben lief alles bestens. Und doch fühlte ich mich niedergedrückt. Ich hatte ständig das Gefühl, ich würde mein Leben vergeuden. Etwas Wichtiges fehlte mir.

Damals schloss ich mich einem Hauskreis an. Wir lasen das Buch „Christian Service" gemeinsam. Einer meiner Freunde schlug vor, wir könnten doch mal die Leute im Altenheim besuchen. Ich sagte: „Klar!", doch ich dachte insgeheim: „Bloß nicht. So was kann ich nicht ausstehen. Ich bin krankhaft schüchtern, ich spreche nicht gern Leute an und Fremden eine Predigt halten, das kann ich ganz und gar nicht."

Am nächsten Sabbatnachmittag stand ich vor dem Eingang des Altenheims. Die anderen hatten mir aufgetragen, ein Stück aus der Bibel vorzulesen. Ich sollte dann noch ein paar Worte dazu sagen. Ich dachte: „Das ist das erste und letzte Mal, dass ich durch diese Tür gehe!" Das war allerdings ein Irrtum!!!

Während ich an diesem Tag von Jesus erzählte, fiel mir auf, dass die Zuhörer von der Liebe Gottes fasziniert waren. Obwohl ich rhetorisch nicht besonders gut bin, spürte ich die Kraft des Heiligen Geistes wie noch nie zuvor. Ich fühlte mich gestärkt und motiviert.

Auf dem Heimweg schossen mir viele Gedanken durch den Kopf: „DAS also hat mir gefehlt! Ich muss mich auch außerhalb der Gemeinde engagieren! Und zwar noch stärker als bisher!"

DR

Mehr bringt mehr

LUKAS 5,10B

Fürchte dich nicht! Von nun an wirst du Menschen fangen.

Unsere Gruppe besuchte nun jede Woche zwei Pflegeheime, zwei Waisenhäuser und ein Krankenhaus. Ich war glücklicher als je zuvor. Dennoch fehlte mir immer noch etwas. Damals kam mir ein ganz verrückter Gedanke: „Wenn mir zwei Stunden Außendienst pro Woche so viel Freude bereiten, was könnten dann 24 Stunden bewirken? Wenn ich soetwas vollzeitlich machen würde? Als Vollzeitmissionar?"

Ich hielt mich allerdings für zu alt, immerhin müsste ich ja irgendwann für meine Karriere sorgen, eine Familie gründen und an meine Rente denken. Ein ganzes Jahr lang kämpfte ich gegen die Führung des Heiligen Geistes an. Freunde und Verwandte bestärkten meine Zweifel: „Du ruinierst dein Leben!" Doch schließlich beschloss ich, das Risiko einzugehen. Ich bewarb mich für ein Jahr als freiwilliger Bibellehrer auf den Marshall-Inseln.

Diese erste Erfahrung im Missionsfeld stellte mein Denken und meine Beziehung zu Gott völlig auf den Kopf. Am Ende dieses Jahres wusste ich, dass ich den Rest meines Lebens als Vollzeitmissionar verbringen wollte.

Ich heiratete schließlich eine Missionarin namens Raffaela und verbrachte die nächsten beiden Jahre als Bibellehrer im Libanon. Heute arbeiten wir als freiwillige Missionare in Österreich.

Nie zuvor habe ich mich so erfüllt und glücklich gefühlt wie in dem, was ich für den Herrn tun darf. Ich lebe heute, um anderen zu helfen, damit auch sie Ruhe und Frieden finden – und meine Unzufriedenheit und Niedergeschlagenheit sind weg!

Ich liebe meine Arbeit, meine Aufgabe, und ich liebe den Missionsauftrag, den Gott uns allen erteilt hat. Raffaela und ich, wir haben keine Pläne, jemals wieder „zurück" zu gehen. Nein, wir gehen voran, bis wir diesen Missionsauftrag erfüllt haben!

DR

29.12.

Leben mit Sinn und Wert

SPRÜCHE 14,12

Manchem scheint ein Weg recht, aber zuletzt bringt er ihn zum Tode.

Eines Tages fiel mir ein neues Motorrad in der Tiefgarage auf. Es war eine „Hayabusa", das schnellste Motorrad, das man damals kaufen konnte. Ich erschrak. Ich ahnte, dass es meinem Freund John gehörte. Er hatte bereits einen schweren Motorradunfall hinter sich und sich nur durch ein Wunder davon erholt. Ich fragte ihn: „Warum machst du das schon wieder?", und er antwortete: „Weil ich mich dabei so lebendig fühle! Ich liebe es über alles. Ich kann mir ein Leben ohne die Geschwindigkeit nicht vorstellen."

Eines Tages kam meine Mutter weinend vom Einkaufen zurück. Sie konnte gar nicht mehr mit dem Weinen aufhören. Das ist ganz untypisch für sie. Ich fragte sie nach dem Grund, aber sie konnte noch nicht reden. Nach einiger Zeit presste sie das Wort „John" heraus. Da wusste ich Bescheid. Später sagte man mir, dass John über 300 km/h schnell gefahren war. Und wieder verlor er die Kontrolle über das Motorrad, flog einige Meter weit und landete auf dem Kopf. Dieses Mal war er tot.

Bei seiner Beerdigung waren viele Leute da, um von ihm Abschied zu nehmen: Verwandte, alte Freunde und Leute aus seiner Bikergruppe. Wir alle standen unter Schock und konnten nur mit Mühe fassen, dass unser lieber Freund nicht mehr da war. Alle suchten nach Worten, um sich gegenseitig zu trösten. Und da hörte ich einen Satz, der mir bekannt vorkam: „Na, wenigstens ist er für das gestorben, was er am meisten liebte. Das gab seinem Leben Sinn und Wert."

Hast du so etwas auch schon einmal gehört? Klar hast du! In vielen Filmen lässt der Held alles hinter sich, weil er seinem Traum nachjagt. Oder ein Mädchen findet die große Liebe und riskiert gegen besseres Wissen alles dafür. Dieses Konzept finden wir in Filmen, Musik, TV, Zeitschriften … Folge deinem Herzen, lebe deinen Traum … denke nicht an später!

Hm … was ist eigentlich daran verkehrt? Hat Gott uns nicht so geschaffen, dass wir gerne Spaß haben? Gott will doch, dass wir glücklich und zufrieden sind! Ja, das ist mal sicher. Aber kennen wir uns selbst eigentlich so gut, dass wir wissen, was uns wirklich glücklich macht? Ist das Glück, das wir suchen, zerstörerisch oder von Dauer?

Die Erfahrung mit meinem Freund John brachte mich zum Nachdenken. Wofür lebe ich? Wofür lebst du?

DR

30.12.

Mein Freund Jesus

PSALM 51,12

Schaffe in mir, Gott ein reines Herz und gib mir einen neuen, beständigen Geist.

Wir sind heute nicht mehr in der gleichen Situation wie Adam und Eva nach der Schöpfung. Durch die Trennung von Gott wurde unser Denken und Wollen verdreht, unsere Wünsche und Träume sind nicht mehr im Einklang mit dem Schöpfer. Deshalb lügen wir uns gern in die eigene Tasche und wollen unseren Traum ausleben „koste es, was es wolle". Das kann sehr gefährlich ausgehen.

Leider erzählt uns die Unterhaltungsindustrie nichts von diesen Gefahren. Sie will uns vom Gegenteil überzeugen. Deshalb fällt es uns so schwer, die Realität zu sehen, nämlich, dass uns unser Herz irreführen kann und etwas Böses daraus entsteht. Nur ein Weg führt zum Glück und zur Freude und bewahrt uns davor, von unserem eigenen „Herzen" verführt zu werden: ein völlig neues Herz. Ein Herz, das edle Träume und hochgesteckte Ziele hegt und das erstrebt, was gut und richtig ist. Allerdings können wir unsere Einstellung nicht selbst verändern. Nur Gott, der unseren Körper und unser Denken erdacht und erschaffen hat, kann solch ein Wunder in uns tun. Der erste Schritt dazu ist das Eingeständnis: „Ich bin hilflos, ich brauche dich." Und die Bitte um ein „reines Herz".

Ist dir schon aufgefallen, wie stark sich Freunde gegenseitig beeinflussen? Das gilt für Hobbys, Gesten, die Art, wie man spricht und sogar für Meinungen und Ansichten. Je mehr Zeit du mit jemandem verbringst, umso stärker wirst du von ihm geprägt. Und genauso verändert uns Gott. Je mehr Zeit du mit ihm verbringst, desto mehr wirst du ihn als guten Freund entdecken. Erzähle ihm deinen Frust, deine Probleme, deine Freuden. Höre ihm zu, indem du täglich in der Bibel liest und ihn um Rat bittest. Tag für Tag wirst du immer öfter so reden, wie er spricht, tun, was er getan hätte und denken wie er. Am Ende bist du ihm rundherum ähnlich.

Ich habe noch einen anderen Freund, der wie John (siehe gestrige Andacht) für das gestorben ist, was er liebte. Auch in seinem Fall war es ihm unmöglich, ohne „das" weiterzuleben. Er hat alles riskiert, um dich zu gewinnen. Jesus konnte den Gedanken nicht ertragen, die Ewigkeit ohne dich zu erleben. Du bist so kostbar und wertvoll für ihn, dass er es riskierte, sein Universum, sein Königreich und sein eigenes Leben zu verlieren, um dich zu retten. „Keiner hat größere Liebe als die, dass er sein Leben lässt für seine Freunde." Ja, Jesus hat Recht: Manches ist wirklich so wertvoll, dass sich dafür zu sterben lohnt.

DR

31.12.

Du führst mich

PSALM 32,8

Ich will dich unterweisen und dir den Weg zeigen, den du gehen sollst; ich will dich mit meinen Augen leiten.

Du führst mich,
nicht so, wie ich dachte
oder wie andere es erwarten.
Du führst mich,
nicht so, wie die Wünsche in meiner Seele es verlangen
oder wie die guten Wünsche derer lauten, die um mich sind.
Du führst mich,
nicht dahin, wo ich dachte
und doch an deiner Hand.
Du führst mich,
nicht schnell, nicht sofort, nicht jetzt, auch nicht morgen,
zu deiner Zeit.

31.12.

Du führst mich,
nicht laut, nicht grob, nicht zerrend,
im Warten führst du mich.
Du führst mich.
Du führst mich gut.

MC

ANHANG

— FÜR EUCH HABEN GESCHRIEBEN —

AB	Arthur Boldt
AD	Adina Dewinter
AdK	Adolf Kinder
AF	Anna Fickenscher
AH	Aleksej Hanshuha
AK	Anastasia Kassap
AsW	Astrid Waniek
AnW	Andy Weber
AS	Anita Spuller
AW	Anne Wäsch
BL	Benjamin Lizinger
BO	Bastian Ogon
BZ	Benjamin Zihlmann
CaR	Carsten Reinhold
CE	Cornelia Eiblmaier
CF	Claudia Flieder
ChR	Christian Reimer
CL	Christian Lutsch
CP	Carmen Piesslinger
CR	Claudia Roth
CW	Conny Witzig
DK	Damaris Kraus
DL	David Lumpi
DP	Daniela Popa
DR	Dalton Rocha
DW	Doris Waber
EK	Elisabeth Krumpschmid
EM	Erica Mössner
ER	Ella Reimer
ElR	Elisabeth Reimer
FS	Fabian Schreiner
GT	Gaby Templ
HF	Hanna Fickenscher
HK	Helge Külls
HM	Hans Matschek
JaS	Jascha Felix Stahlberger
JaW	Jacob Wieck
JB	Jaqueline Brogan
JeW	Jeanine Walter
JF	Johanna Futschik
JoW	Jonathan Walter
JS	Jutta Sikora
JU	Jonathan Unterweger
JW	Jonas Weisse

— FÜR EUCH HABEN GESCHRIEBEN —

JZ	Jesse Zwicker
KR	Klaus Reichart
LaK	Larissa Knirr
LB	Ludmilla Brandl
LH	Lydia Hierzer
LiH	Lisa Hollomey
LiK	Lisa Krepl
LS	Luise Schneeweiß
MaG	Manfred Graser
MaK	Marion Knirr
MB	Maria Bornand
MC	Miriam Cihak
MF	Mirjam Futschik
MiK	Miriam Kerzendorfer
MoG	Monika Graser
MP	Max Pröbstle
MS	Marlene Schultschik
MW	Margarita Windisch
NA	Nicola Ardito
NB	Natalie Bihori
NT	Naomi Templ
NZ	Nicolai Zeh
PG	Pamina Gysin
RF	Raimund Fuchs
RG	René Gehring
RL	Raffael Lutsch
RR	Rafaela Rocha
RuL	Ruth Lizinger
SaR	Sarah Riedel
SR	Sylvia Renz
SW	Widulle Selina
TE	Thomas Eißner
TK	Thomas Knirr
TM	Tatjana Marjanovic
VH	Viola Hoffmann
VW	Vanessa Wolf
VZ	Valentin Zywietz
WR	Werner Renz
YG	Yasmin Grauenhorst
YS	Yvonne Seidel

Auftanken & Durchstarten
BIBEL
LESE
PLAN

Vor allen Dingen
nehmt euch Zeit, die
BIBEL,
das Buch der Bücher,
zu lesen. Ein tägliches
Studium der Schrift hat
einen **heiligenden**,
aufbauenden Einfluss
auf das **Denken**.
Verbindet das heilige
Buch mit euren Herzen.
ES WIRD SICH ALS
EUER FREUND ERWEISEN
und euch in Schwierig-
keiten leiten.

COUNSELS TO PARENTS, TEACHERS
AND STUDENTS, 138

BIBELLESEPLAN

1. Mose			1	2	3	4	5	6	7	8	9	10	11	12	13	14	15	16	17	18	19	20	21	22	23	24	25	26	27	28	29
30	31	32	33	34	35	36	37	38	39	40	41	42	43	44	45	46	47	48	49	50	2. Mose			1	2	3	4	5	6	7	8
9	10	11	12	13	14	15	16	17	18	19	20	21	22	23	24	25	26	27	28	29	30	31	32	33	34	35	36	37	38	39	40
3. Mose			1	2	3	4	5	6	7	8	9	10	11	12	13	14	15	16	17	18	19	20	21	22	23	24	25	26	27	4. Mose	
1	2	3	4	5	6	7	8	9	10	11	12	13	14	15	16	17	18	19	20	21	22	23	24	25	26	27	28	29	30	31	32
33	34	35	36	5. Mose				1	2	3	4	5	6	7	8	9	10	11	12	13	14	15	16	17	18	19	20	21	22	23	24
25	26	27	28	29	30	31	32	33	34	Josua			1	2	3	4	5	6	7	8	9	10	11	12	13	14	15	16	17	18	19
20	21	22	23	24	Richter			1	2	3	4	5	6	7	8	9	10	11	12	13	14	15	16	17	18	19	20	21	Rut		
1	2	3	4	1. Samuel			1	2	3	4	5	6	7	8	9	10	11	12	13	14	15	16	17	18	19	20	21	22	23	24	25
26	27	28	29	30	31	2. Samuel			1	2	3	4	5	6	7	8	9	10	11	12	13	14	15	16	17	18	19	20	21	22	23
24	1. Könige			1	2	3	4	5	6	7	8	9	10	11	12	13	14	15	16	17	18	19	20	21	22	2. Könige			1	2	3
4	5	6	7	8	9	10	11	12	13	14	15	16	17	18	19	20	21	22	23	24	25	1. Chronik			1	2	3	4	5	6	7
8	9	10	11	12	13	14	15	16	17	18	19	20	21	22	23	24	25	26	27	28	29	2. Chronik			1	2	3	4	5	6	7
8	9	10	11	12	13	14	15	16	17	18	19	20	21	22	23	24	25	26	27	28	29	30	31	32	33	34	35	36	Esra		
1	2	3	4	5	6	7	8	9	10	Nehemia			1	2	3	4	5	6	7	8	9	10	11	12	13	Esther			1	2	3
4	5	6	7	8	9	10	Hiob			1	2	3	4	5	6	7	8	9	10	11	12	13	14	15	16	17	18	19	20	21	22
23	24	25	26	27	28	29	30	31	32	33	34	35	36	37	38	39	40	41	42	Psalmen			1	2	3	4	5	6	7	8	9
10	11	12	13	14	15	16	17	18	19	20	21	22	23	24	25	26	27	28	29	30	31	32	33	34	35	36	37	38	39	40	41
42	43	44	45	46	47	48	49	50	51	52	53	54	55	56	57	58	59	60	61	62	63	64	65	66	67	68	69	70	71	72	73
74	75	76	77	78	79	80	81	82	83	84	85	86	87	88	89	90	91	92	93	94	95	96	97	98	99	100	101	102	103	104	105
106	107	108	109	110	111	112	113	114	115	116	117	118	119	120	121	122	123	124	125	126	127	128	129	130	131	132	133	134	135	136	137
138	139	140	141	142	143	144	145	146	147	148	149	150	Sprüche			1	2	3	4	5	6	7	8	9	10	11	12	13	14	15	16
17	18	19	20	21	22	23	24	25	26	27	28	29	30	31	Prediger		1	2	3	4	5	6	7	8	9	10	11	12	Hohelied		
1	2	3	4	5	6	7	8	Jesaja			1	2	3	4	5	6	7	8	9	10	11	12	13	14	15	16	17	18	19	20	21
22	23	24	25	26	27	28	29	30	31	32	33	34	35	36	37	38	39	40	41	42	43	44	45	46	47	48	49	50	51	52	53
54	55	56	57	58	59	60	61	62	63	64	65	66	Jeremia			1	2	3	4	5	6	7	8	9	10	11	12	13	14	15	16
17	18	19	20	21	22	23	24	25	26	27	28	29	30	31	32	33	34	35	36	37	38	39	40	41	42	43	44	45	46	47	48
49	50	51	52	Klagelieder				1	2	3	4	5	Hesekiel			1	2	3	4	5	6	7	8	9	10	11	12	13	14	15	16
17	18	19	20	21	22	23	24	25	26	27	28	29	30	31	32	33	34	35	36	37	38	39	40	41	42	43	44	45	46	47	48
Daniel			1	2	3	4	5	6	7	8	9	10	11	12	Hosea			1	2	3	4	5	6	7	8	9	10	11	12	13	14
Joel	1	2	3	4	Amos		1	2	3	4	5	6	7	8	9	Obadja			1	Jona		1	2	3	4	Micha		1	2	3	4
5	6	7	Nahum		1	2	3	Habakuk			1	2	3	Zefanja			1	2	3	Haggai		1	2	Sacharja		1	2	3	4	5	6
7	8	9	10	11	12	13	14	Maleachi			1	2	3	Matthäus				1	2	3	4	5	6	7	8	9	10	11	12	13	14
15	16	17	18	19	20	21	22	23	24	25	26	27	28	Markus		1	2	3	4	5	6	7	8	9	10	11	12	13	14	15	16
Lukas			1	2	3	4	5	6	7	8	9	10	11	12	13	14	15	16	17	18	19	20	21	22	23	24	Johannes			1	2
3	4	5	6	7	8	9	10	11	12	13	14	15	16	17	18	19	20	21	Apostelgeschichte				1	2	3	4	5	6	7	8	9
10	11	12	13	14	15	16	17	18	19	20	21	22	23	24	25	26	27	28	Römer		1	2	3	4	5	6	7	8	9	10	11
12	13	14	15	16	1. Korinther			1	2	3	4	5	6	7	8	9	10	11	12	13	14	15	16	2. Korinther				1	2	3	4
5	6	7	8	9	10	11	12	13	Galater		1	2	3	4	5	6	Epheser		1	2	3	4	5	6	Philipper			1	2	3	4
Kolosser			1	2	3	4	1. Thessalonicher				1	2	3	4	5	2. Thessalonicher				1	2	3	1. Timotheus			1	2	3	4	5	6
2. Timotheus			1	2	3	4	Titus		1	2	3	Philemon		1	1. Petrus			1	2	3	4	5	2. Petrus			1	2	3	1. Johannes		
1	2	3	4	5	2. Johannes			1	3. Johannes			1	Hebräer			1	2	3	4	5	6	7	8	9	10	11	12	13	Jakobus		1
2	3	4	5	Judas		1	Offenbarung			1	2	3	4	5	6	7	8	9	10	11	12	13	14	15	16	17	18	19	20	21	22